U0071275

歐巴馬時期的美中權力競逐

柳惠千
Hui-Chien Liu
著

推薦序

柳惠千出身自空軍官校飛行戰鬥官科77年班（民國55年生），初任F-104G戰機部隊飛行官，幻象戰機購案成立後，赴法接受幻象戰機種子教官訓練，續完成特技示範飛行訓練，返國後循分隊長、隊長逐級歷練，在該階段中並曾先後擔任駐法交換飛行軍官兩年，並得以參加多項歐盟國家跨國軍演機會。作者亦曾為我國派駐夏威夷代表處秘書，與華府智庫戰略與國際研究中心CSIS訪問研究員，且歷練過國防部政務辦公室處長，及空軍司令部人事軍務處長等兩個高司參謀幕僚職後，回任作戰部隊聯隊長，具有完整的作戰部隊與司令部參謀經歷。他亦先後完成了空軍指揮參謀學院正規班、美國空軍戰爭學院（函授）、美國空軍大學同盟國將級戰區指揮官班等深造教育。更難得的是在工作之餘持續進修，並獲得美國馬里蘭大學管理學碩士、政治大學外交學系碩士，以及淡江大學國際事務與戰略研究所碩士與博士等學位。

他在31年裡完成了眾多的學（經）歷，並屢受長官之拔擢，顯然作者有其出眾之才能與品格。他用了七年時間取得博士學位，其間有時他是擔任專業幕僚長工作，又有些時他是擔任作戰飛行部隊的各級部隊長，如果沒有決心或毅力是難以完成的。

或許有人會質疑他如何兼顧家庭生活？可貴的是他的賢內助多次放棄她自己的專長職業，全力協助作者做好工作。他們的孩子也必須為適應父親工作的經常異動，努力調適不影響自己的學業，並已完成高等教育。無疑的，作者的成就和貢獻來自於他的努力與家人的支持。

在他赴美華府智庫戰略與國際研究中心擔任訪問研究員一年期間，適逢美國前總統歐巴馬八年任期的中段，在近距離的觀察下，對歐氏的施政有一定程度的認知。歐氏任內及任滿後美國社會對他的評價，貶者認為歐氏的亞洲政策軟弱，讓中國在東、南海填海造陸，擴張軍備，讓北韓一再以核武試爆造成緊張。作者認為「歐巴馬主義」透過外交協商化解歧見、推動與古巴關係正常化、批准「巴黎氣象公約」、與伊朗簽署限制核武擴散協定，具備全球領導人格局。

歐氏執政期間，美、中在全球性的議題上維持合作，在區域問題上採取競爭。美國推動亞太再平衡戰略，令中國感到壓力。中國的快速崛起也引起美國對地區失控的擔憂。美、中關係對雙方都產生一定程度的影響，也擴及到整個世界。在雙方的節制下，避免了可能的衝突。由美國政治學會主辦的「歷任美國總統評價排行」，前後共44任總統評價排名依序為林肯、華盛頓、富蘭克林・羅斯福、西奧多・羅斯福、傑佛森、杜魯門、艾森豪。歐巴馬的排名自2014年的第18名，4年後躍升至第8名。小甘乃迪為30名，川普卻是敬陪末座的第44名。歐巴馬在各方位的評價都超越他前後任，至少在他任內為美中關係帶來東北亞穩定是有益地區的。但接任的川普卻採取了孤立的美國優先路線，讓美中關係走上對抗。我國正面臨在兩個彼此對抗的大國之間，應如何自處面臨考驗。

在此，本人推崇具有高水準的《歐巴馬時期的美中權力競逐》。

前行政院院長／前國防部部長

唐飛

推薦序

空軍少將柳惠千是我們國軍培養的優秀人才，在他三十餘年的軍旅生涯中，無論是在部隊擔任臺海空防第一線的戰鬥任務，還是在高司單位歷練不同的聯參工作，都展現出非常好的績效與能力。

例如他曾在法國接受幻象（M2000-5）種子教官訓練，返國後初期在新竹空軍基地擔任教職，任幻象機特異性能展示的飛行官，後歷練中隊長、駐夏威夷聯絡官及幻象機聯隊聯隊長。

柳將軍在戮力公務之餘，更是孜孜不倦地汲取各項知識，先後完成政治大學外交學系法學碩士、美國馬里蘭大學管理學碩士，以及淡江大學國際事務與戰略研究所政治學博士等學位，不僅提升個人學術涵養，也成為國軍的典範。

柳將軍在《歐巴馬時期的美中權力競逐》一書中，以歐巴馬政府執政八年期間的美中關係為主軸，以敏銳的觀察、及詳細的文獻檢視，歸納出美國對中國戰略從「擴大接觸」到「全面對抗」的選項光譜，並針對美國歐巴馬執政時期的美中關係提出論點，認為在「守成霸權」與「崛起大國」的權力轉移下，面對中國必然的崛起，歐巴馬在處理國內、外各項危機之時，梳理出合乎邏輯的因果關係，提出了重返亞洲的「亞洲再平衡」的策略，實為結合「接觸」與「制衡」的巧實力戰略。

在美中關係已然成為全球最主要影響力的今日，本書實為兼具學術研究與實務運用的價值，我認為值得推薦給對有興趣於國際政治，以及關心我國在國際空間發展的讀者。

國軍退除役官兵輔導委員會主委
前國防部部長　馮世寬

推薦序

美中關係無疑是當前全世界最重要的雙邊關係，將影響著二十一世紀國際局勢的發展。

隨著中國大陸因為經濟改革而重新崛起，已改變了當前亞太及全球的權力格局。從現實主義的觀點而言，權力是影響國際事務的關鍵，當一國的綜合國力成長而成為大國時，必然對於國際政治的發展產生重要的影響力，中國的崛起也必然衝擊現有的國際秩序，因而引起各國的關注。國際間並不必然只有一個大國，當兩個以上大國並存時，彼此間將產生權力的競逐及摩擦，尤其是當國際上已有一個既存的領導大國或霸權時，對於崛起的新興大國必然高度關注，並試圖加以限制，以維持既有的秩序及自己的權力地位。美國自二次大戰結束後就是全球及亞太地區的霸權領導大國，對於中國的崛起自然產生關注，彼此間將形成複雜的關係。

歷史上大國之間的權力轉移關係始終存在，也經常會產生霸權之間的爭奪戰，從古希臘時期的雅典與斯巴達的「伯羅奔尼撒戰爭」就是如此。因此美國學者格雷漢・艾利森（Graham Allison）便稱此為「修習底德陷阱」（Thucydides' Trap），並以此觀念檢視西方歷史上十六次的大國權力轉移，發現有十二次是以戰爭收場。然而大國之間的權力轉移並不總以戰爭結束，仍需視當時的國際環境、大國的戰略、領導人的特質及大國間的互動關係而定。研究大國間權力轉移的尚有「權力轉移論」（Power Transition Theory），根據該理論若崛起強國的綜合國力達到既有霸權國的80%即開始產生權力轉移，直到超越120%的門檻即完成權力轉移，兩國間最危險的關係即在於此一權力轉換的階段。然而該理論也強調，權力轉移不必然以戰爭的方式進行或結束，而是可能以和平方式為之，或是既有霸權國可以採取相關策略來維持自己的領導地位而阻止權力的轉移。如果崛起強國對於既有的國際秩序產生相當的「滿意度」（satisfaction），或者融入既有的國際體制及秩序之中，則崛起強國也不會挑戰既有的霸權國家及國際秩序，則國際關係可以維持和平狀態。

中國的崛起除了有權力的成長外，還伴隨著其意識形態與政經制度與既有的霸權國美國並不相同，彼此會產生更多的隔閡與疑慮。而且中國因為國力成長而強化民族主義，與周邊國家存在著歷史上遺留的領土爭端，如台灣、南海、中印邊界及釣魚島等，而欲加以解決，也引發周邊國家的擔憂與恐懼。然而有利之處是，中國仍強調和平崛起，也不主張將其意識形態及政經制度強加於其他國家，也是既有國際政經制度的參與者、受益者甚至是支持者。

對於與美國的關係，中國主張「新型大國關係」，追求和平共處，以避免「修習底德陷阱」式的傳統大國關係。然而美國作為既有霸權國家對於中國的崛起則仍不能釋疑，仍採取作為加以防範及因應。從冷戰結束後的柯林頓、小布希、歐巴馬到現在的川普政府都是如此，只是採取的立場及做法有所不同而已。本書作者柳惠千即試圖探討美中關係此一重大國際議題，並以歐巴馬時期的美中關係為例，且運用「權力轉移論」加以檢視。根據作者的研究，在歐巴馬時期中國的權力仍未達到美國的80%以上，仍未進入真正權力轉移的門檻，遑論與美國平起平坐或爭霸，中國對於既有國際制度及秩序的滿意度也屬「輕到中度的不滿意」而已，並未想挑戰及推翻既有的秩序。歐巴馬政府對於中國崛起有防範之心，採取「亞太再平衡」戰略，但是是屬於競爭與合作並存，既著重強化美國實力，也運用多邊主義及與盟國的合作，以維持美國在亞太地區的領導地位及制衡中國的崛起。

川普上任後也想重振美國的領導地位，但是卻採取「現實主義」及「單邊主義」的做法，並對於中國施壓。但中國並未屈服，也採取反制措施，以至於中美兩國關係倒退，兩國各有經貿損失，國際經濟也因此前景不明。對照於歐巴馬政府的對中策採取協商及多邊主義，不僅能制衡中國的影響力，且能強化美國與盟邦的關係，提升美國的國際領導地位，看來川普政府實應向歐巴馬政府學習了。

作者曾為優秀空軍幻象機飛官，其後歷任重要軍職，但是也好學不倦，對於國際政治深感興趣，曾在國內外知名大學修讀碩博士學位，並曾奉派至華府智庫修習一年，對於美國外交政策與中美關係有深入的觀察。在此書中作者運用「權力轉移論」分析歐巴馬時期的美中關係，並搜集許多資料加以佐證，結論部分則認為中國國力雖然快速成長，但尚未達到挑戰美國霸權地位的實力門檻。歐巴馬政府因此對於中國採取「接觸」與「制衡」並重的策略，也善於運用多邊主義。對於美中關係有興趣的讀者，此書為一本學習及參考的有用著作。

淡江大學國際事務副校長暨國際事務學院院長

王高成

自序

一國的外交政策往往反應出決策者所界定的國家利益，當利益內容與順序開始轉變時，外交政策自然會跟著改變。現實主義學派大師摩根索認為，國家利益作為政治實質這一原則不受時間和空間的限制。但是國家利益內涵並非亙古不變，國家利益如同國家權力一樣，存在消長的歷史進程。一國權力增長，必然爭取與之相稱的國家利益；當一國權力式微時，也必然設法調整或捍衛國家利益的訴求。

這樣的思維脈絡可以從近年來川普政府的對中政策調整獲得理解。相較於2008年剛上任的歐巴馬政府，美國仍處於一超多強的單極霸權體系，這種國際體系相對平衡的狀態，自然產生相對穩定的美中關係。川普總統上任後，面對的是一個美國權力式微的鬆動體系，美國開始走向經濟保守主義，退出多邊協議，重談區域協定，強權之間競逐國家經濟權力的態勢明顯。

歐巴馬時代的美國，強調美中兩個大國的競合——既要競爭，也要合作。川普上台後，一改「互利」與「合作」的態度，取而代之的核心戰略是「自利」與「對抗」。根據皮優民調機構（Pew Research Center）2011年報告中顯示，有43%的美國人認為中國已經是全球第一強國，只有33%認為美國第一。直到今天，民調仍然顯示中國經濟實力早已超越美國。但事實上，中國的經濟總量仍僅及美國的2/3，綜合國力與國防軍事更是遠遠不及美國。

如今，「美中貿易戰」已經不再是川普個人的想法及作法，美國政、軍與學界都認為中國正在挑戰美國的地位，美國國會民主與共和兩黨對中國崛起的認知與擔憂，其實更甚於川普本人，只是採取的對中戰略有所不同而已。因此，未來無論誰擔任美國總統，除非中國發展受挫或是美國的發展令中國望塵莫及，否則美國的態度仍將視中國為最具威脅的挑戰者。即使中國無意挑戰美國的霸主地位，在權力轉移理論的推波助瀾之下，美國政界鷹派勢力仍將可能盤據白宮一段時日。

歷史一再證明，保護主義與孤立主義或許可能帶來短暫的利益，但長期下來不僅無濟於事，還可能弄巧成拙。美中之間若執意採取「對抗」與「衝突」的手段，將會是一個兩敗俱傷沒有贏家的未來，吾等可以從近期美中貿易戰的演變過程中窺見一二。未來，究竟什麼樣的美國對中戰略才是最佳的選擇，或許我們可以從歐巴馬政府執政八年的回顧與檢證中，獲得比較清晰的答案。

謝辭

本書順利完稿付梓，不僅代表著個人在國際政治的學術研究上，向前跨出了一小步，更重要的是在人生學習旅程上，向前邁進了一大步。撰稿期間囿於工作的責任與使命感，經常在工作與寫作之間轉換心情，即使多數假日仍然伏案於走筆之間，卻也從不以為苦。因為從研究探索中所獲得的喜悅，早已將文思的挫折與困頓化於無形。

本書的研究方向從發想、聚焦、檢證到完成，歷時7年有餘。期間筆者於2012年奉派前往華府智庫進行為期一年的訪問研究，恰逢歐巴馬政府競選連任過程的造勢與辯論，也近距離觀察華府智庫群對於習近平上台後的批判與擔憂。從貼近目睹美國社會的激情反應與切身感觸，燃起筆者對於美中關係研究的渴望與興趣。在此由衷地感謝淡江大學戰略所的王高成、翁明賢、施正權、黃介正、陳文政與李大中教授等人，他們是構建筆者多元化戰略思維的領航者與解惑者。

家人，永遠是人生旅程中最大的支持力量與避風港。這些年來無論是在國內或是國外，在軍中或在家中，在精神上或是實質上……，愛妻慧英總是積極地扮演鼓勵者、支持者、分享者與伴讀者的多重角色，每當思考與寫作陷入瓶頸與低潮時，她總能以默默的陪伴適時化解筆者的焦慮與不安，她，是我心靈最大的安頓。

感謝主，願一切榮耀都歸給祢！

柳惠千

謹誌於　竹北鳳岡

一〇八年五月十日

目錄

表目錄

圖目錄

CHAPTER 1

緒論

2017年1月即將卸任的美國第44任總統巴拉克・歐巴馬（Barack Hussein Obama II）選擇回到故鄉芝加哥市發表感性的告別演說，這是他在8年前宣布勝選的地方，也是他帶領美國人民進行改變的起跑點。對於國內施政的成果，歐巴馬自信地說：「如果八年前我告訴你，美國會從經濟衰退走出來、婚姻平權會實踐、美國與古巴關係會破冰、全民平價健保會實現，當時一定沒有人會相信。然而，今天我們做到了（Yes, we can!）。」對於國防與外交上的成績，歐巴馬強調：「過去8年沒有任何一個境外恐怖組織成功地在美國本土進行任何恐怖襲擊……如果我們堅守美國憲法的核心精神，恐怖份子就無法戰勝美國。俄羅斯或者中國等其他國家，無法匹敵美國在全球範圍內的影響力，除非我們自己放棄這種影響力。」[1]對於美中關係的努力，歐巴馬堅持：「美國歡迎一個繁榮、和平、穩定的中國崛起，並在世界上發揮建設性的作用。中國的和平發展符合美國利益，如果中國成功，將促進全球經濟發展，並使中國成為美國的夥伴，雙方可以共同應對許多全球性挑戰。」

回顧歐巴馬執政八年的美中關係，呈現在世人面前的是一種逐漸清晰的競合過程。在客觀的全球形勢上，美國與中國分別呈現出守成霸權與崛起大國的對比；在主觀的安全意識上，彼此雙方懷著深切的疑慮，亦不願接受衝突對抗的歷史「宿命」。[2]美方並不清楚中國在亞太地區的行為到底是擴張性的霸權圖謀，還是防禦性的和平崛起；中方也不明白美國在中國周邊的滋擾行為，到底是進攻性的圍堵戰略，還是防禦性的制衡手段。雙方嚴重缺乏的互信，始終是美中兩國之間最大的鴻溝。自許為美國第一位「太平洋總統」，歐巴馬在其任

---

1 Juliet Eilperin & Greg Jaffe, "In stark farewell, Obama warns of threat to U. S. democracy", *The New York Times*, January 11, 2017, https://www.washingtonpost.com/politics/obama-heads-home-to-chicago-to-say-farewell-the-nation/2017/01/10/ (accessed 2 March, 2019).

2 Kenneth G. Lieberthal, "U.S.-China Relations: The Obama-Xi California Summit", *The Brookings Institution*, June 3, 2013. https://www.brookings.edu/blog/up-front/2013/06/03/u-s-china-relations-the-obama-xi-california-summit/(accessed Aug 22, 2018).

內全力推動的「亞太再平衡」戰略成為外交政策的主軸，這套戰略指向中國的針對性極強，戰略形成的目的是以「平衡中國不斷增長的實力」、「確保美國在亞洲的存在」與「因應盟友對中國崛起的關切」為動機，除了更加劇美中兩國的戰略互疑，亦使雙方對彼此戰略的選擇與意圖的判斷面臨另一個「十字路口」。[3]

古往今來大國之間國力對比的變化和國際體系中權力的再分配，往往引起焦慮、不安，甚至恐懼。這些情緒、觀念和心理上的反應會直接轉變成對立的外交、政治和軍事行為，當衝突難以控制時，常常使得大國走向爭端甚至爆發全面戰爭。「修昔底德陷阱」（Thucydides' Trap）一詞在當代國際關係研究的對話中，不斷地被提出警示，加深了「權力轉移」理論的研究力道與批評。這個詞彙源於古希臘歷史學家修昔底德巨著《伯羅奔尼薩戰爭史》（History of the Peloponnesian War），同時在冷戰期間被「活用」於美蘇對抗狀態，如今被用來提醒美中兩國，避免重蹈崛起大國必然與守成霸權發生戰爭的歷史覆轍。[4]對於國際社會的擔憂，中國新一代領導人習近平在赴美進行國事訪問的演講中表示：「世界上本無『修昔底德陷阱』，但大國之間一再發生戰略誤判，就可能自己給自己造成『修昔底德陷阱』」。隨後，歐巴馬總統亦表贊同的回應：「我不認同守成大國和新興大國必將發生「修昔底德陷阱」的衝突，尤其是美中兩國之間更要儘量避免衝突。我相信兩國有能力管控分歧，兩國之間的競爭應該是建設性和具有積極意義的。」[5]歐巴馬執政時期的中國政策，除了

[3] Kenneth G. Liebertha, "The American Pivot to Asia", *The Brookings Institute,* Dec 21. 2011, https://www.brookings.edu/articles/the-american-pivot-to-asia/ (accessed Aug 24, 2018)

[4] Graham Allison, "The Thucydides Trap, When one great power threatens to displace another, war is almost always the result, but it doesn't have to be.", *The Foreign Policy*, Jun 9, 2017, https://foreignpolicy.com/2017/06/09/the-thucydides-trap/ (accessed Nov 03, 2018).

[5] Amanda Stone, "Follow Along: Official China State Visit", President Obama hosts Chinese President Xi Jinping for an Official State Visit followed by a State Dinner. *The white house*, Sept 25, 2015, https://obamawhitehouse.archives.gov/blog/ 2015/09/24/ (accessed Mar 2, 2019).

向中國表示歡迎其崛起的姿態，同時推動中國遵守國際規範，試圖重塑美國領導下的亞太安全環境，以確保中國崛起不會成為破壞性的力量。[6]

第一節　研究動機與目的

綜觀歐巴馬八年總統任內的外交政績，美國媒體與政界的反應是正反兩極。反對派批評歐巴馬的亞太外交政策過於軟弱，他們抨擊歐巴馬過度重視協商對話，結果是讓中國在東海和南海填海造陸擴張軍備，為所欲為，更讓北韓動輒以核武試爆製造緊張。在全球安全危機與衝突的處理上，諸如烏克蘭、敘利亞，以及伊斯蘭國（ISIS）等棘手問題，歐巴馬被動地採取避免危機擴散，又不造成美軍傷亡的嚇阻手段，遭致美國輿論強烈的批評。[7]2017年底，現任美國總統川普在甫發表的《美國國家安全戰略》報告中指出，前任政府鼓吹「交往政策會讓美國對手變成善良與值得信任的伙伴」，此一假設已被證明不適用於中國。[8]相反地，支持派卻始終認為代表正面力量的「歐巴馬主義」（obamaism），其精神就是透過外交協商化解區域與全球性歧見。[9]歐巴馬推動與古巴關係正常化、批准全球對抗氣候變遷與地球暖化的《巴黎氣候公約》（Paris Agreement）、與伊朗簽署限制核武

6　安剛，〈歐巴馬這八年，給中美關係留下了什麼？〉，《世界知識》，第23期，2016年，取自https://kknews.cc/zh-tw/world/zmpq98q.html（2018年7月26日）。

7　Stephen M. Walt, "Barack Obama Was a Foreign-Policy Failure-The 44th president of the United States promised to bring change but mostly drove the country deeper into a ditch.", *The Foreign Policy*, JAN 18, 2017, https://foreignpolicy.com/2017/01/18/barack-obama-was-a-foreign-policy-failure/ (accessed 11 Sep, 2018).

8　The White House,《2018 of The United States of America Summary of the National Defense Strategy》, Jan 19, 2018, https://www.whitehouse.gov/wp-content/uploads/2017/12/NSS-Final-12-18-2017-0905.pdf (accessed 11 Nov, 2018).

9　Lawrence Jacobs & Desmond King, "Varieties of Obamaism: Structure, Agency, and the Obama Presidency", *American Political Science Association*, Sep 2010, Vol. 8, No. 3, pp.793-802.

擴散協定等政策，具備全球領導人的格局與典範。在處理亞洲問題方面，自許是美國史上與亞洲關係最密切的總統，歐巴馬主導美國「重返亞洲」（pivot to Asia），致力「亞太再平衡」戰略。強化與日、韓、澳、菲的安全同盟，改善與越南的雙邊關係。他將勢力伸入中南半島，暗助緬甸民主化，並成為首位到訪寮國的美國總統。在南海領土主權爭端中，支持菲律賓與越南制衡中國填海造陸的強硬作為。[10]他同時催生《泛太平洋夥伴協定》（Trans-Pacific Partnership, TPP），做為「亞太再平衡」戰略的主要經濟戰略支柱。任內權衡國際局勢、大國關係、戰略部署以及經貿需求所策訂的亞洲政策，得以確保美國在此地區的領導地位。[11]

在美中關係方面，執政八年期間雙方在全球性議題維持合作，在區域性議題則採取競爭，有時甚至呈現對立的態勢，尤其是大張旗鼓的推動「再平衡」戰略，令崛起的中國倍感壓力。另在雙邊經貿、對臺軍售、涉藏、人權等問題上，採取與中國對立的態度，使美中之間的互信長期受到挑戰。[12]中國在亞太地區的快速崛起，也引發了美國對地區領導權失控的擔憂，美國擔心中國會取而代之成為亞太地區的「霸主」。美中關係是一種戰略性的大國雙邊關係，不僅對兩國發展具有直接的影響，對於整個世界都具有重大意義。美中之間需要解決的戰略性問題首要是雙方能否建立「互信」，長年以來彼此的猜疑來自於美國認為中國的崛起對美國全球領導地位形成嚴峻挑戰，中國則認為美國的對中戰略不但阻礙了中國的生存發展，也衝擊了中國的

---

10 "The Obama Legacy-A Presidency of great promise ends in rancor and disappointment", *The wall street journal,* Asia Edition, Jan. 9, 2017, https://www.wsj.com/articles/the-obama-legacy- (accessed 17 Jun, 2018).

11 Dylan Matthew, "Barack Obama is officially one of the most consequential presidents in American history", Vox Media, Inc. Jul 28, 2017, https://www.vox.com/2015/6/26/ 8849925/obama-obamacare-history-presidents (accessed 24 Jun, 2018).

12 葛萊儀（Bonnie Glaser），〈美中之間無互信〉，《多維月刊》，2015年02月，https://duoweicn. dwnews.com/zh/CN-2015%E5%B9%B402%E6%9C%9F/10003754.html (accessed 26 July, 2018).

政治穩定。[13]回顧歐巴馬總統任內，並沒有改變美國對中國的總體看法，但是更理解美國所面對的中國，正在國際事務中發揮巨大的影響力。中國目前並不是美國的敵人，但如果美國處理雙邊關係不善，或中國再次走入封閉的狀態，中國就有可能發展成為美國在戰略上的敵人。[14]

從「權力轉移理論」在歷史上的印證，不滿現狀的崛起國家傾向於建立一支具有強大支配力量的軍事能力，並且尋求主導地位。維持現狀國家通常會藉由組織或強化同盟關係來抗衡崛起中的國家，以避免與不滿現狀的崛起國家引發武力衝突。[15]環視全球局勢發展，當今亞太地區正面臨相同的權力變化背景，美國扮演支配力強大的現狀主導國家，中國則儼然成為一個對抗現狀強權的挑戰者。伴隨著「中國夢」的巨大願景，期許自己成為亞太地區的主導國家。猛然覺醒的美國則採取「重返」亞洲的姿態，試圖調整全球投射的角度，由中東轉向亞太及西亞，其目的就是應對中國的挑戰。[16]一場自冷戰結束之後空前未見的美中戰略爭辯，正在國際社會輪番上演。參與者之眾，從政界、學界、商界到軍界，無不涉入其中；議題之廣，從國防、外交、經貿、科技到文化，幾乎無所不包；程度之深，從雙邊關係、地區霸權、國際秩序到全球治理，進行深層的解構與建構，其目的就在於探究美中關係到底應該是接觸多一點，還是遏制多一點；是競爭大於合作，還是合作大於競爭。[17]

---

13 Michael Tai, "The Missing Piece of US-China Relations: Trust-U.S. antipathy to China is rooted in angst about its rise and the prospect of American decline.", The Diplomat, September 15, 2015. https://thediplomat.com/2015/09/the-missing-piece-of-us-china-relations-trust/ (accessed 21 July, 2018).

14 Jeffrey A. Bader, "Obama and China's Rise: An Insider's Account of America's Asia Strategy", *Brookings Institution Press*, March 12, 2013, pp. 21-22.

15 A.F.K, Organski, "World Politics", New York: Knopf. Second Edition, 1968. pp.19-20.

16 John J. Tkacik Jr. "US Strategic Pivot to Asia and Cross-Strait Relations ", (New York: Palgrave Macmillan ,2014), pp 227-261.

17 袁鵬：〈歐巴馬政府對華政策與中美關係的未來〉，《國際展望》，第3期，2009

無論辯論與反思的結果為何，筆者認為幾項初步的背景共識已然形成。首先，中國已經取代了俄羅斯，成為美國必須全力應對的主要競爭對手。2019年2月，美國重要的國防與安全智庫蘭德公司（RAND corporation）提出報告指稱：「俄羅斯不是一個實力相當的競爭對手，而是一個裝備精良的流氓國家，試圖顛覆現有國際秩序，但卻永遠無法掌控新秩序。相較之下，中國是一個實力相當的競爭者，它希望塑造一個由自己主導的國際秩序。」[18]第二，美國過去對中國的政策雖有相當成效，但仍遠不如預期，勢必要順應新的外在形勢，開創出新的關係架構。第三，美中戰略競合在可預見的未來將邁入新的階段，中國發展成為足以抗衡美國的全方位勢力，已難阻擋，超越美國或許僅是時間早晚而已。[19]

一、研究動機

自蘇聯政權崩潰後，美國成為世界上唯一的超級大國，對外政策也由兩極對抗轉變為單邊主義。身為唯一的超強國家，美國逐漸排斥以協商途徑解決問題，且拒絕遵守國際規範，除了不考慮大多數國家和人民的願望，更單獨或糾眾挑戰包含聯合國在內的國際機制，例如退出《京都議定書》和《反彈道導彈條約》、反對《全面禁止核子試驗條約》、拒絕參加《禁止生化武器公約》和國際刑事法庭等等，這些一意孤行的單邊舉措令國際社會為之側目。尤其在小布希總統時代的「非黑即白」、「不是朋友就是敵人」的保守主義心態，罔顧聯合國安理會的機制與義務，假反恐戰爭之名執意四處出兵干涉區域衝突。緊接著在全球性的金融危機中，暴露出美國金融管理階層的貪婪

年，頁5。

18 James Dobbins, Howard Shatz and Ali Wyne, "RAND: Russia and China as Challenges, Russia is a rogue, not a peer; China is a peer, not a rogue." *RAND Cooperation*, Jan 30, 2019, https://www.rand.org/pubs/perspectives/PE310.html (accessed Mar 2, 2019).

19 陶文釗，〈美國對華政策大辯論〉，《現代國際關係》，2016年04月，取自http://www.kunlunce.com/ssjj/guojipinglun/2016-04-11/56934.html（2018年7月22日）。

與腐敗，引起全球範圍對美國經濟體制及其價值的質疑，美國在國際社會中的聲譽與威望降至二戰以來的最低點。[20]

隨後上台的歐巴馬總統力圖修補對外關係，並誓言重建美國在全球的威望，領導風格從此截然不同。在其主政之下的美國，極力避免單獨參與境外軍事行動，並全面支持「以夷制夷」的策略打擊恐怖分子。不但恢復部分裁軍談判，也重回聯合國安理會的運作機制，進而使美國在國際社會的聲望重回制高點。然而，好景不常，金融危機對美國經濟與民生的嚴重打擊，使得基層美國勞工選民不耐經濟復甦的等待，更擔心工作機會的流失，一把將地產大亨川普推上總統寶座，此後無論在國際貿易、環保或軍事領域，美國又重拾單邊主義，甚至擁抱孤立主義，主動退出《巴黎氣候協議》、《泛太平洋夥伴協定》與重新協商《北美自由貿易協定》，更因力挺以色列而單方面退出《聯合人權委員會》，在一切以「美國優先」的思維下，川普心中只有自身利益考量。美國紐約郵報（New York Post）2018年初公布由美國政治學會（American Political Science Association）主辦的「歷任美國總統評價排行」調查顯示，在總計44位美國歷任總統當中，現任川普的成績敬陪末座（小布希總統排名30），卸任已進入第二年的前總統歐巴馬，則從4年的第18名（當時在任期中）、大幅躍升至第8名[21]（詳如表1-1）。

---

[20] 德瑞.蕭雷（Derek Chollet），《美國該走的路：歐巴馬如何抗拒華盛頓的政治惡鬥，重新定義美國與世界的關係》，林添貴 譯，（臺北：八旗文化出版社，2017年），頁55。

[21] Brandon Rottinghaus, Justin, S. Vaughn, Boise, "Official Results of the 2018 Presidents & Executive Politics Presidential Greatness Survey", The Presidents & Executive Politics Section of the American Political Science Association, Feb 19,2018, https://sps.boisestate.edu/politicalscience/files/2018/02/Greatness.pdf (accessed Sept 11, 2018).

表1-1　歷任美國總統評價排行

姓名	2014年排名	得分	2018年排名
林肯（Abraham Lincoln）	1	95.03	1
華盛頓（George Washington）	2	92.59	2
富蘭克林・羅斯福（Franklin D. Roosevelt）	3	89.09	3
西奧多・羅斯福（Theodore Roosevelt）	4	81.39	4
傑佛遜（Thomas Jefferson）	5	79.54	5
杜魯門（Harry S. Truman）	6	75.15	6
艾森豪（Dwight D. Eisenhower）	7	74.03	7
歐巴馬（Barack Hussein Obama）	**18**	**71.13**	**8**
小布希（George Walker Bush）	35	40.42	30
川普（Donald John Trump）	n/a	12.34	44

資料來源：The Presidents & Executive Politics Section of the American Political Science Association, Feb 19, 2018, https://sps.boisestate.edu/politicalscience/files/2018/02/Greatness.pdf/ 筆者自行製表。

美國獨立調查機構皮優研究中心（Pew Research Center）2018年初的報告中亦顯示，針對小布希、歐巴馬及川普總統執政期間，世界各國人民對於美國的好感度起伏劇烈，數據顯示多數民眾對歐巴馬的領導能力較具信心。[22]（詳如圖1-1）如今，歐巴馬的政治成果雖然正

[22] "Tracking U.S. favorability and confidence in the U.S. president, 2002 to 2018", *Pew Research Center,* OCTOBER 1, 2018, http://www.pewglobal.org/2018/10/01/trumps-international-ratings-remain-low-especially-among-key-allies/ (accessed Sept 11, 2018).

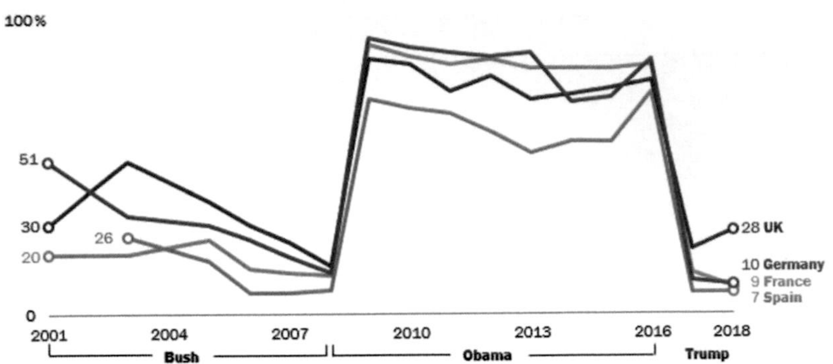

資料來源：The Pew Research Center / Tracking U.S. favorability and confidence in the U.S. president, 2002 to 2018/ http://www.pewglobal.org

圖1-1　各國對美國總統好感度與信任度調查（2002-2018 年）

飽受繼任者的破壞，但無意間也擦亮了美國身為全球領導者的重要標誌。美國總統不僅是美國的三軍統帥，更是美國價值觀在全球的具體象徵。令美國受到他國歡迎並贏得冷戰的力量不僅是經濟與軍事能力，還有值得美國驕傲的「軟實力」，它正是歐巴馬政府外交戰略的主軸。[23]一位可以在國內外贏得信任、尊重與讚賞的總統，就是一國軟實力的重要指標。當歐巴馬被授予諾貝爾和平獎時，他讓司法部確定接受這個獎項絕不存在任何利益衝突，並且把獎金捐給了慈善機構。卸任後至今不斷被民眾懷念，甚至期待其再度復出政壇。[24]身為美國首位黑人總統，歐巴馬除了帶領美國率先走出經濟衰退的困局，並成功挽救美國的失業率，在他領導下的美國外交政策是如何重塑受損的領導形象與地位？此為本書探尋研究的首要動機。

---

[23] 紀思道（Nicholas Kristof），〈我已經開始懷念歐巴馬了〉，《紐約時報中文網》，2017年1月20日，取自https://cn.nytimes.com/opinion/20170120/missing-barack-obama-already/zh-hant/（2018年9月17日）。

[24] Lauren Gambino, "Barack Obama is back to fire up the base - Democrat and Republican", *The Guardian News*, 16 Sep 2018, https://www.theguardian.com/us-news/2018/sep/16/barack-obama-donald-trump-democrats-republicans-midterms#top (accessed 22 Sept, 2018).

回顧歐巴馬總統上任之初，整個執政團隊開始檢討美國的對外政策，首要進行的是設法從伊拉克和阿富汗戰爭泥沼中脫身，並且改變小布希一切以「反恐」為主的核心戰略，著手將美國的全球戰略重心向亞太地區轉移，「亞太再平衡」戰略成為美國全球戰略重新布局的藍圖。對美國而言，經濟上長期受到反恐戰爭與金融海嘯的拖累，財政赤字及開支負擔不斷加劇，迫切需要藉由轉化亞太地區的經濟成長動能，帶動整體經濟與國力的復甦。安全上亦有來自中國的崛起與北韓的核武威脅，直接挑戰美國在亞太區域霸權的存續。[25]在這樣的背景下，「亞太再平衡」戰略的布局與時機，對於美國主導與塑造未來亞太秩序至關重要。[26]即便是繼任者川普總統肆意採取「逢歐巴馬必反」的施政態度，也未曾輕易放棄「轉向亞洲」的迫切需要。只是技巧性地將「亞太再平衡」戰略改名為「自由開放的印太戰略」，看似改弦易轍，其實操作的力道更深，在美國利益優先的前題下，要求盟國分擔軍事開支，開啟使用者付費的外交關係新模式。[27]由於中國始終是美國潛在的威脅與抗衡的對象，「亞太再平衡」戰略更是美國共和與民主兩黨的共識，戰略的核心內容也是由美國幾屆政府共同的心血與努力。因此，瞭解它的形成動機、布局內涵、預期目標以及對美中關係變化的具體影響，成為本書另一重要的研究動機。

「中國崛起」最大的外部阻力與助力都是來自於美國的態度，全世界都在關心美國會在什麼條件下接受中國的崛起？國際社會熱衷討論美國衰退與中國崛起的話題，以及與此相關的《權力轉移理論》的辯證。自從「G2」一詞由美國提出並躍上國際媒體版面後，雖未被

---

[25] Michael Green & Zack Cooper, "Revitalizing the Rebalance: How to Keep U.S. Focus on Asia", *The Washington Quarterly*, Nov 10, 2014, pp. 25-46 .

[26] 賴岳謙，《美國重返亞太戰略對亞洲權力結構的影響》，（臺北：秀威資訊出版社，2014年），頁36。

[27] Michael Auslin, "Trump's Pivot to Asia-The president-elect will need to renounce his campaign rhetoric to preserve stability in Asia.", *The Wall Street Journal*, Nov. 14, 2016, https://www.wsj.com/articles/trumps-pivot-to-asia-1479145312 (accessed Nov 23, 2018).

支持多極體系發展的中國所接受，但美中權力變化卻已是眾所皆知的進行式。[28]2015年3月，由中國主導並做為「一帶一路」（絲綢之路經濟帶和21世紀海上絲綢之路，簡稱一帶一路）重點項目的「亞洲基礎設施投資銀行」（亞投行）成立，縱然美國強力抵制，但仍出人意料的爭取到包括英、法、德、義等西方大國支持，總計57個創始會員國共襄盛舉，中國已經開始制訂亞洲國際融資的新規則。[29]權力轉移理論認為，崛起國與霸權國會發生權力轉移的戰爭，戰爭發起者既可能是霸權國為維護霸權地位而發起的預防性戰爭，也可能是挑戰國發起以取代霸權國的戰爭。中國是否即將取代美國在亞太地區的領導地位，甚至未來在全球範圍的霸權地位？這是筆者對於本書提筆前的第三項研究動機。

二、研究目的

回顧歐巴馬總統上任之初，呈現在全球面前的美國形象實在無法與偉大的國家做聯想。當時的美國不但身陷金融風暴危機，教育和醫護制度混亂無章，政治系統還遭到兩黨惡鬥的扭曲。按照這樣的發展軌跡，很難再堅稱美國可以在二十一世紀繼續領導群倫，因為美國根本配不上自由派和保守派們自命的世界楷模。[30]經過歐巴馬他兩任八年的施政，在內政上提倡「內部的國家建造」（nation-building at home）。主張美國在國內如果夠強大，在國外就能發揮力量，除了會受到國際尊敬，也會擁有啟發世界上其他國家起而效法的領導地位。[31]

---

[28] Richard C. Bush, "The United States and China: A G-2 in the Making?", *The Brookings Institution*, October 11, 2011. https://www.brookings.edu/articles/the-united-states-and-china-a-g-2-in-the-making/ (accessed Jun 20, 2018).

[29] 林宸誼，〈亞投行成員國增至86個〉，《經濟日報》，2018年5月3日。自從2016年1月亞投行成立時有57個成員簽署亞投行協定加入，亞投行又於2017年3月、5月、6月、12月，批准了27個意向成員加入。取自https://udn.com/news/story/7333/3120572（2018年9月6日）

[30] 德瑞・蕭雷，2017年，op. cit., 頁45-46。

[31] Lawrence J. Korb and Alex Rothman, "Nation Building at Home - How Sensible Cuts to Defense

在外交上完成了許多歷史性的任務。不但成功狙殺賓拉登，還打破與古巴的僵局，並與伊朗達成放棄核武協定等歷史性的成果。[32]在美中關係上兩國交流密切，合作互補，利益交融的程度達到前所未有的程度。任期內始終與中國維持在合作多於競爭、接觸多於遏制的良性互動。[33]

中國從2008年成功舉辦奧運會，2010年成為全球第二大經濟體，經濟實力增強帶來的綜合國力變化，使得中國更加自信。同一時期，受金融危機的影響，美國的經濟發展緩慢，失業率大幅上升。除此之外，美國還面臨許多美中雙邊、多邊和全球性議題的挑戰，再加上美國國內對美中關係始終無法形成共識，使得歐巴馬的中國政策難以盡如所願。[34]伴隨著實力對比的變化，有關「美中權力轉移」的研究與話題絡繹不絕，兩國在國際上的影響力此消彼長，對於「權力轉移」的預測頻頻出現於外交場域與學術期刊中，各界的觀點五花八門，欠缺系統化與科學化的依據。因此，筆者欲就「權力轉移理論」的核心觀點，進行美中權力變化的質量分析，並依主觀的滿意度與客觀權力變化的發展趨勢，打破美中權力轉移必將步向衝突或戰爭的「歷史迷思」，此為本書構思的首要目的。

一般來說，歐巴馬總統執政期間，美中關係的發展出現了開高走低、區間震盪、尾盤無力提升的結果。在美國方面，受到內部財政危機與中東局勢拖累的影響。在中國方面，時逢領導人換屆與在綜合國力持續提升的歷史機運。美中建交至今40年來，兩國史無前例地處在「第一」和「第二」大國的特殊關係上，美中權力和國際秩序上的變

Spending Can Offset the Cost of the American Jobs Act", *Center for American Progress*, Sep 26, 2011, https://www.americanprogress.org/issues/security/reports/2011/ 09/26/10227/ (accessed Jun 21,2018).

32 德瑞・蕭雷，2017年，op. cit., 頁110。

33 李成，〈歐巴馬時代的美中關係〉，《布魯金斯學會中文網》，2016年8月15日，取自https://www.brookings.edu/zh-cn/opinions（2018年9月22日）。

34 Cheng Li, "Assessing U.S.-China relations under the Obama administration", *The Brookings Institution*, August 30, 2016, https://www.brookings.edu/opinions/assessing-u-s-china-relations-under-the-obama-administration/ (accessed Aug 12, 2018).

化世人有目共睹。因此，藉由在經濟、軍事與外交三大領域，足以展現國家綜合實力，剖析美中兩國未來發展的對比趨勢，探尋兩國權力變化的關鍵轉折點，據此作為美中關係發展的因果觀察與合理推論，此為本書撰擬的第二目的。

歐巴馬政府執政結束前，一場針對中國的政策大辯論開始在美國國內進行，這是自1989年以來規模最大、也最深刻的一場辯論，對中戰略的選擇辯論至今仍在進行中。包含美國的中國問題專家、國際政治學者和許多前政府官員都加入這場盛會。辯論的主題圍繞在：從尼克森訪中之後美國歷屆政府採取接觸中國的政策是否失敗？現有的美國對中戰略是否已經面臨到必須有所調整的時刻？[35]如何調整的具體政策建議眾說紛紜，缺乏廣泛的共識。[36]歐巴馬政府的對中戰略雖然褒貶不一，然而在眾多專家學者提出的對中戰略選項中，哪些是符合歐巴馬政府的對中政策？產生的結果如何？此為本書探討的另一重要目的。

第二節　文獻回顧與分析

在歐巴馬兩任八年的領導過程中，美中關係受到相當複雜的國內外因素影響，彼此交織在合作與競爭、和解與衝突的現實環境下，逐步縮減兩國的權力落差。這樣的權力改變，無論是在全球範圍或是局部區域內，都不是幾個事件發生，或是幾番衝突對峙就能成形。這些經年累月的權力建構，源自於戰略利益的鋪陳，以及歷史的機運轉折。藉由不同領域學者的研究創見、歷史發展的因果關係，以及不同立場的學術成果，得以讓筆者有充分的學術資源，進行研究必經的嚴

35 陶文釗，〈美國對華政策大辯論〉，《現代國際關係》，第1期，2016年，頁19-28。

36 Aaron Friedberg; Thomas Christensen; Joseph S. Nye, Jr.; Kurt M. Campbell; Wang Jisi; J. Stapleton Roy, "Did America Get China Wrong? The Engagement Debate", *The Foreign Affairs*, July/August Issue, 2018. Pp.183-195.

謹步驟。本書在文獻探討項目中，礙於篇幅的制約，不得不以既有公開的研究成果，作為主要文獻探討與分析的對象。它們是國內、外已付梓出版並獲學者專家肯定的「專書」，以及已在國際知名期刊發表，並且多次被引用與推薦的研究「論文」。其中有近半數的文獻涉及美國對中戰略的得失分析，亦屬本書探討內容相當重要的一部分。因此，關於文獻的回顧與分析將在本節以「文獻回顧與探討」與「對中戰略文獻分析」兩大部分，進行深入淺出的剖析。

一、文獻回顧與探討

相關文獻的選擇聚焦在「權力轉移理論」、「美中關係發展」與「美國對中戰略」三大研究範圍，總計有40項文獻依出版與發表的先後次序，逐一探討。（詳如表1-2）至於其他未被納入的專書與論文，雖亦屬美中關係研究的重要文獻，但與本書探討的主題或範圍有所出入，不得不有所割捨。例如探討美中關係與權力轉移部份的主題計有羅伯・卡根（Robert Kagan）所撰《美國締造的世界》（*The World America Made*）[37]、沈大偉（David Shambaugh）所撰《中國的未來》（*China's Future*）[38]、以及史蒂芬・哈爾珀（Stefan Halper）所撰《北京說了算？中國的威權模式將如何主導二十一世紀》（*The Beijing Consensus: How China's Authoritarian Model Will Dominate the 21st Century*）[39]。另從中國學者身份探討的文獻亦有王緝思所撰《大國關係》[40]、金燦榮所撰《路在何方：探索中國發展之路》[41]、鄭保國所撰《美國霸權探析》[42]等。當然，臺灣學者的文獻地位亦不可或缺，

37 Robert Kagan ,*The World America Made*, (New York: Vintage, 2013).

38 David Shambaugh, *China's Future*, (Cambridge: Polity; 1 edition, 2016).

39 Stefan Halper, *The Beijing Consensus: How China's Authoritarian Model Will Dominate the 21st Century*, (New York: Basic Books，2010).

40 王緝思，《大國關係》，（香港：中華書局，2016年）。

41 金燦榮，《路在何方：探索中國發展之路》，（香港：三聯出版社，2012年）。

42 鄭保國，《美國霸權探析》，（臺北：秀威資訊出版社，2009年）。

其中包含翁明賢所撰《論中國夢》[43]、邵維華所撰《地緣政治與中美博弈：遏止中國崛起，美國最後五年倒數計時》[44]，以及王高成主編的《新時代下的國際趨勢與兩岸關係》[45]等經典著作。以上這些專書即使無法在文獻探討中多所著墨，但是這些學者專家的研究成果，卻經常在本文中被引用或引注。

至於與本書主題相關的國內、外論文期刊著作，更有如汗牛充棟，雖不在文獻分析中進行檢視，卻在筆者詳加拜讀後，已無形中將讀後心得融入各章節的論述中。在國外期刊部分；例如美國布魯金斯學會李成（Cheng Li）所撰〈評估歐巴馬政府下的美中關係〉[46]、柯慶生（Thomas J. Christensen）在《外交事務》雜誌發表的《歐巴馬與亞洲：面對中國的挑戰》[47]、美國戰略與國際研究中心（CSIS）中國專案主任卡羅拉・麥吉弗特（Carola McGiffert）所撰《巧實力與中美關係》[48]、美國企業研究所卜大年（Dan Blumenthal）所撰《亞洲的平衡：改變美國在亞洲的軍事戰略》[49]、卡內基國際和平基金會研究員

---

43 翁明賢，《論中國夢》，（臺北：淡江大學出版中心，2015年）。

44 邵維華，《地緣政治與中美博弈：遏止中國崛起，美國最後五年倒數計時》，（臺北：如果出版社，2016年）。

45 王高成主編，《新時代下的國際趨勢與兩岸關係》，（臺北：時英出版社，2018年），本書由淡江大學國際研究學院與上海國際問題研究院所共同舉辦的第22屆「世界新格局與兩岸關係：新時代下的國際趨勢與兩岸關係」學術研討會論文所編撰而成。書中共收錄兩岸學者計20篇論文，涵蓋了美中關係、兩岸關係、中日關係、一帶一路倡議、中拉關係、中國與東盟關係、及歐亞關係等重要議題。

46 Cheng Li, 2018, *op. cit.*, https://www.brookings.edu/opinions/assessing-u-s-china-relations-under-the-obama-administration/ (accessed July 04,).

47 Thomas J. Christensen, "Obama and Asia: Confronting the China Challenge", *Foreign Affairs*, September/October 2015 Issue, https://www.foreignaffairs.com/articles/asia/obama-and-asia (accessed July 04, 2018).

48 Carola McGiffert, "Smart Power in U.S.-China Relations: A Report of the CSIS Commission on China", *CSIS Commission on China*, Mar.2009, https://csis-prod.s3.amazonaws.com/s3fs-public/legacy_files/files/media/csis/pubs/090309_mcgiffert_uschinasmartpower_web.pdf (accessed July 04, 2018).

49 Dan Blumenthal, Gary J. Schmitt, Thomas Donnelly, Michael Mazza, Thomas Mahnken, Andrew Shearer, "Asia in the balance: Transforming US military strategy in Asia", *The American Enterprise*

田立司（Ashley Tellis）所撰《修訂美國對中國大戰略》[50]，以及羅伯特・卡根（Robert Kagan）所撰《為什麼美國必須領導》[51]等等，這些都是在國際期刊發表並引起廣大迴響的獨到見解。

在國內期刊部分；例如張麟徵所撰〈在競合中磨合－談歐巴馬訪中與美中關係重新定位〉[52]、王高成所撰〈歐巴馬政府亞太戰略與區域安全〉與〈東亞權力變遷與美中關係發展〉[53]、邱坤玄所撰〈霸權穩定論與冷戰後中（共）美權力關係〉[54]、李明所撰〈歐巴馬政府的朝鮮半島政策〉[55]、蔡明彥所撰〈中國在南海的強勢外交與美中戰略角力〉與〈美國在東亞地區霸權地位的發展與挑戰〉[56]、蔡東杰所撰〈當前東亞霸權結構的變遷發展分析〉[57]、李登科所撰〈歐巴馬與習近平非正式高峰會之探討〉[58]、林文程所撰〈美中競爭與亞太安全情

Institute, June 4, 2012, http://www.aei.org/publication/asia-in-the-balance-transforming-us-military-strategy-in-asia/ (accessed July 05, 2018).

50 Ashley J. Tellis and Robert D. Blackwill, "Revising U.S. Grand Strategy Toward China", *The Council on Foreign Relations,* Apr. 2015, https://www.cfr.org/report/revising-us-grand-strategy-toward-china (accessed July 04, 2018).

51 Robert Kagan, "Why America Must Lead", *The Catalyst, The George W. Bush Institute,* Winter, 2016, https://www.bushcenter.org/catalyst/leadership/why-america-must-lead.html (accessed July 04, 2018).

52 張麟徵，〈在競合中磨合——談歐巴馬訪中與美中關係重新定位〉，《海峽評論》，第228期，2009年，頁18-21。

53 王高成，〈歐巴馬政府亞太戰略與區域安全〉，《戰略與評估》，第4卷，第1期，2013年，頁43-64；〈東亞權力變遷與美中關係發展〉，《全球政治評論》，第39期，2012年，頁53。

54 邱坤玄，〈 霸權穩定論與冷戰後中（共）美權力關係〉，《東亞季刊》，第31卷，第3期，2000年，頁1-14。

55 李明，〈歐巴馬政府的朝鮮半島政策〉，《遠景基金會季刊》第14卷，第2期，2013年，頁1-52。

56 蔡明彥，〈中國在南海的強勢外交與美中戰略角力〉，《台灣國際研究季刊》，第13卷，第1期，2017年，頁37-54；〈美國在東亞地區霸權地位的發展與挑戰〉，《戰略與評估》，第1卷，第1期，2010年，頁24。

57 蔡東傑，「當前東亞霸權結構之變遷發展分析」，《全球政治評論》，第9期，2005年，頁101-122

58 李登科。〈歐巴馬與習近平非正式高峰會之探討〉。《探索與展望》，第11卷，第7期，2013年，頁1-5。

勢〉[59]、李大中所撰〈歐巴馬政府之東北亞政策分析〉[60]、陳欣之所撰〈霸權治理的省思：權力消長與權威起伏〉[61]、詹滿容所撰〈全球化的發展動態：蛻變中的權力移轉與爭議中的體系變革〉[62]，以及陳一新所撰〈中美兩國關係的延續性與變遷性〉[63]等等。

近年來對岸中國大陸在國際學術舞臺上頻獲佳績，並且全方位地努力爭取話語權，這樣的積極態度帶動了大陸地區產、官、學界的學術地位持續攀升，因此在國際關係的詮釋上，相關期刊論文的質與量獲得普遍的重視與肯定。例如王緝思所撰〈中美關係縱橫談－對中美關係的幾點分析〉[64]、倪世雄所撰〈關於中美關係地緣戰略的幾點思考—兼析中國和平崛起與美國戰略調整〉[65]、賈慶國所撰〈新時期中美關係面臨的挑戰和機遇〉[66]、閻學通所撰〈對中美關系不穩定性的分析〉[67]、金燦榮所撰〈歐巴馬執政以來的中美關係〉[68]、牛新春所撰〈歐巴馬外交－－一個新自由主義的時代？〉[69]、樊吉社所撰〈歐巴馬

---

[59] 林文程，〈美國與中國的競合關係—對習近平、歐巴馬高峰會之觀察〉，《新世紀智庫論壇》，第62期，2013年，頁100-105。

[60] 李大中，〈歐巴馬政府之東北亞政策分析〉，《全球政治評論》，第31期，2010年。頁19-26。

[61] 陳欣之，〈霸權治理的省思：權力消長與權威起伏〉，《問題與研究》，第49卷，第1期，2010年，頁59-86。

[62] 詹滿容，〈全球化的發展動態：蛻變中的權力移轉與爭議中的體系變革〉，《台經月刊》，第34卷，第5期，2011年，頁15-21。

[63] 陳一新，〈中美兩國關係的延續性與變遷性〉，《美歐月刊》，第10卷，第5期，1995年，頁68-103。

[64] 王緝思，〈對中美關係的幾點分析〉，《現代國際關係》，第6期，2001年，頁7-30。

[65] 倪世雄，〈關於中美關係地緣戰略的幾點思考-兼析中國和平崛起與美國戰略調整〉，《同濟大學學報》，第23卷，第4期，2012年，頁26-34。

[66] 賈慶國，〈新時期中美關係面臨的挑戰和機遇〉，《國際觀察》，第1期，2015年，頁21。

[67] 閻學通，〈對中美關系不穩定性的分析〉，《世界經濟與政治》，第12期，2010年，頁4-30。

[68] 金燦榮，〈歐巴馬執政以來的中美關係〉，《美國研究》，第4期，2009年，頁39-50。

[69] 牛新春，〈歐巴馬外交：一個新自由主義的時代？〉，《現代國際關係》，第5期，2009年，頁23-31。

主義：美國外交的戰略調適〉[70]、袁鵬所撰〈關於構建中美新型大國關係的戰略思考〉[71]、婁偉所撰〈論中美之間的權力轉移〉[72]與朱鋒所撰〈權力轉移理論評述〉[73]等等，彼等對於美中關係有非常完整且務實的分析，不流於過分悲觀或過度樂觀。既能勾勒出潛在的衝突點，也能大膽提出戰略合作的框架。因此，除了檢討歐巴馬總統任期內美中兩國的競合關係，更強調雙方都可以獲益的可能。

綜觀上述所提及的文獻資料，聚焦探討歐巴馬政府時期的美中關係並不多見，反而多以冷戰結束或是911事件發生後的美中競合為主，而且總是將前任總統小布希與歐巴馬進行比較，相對侷限於新保守主義與新自由主義、單邊主義與多邊主義的雙向辯論。以下是經筆者篩選並列入文獻研究對象的出版專書與期刊論文，在此逐一加以探討：

（一）權力轉移理論

首先，從本書所採取的研究途徑－「權力轉移理論」相關文獻資料著手，1958年美國密西根大學教授奧根斯基（A.F. Kenneth Organski）在其所撰《世界政治》（World Politics）一書中，深入探討國際關係幾項重要的理論依據，初步闡述「權力轉移理論」的內容。[74]奧氏認為：「由於世界政治中國家實力發展不平衡的作用，國家在國際權力結構中的位置，因為原有的主導性大國地位下降，後來崛起的大國地位上升，進而取代主導性大國地位的權力變化。」，奧氏利用各種學科，例如經濟學、社會學、心理學與歷史學等概念，研究國家建立時的政治發展過程，同時探討國家成長之後國與國之間權力分配的現

70 樊吉社，〈歐巴馬主義：美國外交的戰略調適〉，《外交評論》，第1期，2015年，頁75。

71 袁鵬，〈關於建構中美新型大國關係的戰略思考〉，《現代國際關係》，第5期，2012年，頁1-8。

72 婁偉，〈論中美之間的權力轉移〉，《東北亞論壇》，第96期，2011年，頁40-42。

73 朱鋒，〈權力轉移理論評述〉，《歐洲》，第1期，1998年，頁19-26。

74 A.F.K, Organski, 1968, op. cit., pp.338-375.

象，以及強國與弱國的互動關係。[75]十年後本書的再版內容中，奧氏增加了核子時代的論述，更強化了該書的適用性。書中有關權力轉移的核心論述經筆者綜整如下：[76]

一、主權國家是國家的行為體，權力是國際關係的核心。權力的要素包括地理、資源、人口、經濟、政治與民族士氣。國際關係的本質即是權力關係，國際間權力分配將直接影響國際體系的穩定。

二、國際體系中的「均勢」不能有效維持和平，只有在強而有力的主導國家存在國際體系時，和平才有可能維持。

三、當今權力轉移的動力來自於工業化高度發展，內生型的工業化進程，加上巨大的人口、資源等優勢，國家必定會崛起並造成權力轉移。

四、權力具有相對性與主觀性，所以必將產生對現有體系「不滿意」的修正主義國家，戰爭因此不可避免。

1980年，奧根斯基再次針對理論提出科學的論證，並與古格勒（Jacek Kugler）一起合著《戰爭總帳》（The War Ledger），此書是對權力轉移進行比較科學化的建構。作者運用量化的統計模型，將古典權力轉移理論觀點，與歷史上主要戰爭發生原因加以驗證。由此認定當權力分配不均時，戰爭爆發機率較小。當戰爭爆發時，多是由於強國之間彼此權力接近均等，或出現後進者超越先行者的現象。進而推論出權力平衡不利於國際關係穩定，權力不均衡的層級體系才有助於和平的維繫。[77]此一論點明顯挑戰現實主義的「權力平衡」理論，對於權力轉移理論的基本驗證，該書試圖回答一些問題：為什麼戰爭會

---

[75] 吳玉山，〈權力轉移理論：悲劇預言？〉，本文收錄於包宗和主編，《國際關係理論》，（臺北：五南，2011年），頁391-392。

[76] Jonathan M. DiCicco and Jack S. Levy, "Power Shifts and Problem Shifts: The Evolution of the Power Transition Research Program", *The Journal of Conflict Resolution*, Vol. 43, No. 6, 1999, pp. 675-704.

[77] A. F. K. Organski & Jacek Kugler, *The War Ledger*, (Chicago: University of Chicago Press, 1980), pp.56-57.

開始？戰爭中的勝利或失敗代表什麼意義？國家間發生衝突的行為準則為何？在核子時代來臨後是否仍然有效？兩位作者認為在戰爭中勝利或失敗取決於國家動員資源的能力，為有效評估國家的社會經濟資產，以一連串指標作為評估國家能力的計算工具。

綜觀這二本書的論述核心，強調國際體系複雜多變的形勢下，如何保持以西方國家（尤以美國）為主導的權力地位，預防來自崛起國家權力上升所形成的權力衝擊與挑戰。奧氏在書中多次提及中國崛起，強調以美國為首的西方國家對中國進行防範與遏制，進而達到維護自身權力的目的。[78]本書似乎想用客觀的口吻，從國際關係的歷史中尋找面對挑戰與風險的規律，但是實際上奧氏同樣受制於冷戰體系的歷史局限，論述之間始終帶有強烈的意識形態色彩。其次是作者在書中多次表達悲觀的預見，認為美中之間權力分配的持平，將會不可避免導致戰爭。這種繼承傳統現實主義的觀點雖然有跡可循，但卻忽略了理論的關鍵變數，即對「滿意度」的加權比重。因此，筆者認為奧氏的權力轉移理論始終懷抱著西方理應占據主導地位的思維，並以此思維來針對中國的權力威脅進行探究。在現今邁入全球化高度互賴程度的國際社會，藉此尋找衝突與戰爭的規律性解釋，是有其意識形態的局限性。[79]

中國的崛起已經成為權力轉移理論持續熱議的主要驅動力。1996年由古格勒與蘭姆克（Douglas Lemke）共同主編《均勢與戰爭》（Parity and War）一書，審視權力優勢的觀點，主張占主導地位的國家藉由權力的優勢能夠維持和平。[80]該理論分析軍事建設、國家聯盟、領土威脅、經濟週期、核武威懾與擴散等因素，周延地解釋戰爭

---

[78] 趙文志，〈中美關係中的經濟因素：以人民幣匯率為例〉，《東吳政治學報》，第24期，2006年，頁72-73。

[79] 楊小勇，〈道義現實主義視角下權力轉移探析〉，《當代世界與社會主義》，2016年02月，取自http://www.zggszkw.com/detail-5-426-c.html（2018年8月1日）。

[80] Jacek Kugler and Douglas Lemke, *Parity and War: Evaluations and Extensions of the War Ledger*, (Michigan: University of Michigan Press, 1996).

的開始、復原與和平。作者以個案分析上一世紀南美州的戰爭，與美國南北戰爭所帶來的經濟和政治後果，做為長期觀察衝突與和平的國際關係模式。[81]作者認為發動戰爭需要機會和意願，權力轉移理論關注的權力均等即是機會，以及對現狀的不滿即為意願。幾十年來，關於權力分配與戰爭關係的問題，一直是國際關係實證研究的主要焦點，並且設法在不同層級中找出一致的關係。如今許多獨立的研究表明，權力均等和戰爭之間存在互動關係，「權力轉移理論」就是這個關係的有力證據。然而，權力轉移理論似乎只關注最強大國家的權力和衝突，其他國家之間的權力關係卻未納入求證，實屬本書的缺憾。

千禧年由古格勒再次出手，集結幾位學者專家共同出版《權力轉移：二十一世紀的戰略》（*Power Transition: Strategies for the 21st Century*）一書，此書是為了紀念奧根斯基，並由古格勒等八位學者一起合著。[82]書中將權力轉移理論的架構詳細介紹，從國際層面預測戰爭與和平的機率，提供決策者認清全球權力現況與危機可能發生原因。本書的特色在於廣泛地探討美中關係的未來，及亞洲權力在國際政壇的崛起。美中兩國已成為主導全球政經互動的關鍵，而美中滿意度的焦點則環繞在臺灣問題。作者認為中國和美國都無法自外於新的臺海危機，並提醒臺灣問題可能產生的嚴重後果。

本書將權力轉移理論的體系概念描述得十分清楚，使讀者可以一窺理論的假設與歷史經驗的證明，惟對於「滿意度」的說明仍不夠清晰。幾年之後，古格勒在夏威夷的國際研討會中指出，權力轉移增加了戰爭衝突的機率，但是否一定會爆發全球性對抗，還是取決於崛起

---

[81] Douglas Lemke, "Toward A General Understanding of Parity and War", *Conflict Management and Peace Science*, September 1, 1995. http://journals.sagepub.com/doi/10.1177/073889429501400202 (accessed Aug 21, 2018).

[82] Jacek Kugler, Ronald L. Tammen, Douglas Lemke, Alan C. Stam III, Mark Abdollahian, Carole Alsharabati, Brian Efird, A. F. K. Organski, *Power Transitions: Strategies for the 21st Century*, (London: Seven Bridges Press, 2000).

國家對現狀接受程度，即所謂滿意度。[83]值得我們注意的是作者直指美中雙方應該利用這個短暫的機遇，儘快和平解決臺灣問題，否則可能留下衝突的隱憂。事實上，古氏在書中有關「權力轉移」論述的重心，一直圍繞在「現在和未來的中國是否是一個滿意的國家？」他認為如果中國對現狀滿意的話，中國與任何全球性的競爭者爆發戰爭的機率將大幅降低。本書雖然是一篇評述中國滿意度的文章，但大多在中國處理臺灣問題上大做文章，對於中國在全球範圍的影響力，以及中國在不完全滿意現狀的情況下，如何融入國際組織與建制，較少見到具體的評論。

2013年，大衛・拉普金（David Rapkin）與威廉・湯普森（William Thompson）合著《二十一世紀的美國與中共權力轉移想定》（*Transition Scenarios: China and United States in 21th Century*）一書，該書由我國防部購得版權並列為軍官團教育參考叢書，可見其為培訓國軍未來將校軍官的重要參考書。[84]本書界定權力轉移的預測因子，檢視美中未來關係發展的各種可能想定，每種想定都置入某個特定的理論架構中，考量每個潛在想定背後的論點，利用國際關係的理論工具，探討歷來重要的權力轉移，並指出未來美中兩國權力轉移想定的可能發展。作者帶領讀者思考21世紀在系統性的權力架構內形成敵對的關係。透過發展未來的多重與另類的理論驅動想定，思考渾沌不明與不可知的兩國關係發展。然而，作者提出許多假設性的想定模式，許多場景不太可能發生，而且提供的指導方針偏向概念發想，作為軍官培訓的教材尚屬適切，但若成為預判未來美中關係的權力轉移依據，稍顯不足。

有關國內專家學者的研究成果，另有2006年由向駿主編，收錄了

---

83 Jacek Kugler, Ronald Tammen, "The Strategic Equation", paper presented at the International Studies Association, Hilton Hawaiian Village, Honolulu, Hawaii, March 1-4, 2005.

84 大衛・拉普金（David P. Rapkin）、威廉・湯普森（William R. Thompson），《廿一世紀的美國與中共權力轉移想定》，高一中譯，（臺北：國防部政務辦公室史政編譯處），軍官團教育參考叢書第648號，2016年。

包含淡江大學王高成教授等多位國內外專家學者的論文合撰《2050中國第一？權力轉移理論下的美中台關係之迷思》一書，試圖預測21世紀的中國會是全球第一的新霸權？還是東亞文明的再造？透過國內外學者多元化、多角度的觀察，輔以「權力轉移理論」的驗證，讓有心瞭解世界局勢的讀者們得以深入美、中、臺三方與世界未來的情勢變化。本書是國內首度以權力移轉理論為主軸，公開付梓討論兩岸關係與美中關係的專書。最值的注意的是此書第一章收錄了權力轉移理論專家古格勒的論文，描述美中強權轉移下的台灣問題，文章中大膽推測中國在2005年取代英國，在2010年取代德國，2015年取代日本（如今看來預測與實際似乎相去不遠），並在2040左右取代美國。[85]本書的第二章是由向駿主筆的《權力移轉理論與美國的中國威脅論》，除了鋪陳權力轉移的概念，理論探討側重美中關係的「中國威脅」要素，以及對「台灣定位」的影響。[86]內容包含了許多新的發展議題，例如「中國的能源戰略」等論點，另以「柔性權力」作為未來的展望，它是對權力移轉理論的一種反思，相當具有學術參考的價值。本書第七章收錄淡江大學王高成教授所撰《東亞權力變遷與美中關係發展》，其對筆者撰寫本書具有極大的啟發，書中提及美中之間在東亞地區的互動，包含南海的主權聲索與資源爭奪，鏗鏘有力。[87]

國立台灣大學吳玉山教授撰文《權力轉移理論：悲劇預言？》，文章收錄於包宗和教授主編的《國際關係理論》一書，該書集結20位以上在國際關係學術領域最頂尖的國內學者專家共同完成。[88]內容除

---

[85] 向駿主編，《2050中國第一？權力轉移理論下的美中台關係之迷思》。（臺北：博揚文化，2006年），頁32-34。

[86] 向駿，〈從『霸權穩定』理論看美、中關係發展〉，本篇文章亦發表於淡江大學國際事務學院《2009年台灣與世界關係研討會》，2009年6月18日。

[87] 王高成，〈東亞權力變遷與美中關係發展〉，《全球政治評論》，第39期，2012年，頁41-62。

[88] 吳玉山，〈權力轉移理論：悲劇預言？〉，收錄於包宗和主編，《國際關係理論》，（臺北：五南出版社，2011年）。

了細數權力轉移理論的源起、演化與發展，同時比較權力轉移與其他層級理論的異同，特別是將其他現實主義流派的理論進行分析比較，使讀者能夠用循序漸進的方式，深入淺出理解理論的核心概念，該書頗適用於國際關係理論初學者教科書。作者在文章後半段亦針對美中兩國的權力轉移現象，進行不同層面的說明與比較，特別是在結論部分強調制度彈性的重要性。在權力轉移過程中，制度的彈性是提高挑戰者滿意度的關鍵因素，卻也是既有主導國最艱難也最掙扎的選擇。[89]作者認為權力轉移理論十分適用於當今美中兩國所處的國際現狀，也是美中關係最有力的分析工具。然而，筆者卻認為權力轉移理論仍有其邏輯缺陷和解釋的侷限，如果我們忽視這些邏輯缺陷，就會接受權力變遷必然導致大國衝突的結論，這是當今國際社會認為美中衝突不可避免的原因所在。對此，我們更須對理論展開系統性的解構與批判，才能降低後學者對此概念框架的誤解。此點亦是本書重要的研究目的之一。

（二）美中關係發展

接下來回顧有關美中關係研究的重要文獻。首先是曾經擔任歐巴馬政府中國政策顧問大衛・藍普頓（David Lampton）於2002年出版《同床異夢——處理1989至2000年中美外交》一書，他用中國成語「同床異夢」一詞，生動地形容美中兩國密切地生活在一起，但相互之間卻少有溝通。[90]在當今全球化進程中，國際機制和多邊合作組織的運作，早已使美中兩國在同一張地球的大床上靠得越來越近。但是兩國各自的政治制度、國家利益、領導人和國民的觀念，卻讓兩國懷抱著完全不同的夢。[91]

---

89 王瑋，〈權力變遷、責任協調與中美關係的未來〉，《世界經濟與政治》，第5期，2015年，頁59-61。

90 David M. Lampton, *Same Bed, Different Dreams. Managing U.S.- China Relations, 1989-2000*, (University of California Press, 2002).

91 "The odd couple-America should be much more confident in its dealings with its closest rival", *The Economist*, Oct 22nd 2009. https://www.economist.com/node/14699593 (accessed Apr 22, 2018).

藍普頓與美中兩國朝野上下接觸頻密，這些經驗使他看到兩國關係上較為柔軟的一面，與其他學者將外交決策描繪成權力的無情與貪婪大不相同。書中對天安門事件後十年的兩國體制、文化、經濟、安全、人權乃至於臺灣問題上，進行時隱時現的利害分析，最後為兩國領導人和國民追求共同利益提供七項具體建議，即使邁入21世紀的今天，仍然適用於美中兩國的互動關係。[92]筆者贊同書中所指出美中兩國「同床異夢」問題的核心，並認同在相互探試彼此紅線之後，最終還是希望找到和平相處之模式，那就是「合作於實務，對立於虛擬」。今日美中雙方在乎的是實務、是經濟，而不是意識型態的高調。[93]美中關係涉及的領域繁複，如果雙方在某一問題的支配上僵持不下（例如人權、貿易與匯率問題），就會對美中關係的發展設下重重阻礙。因此，雙方留在同一張大床上繼續編織彼此的「美國夢」與「中國夢」，有效的危機處理機制，將成為雙方和平相處的關鍵因素。

美國《新聞週刊》國際版主編法理德・札卡瑞亞（Fareed Zakaria）於2008年出版的《後美國世界：群雄崛起的經濟新秩序時代》（*The Post-American World: and the Rise of the Rest*）一書[94]，內容揭櫫當代力量分散全球的面貌，汲取過去五百年來兩次權力大轉變的歷史教訓，包含西方強權興起與美國戰後稱霸的國際局勢，未來國際秩序的最大挑戰，在於如何因應「群雄競起」的下一次大轉變。中國、印度等新興市場的崛起，就是屬於這類群雄競逐的後美國時代典範，但是塑造這個新世界的催生者不再只有美國。影響美國的不只是中國崛起或亞

---

92 David M. Lampton, op. cit., 2002, pp.365-378. 藍普頓在書中提出七點建議：第一，在獲取權力和運用權力時不要把話說絕，不要把對方逼到牆角。第二，建立一種可以發展和貫徹一項前後一致的政策機制。第三，由於資源有限，要確定什麼是優先的問題，堅持優先問題不放鬆。第四，進行戰略對話，並確定意圖。第五，保持信譽。第六，考慮對方的國內政治環境。第七，教育公民大眾。

93 李本京，〈習歐瀛台會：兩強關係確立〉，《海峽評論》，334期，2018年10月，取自https://www.haixia- info.com/（2018年8月23日）。

94 Fareed Zakaria, *The Post-American World and the Rise of the Rest*, (New York: W.W. Norton & Company, 2008).

洲興起，而是在全球更廣泛的地區崛起。札氏強調世界逐漸脫離美國經濟支配，邁進一個多元勢力共同界定與監督的「後美國世界」。[95] 然而，筆者認為作者以「金磚國家」（BRICS）的發展代表「群雄競起」的象徵，似乎將焦點過度鎖定在地區性的經貿亮點，以偏概全地認為金磚國家追隨西方的事實，同樣適用大多數國家。[96]作者所強調的群雄崛起不盡然就會導致秩序的不穩定，只要美國願意接納他們，群雄們就會願意追隨其理想腳步。然而，這樣的說法猶如中國古代的朝貢秩序，淪為群雄扈從於美國，並未詳細說明美國到底有那些條件令群雄們願意追隨。而且美國等西方強權在歷史上，也無此朝貢型的結構秩序，有的只是殖民統治的佔領經驗，實難認定在後美國世界中，只要美國接納就能引領崛起的群雄共同維持穩定的國際秩序。

美國國際商業戰略（IBS）公司的創始者韓德爾・瓊斯（Handel Jones）於2010年出版《CHINAMERICA：看中美競合關係如何改變世界》（*CHINAMERICA: The Uneasy Partnership that Will Change the World*）一書。[97]實地走訪中國長達30年，透過與中國政府或企業高層頻繁接觸，從經濟層面分析美中關係。「中美共治」（CHINAMERICA，或稱中美共同體、中美連體嬰………）一詞，是由哈佛大學歷史學家尼爾・弗格森（Niall Ferguson）與經濟學家莫里茨・舒拉里克（Moritz Schularick）兩人共同發明，用來形容中、美兩大經濟體的共生關

[95] G. John Ikenberry, "The Post-American World; The Second World: Empires and Influence in the New Global Order", *Foreign Affairs*, May/June 2008 Issue, https://www.foreignaffairs.com/reviews/capsule-review/2008-05-03/post-american-world-second-world-empires-and-influence-new-global (accessed July 30, 2018).

[96] 金磚國家的概念是由美國投資銀行高盛首席經濟師奧尼爾2001年首先提出「金磚四國」的概念。四國是巴西（Brazil）、俄國（Russia）、印度（India）和中國（China）。取每個國家英文名稱第一個字母，加起來成為BRIC。因發音近似英文Brick（磚），中文名稱被巧妙譯成「金磚」。2011年在中國舉行的峰會上邀請南非加入，變成「金磚五國」（BRICS）。「金磚國家」占全球人口43%，占全球貿易額17%。用購買力平價衡量，「金磚國家」占全球GDP25%。

[97] Handel Jones, "CHINAMERICA: The Uneasy Partnership that Will Change the World", (New York: McGraw-Hill Education, 2010)。

係。[98]作者認為此種關係不但可以帶給美國社會持續繁榮，也會使中國經濟保持高速增長，更帶動了全球的榮景。作者希望中國成為美國的長期夥伴，兩國應該發展「中美共治」關係，也就是一個由中美兩國公平分享財富、而非競逐利益的合作關係。[99]實際上，當弗格森首次提出「中美共治」的說法時，就有許多學者專家表達強烈反對，指出「中美共治」的意圖是建立在兩國關係必定是持續理性的矛盾上，因為短暫的經濟利益共享最終將被政治分歧與敵對所掩蓋。今天的美中關係不是被套在經濟增長的零和競爭中，全球化必定有它高度競爭性的一面，特別是在爭奪全球有限的戰略資源時，兩國之間的「戰略互疑」無疑是最大的障礙。[100]本書在經濟領域上進行歷史深度的探究，但在美中兩國外交關係的交鋒上，著墨較少。

曾經三度獲得普立茲新聞獎的外交專欄作家湯瑪斯・佛里曼（Thomas Friedman）與外交思想家邁可・曼德鮑（Michael Mandelbaum）所撰《我們曾經輝煌：美國在新世界生存的關鍵》（*That Used to be Us: How America Fell Behind in the World It Invented and How We Can Come Back*）。本書的重點不在於敘述美國過去的豐功偉業，而是重拾以往引以為傲的美國精神。冷戰結束讓美國一下子失去了努力的方向，也漸漸失去以往的競爭力。[101]兩位作者觀察美國過去的歷史和近年所面臨的局限，彙整出四大難題與挑戰：如何適應全球化、如何運用資訊科技、如何處理龐大的預算赤字，以及如何管理能源浪費與氣候威脅。當今中國在工業、科技、教育與創新上的崛起，突顯出美國當今政治體

---

98 雄學琛，〈哈佛教授弗格森香港演說：剖析中美共同體〉，《亞洲週刊》，2016年06月，取自https://www.master-insight.com/（2018年7月21日）。

99 亞迪・伊格納西斯（Adi Ignatius），〈中美命運共同體？An Uneasy Codependence〉，《哈佛商業評論》，2017年03月，取自https://www.hbrtaiwan.com/article_content_AR0006796.html（2018年8月2日）。

100 克利斯多夫・克拉克（Christopher M. Clarke），《中美共治只是白日夢》，（耶魯全球化研究中心，2009年），取自https://yaleglobal.yale.edu/node/59991（2018年7月1日）。

101 Thomas L. Friedman, Michael Mandelbaum, *That Used to Be Us: How America Fell Behind in the World It Invented and How We Can Come Back*, (New York: Farrar, Straus and Giroux, 2011).

系及核心價值的崩壞，作者欲藉此提醒美國人自己「曾經擁有的光榮」。[102]本書一開始就強調：「這是一本關於美國的書，但卻要從中國開始說。」中國展示綜合國力的一面時，還有另一面是以其低廉的勞動力成本，承擔著商業與文化的美國價值。美國應該視中國為鏡子，不應該因為失去自信而將中國視為敵人。

本書的作者是兩位專精於全球性議題與時事分析的新聞記者，且對當今的美國呈現相當樂觀的看法，美國仍有不可取代的優勢，因為擁有一群不願放棄與妥協的理想主義者仍在努力，雖然整個趨勢因政治惡鬥而陷入僵局，但仍有重返榮耀的機會。然而，本書美中不足之處在於缺乏對美中關係的具體論述與建議，也鮮少提及美中關係的矛盾與猜忌，對中國的崛起與成就僅有一面倒的肯定或批評，未見針對美中權力變化的相對分析。因此，筆者認為本書對於國際關係研究學子在美中兩國權力轉移的比較分析上，助益有限。但是對於瞭解美國國內政經現況，卻是值得細讀與肯定的。

曾經擔任過歐巴馬的助理國防部長德瑞・蕭雷（Derek Chollet）撰有《美國該走的路：歐巴馬如何抗拒華盛頓的政治惡鬥，重新定義美國與世界的關係》（*The Long Game: How Obama Defied Washington and Redefined America's Role in the World*）一書，由於身處決策核心並透過親身的參與，熟悉歐巴馬所有重大決策的心路歷程。[103]作者眼中的歐巴馬相信當今的美國對內需要休養生息，兼顧各種利益的平衡；對外需要避免國力過度擴張，樹立建設性的對話與合作。如今的華府政治氛圍陷入相互詆毀的惡性循環，兩黨操作民粹的政客不斷要求政府對外採取強硬立場，以證明美國的偉大。[104]歐巴馬認為這種蠻橫外交只會

---

102 高希均，〈美國重建輝煌之路〉，《再造競爭力》，2012年03月，取自https://www.hbrtaiwan.com/article_content_AR0001982.html（2018年7月3日）。

103 Derek Chollet, *The Long Game: How Obama Defied Washington and Redefined America's Role in the World Hardcover*, (New York: Public Affairs, 2016).

104 〈歐巴馬的執政困境：政治惡鬥造成外交政策癱瘓，「長線博奕」淪為「長期戰爭」〉，《關鍵評論》，2017年2月21日，取自https://www.thenewslens.com/article/61833

拖垮美國，負責任的執政團隊應該避免短線操作，把治國大計從「長期爭戰」改為「長線博奕」。並以相對較少的資源，取得長期且重大的戰略成果。「長線博奕」的精神在於：胸有定見，沉著面對壓力，不隨媒體政客起舞；眼光放遠，不追逐短期的利弊得失；視野開闊，審慎評估各種利益的優先順序；尋求共識，尊重國會與民眾的聲音，節制使用總統特權；建立聯盟，集合國際社會的群體力量，打造永續合作機制。[105]

書中有關「長線博奕」戰略的論述，其實就是不斷強調美國國力已非比往昔，讀來頗有刻意美化失敗主義的味道。雖然舉出大量的外交決策範例，卻也顯示作者慣於使用負面詞語陳述列舉美國不該做什麼、美國可能掉入那些陷阱云云，較少見到具體建議美國應該如何掌握機會，應該如何主動突破困局。由於作者長期身處白宮決策核心，雖然一再批評反對黨是國內政治惡鬥的始作俑者，事實上，執政的團隊也吝於給予反對勢力相同的政策迴旋空間。筆者認為本書適於作為國會政策辯論的研究題材，至於美中關係的「長線博奕」，仍應化被動為主動，增加雙邊接觸與合作的機會，才能化解長期的「戰略互疑」。

約翰霍普金斯大學教授麥可・曼德爾邦（Michael Mandelbaum）於2017年出版《美國如何丟掉世界？後冷戰時代美國外交政策的致命錯誤》（*Mission Failure: America and the World in the Post-Cold War Era*）一書，[106]作者描述在後冷戰時代，由於國際上已無其他國家可以限制美國的肆無忌憚，美國的政治菁英總是帶著一種自命不凡的優越感，以傳教士的心態在全球推廣美式自由民主與市場經濟。另一方面，由於

（2018年6月28日）。

105 德瑞・蕭雷，〈八年回顧，歐巴馬如何調整外交戰略重返亞洲？〉，《選讀書摘》，2017年1月14日，取自https://theinitium.com/article/20170114-culture-book-thelonggame/（2018年6月28日）。

106 麥可・曼德爾邦（Michael Mandelbaum），《美國如何丟掉世界？後冷戰時代美國外交政策的致命錯誤》，林添貴譯，（臺北：八旗文化出版社，2017）。

安全威脅已經解除，外交問題不再是全民關切的焦點，短視的政客只求討好國內民意，缺乏對國家整體長遠利益的規劃。因此，作者呼籲美國應當扮演的角色是國際和平秩序的維護者，而非個別國家內部結構的改造者。[107]應該關切的是各個主權國家在國界之外的外交行為，而非國界之內的內政行為。自從冷戰結束之後美國過度干涉他國內政與種族衝突，導致國力不斷虛耗。當然，從作者本身的立場也可以充分體會到美國保守外交政策學者的態度。[108]

綜觀全書的論述內容，雖名為檢討美國在後冷戰時代外交政策的致命錯誤，但核心思維卻難脫美國新保守主義對於「中國威脅論」與「中國崩潰論」的說項。作者將冷戰後崛起的中國和第一次世界大戰之前的德國相提並論，直指中國就像當時德國，經濟快速發展助長其擴張領土的野心。更相信百年後的此時，中國就像德皇威廉領導的德國，而美國猶如1914年以前的英國。然而，這樣的比喻有些時空錯置，若按作者的比喻，是否意謂著今後的美國將放棄「人道干預」的外交手段，或容忍任何國家以「主權」之名在國內傷害民主人權，並無明確立場。當今全球各地極端民族主義與保守主義勢力抬頭，美國是否應該採取「光榮孤立」的態度，並對海外的暴政袖手旁觀，亦無再做說明。作者僅模糊的指出美國必須尋找出一個最節約、最不費力的方式維持國際秩序，乍看之下猶如將問題的思索與變局的應對難題拋出之後，隨即轉身離去。

北京大學國際關係學院院長王緝思，與美國布魯金斯學會中國問題專家李侃如（Kenneth Lieberthal）兩人合撰《美中戰略互疑：解析與應對》（*Addressing U.S.-China Strategic Distrust*）一書。各自闡述了美

---

107 法蘭西斯・福山（Francis Fukuyama），〈美國政治——衰敗抑或更新？〉，《觀察者月刊》，2016年08月，本文原刊於美國《外交事務》雜誌2016年7/8月號，原題"American Political Decay or Renewal?"，取自https://www.foreignaffairs.com/articles/united-states/2016-06-13/american-political-decay-or-renewal（2019年3月5日）。

108 James F. Jeffrey, "Mission Failure: A Book Review", *The Washington Institute,* May 2016, https://www.washingtoninstitute.org/policy-analysis/view/mission-failure-a-book-review (accessed 2018.07.30).

中兩國各層級決策者長期對美中關係的基本觀點，同時提出有助於未來減少美中戰略互疑的行動倡議。[109]美中戰略合作雖然已擁有實質的基礎，但戰略互疑卻從未消除，這種現象取決於雙方對自身問題的反思。王緝思的中方觀點認為：中國對美國的戰略疑慮根植於歷史，反映近年國際體系結構性變化的事實，包含中國已躋身世界一流大國之列，美國雖仍為主導性大國，但是正在走下坡路。新興國家正在挑戰西方的主導地位，並且加強與中國的合作。具有中國特色的共產主義對社會和經濟的有效管理模式，成為發展中國家在民主之外的另一種選擇。中國認為美國的最終目標是維持其全球霸權，美國將企圖牽制甚至阻礙中國的崛起。美方則認為中國的未來具有不確定性，並據此產生擔心。雙方辯論的主題是探討究竟採用什麼樣的方法，才能最有效地促使中國行為更加符合美國的期待。[110]

本書的主要目的是提高雙方理解對方思維方式的能力。然而，想要制訂減少或者是至少有效控制戰略互疑的政策，確實是相當困難的。從國際關係各式理論在實務應用上來看，雙方很難預想對方會如何詮釋自己的決策，甚至旨在促進雙邊關係的那些決策也可能引起對方的誤解。[111]本書是以研討會後的報告性質為架構，因此缺少具有理論基礎的因果檢驗與實證案例，雙方各持立場表述，並無辯論後的交集，是為本書一大缺憾。

北京清華大學國際關係研究院閻學通院長撰有《世界權力的轉移：政治領導與戰略競爭》一書，對於全球權力轉移現象有關崛起國

---

109 Wang Jisi and Kenneth G. Lieberthal, "Addressing U.S.-China Strategic Distrust", *Brookings Institution Press*, 2012, https://www.brookings.edu/research/addressing-u-s-china-strategic-distrust/ & https://www.brookings. edu/wp-content/uploads/2016/06/0330_china_lieberthal_chinese.pdf (accessed July 3, 2018).

110 王緝思，《中美戰略互疑：解析與應對》，（北京：社會科學文獻出版社，2013年），頁77-79。

111 Daniel W. Drezner, "The missing links in Wang Jisi's great power analysis", *Foreign Policy*, April 3, 2012, https://foreignpolicy.com/2012/04/03/the-missing-links-in-wang-jisis-great-power-analysis/ (accessed Aug 2, 2018).

家為何能夠成功？與霸權國家為何會走向衰落？提出相對較新的理論解釋。該理論借鑒中國古代的政治思想，特別是關於道義取向與領導類型之間的關係，因此被國際學界稱為「道義現實主義」。理論主張國家的政治領導能力是國家實力、國際格局及國際規模等變化因素。政治領導的性質不同，借鑒王、霸、強三種古代分析方法，以現代國際領導權力進行分類，並推演出國際體系的變化與世界中心轉移的原理。[112]這是一部政治決定論的著作，與經濟決定論的角度截然不同。道義現實主義的學術價值在於解釋為何弱國可以崛起並超過強國。[113]然而，道義也不是無條件地發揮作用，它會受到國家實力和客觀環境的限定。中國的外交戰略由「韜光養晦」轉變為「奮發有為」，韜光養晦的戰略本質是儘量減少承擔國際責任，而道義現實主義的戰略核心則是主動承擔國際責任，以提高國際的權威。[114]中國過去的外交政策之所以採取「不結盟」原則，是因為當時中國國力薄弱，結盟引發的對抗在當時並不符合中國的利益，但是現在中國已經成為全球第二大國，不結盟原則是否還符合中國的利益，確有再檢討的空間。[115]

（三）美國對中戰略

中國是美國建國二百多年以來從未遭遇過的全新戰略對手，不但擁抱全球化發展趨勢，更積極加入現有的國際體系，努立建設具有中

---

[112] 閻學通，《世界權力的轉移：政治領導與戰略競爭》，（北京大學出版社，2015）。

[113] 閻學通，《道義現實主義決定世界權力中心轉移》，（清華—卡內基全球政策中心，2015年），取自https://carnegietsinghua.org/2015/11/10/zh-pub-61973（2018年9月19日）。作者借用管子的學說闡述其理論的核心：「夫國大而政小者，國從其政；國小而政大，國益大。」《管子・霸言》國家實力很強大，但如果政治領導衰弱，就會把國家引導走向衰敗。國家不強大，但是有強大的領導，就會使弱國變成大國。崛起國家能夠以弱勝強，取代現行的大國，端賴政府強而有力的領導能力。

[114] Yaqing Qin, "Continuity through Change: Background Knowledge and China's International Strategy", *The Chinese Journal of International Politics*, Volume 7, Issue 3, Sept 2014, pp. 285-314.

[115] 閻學通、曹瑋，《超越韜光養晦：談3.0版中國外交》，（天津：人民出版社，2016年），頁4-5。

國特色的社會主義和平發展模式，現今美國益顯孤立的外交政策，顯然已不足以應對複雜的美中關係。[116]未來在眾多重要的全球議題上，中國仍然是美國必須尋求合作的夥伴，如何調整未來的對中戰略，不僅考驗著美中雙方領導人的智慧，也是國際社會共同關切的生存發展問題。接下來回顧國內外學者專家們針對美國對中戰略的相關研究。

首先回顧的是美國學者克里斯多福・萊恩（Christopher Layne）所撰〈從優勢到離岸平衡:美國未來的宏偉戰略〉（From Preponderance to Offshore Balancing: America's Future Grand Strategy）一文，他認為今日的美國應該像當年英國那樣，採取不涉入國際衝突的均勢戰略。[117]美國應該放棄對歐洲、日本等盟國的軍事承諾，依靠全球性或地區性的平衡力量，將自己的優勢能力當成阻止中國可能造成美國利益受損的最後手段。萊恩認為美國應該減少在動盪區域如中東或歐洲的安全責任，在亞洲地區則由日本承擔更多的責任，減少中國不斷升級的軍事競爭，並與中國周邊盟友保持適當距離，如此可避免陷入與美國沒有直接利益的大國衝突。過去的歷史顯示，傳統的盟友總是把美國當成靠山，時常提出一些與中國有爭議的主張，令美國為了表態支持盟友而不得不做出反應。[118]

另有哈佛學者陸伯斌（Robert Ross）所撰〈和平的地理學：21世紀的東亞〉（The Geography of the Peace: East Asia in the 21th Century）一文，作者認為美國和中國是傳統大國戰略的競爭對手，彼此雖然是為了國家安全和地區影響力而競爭，但主要還是東亞地區的地理因素使

---

116 袁鵬，〈從大辯論看美對華戰略走向〉，《中國評論網》，2018年10月12日，取自http://hk.crntt.com /crn-webapp/touch/detail.jsp?coluid=123&kindid=0&docid=105213903（2018年11月11日）。

117 Christopher Layne, "From Preponderance to Offshore Balancing: America's Future Grand Strategy", *International Security*, Vol. 22, No. 1, 1997, pp. 86-124

118 許劍虹，〈釣魚台衝突 美憂被日本拖下水〉，《中時電子報》，2017年02月13日，取自https://www.chinatimes.com/realtimenews/20170213003892-260417（2018年11月13日）。

然。由於中國的地理位置和歷史發展有其特殊性，中國是一個大陸型大國，而美國在亞洲的優勢和利益主要在於海洋領域。如果雙方都能體認並接受這些現實，就應該有可能制定出一種穩定的海陸勢力交易模式。[119]在這種模式中，中國主導歐亞大陸東部，但須放棄發展海權能力的誘惑；而美國則維持主要海上大國的地位，但不應在陸地上挑戰中國。以上兩者的主張均帶有「勢力範圍」與「離岸平衡」戰略的影子，除了可以確保美國能夠站穩國際體系主導地位，也可以減少實際軍力投送的負擔，借助代理人之手實現在相關地區的國家利益最大化。然而，這種只由「利己」主義出發的國際秩序，必然成為掣肘國際合作、加深大國猜忌的負能量。

美國卡內基國際和平基金會研究員邁可・史文（Michael Swaine）於2000年撰有《解釋中國大戰略：過去、現在和未來》（*Interpreting China's Grand Strategy: Past, Present, and Future*），史文認為歷史上中國國家安全有三大目標：對內維持國內秩序，增進人民福祉；對外抵禦外來威脅，捍衛國家主權和領土完整；維持有地緣政治影響的大國地位。為實現這些目標，中國在不同階段採取不同的大戰略。近代中國實行軟硬兼施的戰略，將依靠軍事手段控制周邊地區的「硬」戰略，與依靠外交手段為主導的「軟」戰略結合。進一步演變成深思熟慮的戰略，即所謂「韜光養晦」。全力發展市場經濟，不以意識形態劃定界限，致力與主要大國發展和平友好關係。在加強軍事現代化的同時，儘量避免對外使用武力，積極參與地區和全球事務，獲取不對稱利益。[120]隨著中國國力漸強變得更為自信，主動開始追求對周邊的影響力，收復過去喪失的領土。中國的大戰略走向將取決於世界對中國

[119] Robert S. Ross, "The Geography of the Peace: East Asia in the Twenty-first Century", *International Security*, Volume 23, Issue 4, 1999. p.81-118.

[120] 達巍、李慶春，〈美國人看中國大戰略——評「解釋中國大戰略：過去、現在和未來」〉，《環球時報中文網》，取自http://big5.china.com.cn/chinese/HIAW/374492.htm（2019年2月9日）。

的態度，美國對中國採取遏制或綏靖政策都只是適得其反，與中國保持接觸才是恰當的選擇。作者讚同美國應該儘量與中國合作，彼此增強互信，將中國融入國際體系，鼓勵中國進行改革。同時阻止中國獲得威脅到美國國家安全核心利益的能力，做好以外交、經濟和軍事手段對付中國的準備。至今無論是中國現有的大戰略，還是中國公開的政策、聲明和行動，都無法提供證明中國的戰略敵意，或伴隨而來的任何削弱或取代美國的企圖。[121]

接著，我們回顧本世紀國際關係領域必讀的經典之作，由攻勢現實主義學者約翰・米爾斯海默（John Mearsheimer）所撰《大國政治的悲劇》（*The Tragedy of Great Power Politics*），從理論闡述亞歐地區可能的霸權對美國形成的威脅，特別提及中國是最具潛力的地區霸權國家，所以一般讀者普遍認為米氏是擁抱「中國威脅論」的學者。[122]書中的內容以軍事和歷史詳細說明地緣政治的發展脈絡，並以理論分析「攻勢現實主義」的行為模式。當今世界各國都鼓吹人類將和平共處的時候，米氏卻提倡國家與國家之間並沒有永久的和平。因為，國家彼此之間不會想要保持一種均勢，而是想要打破這種均勢，並尋求成為體系中的唯一主導者－霸權。[123]作者對於國家之間的互動是抱持一種悲觀的看法，因為國家之間無法確定彼此是否存有敵意，這也是出於人性的弱點而放大至國家層面，其目的就是為了生存發展。米氏心中的中國威脅論與其他學者有所不同，他認為中國崛起所造成的威脅不是在國際體系，而是在美國霸權地位是否穩固。[124]米氏並不像一般

---

121 Michael D. Swaine & Ashley J. Tellis, *Interpreting China's Grand Strategy: Past, Present, and Future,* (Washington, DC: RAND Corporation, 2000).

122 John J. Mearsheimer, *The Tragedy of Great Power Politics,* (W. W. Norton & Company, 2014).

123 Amitai Etzioni, "Mearsheimer's War With China", *The Diplomat,* March 29, 2015, https://thediplomat.com/2015/03/mearsheimers-war-with-china/(accessed Mar 5, 2019).

124 羅伯特・卡普蘭（Robert S. Kaplan），〈進攻性現實主義將引導美國未來？〉，孫西輝譯，原文載於《社會科學報》，第1301期，第7版。取自https://kknews.cc/zh-tw/world/aeynaav.html（2018年04月21日）。

現實主義者那樣將中國類比成二戰前的德國，而是以一種歷史的、悲劇的與輪迴的角度看待美中衝突，認為中國威脅是大國政治本身邏輯演繹的必然。雖然米氏具備清晰的攻勢現實主義思辨邏輯，但其理論的運用仍然沒有擺脫「美國中心主義」和「美國例外論」的束縛，書中數次顯露「應對亞歐大陸可能出現的地區霸權對美國構成的威脅」表達憂慮。

美國學者江憶恩（Alastair Iain Johnston）於2003年在《國際安全季刊》發表的〈中國是維持現狀國家嗎？〉（Is China a Status Quo Power?）一文，主要探討中國領導人奉行的外交政策是保持現狀或者修正主義，作者詳細分析支持或反對中國最常見的描述方式與證據。對於指責中國是一個心懷不滿的修正主義國家，作者十分不認同，並視這種論斷是對「保持現狀」和「修正主義」的國際關係理論不夠瞭解。過去近20年來沒有足夠的證據顯示中國是一個修正主義國家，也沒有明確證據表明中國領導人正在抗衡或破壞美國主宰的單極體系。[125]

美國學者約翰・伊肯伯里（John Ikenberry）於2008年撰有《中國的崛起和西方的未來》（*The Rise of China and the Future of the West*）一書，作者談到中國非凡的經濟增長和積極的外交已經改變亞洲，中國的崛起並不一定引發痛苦的霸權過渡。美中之間的權力轉移和過去的權力轉移歷史有很大差別，因為中國面對的國際秩序根本不同於過去那些崛起大國所面對的。中國不僅僅面對美國，它也面對以西方為中心的完整體系－以開放、融合、規則為基礎、而且有著深厚政治基礎的體系。同時，核武大國之間發生戰爭的機率不高。簡言之，當今的西方秩序難以推翻，而且容易加入。當面對崛起的中國時，美國應該記住，如果它想保留對西方秩序的領導權，必須努力加強支撐秩序的規則和制度，讓它「更容易加入，更難被顛覆。」[126]

---

[125] Alastair Iain Johnston, Is China a Status Quo Power?", *International Security,* Volume 27, Issue 4, Spring 2003, pp.5-56.

[126] John Ikenberry, "The Rise of China and the Future of the West", *Foreign Affairs,* January/February

美國均勢理論學者亨利·季辛吉（Henry Kissinger）於2012年出版《論中國》（*On China*）一書，季氏在1971年因他對美國總統尼克森的獻策與行動，改變了美中兩國的外交歷史。即使退出公職自設公關顧問公司，季氏還是以中國做為主要國際關係研究主題。本書加入季氏在1994年時出版的《大外交》（*Diplomacy*）一書部分內容，不乏重提當年自己一手策劃密訪北京、打開中國大門的政治功績。[127]這些都是季氏的親身經歷，帶給讀者對秘密協商與政治藝術的觀察。季氏認為中國的崛起將使國際關係再次「兩極化」，美中關係會進入另一個新冷戰，甚至不排除發生戰爭。[128]美中兩國都是大國，大到不能為了對方犧牲本國利益，大到不能讓對方主導自己。季氏提出美中關係應是「共同進化」（co-evolution）。一起尋找利益與合作的基礎，共建「太平洋共同體」（the pacific community）。他期待這個共同體概念能像二戰後的「大西洋共同體」一樣，成為重建世界秩序主要推力。相對地，這也是一個存在極大包容性的概念。

季氏善於整理出一套自成體系的「戰略觀念」，抓住問題重點，並將雙方源於歷史的仇恨與恐懼，暫時擱置一旁。在兩國外交政策的眾多矛盾中，找出雙方和則蒙利，戰則俱傷的道路。[129]近期季氏與川普曾多次私下會面，一反冷戰時主張的「聯中抗蘇」，竟向川普獻計「聯俄制中」，透過建立與俄羅斯的密切關係，遏制中國日益增長的影響力。[130]筆者發現書中的許多重要引注，大量取自上一世紀80年代

2008, pp.33-37.

[127] Henry Kissinger, *On China,* (New York: Penguin Books, 2012).

[128] Michiko Kakutanimay, “ An Insider Views China, Past and Future”, *The New York Times,* May 9, 2011. https://www.nytimes.com/2011/05/10/books/on-china-by-henry-kissinger-review.html (accessed Aug 2, 2018).

[129] 陸以正，〈季辛吉新著遭譏評〉，《國政評論》，2011年。相同文章亦刊載於中國時報，2011年7月4日，A13版。

[130] Asawin Suebsaeng, "Henry Kissinger Pushed Trump to Work With Russia to Box In China", *The Daily Beast,* July 25, 2018. https://www.thedailybeast.com/henry-kissinger-pushed-trump-to-work-with-russia-to-box-in-china (accessed Aug 2, 2018).

前的文獻，對於中國在1949年前後的歷史描述十分細緻。但是，對於與美中建交之後的發展，以及中國崛起的遠近因素分析，則略顯單薄。

澳大利亞戰略學家休·懷特（Hugh White）於2012年出版《中國抉擇——為什麼我們應該分享權力》（*The China Choice: Why We Should Share Power*）一書，探討中國的崛起對亞太地區地緣政治的影響，並建議美國應與中國「分享權力」，此項主張立即在媒體界引發爭論。[131]作者認為中國經濟實力的增長造成了全球戰略力量分配的根本改變，中國將在戰略領域，特別是在亞太地區，扮演更重要的角色。作者支持美國應該試圖接受中國的戰略野心，至少應該達到某一種程度，美國應該準備好與中國分享權力，把中國當成平等一方看待。同時，中國也必須做出選擇，決定自己想達成多大的影響力，想與美國形成一種什麼樣的關係，包括與地區其他大國比如日本、印度的關係。今後中美關係如果按照過去幾年那樣發展下去，很有可能導致雙方競爭更為激烈。為了避免這一切發生，美國和中國都需要從現有的軌道上退後，以一種新的方式考慮雙邊關係。

美國普林斯頓大學教授范亞倫（Aaron L. Friedberg）於2012年撰有《美國回得了亞洲嗎？》（*A Contest for Supremacy*）一書，他認為美中之間直接對抗的機會不大，雙方領導人也積極尋求合作的可能，但在許多議題上仍然針鋒相對，主要源於雙方在戰略上缺乏互信，而彼此的猜忌不僅受到兩國在亞洲地區勢力消長的影響，另一方面也源於彼此在意識型態上的差異。中國的策略是逐步壓迫美國在亞太地區的軍事與外交影響力，最終目的是想成為亞洲的主導者。因此建議美國政府應該捨棄過去一貫維持的交往與制衡兩手策略，強調對中採取適度的制衡作用，強化區域結盟與提升軍事能力，鼓勵區域國家一同加強安全合作。因應中國崛起最有效的治本之道還是在於美國本身，先從

---

[131] Hugh White, *The China Choice: Why We Should Share Power,* (Oxford: Oxford University Press; 2013).

不斷尋求自身精益求精的根本之道做起，而不是一心一意只想到如何阻礙競爭對手，如此才有本錢阻止可能來自中國的脅迫。

美國學者黎安友（Andrew Nathan）與施道安（Andrew Scobell）於2012年合著《尋求安全感的中國》（*China's Search for Security*）一書，剖析中國那些看起來強硬不友善的行為，是為了追尋自身的安全。書中論證中國脆弱的結構與歷史心理因素，表面上雖然是自信滿滿的強國，其實內在充滿著恐懼、矛盾與焦慮。[132]中國的巨大存在與持續增長自然形成對他國的威脅感，雖然仍是一個專制政權，但它並未試圖去破壞世界其他地方的民主制度。中國的巨大量體及其戰略位置，僅是為了維護其自身的安全，便會讓它不得不陷入一個防預性擴張的姿態。其實，美國的衰敗對中國而言無利可圖，甚至可能受害更深。即便中國認為自己有利可圖，它也沒有能力促成美國的衰敗。對美國來說最好的選擇是在目前國際秩序之下，儘量讓中國在國際社會發揮更大的貢獻，藉此提升中國自身的安全感。當中國以不符合美國利益的方式改變現有國際體系時，美國也要斷然予以回拒，以維持有利的制衡作用。因為遏制中國確實不是一個務實的選擇，但美國也無須向中國的要求退讓過多。

曾任國家安全會議亞洲事務主任傑弗里.貝德（Jeffrey A. Bader）卸任後撰寫《歐巴馬與中國崛起》（Obama and China's Rise: An Insider's Account of America's Asia Strategy）一書。通曉中文的貝德在美中關係上始終主張歡迎中國的崛起，並希望中國在現有國際秩序下，承擔更多的國際責任。中國已全面融入國際體系，美中之間並不存在必然的衝突，美國也不應該把冷戰期間針對前蘇聯的遏制政策用來對付中國，主張「接觸與合作」才是美國對中政策的唯一選擇。[133]有鑒於中

[132] Andrew Nathan & Andrew Scobell, *China's Search for Security*, (New York: Columbia University Press; Reprint edition, 2012).

[133] Jeffrey A. Bader, *Obama and China's Rise: An Insider's Account of America's Asia Strategy*, (Brookings Institution Press, 2013).

國崛起的不確定性，美國的對中政策必須是多面向的，不能僅依靠軍事威嚇、經濟吸引與人權掛勾等手段，因為這些手段即使是在中國尚未崛起時，都沒有發揮預期的效用，更何況現今崛起後自信滿滿的中國。[134]歐巴馬支持塑造美中關係，使崛起的中國成為國際社會「穩定和建設的力量」，而不是「和平的威脅」。[135]其實，美中關係在歐巴馬政府期間就不斷的面臨不同時期的戰略「十字路口」，美國面對中國崛起的本能反應，還是脫離不了懷疑與遏制，即使主張新自由制度主義外交路線的歐巴馬，也不能超越「美國例外主義」的影響。[136]歐巴馬把對中國的政策放到全球框架下加以調整，這種改變當然是從美國本身的戰略利益出發。但是美國也應該明白擘劃全球性的戰略議題時，絕對不能缺少中國的參與，美國無法決定中國未來發展的能力，中國也不會希望美國干涉其意願。

美國經濟學家蘇拉曼尼亞（Arvind Subramanian）2013年在金融時報發表〈中美應達成大交易〉（China and America Should Strike a Grand Bargain）一文，提出以權力交換的方式維繫現有體系的主張。他認為美國應與中國達成一個以權力換取目的的交易（power-for-purpose bargain），美國在現有的多邊體系和機構中放棄部分權力，或主動與中國分享其中的利益，以此維繫和加強現有的開放型體系。蘇氏提出的具體提議包括：在國際貨幣基金會和世界銀行等多邊機構中，增加中國的話語權；美國與歐洲國家也不應在這些機構繼續享有否決權。若美歐繼續享有否決權，也應該賦予中國同樣的權力。儘早讓人民幣

---

134 余東暉，〈歐巴馬對華關係決策內幕〉，《財團法人現代財經基金會》，2012年03月，取自http://www.ctdf.org.tw/times_content.php?times_no=209（2018年8月2日）。

135 Dean Cheng and Ariel Cohen, "How Washington Should Manage U.S.-Russia-China Relations", *The Heritage Foundation REPORT Global Politics,* September 12, 2013. https://www.heritage.org/global-politics/report/how-washington-should-manage-us-russia-china-relations (accessed Aug 01, 2018).

136 安剛，〈歐巴馬這八年，給中美關係留下了什麼？〉，《環球新聞網》，2016年12月4日，取自https://kknews.cc/zh-tw/world/zmpq98q.html（2018年6月29日）。

成為國際儲備貨幣，中國自身也要積極開放其金融和匯率市場，減少國家資本主義，進而取得西方國家的信任。[137]筆者認為權力交換的關鍵要看中國在這些領域是否存在「有限目標」以及明確的「核心利益」。如果中國的戰略目標只局限於經濟發展或國家統一，這樣的權力交換策略才有可能實現。但是，如果中國拒絕這樣的權力交換，或是無限制地擴張自身利益和目標，那麼美中發生衝突的可能就會高度存在。

美國學者歐漢龍（Michael O'Hanlon）與史坦伯格（James Steinberg）兩位於2014年出版《中美新型戰略關係——走向戰爭還是走向合作》（*Strategic Reassurance and Resolve: U.S.-China Relations in the 21th Century*）[138]，書中指出美中關係的障礙與潛在風險，透過反覆的模擬推演，大膽提出一個戰略合作的框架，包括提高透明度、自我約束等。該書的作者在歷史案例中，系統化闡述戰略再保證的實施手段，並認為藉由不斷加強雙邊的良性合作，美中兩國未來可以擺脫「修昔底德陷阱」的宿命。作者認為當前的美中關係有如處於「囚徒困境」中，如果雙方都保持合作，那麼雙方都可受益，但如果只是單方面合作或雙方都拒絕合作，就會遭受巨大損失。因此，兩國都應該制定合適的「戰略再保證」措施。[139]該書所倡議的戰略再保證具有五個元素：一是「克制」，指美中兩國加強自我克制，並對雙方的戰略意圖報以善意的理解。二是「強化」，就是在對方採用克制行為後，給予積極的回應。三是「透明」，指軍事實力的透明。四是「靈活」，指雙方在選擇克

---

137 Arvind Subramanian, "China and America Should Strike a Grand Bargain", *The Financial Times*, June 6, 2013, https://piie.com/commentary/op-eds/china-and-america-should-strike-grand-bargain (accessed Nov 11, 2018)

138 Michael E. O'Hanlon, James Steinberg, *Strategic Reassurance and Resolve: U.S.-China Relations in the Twenty-First Century*, (New Jersey : Princeton University Press, 2014).

139 〈華府觀察：美中戰略再保證 杯子半滿或半空〉，《中評月刊網路版》，2017年6月7日，取自http://hk.crntt.com/crn-webapp/mag/docDetail.jsp?coluid=32&docid=104705410（2018年8月22日）。

制的同時，也要做一定的保留。五是「決心」，強調自己的核心利益，並且彰顯捍衛核心利益將不惜一戰的決心。

筆者認為儘管書中準確地描述了當前美中關係的現狀和問題，也試圖指出兩國繼續和平發展的途徑，然而「戰略再保證」構成要素存在許多矛盾，即「克制」和「靈活」與「決心」之間的對立關係。「克制」要求兩國在戰略上進行自我克制，並且給予對方善意，「靈活」要求雙方在選擇「克制」時，也要做一定的戰略保留，而「決心」則是向對方表明底線，有哪些利益不容侵犯。在實際情況中如何界定克制、靈活與決心的範圍？如何在它們之間找到合適的平衡點？這些都是該書作者尚未解釋清楚的地方。[140]另外是書中的視角幾乎全部集中在軍事議題上，相對忽視了美中之間的非軍事領域議題，特別是在經濟領域。美中關係除了在軍事議題上需要互相信任，經濟議題上的摩擦也一直是影響兩國關係的重要因素。這種因素還會進一步擴大「中國威脅論」的操作空間。對這些因素的影響作者僅有簡要的提及，尚缺系統化的論述。

美國學者田立司（Ashley Tellis）於2014年撰有《不用遏制的平衡》（*Balancing without Containment*）一書，提出美中競爭源於結構性政治因素所造成，美國要推動眾多的國家利益就必須保護其全球霸權地位。崛起的中國想重塑對其有利的國際環境時，就必須削弱美國的主導地位，因為美國仍然是中國最大的外部制約力量。[141]儘管兩國利益存在根本的分歧，但兩國也仍然在共同利益中彼此合作。中國從美國的貿易和投資中獲益匪淺，也從美國所建立的全球秩序中不斷壯大。相對地，美國也從中國的雙邊經濟關係中獲得巨大的利益，雙方

[140] 遲永，〈戰略再保證是中美關係的穩定機制？〉，《國際政治科學》，總第41期，2015年，頁100-116。

[141] Ashley J. Tellis, *Balancing Without Containment: An American Strategy for Managing China-China is poised to become a major strategic rival to the United States,* (Washington DC: Carnegie Endowment for International Peace Press, January, 2014).

都不願意看到彼此互利的關係受到破壞，但問題來自於戰略上的威脅感。中國在經貿上的增長速度持續高於美國，它與美國的實力差距不僅快速縮小，也造成美國的威脅感持續增加。作者認為現在想要採取限制中國進入全球經濟體系的手段已經太遲了，若美國此時執意要求中國的貿易必須進行根本性的改變，將會造成重大的經濟危機或軍事對峙。因此，美國的戰略目標應該是盡可能延長主導的地位，為了保持領先優勢，首先需要振興經濟，提高國內生產總值，努力創新保持技術方面的領先地位，才能擁有更多增強其綜合國力的選擇。此外，美國不應該只想到如何制約中國，還須設法提高其他同盟國家的能力。

因倡導「軟實力」概念而聞名全球的國際政治學者約瑟夫・奈伊（Joseph S. Nye Jr.）撰有《美國世紀的終結？》（*Is the American Century Over?*）一書，書中從軍事、經濟與軟實力三個層面分析美國國力，以及中國、俄羅斯、印度、歐洲等潛在對手的條件。作者主張美國真正的問題不是它將被中國或其他競爭者超越，而是它將在一個更多元的資訊革命時代，面臨其他國家與非國家實體力量的提升。如果美國世紀要持續下去，美國必須思考如何聯合他國，建立同盟與制度，以實現彼此共同的目標。[142]奈伊認為美國的衰退是可以避免的。美國的世紀尚未結束，目前也只有中國具備威脅美國的潛力。美國內部社會和政治體制問題，也會存在於其他國家，因此不能作為終結美國優勢地位的必要條件。儘管嘗試反駁攻勢現實主義和權力轉移論者的觀點，作者仍在無意中流露出擁護「美國第一」的私心。因為書中只從「美國世紀」如何不會被終結的角度出發，並沒有從「其他國家如果不合作，美國如何回應」的角度來回答問題。如果思維上總是圍繞在「美國如何聯合他國實現彼此共同目標」，這代表美國始終只願接受自己才是領導的角色。如果把思考的焦點從美國世紀是否終結，或轉

---

[142] 約瑟夫・奈伊（Joseph S. Nye Jr.），《美國世紀的終結？》（*Is the American Century Over?*），林添貴譯，（臺北：麥田出版社，2015）。

換為美國世紀還能維持多久？這樣在面對中國的崛起與挑戰現有的國際規則時，才能避免「嚴以律中、寬以待美」的西方學派盲點。

美國學者金萊爾（Lyle Goldstein）於2015年發表《相向而行：如何緩和美中之間日漸顯現的競爭關係》（*Meeting China Halfway: How to Defuse the Emerging U.S.-China Rivalry*），探討美國面對的是一個實力急劇增強的中國，伴隨而來的衝突風險將不斷升高。考慮到兩國綜合實力，美中若交戰必定是一種災難性的衝突，但至今兩國仍未提出雙方均能接受的理論框架，以及彼此呼應的政策建議。作者主張藉由美中雙邊持續正面的互動，以實現「螺旋上升的合作關係」，避免「急轉直下的對抗」趨勢。急轉直下的惡性循環通常源於雙方政府面對安全困境時產生恐懼和誤解的後果。而在螺旋上升的合作關係中，可以漸進地相互合作，逐步達到更廣泛的包容與妥協，由此樹立起對雙邊關係的信任與自信。然而，實施這些步驟並不容易，作者所謂的「螺旋上升的合作關係」是吸收了建構主義、自由主義和現實主義等國際關係理論的重要傳統，但同時也被這些重要傳統所束縛，實現這種良性循環需要確保雙方都能受惠，在以現實主義為主流的國際社會對雙方領導人來說，這是一種長期的決策挑戰。[143]

學者柯慶生（Thomas J. Christensen）將他在布希政府任職時，負責亞洲事務的歷史記錄整理出版《中國的挑戰：影響一個崛起大國的選擇》（*The China Challenge: Shaping the Choices of a Rising Power*），在美中之間戰略猜疑加重的背景下，此書成為雙方搭建橋樑的一種探索。[144]作者一方面指出，中國的國防現代化對美國造成了很大威脅，另一方面又聲稱，中國軍事力量的成長範圍經常被學者和官員們過度

[143] 余東暉，〈華府觀察：螺旋式合作能讓美中避免衝突？〉，《中評社新聞網》，2015年5月21日，取自 http://hk.crntt.com/doc/1037/6/0/7/10760758.html?（2019年3月4日）。

[144] Thomas J. Christensen, *The China Challenge: Shaping the Choices of a Rising Power,* (New York: W. W. Norton & Company, 2015)

誇大。中國對美國的挑戰是全方位的，沒有其他國家如同中國一樣有能力來影響美國，也沒有其他國家如同中國一樣在亞太地區和美國有如此多的衝突和糾結。因此，美中兩國都提出各自的整體外交佈局，直接反映本國外交戰略的重點概念。美國提出「亞太再平衡」戰略，這是冷戰後美國最重要的全球戰略調整之一，也是對中國外部環境影響最大的一個政策。中國提出建立「中美新型大國關係」，美方對中國要求尊重雙方核心利益的企圖一直有所顧慮。中國在外交上的自信和對內政上的焦慮，導致近年在涉及主權爭議的外交政策上，採取更為強硬的態度。然而，現行國際秩序提供的機會遠大於限制，因此中國得以運用現有國際體系來實現自身外交政策目標。[145]

美國學者查理斯‧葛拉瑟（Charles Glaser）於2015年在《國際安全季刊》（*International Security*）雜誌撰有〈美中大交易？軍事競爭與和解之困難選擇〉（A US-China grand bargains? The hard choice between military competition and accommodation）專文，主張美國和中國都擁有二次打擊的核武力量，這一事實凸顯了亞洲自然地理劃分的穩定效應，美國和中國可以不必陷入嚴重的安全困境。[146]儘管美國也擁有龐大的傳統武力，但大部分美軍後勤和支援單位都在太平洋的另一端，作者認為中國不應該認為這些能力有迫切的威脅。中國實力的持續增長，勢必需要美國在外交政策上進行收縮調整，這些改變或許令人失望，但也勢在必行。作者認為美國應放棄對臺灣的安全承諾，消除美中之間最明顯、最有爭議的衝突點，以換取中國的退讓並和平解決東海和南海的島嶼爭端，正式承認美國在東亞的軍事安全存在，藉此徹底化解中美在西太平洋地區發生正面衝突的風險，也為兩國關係除去

---

[145] 項皓，〈中國的挑戰：影響一個崛起大國的選擇〉，《世界與中國事務》，總第5期，2015年，取自 https://worldchinapress.blog/2015/09/25/（2019年2月12日）。

[146] Charles L. Glaser, A U.S.-China Grand Bargain? The Hard Choice between Military Competition and Accommodation", *International Security,* Volume 39, Issue 4, Spring 2015, pp.49-90.

最大的信任障礙。[147]事實上，美中困境不僅僅是勢力範圍的競爭，無論是臺灣問題，還是東海與南海的主權爭端，都只是當前美中關係在結構問題上的一部分。美中兩個大國面臨的具體矛盾背後，是一系列相互交織的規則和秩序之爭。交易性質的戰略是否能夠奏效，考驗著美中兩國的領導人、安全團隊和決策機制。

美國哈德森研究所學者白邦瑞（Michael Pillsbury）於2015年撰著《2049 百年馬拉松：中國稱霸全球的秘密戰略》（*The Hundred-Year Marathon: China's Secret Strategy to Replace America as the Global Superpower*），作者提出了一個令人滿腹狐疑的說法，認為中國自1955年就啟動了一項百年的「戰略欺騙計畫」（Strategic Deception Program），意圖騙取西方技術，發展強大經濟，最終取代美國成為世界霸權。[148]中國運用《孫子兵法》的戰略智慧，以「能而示之不能，用而示之不用」的手段，始終偽裝成善良的合作者，扮演不具野心的脆弱國家，刻意隱瞞自身的實力與意圖，令西方降低戒心。同時對美國官員、學者、企業與媒體百般地利誘，積極幫助中國在經濟上高速增長。如今中國國力大增，明目張膽地想控制全球輿論、壓迫小國與擴張軍備。因此，作者敦促華府及早放棄改變中國的幻想，設法努力遏制中國的崛起。[149]此書因為美國總統川普與副總統彭斯相繼公開宣稱其為美國最具權威的中國事務專家，本書亦獲得美國中央情報局CIA頒發「傑出貢獻獎」的加持，一時洛陽紙貴，突然成為各國媒體追逐的焦點。學界普遍將他的觀點歸類為「反華派」，亦指稱其所持中國威脅的論調意

---

147 Denny Roy, "The Impossible Price of a U.S.-China Grand Bargain: Dumping Taiwan, Time for a U.S.-China "grand bargain" over Taiwan?", *The National Interest*, June 24, 2015, https://nationalinterest.org/blog/the-buzz/the-impossible-price-us-china-grand-bargain-dumping-taiwan-13177 (accessed Mar 4, 2019).

148 David Tweed, "This Is the Man Trump Described as The Leading Authority on China", *The Bloomberg*, Sep 27, 2018, https://www.bloomberg.com/opinion/articles/2018-11-22/trump-pressure-on-made-in-china-2025-is-doing-beijing-a-favor (accessed Nov 25, 2018).

149 Michael Pillsbury, *The Hundred-Year Marathon: China's Secret Strategy to Replace America as the Global Superpower*, (New York: St. Martin's Griffin; 2016).

在鼓動美中之間的衝突。[150]平心而論，無論從研究方法，還是資料搜尋，作者完整地收集到中國一些具有權威的學術機構與學者專家的觀點，顯示出研究的嚴謹態度。至於是否認同作者的論點，當然是見仁見智，難有定論。

川普上台後的首位白宮國家貿易委員會主任彼得・納瓦羅（Peter Navarro）在其所著《美、中開戰的起點》（*Crouching Tiger: What China's Militarism Means for the World*）一書中，圍繞的基本主題是：「美中之間是否終有一戰？能否避免戰爭？」全書的理論基礎就是源於國際關係理論的「攻勢現實主義」。[151]納氏反對為了追求經濟利益而向中國妥協，甚至進行包羅萬象的戰略交易。堅信對中國的妥協與交易完全是異想天開、與虎謀皮，因為中國從來不打算在談判中妥協，也從不遵守其簽署的國際條約和協定。中國當然看重經濟利益，但不會為了經濟利益而放鬆政治控制，也無法真正融入國際社會成為負責任的一員。納氏批評中國搭上現有國際政經秩序的順風車從中獲利，同時卻以「北京模式」破壞現有的國際秩序。美中的對抗和對峙是基於世界觀和價值觀的分歧，是不可能調和的。納氏贊成在美國和中國之間築起新的「經濟鐵幕」（Economic Iron Curtain），堅持對抗中國[152]。

持相同觀點的美國學者還有布萊克威爾（Robert Blackwill），他與田立司在美國外交關係協會共同撰寫的〈修改美國對華大戰略〉

---

150 Wendell Minnick, "Book Review: The Hundred-Year Marathon", *The Defense News*, January 27, 2015, https://www.defensenews.com/opinion/intercepts/2015/01/27/book-review-the-hundred-year-marathon/ (accessed 14 Feb, 2019).

151 Peter Navarro, *Crouching Tiger: What China's Militarism Means for the World*, (New York: Prometheus Books, 2015).

152 「經濟鐵幕」（Economic Iron Curtain）一詞源於美國前財政部長亨利・保爾森（Henry Paulson）於2018年11月7日在新加坡開幕的彭博創新經濟論壇上警告，一旦美國與中國無法解決分歧，印太地區可能進入全面冷戰，兩國之間可能會出現一道「經濟鐵幕」分裂世界。美國內部已形成共識，過去交往政策未能改變中國行為，中國加入世貿組織十七年多來，在許多經濟領域並未開放外國競爭，現在連美國商界都呼籲華府得採取對抗措施。

（Revisin g US Grand Strategy toward China）報告，堪稱華府智庫對中國的鷹派代表作。兩人認為中國現在是美國最重要的競爭者，美國早該對中國日益強大的實力做出更強勢的反應。美國欲將中國融入國際秩序的努力，已經對美國在地區的優勢帶來巨大威脅。作者認為美國應該拋棄過去數十年不具成效的對中姑息態度，改採遏制與圍堵的強勢策略。[153]儘管報告本身辯稱美國支持對中國保持接觸，但實際主張卻是推動美國走向全面遏制中國的道路。

普林斯頓大學范亞倫（Aaron Friedberg）2015年在《生存》（*Survival*）期刊發表〈美國對中國戰略大辯論〉（The debate over US China strategy）一文[154]，指稱自尼克森政府以來，美國歷屆政府執行的都是對華接觸政策，事實證明對中接觸是一種失敗的政策，美國對中接政策失敗顯示在幾個方面：一是美國的政策未能使得中國政治體制轉向自由民主。相反地，中國政府通過一些國內法，如《境外非政府組織管理法》等，加強了對社會的控制。二是美國的政策未能使得中國成為一個更加開放的、以市場經濟為主體的經濟體。相反地，2008年金融危機以後，自中國政府對經濟的控制逐漸加強之後，包括美國企業在內的外國企業日益感受到來自中國政府歧視性政策的限制。三是美國的政策未能使得中國成為「負責任的利益攸關方」。相反地，中國試圖推動國際貨幣基金組織等現有國際機制的改革，創建亞洲基礎設施投資銀行、金磚銀行等新機制分化美國的同盟體系，改變地緣格局，並通過「一帶一路」倡議擴大自身的影響力。作者將歷年來美國對中國的戰略整理出包括「加強接觸」、「戰略再保證」、「大交易」、「離岸平衡」、「有利平衡」與「遏制」等六項選擇，並認為傾向對中採取相對強硬的「有利平衡」戰略，並且認為這才是美國對中戰略最佳的選項。

---

[153] Robert D. Blackwill, Ashley J. Tellis, "Revising U.S. Grand Strategy Toward China", *Council on Foreign Relations Press*, April, 2015, pp. 54-65.

[154] Aaron L. Friedberg, "The Debate Over US China Strategy", *The Survival*, 19 May 2015, pp. 89-110.

另有學者何漢理（Harry Harding）於2015年在《華盛頓季刊》（*The Washington Quarterly*）上發表〈美國對中政策失敗了嗎？〉（Has U.S. China Policy Failed?）一文，探討美國對中政策的分析與各方觀點的總結。[155]作者認為美國對於美中關係的討論近來愈加激烈。這些討論基本圍繞以下一些問題：中國的國際地位，美國在亞太地區的核心利益，中國未來的經濟和政治制度，以及中美之間實力對比的變化。這些問題可以被細分為三個問題：一、為什麼美國對中國過去幾年的行為感到不滿，美國的這些不滿是否合乎情理？二、美國自身的政策是否是造成這些不滿的原因之一？責任究竟在中國還是美國本身？三、如果美國的政策已經失敗，要怎麼改？如果政策本身沒問題，那該怎麼做？作者將未來對中國的政策改革建議劃分為「保持現狀」、「達成交易」及「強硬起來」三個選項。文中關於美國對中政策的辯論雖然詳盡，但是辯論總是圍繞著對舊有政策失敗的認同，而不見對於替代方案的創新建議。雖然少有人對美中關係的現狀滿意，但大部分的學者只是在分析、呈現各種問題。因此，很難在美國對中政策的替代方案上達成一致。[156]

傑弗里・貝德另於布魯金斯學會發表〈美國對中政策框架〉（A Framework for U.S. Policy toward China）論文，他觀察到美中關係的新變化，提出了將兩國風險最小化、合作最大化、利益最優化的政策選項，同時反對決策者採納單一或片面的政策主張。[157]通過對比分析，作者為今後的美國總統提供如何管理對中關係的政策性建議，也試圖引導美國未來的執政者如何調整思維。這些政策建議計有「順應」、

155 Harry Harding, "Has U.S. China Policy Failed?", *The Washington Quarterly*, 30 Oct, 2015, pp. 95-122.

156 何漢理，〈美國對華政策是否已失敗？〉，《中美印象週報》，第84期，2015年，取自http://www.uscnpm.com/model_item.html?action=view&table=article&id=7483（2019年4月12日）。

157 Jeffrey A. Bader, "A framework for U.S. policy toward China", *The Brookings Institution*, March 21, 2016. https://www.brookings.edu/research/a-framework-for-u-s-policy-toward-china/ (accessed Nov 13, 2018)

「遏制、對抗或不加約束的戰略角逐」與「全球性合作，區域性決心」等三項。前兩個選項是相當極端的選擇，這種假定較不切實際。時任美國國務卿的季辛吉曾開玩笑式的比喻：「美國的對中政策應該始終包括三個選項：一、核戰爭；二、投降；三、一條明智、中庸的外交解決之道。」雖然選項三是相對模糊的選擇，但依然可以達成，而且往往是最佳的選擇。[158]

來自對岸的學者亦有獨到的見解，中國外交學院李海東在其〈美國對華政策的辯論、選擇與走勢分析〉一文中，闡述美國政策精英的對中政策是一場全方位、多元化的政策大辯論。「務實容納論」、「接觸合作論」、「反省妥協論」、「接觸融合論」、「接觸遏制論」、「遏制論」……等等不同認識在彼此碰撞。美國的決策討論正脫離以往對中採取接觸與融合的基調，逐漸朝著擠壓碰撞的方向發展。美國對中國意圖的習慣性誤判、美中兩國國際秩序觀的差異、美國認定其國內問題的責任出自中國等等因素，導致美國對中政策始終帶有強烈的悲劇色彩。在此次對中政策大辯論和大調整中，學會換位思考將有助於美國理性地認識中國。作者融合美國政策精英的研究成果，劃分為「相互容納」、「螺旋式合作」、「自我調整」、「雙邊接觸和多邊融合」、「表面接觸實際遏制」與「全面制衡與反擊」等六項。[159]

當然，美中關係在國內的研究能量亦不容小覷，來自中央研究院張廖年仲發表〈美國就其對華政策展開辯論〉（The U.S. Debate over Its China Policy）論文，將美國對中戰略從中國的權力與意圖兩個面向，劃分美國對中國的戰略計有「接觸」、「包容」、「競爭」和「遏

[158] 傑弗里・貝德（Jeffrey Bader），〈美國對華政策框架〉，《多維新聞》，2016年6月，取自http://news.dwnews.com/global/big5/news/2016-06-29/59750028.html（2019年4月12日）。

[159] 李海東，〈當前美國對華政策的辯論、選擇與走勢分析〉，《美國研究》，2016年，第4期，頁9-36。

制」等簡潔的四個選項。[160]從中探討美國學界對中國政策的看法，究竟要維持當前的交往政策，還是採取替代方案，仍然莫衷一是。但是在這次的中國政策辯論中，所有的學者都同意美國要以經濟發展為重，主張要優先進行經濟改革、擴大基礎建設投資及加強科技研發與人才培育。不論是接觸派強調的美中經貿互賴，還是包容派強調的國內經濟建設，或是競爭派與遏制派提倡的縮減中美貿易赤字，其共通點都是美國必須先恢復強大的經濟實力，才能面對中國崛起所帶來的挑戰。這點可以說是此次美國的中國政策辯論中唯一、也是最重要的共識。[161]

綜觀上述專書與文獻的內容檢視，筆者發現幾項尚待強化與補充的論述空間，說明如後：

一、美國的對中政策一直牽引著美中關係發展的方向，既有支持交往或妥協的「鴿派」，又有堅持遏制與對抗的「鷹派」，眾說紛紜，各執一詞，缺乏系統性的選擇與利弊分析，讀者易產生見樹不見林的偏見。

二、部分文獻專書認為美國應該好好檢討自己，改變自己，才能贏回主導地位。另有作者主張逐漸改變對方的意圖，以便形成有利於自己的國際秩序（詳如表1-2）。然而，筆者認為美中雙方不能單靠任一方一廂情願地改變自己或改變對方，就能一手打造出和平穩定的互動關係。必須不斷地利用接觸、溝通、嘗試、調整與堅持的彈性策略，一步一步地建立互信，適時降低對方對現況不滿意的程度，才能在現有的國際體系下，建立長久穩定的雙邊關係。

---

[160] Nien-chung Chang Liao, "The U.S. Debate over Its China Policy", Paper prepared for the 2017 ISA Hong Kong Conference, June 15-18, 2017, University of Hong Kong, http://web.isanet.org/Web/Conferences /HKU2017-s/Archive/0f732754-a304-476b-a2cd-b367b15f2ee5.pdf (accessed Nov 14, 2018)

[161] 張廖年仲，〈美國學界的中國政策辯論〉，《中央研究院週報》，第1656期，107年3月，頁3-5。

三、美中關係在歐巴馬政府時期的研究，多屬不同領域的個別分析（例如向亞洲再平衡政策、六方會談、南海主權爭議與美中戰略經濟對話等等），鮮有專書根據總統每一任期以國際關理論進行綜合性檢討與分析。

四、西方學者的文獻專書大多圍繞著傳統美國保守主義所持「中國威脅論」及「中國崩潰論」的擔憂，難以擺脫「美國中心主義」和「美國例外論」的束縛。而來自中方的學者則多從「霸權主義」本質推論美中關係的矛盾，缺乏對於「權力轉移理論」核心條件的交互對比與自我檢視。

因此，本書希望能在上述文獻回顧的基礎上，補充部分學術專書所未涉及的範圍，特別是針對美國對中政策的綜合分析與戰略選項。另在撰擬工作上，儘可能以歐巴馬政府執政期間的美中互動作為主軸，針對雙方的外交決策與戰略布局，分析對外政策的因果關係。另以「權力轉移理論」的核心要素「結構、動態和政策」變項，檢視美中兩國的綜合國力在質量上的變化。最後，以理論與實務相互辯證出一條有利於彼此彈性運用的外交戰略，期待對未來國際秩序與美中關係的研究發展有所貢獻。

表1-2　文獻回顧彙整分類表

項次	作者	文獻書目	內容摘要	出版年份 文獻分類
權力轉移理論				
1	奧根斯基（A.F.Kenneth Organski）	世界政治 World Politics	引發戰爭的原因是大國彼此實力接近。當權力出現持平時，戰爭暴發可能性最高，權力重分配是來自於工業化和政府效率兩大因素。強調內部因素，否定外部因素與結盟手段的重要性。警告西方為主的權力主導者，預防來自於崛起國家的權力上升，形成的權力轉移所產生的衝擊與挑戰。	1958年 權力轉移理論
2	奧根斯基與古格勒（Jacek Kugler）	戰爭總帳 War Ledger	運用量化研究，將古典權力轉移理論觀點與歷史上主要戰爭發生原因，用統計模型加以驗證。當權力分配不均，戰爭爆發機率較小；當戰爭爆發時，多是由於強國間彼此權力分配均等，或出現後進者超越先行者的現象。	1980年 權力轉移理論
3	古格勒與蘭姆克（Douglas Lemke）	均勢與戰爭 Parity and War	本書審視關於權力優勢的觀點，主張當一個占主導地位的國家想要維持現狀時，就能維持和平。權力轉移由全球層次擴大到區域層次，發展出「多樣性等級模式」。	1996年 權力轉移理論

項次	作者	文獻書目	內容摘要	出版年份 文獻分類
4	古格勒　等	權力轉移：二十一世紀的戰略 Power Transition: Strategies for the 21st Century	本書從國際的層面預測戰爭與和平的機率，提供決策者認清全球權力現況與危機可能發生的原因。書中大部分探討美中關係的未來和亞洲在國際政壇的崛起，認為霸權戰爭是可以避免的。	2000年 權力轉移理論
5	大衛．拉普金（David Rapkin）與威廉．湯普森（William Thompson）	二十一世紀的美國與中共權力轉移想定 Transition Scenarios: China and United States in 21thCentury	本書界定權力轉移的預測因子，檢視美國與中共未來關係發展的各種可能想定，每種想定都置入特定的理論架構，利用國際關係理論探討歷來重要的權力轉移，釐清當前的情勢，並指出未來美中權力轉移想定的可能發展。	2013年 權力轉移理論
6	向駿、王高成等	2050中國第一？權力轉移理論下的美中台關係之迷思	鋪陳權力轉移概念，理論部分側重美中關係中的「中國威脅論」要素，以及對台灣定位與安全的影響。另提出「中國的能源戰略」等論點，並以「柔性權力」作為未來的展望，是對權力移轉理論的一種反思。	2005年 權力轉移理論
7	吳玉山	權力轉移理論：悲劇預言？《國際關係理論》	細數權力轉移理論的源起、演化與發展，同時比較權力轉移與其他層級理論的異同，並將其他現實主義流派的理論進行分析比較。強調美中權力轉移現象與內容適用於理論的核心概念。	2011 權力轉移理論

項次	作者	文獻書目	內容摘要	出版年份 文獻分類
美中關係發展				
8	大衛・藍普頓（David M. Lampton）	同床異夢—處理1989至2000年中美外交 Same Bed, Different Dreams: Managing U.S.-China Relations, 1989-2000	經濟和資訊的全球化，包含國際機制和多邊合作組織的發展，已經使美中兩國緊密聯繫在一起。但兩國各自的政治制度、國家利益、領導人和國民的觀念，卻又擁有完全不同的夢境。	2002年 美中關係發展
9	法理德・札卡瑞亞（Fareed Zakaria）	後美國世界：群雄崛起的經濟新秩序時代 The Post-American World	揭櫫當代力量分散全球的面貌，汲取過去五百年來兩次權力大轉變的歷史教訓，包含西方強權興起與美國戰後稱霸的國際局勢，作者認為未來國際秩序的最大挑戰是如何因應「群雄競起」的下一次大轉變。	2008年 美中關係發展
10	韓德爾・瓊斯（Handel Jones）	CHINAMERICA：看中美競合關係如何改變世界 CHINAMERICA: The Uneasy Partnership that Will Change the World	從經濟層面分析美中關係，針對中國成為長期夥伴的條件下，提出「中美共治」的合作觀念，一個由中美兩國公平分享財富、而非競逐利益的合作關係。	2010年 美中關係發展
11	湯瑪斯・佛里曼（Thomas Friedman）與邁可・曼德鮑（Michael Mandelbaum）	我們曾經輝煌：美國在新世界生存的關鍵 That Used to Be Us: How America Fell Behind in The World It Invented and How We Can Come Back	提倡重新檢視如何重拾美國精神，重建美國過去曾經擁有的輝煌年代。對照中國的成長狀況，美國反而沒有那樣積極，對此作者提出自己的擔憂。作者不斷拿中國的發展作為例子，目的是希望看到自己的對手，而產生危機意識。	2011年 美中關係發展

項次	作者	文獻書目	內容摘要	出版年份 文獻分類
12	德瑞・蕭雷（Derek Chollet）	美國該走的路：歐巴馬如何抗拒華盛頓的政治惡鬥，重新定義美國與世界的關係 The Long Game: How Obama Defied Washington and Redefined America's Role in the World	主張外交政策與治國大計應從「長期戰爭」改為「長線博奕」戰略，負責任的執政團隊應該避免短線操作，能以相對較少的資源，取得長期且重大的戰略成果。「長線博奕」其精神在於：1.胸有定見。2.眼光放遠。3.視野開闊。4.尋求共識。5.建立聯盟。	2016年 美中關係發展
13	麥可・曼德爾邦（Michael Mandelbaum）	美國如何丟掉世界？後冷戰時代美國外交政策的致命錯誤 Mission Failure: America and the World in the Post-Cold War Era	呼籲美國在當今世界真正應當扮演的角色是國際和平秩序的維護者，而非個別國家內部結構的改造者。美國應該關切的是各主權國家在國界之外的外交行為，而非國界之內的內部治理。	2017年 美中關係發展
14	王緝思、李侃如（Kenneth, Lieberthal）	美中戰略互疑：解析與應對 Addressing U.S.-China Strategic Distrust	闡述美中兩國各層次決策者對美中長期關係的基本觀點，同時提出有助於將來減少美中戰略互疑的行動倡議。	2012年 美中關係發展
15	閻學通	世界權力的轉移：政治領導與戰略競爭	借鑒中國古代的政治思想，特別是關於道義取向與領導類型之間的關係，因此被國際學界稱為「道義現實主義」。	2015年 美中關係發展

項次	作者	文獻書目	內容摘要	出版年份 文獻分類
美國對中戰略				
16	克里斯多福・萊恩（Christopher Layne）	從優勢到離岸平衡：美國未來的宏偉戰略 From Preponderance to Offshore Balancing: America's Future Grand Strategy	美國應採取不捲入國際衝突的均勢戰略，放棄對歐洲、日本等盟國的軍事承諾，依靠全球性或地區性的平衡力量，將自己的優勢能力當成阻止中國可能造成美國利益受損的最後手段。支持美國放下與中國不斷升級的軍事競爭，並與中國周邊盟友保持相當距離，如此可避免陷入沒有直接利益的大國衝突。	1997年 美國對中戰略
17	陸伯斌（Robert Ross）	《和平的地理學：21世紀的東亞》The Geography of the Peace: East Asia in the 21th Century	中國的地理位置和歷史發展是一個大陸型大國，美國在亞洲的優勢和利益主要在於海洋領域。如果雙方制定出一種穩定的交易模式，中國主導歐亞大陸東部，但須放棄發展海權能力的誘惑；而美國則維持主要海上大國的地位，但不應在陸地上挑戰中國。	1999年 美國對中戰略
18	邁可・史文（Michael Swaine）	《解釋中國大戰略：過去、現在和未來》Interpreting China's Grand Strategy: Past, Present, and Future	中國在不同階段採取不同大戰略，隨著中國國力增強變得更為自信，開始追求對周邊的影響力。中國的大戰略走向很大程度取決於他國對中國的態度，對中國採取遏制政策只能適得其反。	2000年 美國對中戰略

項次	作者	文獻書目	內容摘要	出版年份 文獻分類
19	約翰・米爾斯海默（John Mearsheimer）	大國政治的悲劇 The Tragedy of Great Power Politics	提倡國與國之間並沒有永久的和平。國家彼此之間隨時都想要打破均勢，並尋求成為體系中的主導者，作者對於國家之間的互動是抱持一種悲觀的看法，認為國家之間無法確定彼此是否存在敵意，其目的就是為了生存發展。	2001年 美國對中戰略
20	江憶恩（Alastair Iain Johnston）	中國是維持現狀國家嗎？ Is China a Status Quo Power?	探討中國領導人奉行的外交政策是保持現狀或是修正主義。作者詳細分析支持或不支持對中國最常見的描述方式。作者不認為中國是一個心懷不滿的國家，在過去近20年來沒有足夠的證據顯示中國是修正主義國家。	2003年 美國對中戰略
21	約翰・伊肯伯里（John Ikenberry）	中國的崛起和西方的未來（The Rise of China and the Future of the West）	中國非凡的經濟增長和積極的外交已經改變了亞洲，中國的崛起並不一定會引發霸權過渡的戰爭。美中權力轉移和過去的權力轉移有很大差別，美國必須儘量加深國際秩序的根，鼓勵中國融入現行秩序。	2008 美國對中戰略

項次	作者	文獻書目	內容摘要	出版年份 文獻分類
22	亨利・季辛吉（Henry Kissinger）	論中國 On China	提出中美關係應的「共同進化」，而不是「伙伴關係」。一起尋找利益與合作的基礎，共建「太平洋共同體」，重建世界秩序。作者洞悉權力的變化，即使奉行現實主義，卻從不諱言和平可以達成，戰爭並非不可避免，重要的是如何保持權力的平衡。	2012年 美國對中戰略
23	休・懷特（Hugh White）	中國抉擇－為什麼我們應該分享權力 The China Choice: Why We Should Share Power	主張美國可以試圖接受中國某一種程度的戰略野心，美國應該準備好與中國分享權力，把中國當成平等一方看待。同時中國也必須做出選擇，決定自己到底想達成多大的影響力，想與美國形成一種什麼樣的關係。	2012年 美國對中戰略
24	范亞倫（Aaron L. Friedberg）	美國回得了亞洲嗎？ A Contest for Supremacy	中國逐步壓迫美國在亞洲的軍事與外交影響力，最終目的是想成為亞洲的主導者。作者建議美國應該捨棄過去對中接觸的戰略，強調對中採取適度的制衡作用，強化區域結盟與提升軍事能力，鼓勵區域國家共同加強安全合作。	2012年 美國對中戰略

項次	作者	文獻書目	內容摘要	出版年份 文獻分類
25	黎安友（Andrew Nathan）與蘭德公司資深研究員施道安（Andrew Scobell）	尋求安全感的中國 China's Search for Security	論證中國脆弱的結構因素與歷史心理因素，表面上雖然是自信滿滿的強國，其實內在充滿著恐懼、矛盾與焦慮。中國雖然是威權主義政權，但它並未破壞其他地方的民主制度。美國應儘量讓中國在現行的國際社會中發揮更大的貢獻，藉此提升中國自身的安全感。	2012年 美國對中戰略
26	傑弗里・貝德（Jeffrey A. Bader）	歐巴馬與中國崛起 Obama and China's Rise	主張歡迎中國崛起，並希望中國承擔國際責任，按國際慣例行事。中國已融入國際體系，美中之間並不存在必然的衝突，接觸與合作才是美國對中政策的最佳選擇。	2013 美國對中戰略
27	蘇拉曼尼亞（Arvind Subramanian）	中美應達成大交易 China and America Should Strike a Grand Bargain	提議美國應與中國達成一個以權力換取目的的交易，美國在現有的多邊體系和機構中放棄部分權力，或主動與中國分享其中的利益，以此條件維繫和加強現有的開放型體系。	2013年 美國對中戰略

項次	作者	文獻書目	內容摘要	出版年份 文獻分類
28	歐漢龍（Michael O'Hanlon）與史坦伯格（James Steinberg）	中美新型戰略關係－走向戰爭還是走向合作 Strategic Reassurance and Resolve: U.S.-China Relations in the 21thCentury	指出美中關係的障礙與潛在風險，系統性的闡述了戰略再保證的具體實施方式，作者認為未來美中兩國可以避免惡性競爭與激烈衝突，藉由不斷加強雙邊的良性合作，可以使兩國擺脫「修昔底德陷阱」的宿命。	2014年 美國對中戰略
29	田立司（Ashley Tellis）	不用遏制的平衡 Balancing without Containment	美國的戰略目標應該是盡可能延長主導的地位，美國需要藉由各種措施振興經濟，提高國內生產總值，努力提升技術創新方面的能力。將經濟增長率提升到接近歷史的水準，使美國擁有更多增強其綜合國力的選擇。	2014年 美國對中戰略
30	約瑟夫・奈伊（Joseph S. Nye Jr.）	美國世紀的終結？ Is the American Century Over?	美國真正的問題不是它將被中國或其他競爭者超越，而是它將在一個更多元的資訊革命時代，面臨其他國家與非國家實體力量的提升。如果美國世紀要持續下去，必須思考如何建立制度、打造同盟，以實現彼此共同的目標。	2015年 美國對中戰略

項次	作者	文獻書目	內容摘要	出版年份 文獻分類
31	金萊爾 （Lyle J. Goldstein）	相向而行：如何緩和美中之間日漸顯現的競爭關係 Meeting China Halfway: How to Defuse the Emerging U.S.-China Rivalry	探討如何藉由雙邊關係實現「螺旋上升的合作關係」，而非急轉直下的趨勢。在螺旋上升的合作關係中，可以通過漸進地合作逐步達到廣泛的包容與妥協，由此樹立起對雙邊關係的信任與自信。	2015年 美國對中戰略
32	柯慶生 （Thomas J. Christensen）	中國的挑戰：影響一個崛起大國的選擇 The China challenge: Shaping the choices of a rising power	分析美中兩國關係介於悲觀與樂觀之間，指出中國是一個真正的挑戰，又認為中國常常被西方學者和官員妖魔化。如果中國能處理好國內和國際治理的問題，將會對全球產生積極的影響。	2015 美國對中戰略
33	查理斯・葛拉瑟 （Charles L. Glaser）	美中大交易？軍事競爭與和解之困難選擇 A US-China Grand Bargains? The Hard Choice between Military Competition and Accommodation	建議美國應放棄對臺灣的安全承諾，換取中國和平解決東海和南海的海洋島礁主權爭端、並正式承認美國在東亞的軍事安全存在，以此徹底化解中美在西太平洋地區發生正面衝突的風險。	2015年 美國對中戰略
34	白邦瑞 （Michael Pillsbury）	2049 百年馬拉松：中國稱霸全球的秘密戰略 The Hundred-Year Marathon: China's Secret Strategy to Replace America as the Global Superpower	作者認為中國自1955年就啓動一項百年的「戰略欺騙計畫」，意圖取得西方技術，發展強大經濟，最終取代美國成為世界超級大國。因此，極力敦促華府及早放棄改變中國的幻想，設法努力遏制中國的崛起。	2015年 美國對中戰略

項次	作者	文獻書目	內容摘要	出版年份 文獻分類
35	彼得・納瓦羅（Peter Navarro）	美、中開戰的起點 Crouching Tiger: What China's Militarism Means for the World	堅持對抗中國，並主張在美國和中國之間築起新的「經濟鐵幕」。反對為了追求經濟利益和國家安全而向中國妥協或戰略交易。認為中國從來不打算在談判中妥協，也從不遵守其簽署的國際條約和協定。	2015年 美國對中戰略
36	布萊克威爾（Robert Blackwill）與田立司	修改美國對華大戰略 Revising US Grand Strategy toward China	主張中國現在是美國最重要的競爭者，美國早該對中國日益強大的實力做出更強勢的反應。美國應該拋棄過去數十年不具成效的對中姑息態度，改採遏制與圍堵的強勢策略。	2015年 美國對中戰略
37	何漢理（Harry Harding）	美國對華政策失敗了嗎？ Has U.S. China Policy Failed?	作者認為中美之間總是相互承諾，卻沒有具體的行動，關於對中政策的辯論，將改革建議劃分為「保持現狀」、「達成交易」及「強硬起來」三個選項。	2015年 美國對中戰略
38	傑弗里・貝德（Jeffrey A. Bader）	美國對華政策框架 A framework for U.S. policy toward China	提出使美中兩國風險最小化、合作最大化、利益最優化的政策選項，計有「順應」、「遏制、對抗或不加約束的戰略角逐」與「全球性合作，區域性決心。」等三個選項。	2016年 美國對中戰略

項次	作者	文獻書目	內容摘要	出版年份 文獻分類
39	李海東	美國對華政策的辯論、選擇與走勢分析	融合美國政策精英的研究成果，劃分為「相互容納」、「螺旋式合作」、「自我調整」、「雙邊接觸和多邊融合」、「表面接觸實際遏制」與「全面制衡與反擊」等六個選項。	2016年 美國對中戰略
40	張廖年仲	美國就其對華政策展開辯論 The U.S. Debate over Its China Policy	將美國對中戰略從中國的權力與意圖兩個面向，劃分美國對中國的戰略計有「接觸」、「包容」、「競爭」和「遏制」等四個選項。	2018年 美國對中戰略

資料來源：筆者彙整後自製

二、對中戰略文獻分析

美國未來的對中戰略究竟該如何調整？它已成為美國政、軍、學、商界眾說紛紜的大辯論，探討的方向總是見仁見智。[162]參考近年來在美、中、臺三地學者專家所提供的長期觀察，經過系統化的綜整與比較，其中包含有普林斯頓大學范亞倫（Aaron L. Friedberg）所撰〈美國對中國戰略大辯論〉（The Debate over US China Strategy）一文，他將美國對中國的戰略整理出「加強接觸」、「戰略再保證」、「大交易」、「離岸平衡」、「較佳平衡」與「遏制」等六項選擇。[163]另有學者何漢理（Harry Harding）撰有〈美國對華政策失敗了嗎？〉（Has U.S. China Policy Failed?）一文，他將未來對中國的政策改革建議劃分為「保持現狀」、「達成交易」及「強硬起來」

[162] Xiaoyu Pu & Chengli Wang, "Rethinking China's rise: Chinese scholars debate strategic overstretch", *International Affairs*, Volume 94, Issue 5, 2018, pp.1019-1035.

[163] Aaron L. Friedberg, 2015, op. cit., pp. 89-110.

三方案。[164]曾擔任歐巴馬政府時期的首席亞洲事務主任傑弗里.貝德（Jeffrey A. Bader）在其研究論文〈美國對華政策框架〉（A Framework for U.S. Policy toward China）中，提出使兩國風險最小化、合作最大化、利益最優化的政策選項，計有「順應」、「遏制、對抗或不加約束的戰略角逐」與「全球性合作，區域性決心。」等三項。[165]來自對岸的學者亦有獨到的見解，中國外交學院李海東在其〈美國對華政策的辯論、選擇與走勢分析〉一文中，融合美國政策精英的研究成果，劃分為「相互容納」、「螺旋式合作」、「自我調整」、「雙邊接觸和多邊融合」、「表面接觸實際遏制」與「全面制衡與反擊」等六項。[166]國內的學者有中央研究院張廖年仲發表的〈美國就其對華政策展開辯論〉（The U.S. Debate over Its China Policy）論文，將美國對中戰略從中國的權力與意圖兩個面向，劃分為「接觸」、「包容」、「競爭」和「遏制」等簡潔的四個選項。[167]

綜合上述國內外專家學者的研究成果，另亦加入筆者於2012年前往華府智庫國際戰略研究中心（CSIS）擔任軍職研究員期間的訪談心得[168]，系統性分析出八項美國應對中國的戰略可能性，依序是「擴大接觸」、「同理包容」、「再保證」、「大交易」、「離岸平衡」、「有利平衡」「遏制」與「對抗」等八大類。每一種可能性都源自於當前戰略的不同要素，這些不同觀點似乎形成兩極之間的「光譜」，選項的排列可以從樂觀的接觸到極端的對抗手段。（詳如圖1-2）接下來分析與說明每一種戰略選項時，筆者利用文獻回顧的分類成果，強化每一種戰略選項的學術依據，一覽美國對中政策的多種可能，並

164 Harry Harding, 2015, op. cit., pp. 95-122.

165 Jeffrey A. Bader, 2016. Op. cit., https://www.brookings.edu (accessed Nov 13, 2018).

166 李海東，2016年，op. cit., 取自http://www.uscnpm.com (2018年11月13日)。

167 Nien-chung Chang Liao, 2017, op. cit., http://web.isanet.org (accessed Nov 14, 2018).

168 "Military Fellows - International Security Program", *Center for Strategic and International Studies CSIS*. https://www.csis.org/programs /international-security-program/military-fellows (accessed 12 April, 2019).

<table>
<tr><td></td><td colspan="12">←←←態度漸柔軟</td><td colspan="12">態度漸強硬→→→</td></tr>
<tr><td>作者</td><td colspan="3"></td><td colspan="3"></td><td colspan="3"></td><td colspan="3"></td><td colspan="3"></td><td colspan="3"></td><td colspan="3"></td><td colspan="3"></td></tr>
<tr><td>范亞倫
Aaron L. Friedberg</td><td colspan="4">加強接觸</td><td colspan="4">戰略再保證</td><td colspan="4">大交易</td><td colspan="4">離岸平衡</td><td colspan="4">較佳平衡</td><td colspan="4">遏制</td></tr>
<tr><td>何漢理
Harry Harding</td><td colspan="8">保持現狀</td><td colspan="8">達成交易</td><td colspan="8">強硬起來</td></tr>
<tr><td>傑弗里.貝德Jeffrey A. Bader</td><td colspan="8">順應</td><td colspan="8">全球性合作，區域性決心</td><td colspan="8">遏制、對抗或不加約束的戰略角逐</td></tr>
<tr><td>李海東</td><td colspan="3">相互容納</td><td colspan="4">螺旋式合作</td><td colspan="3">自我調整</td><td colspan="4">雙邊接觸和多邊融合</td><td colspan="3">表面接觸實際遏制</td><td colspan="7">全面制衡與反擊</td></tr>
<tr><td>張廖年仲</td><td colspan="6">接觸</td><td colspan="6">包容</td><td colspan="6">競爭</td><td colspan="6">遏制</td></tr>
<tr><td>筆者研究心得</td><td colspan="3">擴大接觸</td><td colspan="3">同理包容</td><td colspan="3">再保證</td><td colspan="3">大交易</td><td colspan="3">離岸平衡</td><td colspan="3">有利平衡</td><td colspan="3">遏制</td><td colspan="3">對抗</td></tr>
</table>

資料來源：筆者彙整後自繪

圖1-2 美國對中國戰略選項光譜

為尋求構建持久穩定的美中關係，提供最有利的參考方向。

（一）對中戰略選項

1、擴大接觸

接觸戰略的主張是藉由誘導中國持續融入現有的國際體系，達到「馴服」或「改造」中國的目的。如果中國認為現有國際體系有助於取得他們想要的利益和發展，沒有理由對美國採取激烈和冒險的手段。事實上，中國在過去幾十年來，在現有的國際秩序中不但快速的崛起，而且獲益匪淺。因為現有體系是建立在不受歧視和市場開放的規則之上，它使崛起的國家能夠發展和擴大它的經濟與政治目標，也為國家主權和法治規範提供一定程度的保護，特別是中國在這方面的能力相對薄弱。[169]現有的國際體系為「新加入」的國家提供國家治理

[169] Michael Fullilove, "U.S. Engagement Key to Handling a Rising China", *The Brookings Institution*, Feb 28, 2012. https://www.brookings.edu/opinions/u-s-engagement-key-to-handling-a-rising-

上必要的權威與發展機會，利用「擴大接觸」戰略，不是僅想固守美國在二戰之後建立的國際體系，美國也必須檢討與強化現有秩序和機構的時代適用性，放下往日唯我獨尊的身段，更要避免因為追求短期的利益與優勢，執意採取任何可能破壞這些規則和機構的行動。此型戰略的支持者包含約翰・伊肯伯里〈中國的崛起和西方的未來〉、邁可・史文《解釋中國大戰略：過去、現在和未來》、江憶恩《中國是一個保持現狀的國家嗎？》與《與中國接觸－應對一個崛起的大國》[170]等學者與其作品。

2、同理包容

具有同理心的「包容」雖然與「接觸」戰略比較起來顯得被動，卻一樣認為中國的企圖心是可以被理解的。「同理包容」是能夠設身處地以對方立場思考，即「換位思考」的方式，更深度理解他人所經歷事物的能力。支持者認為中國是一個沒有安全感的國家，面對美國在周邊強勢的軍事涉入，中國態度強硬的動機是為了維護國家安全或領土完整。美國可以重新考慮維持主導地位的目標，除了更加包容中國，也要調整國際秩序以容納中國崛起。美中兩國應該相向而行，主動察覺與避開危險的臨界點，藉由漸進、對等的善意分享權力，建立彼此的戰略信心。當美國的實力具有相對優勢時，可以主動選擇以「接觸」為主的戰略，當美國的實力處於相對弱勢時，宜採用「包容」為主的戰略。此類戰略的支持者包含大衛.蘭普頓《同床異夢－處理1989至2000年中美外交》、金萊爾《相向而行：如何緩和美中之間日漸顯現的競爭關係》、休・懷特《中國抉擇－為什麼我們應該分享權力》等學者與其著作。

china/ (accessed April 12, 2019).

170 江憶恩（Alastair Iain Johnston）、羅伯特・羅斯（Robert S. Ross）主編：《與中國接觸：應對一個崛起的大國》，黎曉蕾、袁征譯，（北京：新華出版社，2001年）。

3、再保證

囿於對中國的戰略缺乏信任，也對中國的未來充滿各種想像，與崛起的中國建立長期基本的建設性關係是「再保證」戰略的目的。此型戰略具有四個主要內涵：一是克制，雙方都需要放棄某些容易被對方解讀成威脅的行為；二是強化，當一方有所克制之後，對方也應有所回報，以肯定和強化這種克制的行為；三是透明，雙方需要展現更為開放的姿態，使對方能夠明確感知到自己的戰略意圖；四是韌性，若是一方主動挑起事端，另一方先不急於回應，以降低相互反擊的敏感性。[171]實現「再保證」戰略需要顯示決心，每一方都需要清楚界定自己的關鍵利益，使對方瞭解紅線所在，並採取行動展示捍衛底線的決心。此類戰略的支持者包含詹姆斯.史坦伯格與邁可.歐漢龍《戰略再保證與決心：二十一世紀的美中關係》、王緝思與李侃如《中美戰略互疑：解析與應對》與柯慶生《中國的挑戰：影響一個崛起大國的選擇》等學者著作。

4、大交易

「大交易」戰略是一種守勢現實主義的思維，它與自由主義的「接觸」戰略不同，比較強調地緣政治的現實邏輯。如果中國的實力繼續增長，美國勢必面臨採取對抗與和解之間的選擇。鑒於衝突造成的巨大代價，談判與妥協的做法顯然比較容易被雙方接受。假設目前美中兩國權力差距持續縮小，在相對權力目前對美國較為有利的時候，以權力交換的方式維繫現有國際秩序，及早尋求與中國劃清勢力範圍或交換條件以達成利益共識，將是比較理性的選擇。[172]此類戰略

---

[171] Amitai Etzioni, "Strategic Reassurance: An Important Agenda", *The Diplomat*, May 11, 2014, https://thediplomat.com/2014/05/strategic-reassurance-an-important-agenda/ (accessed Nov 16, 2018)

[172] Monish Tourangbam, "Countering Hegemony: The US-China Balance", *The Diplomat*, July 24, 2017. https://thediplomat.com/tag/us-china-grand-bargain/(accessed April 12, 2019).

的支持者包含亨利・季辛吉《論中國》、陸伯斌〈和平的地理學：21世紀的東亞〉、查理・葛拉瑟〈美中大交易？軍事競爭與和解之困難選擇〉、蘇拉曼尼亞〈中美應達成大交易〉等學者與其作品。

5、離岸平衡

現實主義者認為「離岸平衡」是一種分攤責任的理性戰略，即採取冷眼旁觀的方式，以便讓地區大國承擔起權力平衡的責任，只有在該地區國家無法承擔有效的制衡責任時，平衡者才需要介入，而且一旦達到平衡目的就立即回復旁觀角色。支持者認為美國應該像當年英國在歐陸的角色，採取不捲入衝突的均勢戰略。[173]放棄對歐洲、日本等盟國的軍事承諾，依靠全球性或地區性的平衡力量，將自己的優勢能力作為阻止中國可能造成美國利益受損的最後手段，並且促使其他國家為自己的國防武力承擔更多的責任。此類戰略的支持者包含米爾斯海默《大國政治的悲劇》、克里斯多福・萊恩〈從優勢到離岸平衡：美國未來的宏偉戰略〉等學者與其著作。

6、有利平衡

「有利平衡」是結合力度更強的「制衡」與微妙調整的「接觸」雙重策略，戰略目標是盡可能延長美國的主導地位。美中競爭主要是結構性政治因素所造成，美國要推動眾多的國家利益就必須保護其全球霸權地位。崛起的中國想利用不斷積累的實力重塑對其有利的國際環境時，就必須削弱美國的主導地位，因為美國仍然是中國最大的外部制約力量。儘管兩國利益存在根本的分歧，但兩國也仍然在共同利益的目標中彼此合作。中國從美國的貿易和投資中獲益匪淺，也從參與美國所建立的全球秩序中不斷壯大，中國仍然在努力地維持現有秩

[173] John J. Mearsheimer and Stephen M. Walt, "The Case for Offshore Balancing", *The Foreign Affairs*, July/August, 2016, pp. 71-78.

序。相對地，美國也從中國的經濟關係中，獲得巨大的利益。因此，雙方都不願意看到彼此互利的關係受到干擾或破壞。然而，問題來自於戰略威脅的角度，中國在經貿上的增長速度高於美國，它與美國的實力差距不斷縮小，造成美國重大的威脅。美國現在想要採取限制中國進入全球經濟體系的手段已經太遲了，若美國此時執意要求中國的貿易必須進行根本性的改變，將會造成重大的經濟危機或軍事對峙。如今，為了保持領先優勢，美國首先需要藉由各種措施振興經濟，提高國內生產總值，努力提升技術創新方面的能力。將經濟增長率提升到接近歷史的水準，使美國擁有更多增強其綜合國力的選擇。美國不應該只想到如何制約中國，還須設法提高其他同盟國家的能力，透過自身的榜樣贏得全世界對美國價值的信心。[174]在經濟上要擴大參與地區自由貿易的相關協定，減少或消除在這些國家貿易上的壁壘，增大美中兩國的經貿實力落差。在軍事安全上強化區域結盟與軍事部署，鼓勵區域國家加強安全合作。「有利平衡」戰略的特色，在於美國本身不斷尋求自身的壯大，而不是如何阻礙競爭對手，未來才有本錢遏制對手的脅迫。假如中國的力量持續增強，美國更須在這方面加倍努力。此類戰略的支持者包含田立司《不用遏制的平衡》、黎安友與施道安《沒有安全感的強國》以及范亞倫《美國回得了亞洲嗎？》、約瑟夫・奈伊《美國世紀的終結？》與德瑞.蕭雷《美國該走的路：歐巴馬如何抗拒華盛頓的政治惡鬥，重新定義美國與世界的關係》等學者與其著作。

7、遏制

支持的學者認為中國崛起後的自信心將衍生不斷擴張勢力的野心，不但對鄰國造成安全威脅，還將試圖排擠美國在亞太地區的勢力。因此，美國應該盡可能將中國周邊鄰國納入遏制聯盟，設法阻止

---

174 Aaron L. Friedberg, 2015, op. cit., pp. 92.

中國將其權力投射到地區之外，「遏制」戰略將採取一種脅迫與威懾的手段。[175]在經濟政策方面，美國應該放棄接觸與交往的無效手段，盡一切努力延緩中國的崛起。即使減緩中國的經濟成長可能對美國的繁榮不利，但是它對美國安全有利，這才是最重要的。全面性的遏制戰略將包含阻止中國的經濟增長，限制中國獲得關鍵技術，透過資訊戰與政治作戰對中國的政權合法地位施壓，支持在中國的異議人士、人權鬥士，或者是極端分離主義的團體等等。[176]此類戰略的支持者包含米爾斯海默《大國政治的悲劇》、白邦瑞《2049百年馬拉松：中國稱霸全球的秘密戰略》與布萊克威爾與田立司〈修改美國對華大戰略〉等學者與其著作。

8、對抗

當「遏制」戰略持續擴大，雙方同時展開約制對方的壓力呈螺旋性上升時，勢必走向相互「對抗」一途。支持「對抗」戰略的學者通常對美國的實力具有十足的信心。它與遏制的選項一樣，建議美國在崛起的中國面前保持制衡，但在手段與目標卻有根本的差異。「遏制」側重在平衡中國的國力成長，「對抗」則不只是平衡中國的實力，更擴大到全方位的整體制約。支持者將美中關係設想成一場爭取權力和影響力的「零和鬥爭」，中國模式的成功代表的是美國模式的失敗，同樣地，美國模式的成功就是中國模式的失敗。[177]支持「對抗」戰略的學者與官員常被貼上「鷹派」的標簽，傾向於運用軍事行

---

175 Bill Powell, "In Washington, A Strategic Shift On China—Toward Containment", *The Newsweek*, April 29, 2015, https://www.newsweek.com/washington-shift-china-toward-containment (accessed Nov 17, 2018).

176 Joseph S. Nye, Jr, "Containing China is a big mistake", *The Times Of Malta*, July 6, 2011,https:// www. timesofmalta.com/articles/view/20110706/opinion/Containing-China-is-a-big-mistake.374112 (accessed Nov 17, 2018) .

177 Amitai Etzioni, "Mearsheimer's War With China-The provocative political scientist foresees tense relations between the U.S. and China.", *The Diplomat*, March, 2015, https://thediplomat.com/2015/03/mearsheimers-war-with-china/ (accessed Nov 24, 2018).

動解決國際爭端，他們在政府內閣或國會中大多是主張使用武力的「強硬派」。因此，「對抗」戰略支持美國運用外交、軍事、經濟等工具主動出擊，全面阻止中國獲得區域強權的領先地位，以確保美國的區域主導地位。此類戰略的支持者包含米爾斯海默《大國政治的悲劇》與彼得·納瓦羅《美、中開戰的起點》等學者與其作品。

（二）對中戰略選項的檢評

前述分析的八種美國對中戰略選擇，分別針對美中兩國各自不同的實力與意圖所評估出來的不同選項。「擴大接觸」戰略的支持者總是認為中國會願意接受現行美國所主導的國際秩序，事實顯示在歐巴馬政府執政期間，中國試圖參與並主導現有國際體系的規範，恰與支持擴大接觸政策的觀點相左，顯然執意對中國進行沒有任何條件的擴大接觸，在某些程度上是缺乏事件觀察與歷史視角。因為崛起的大國通常出於自信、覺醒或利益考量，認為在自身相對弱勢的情況下，由他國所建立的國際秩序本質上是不利於自己的，同時也對被迫接受他人所設計的規則和角色感到不平。崛起的大國想獲得他們自認為應有的尊重，即使基於自身實力尚淺而不願輕易表態，但這不應該被誤認為願意全盤接受存在許久的國際秩序現狀。以往的中國因為國力相對弱勢，被迫吞下國際上的現實。如今的中國不但擁有資源，更擁有決心，可以對美國的影響力進行相當程度的抵消。因此，在雙方戰略互動的過程中，假設美國僅僅採取傳統「接觸」的作為，國際社會可能視為中國在戰略上的成功。

「同理包容」戰略的支持者通常對美國實力的衰退具有現實的認識，似乎已預見一個無法維持影響力優勢的美國。然而，看到中國經濟顯示出來的脆弱性，在結構上的體制改革仍將面臨重大挑戰。中國改革開放40年來，由未開發國家竄升到中等以上收入國家，若以這種快速成長的曲線拿來比照未來常態性的成長預測，並不符合國際政治經濟學的理性推測。除此之外，支持者可能也忽略了美國在歷史上是一個能夠接受批評自我反省的國家，具有更強韌的社會修復能力。對於「同理包容」戰略的執行內容也應審慎選擇，戰略的手段不應危害亞太地區同盟國家的安全，否則美國將付出信任瓦解的全球性代價。美國不應該包容中國以經濟上的優勢，迫使盟國在安全上就範，如果美國過度的妥協，將促使權力的重心發生轉移，這種轉移是由一個民主、開放和多元融合的國家，向一個共產、專制和思想監控的社會轉型。[178]對中國的權力掠奪採取部分鬆綁與退讓，顯然不見容於現實政策的主流意見，如果美中兩造透過談判取得周邊國家均可接受的權力安排，這將是許多在美中之間立場兩難的盟友所樂見。

主張「再保證」戰略的人可能高估了中國領導層的外部動機，認為它是基於對外部威脅的恐懼和不安全感，而不是對國家內部的威脅。事實上，目前中國的「自信而強硬」（assertiveness）態度是從美國開始顯現出軟弱、衰退和難以分身的時候發生的。[179]中國善於利用民族主義和國際緊張局勢，以維持民眾的支持與依靠，試圖以「再保證」戰略安撫中國的努力將難以產生預期的效果。雖然，「再保證」戰略容許雙方不會將個別事件的衝突，升高到不可收拾的地步，並且可以達到各自維持立場的均衡。但是這終究只是理想，因為美中兩國彼此嚴重的「戰略互疑」，或許將導致戰略再保證的惡意挪用，變成是相互牽制的手段，並根據雙方再保證的內容，做為指責對方破壞再保證的依據。[180]

達成「大交易」戰略的有利時機絕不是在美中實力差距持續縮小的當下。過去的中國別無選擇，只能接受以美國為主導的周邊國家駐

---

178 Jeffrey A. Bader, “A framework for U.S. policy toward China”, *The Brookings Institution*, March 21, 2016, https://www.brookings.edu/research/a-framework-for-u-s-policy-toward-china/ (accessed Nov 17, 2018)

179 Björn. Jerdén, “The Assertive China Narrative: Why It Is Wrong and How So Many Still Bought into It ?”, *Chinese Journal of International Politics*, Spring /2014, pp 47-88.

180 石之瑜，〈美中『戰略再保證』可信乎？〉，《海峽評論》，230期，2010年2月號。取自https://www.haixia-info.com/articles/5556.html（2018年11月18日）。

軍與安全同盟，儘管它們是冷戰的遺物。一但中國比以往擁有更多的影響力時，就會設法削弱它們的作用。當中國成為一個大陸型的強國時，就更不可能將海洋領域的控制權留給美國，因為這種交易不切實際。[181]即使中國經由中亞和南亞建立陸上經貿交通網絡，它仍將繼續依賴海上的通道維持安全與生存發展。駐紮在中國周邊海域的美軍部隊和基地，以及從東北亞延伸到印度洋由美國領導的海上聯盟，才是中國認為當今最大的威脅。試圖以「大交易」戰略劃分勢力範圍也會給美國帶來重大風險，因為放棄對友邦的長期承諾，難免會造成盟友的信心潰堤。如果盟友們認為持續對中國的制衡不再是有利的選擇時，他們可能寧願與中國走在一起。[182]

美國如果選擇「離岸平衡」戰略，勢必更加劇上述的風險。雖然可以促使盟友們更積極的投入自己的國防建軍，但必然也會產生失望與忿怒，反而提供中國進行分化與拉攏的機會。在亞洲地區，某些國家在歷史上彼此存有長期的仇恨和敵意，某些國家則是缺乏應對挑戰所需的實力與合作經驗，如果沒有美國居間指揮號令，很難形成強而有力的戰略陣線。至今，亞太國家最不願見到的情景，就是被迫在美中兩國的競爭中選邊，更不用說是選擇一個沒有隊長的隊伍。[183]

「遏制」戰略如果運用在可以採取合作的對象上，它會是一種高投資低報酬的手段。多年來美國對中國採取「遏制」戰略並不成功，中國逐漸在外交中表現出大國的自信與強勢，對美國全球領導力構成明顯的挑戰。在自由主義思維下，美國的對中政策在潛意識上還是寄望於中國改變，促使中國走向美國式的民主道路。在現實主義思維下，當美國無法改變中國時，會考慮採取「遏制」的手段對中國施

---

181 蒲寧，《地緣戰略與中國安全環境的塑造》，（臺北：時事出版社，2009年），頁143-148。

182 Glaser, Charles. L." A US-China grand bargain? The hard choice between military competition and accommodation". *International Security*, No.39, 2015, pp.49-90.

183 羅慶生，〈『印太戰略』是古典地緣政治捲土重來？〉，《多維雜誌》，第29期，2018年，頁45-47。

壓。事實上，無論是源於自由主義的「改造」，還是現實主義的「遏制」，其本質均源於西方中心主義的思維邏輯。忽略了全球化發展下的美中關係，早已步入「命運共同體」的建構關係。[184]在與中國的競爭中，如果兩國關係沒有走到非戰不可的地步，政府想要將大量資源投注在「遏制」他國政策上，似乎不太可能獲得國內民眾的共識。大多數美國社會中具有影響力的團體或個人，仍然支持與中國維持友好的關係，反對可能損害民眾生命財產安全的任何舉措。選擇「遏制」戰略將引發人民對戰爭的恐慌，各方都會在這樣的衝突中受害，尤其是在中國周邊的亞洲國家會比其他多數國家遭受更多的苦難。即使美國戰略家得出結論認為這是必要的, 但美國在亞洲主要的戰略夥伴根本不準備放棄「接觸」，也多不願加入遏制政策的行列。

支持對中國採取「對抗」戰略，意謂著對美國的實力深具信心，但是卻沒有令人信服的理由，解釋美國如何能將其他國內外的棘手要務拋到一邊，因為對抗中國是一種全般資源的長期投入。如果美國將中國視為敵人來對抗，最終它肯定會變成一個美國所預想的敵人。如果是因為中國的蠻橫行為，與中國走向「對抗」或許是一種生存上的現實，但是不能在沒有瞭解代價的情況下輕率為之。[185]中國並沒有向外侵略的跡象與帝國擴張的意圖，也沒有主動使用武力去騷擾鄰國，更沒有像蘇聯那樣以意識形態顛覆他國。草率地與一個美國最大的貿易夥伴與全球經濟支柱進行對抗，將會帶給美國自身的經濟難以衡量的損失，也將使美國與其他亞洲國家的關係陷入緊張。採取「對抗」的手段發動新的冷戰將會終結亞洲的繁榮現狀，既不符合美國利益，也會激化地區緊張，同時抑制全球的進步與發展。

---

184 朱雲漢，《高思在雲－一個知識份子對二十一世紀的思考》，（台北：天下文化出版社，2015年），頁66-72。

185 Mark Landler, “The U.S. adopts a hard line against China, and an era of engagement recedes into the past.”, *The New York Time,* Nov. 25, 2018, https://www.nytimes.com/interactive/2018/11/25/world/asia/china-us-confrontation.html (accessed Nov 27, 2018).

分析至此，我們發現美國對中戰略最務實的手段，就是以「接觸」（軟）與「平衡」（硬）相互結合的巧戰略－「有利平衡」戰略，它與「巧實力」的主張有異曲同工之妙。鑒於當前的國內外政治和全球化經濟的諸般限制因素，這種軟硬相結合的方法具有彈性適應的優點。它不同於小布希時代新保守派運用的「遏制＋接觸」（congagement）戰略，總是心想如何阻止對方的發展。它也不同於單純的「對抗」或「遏制」戰略，除了高昂的代價，爆發衝突與戰爭的可能性都大增。它與「離岸平衡」也大不相同，因為它不是建立在依靠盟友自立自強的假設上，它比「擴大接觸」與「同理包容」更具主動與自信。它不執著在「再保證」強調的雙方戰略透明度，它更與「大交易」的獨善其身形成鮮明對比。「有利平衡」戰略是基於目前的國際形勢與中國崛起後取得的多方面成就，對中國的意圖與潛力擁有現實的認識，也是對美國在全球領導地位爭取有利的形勢。因此，它雖然不是一個完美的戰略，但是在現今實際決策的現實世界中，不失為美國對中戰略「長期博奕」的治本之道。

表1-3　美國對中戰略選項彙整表

項目	政策主軸	學者代表／著作
擴大接觸	● 採取擴大接觸的做法，引導或催促中國走上國內政治改革的道路，並主張保存現有的同盟體系。 ● 藉由誘導中國持續融入現有的國際體系來「馴服」或「改造」中國。 ● 主張中國是一個維持現狀的國家，不是一個修正主義國家。	● 約翰・伊肯伯里（John Ikenberry）／〈中國的崛起和西方的未來〉（The Rise of China and the Future of the West） ● 邁可・史文（Michael Swaine）／《解釋中國大戰略：過去、現在和未來》（Interpreting China's Grand Strategy：Past, Present, and Future） ● 江憶恩（Alastair Iain Johnston）／〈與中國接觸 - 應對一個崛起的大國〉（Engaging China: The Management of an Emerging Power）與《中國是維持現狀國家嗎？》（Is China a Status Quo Power?） ● 傑弗里・貝德（Jeffrey A. Bader）／〈《歐巴馬與中國崛起》（Obama And China's Rise）

項目	政策主軸	學者代表／著作
同理包容	● 主張中國是一個沒有安全感的國家，中國的動機是要抵消美國威脅，以維護國家安全或領土完整。 ● 建議美國重新考慮維持主導地位的目標，更加包容中國，調整國際秩序以容納中國的崛起。 ● 美中兩國應該相向而行，彼此在不同議題上相互包容與妥協，通過漸進、對等的讓步建立戰略信心。	● 大衛・蘭普頓（David Lampton）／〈同床異夢－處理1989至2000年中美外交》（Same Bed, Different Dreams. Managing U.S.- China Relations, 1989-2000） ● 金萊爾（Lyle J. Goldstein）／《相向而行：如何緩和美中之間日漸顯現的競爭關係》（Meeting China Halfway: How to Defuse the Emerging U.S.-China Rivalry） ● 休・懷特（Hugh White）／《中國抉擇－為什麼我們應該分享權力》（The China Choice: Why We Should Share Power） ● 韓德爾・瓊斯（Handel Jones）／《CHINAMERICA：看中美競合關係如何改變世界》（The Uneasy Partnership that Will Change the World）
再保證	● 採取具體和有針對性的「接觸」形式，雙方必須表現出克制的步驟，這些步驟被定義為放棄可能被誤解為威脅的行動，同時提高自己能力和意圖的透明度。 ● 美中關係不是一場零和遊戲。除去雙方的猜忌和競爭因素，中國現在不是美國的敵人，美國不需要像遏制前蘇聯那樣來遏制中國。 ● 藉由政策上的溝通、保證與實踐，削弱雙方對彼此長遠意圖存在深刻不信任，提高在美中之間建立一種長期正常大國關係的可能性。	● 詹姆斯・史坦伯格（James Steinberg）、邁可・歐漢龍（Michael E. O'Hanlon）／《戰略再保證與決心：二十一世紀的美中關係》（Strategic Reassurance and Resolve: U.S.-China Relations in the 21thCentury） ● 歐漢龍（Michael O'Hanlon）、史坦伯格（James Steinberg）／《中美新型戰略關係－走向戰爭還是走向合作》（Strategic Reassurance and Resolve:U.S.-China Relations in the 21th Century） ● 王緝思、李侃如（Kenneth Lieberthal）／《中美戰略互疑：解析與應對》 ● 柯慶生（Thomas J. Christensen）／《中國的挑戰：影響一個崛起大國的選擇》（The China challenge: Shaping the choices of a rising power）

項目	政策主軸	學者代表／著作
大交易	● 如果中國的實力繼續增長，美國勢必面臨採取對抗與和解兩者之間的選擇。鑒於衝突造成的巨大代價，談判與妥協的做法顯然比較容易接受。 ● 在可能的情況下進行合作，儘量降低彼此之間的矛盾與衝突。雙方雖然不認同對方的所有目的，但在不造成兩敗俱傷的條件下，雙方都試著尋求和發展彼此可以互補的利益。	● 亨利．季辛吉（Henry Kissinger）／《論中國》（On China） ● 陸伯斌（Robert Ross）／〈和平的地理學：21世紀的東亞〉（The Geography of the Peace: East Asia in the 21thCentury） ● 查理斯．葛拉瑟（Charles L. Glaser）／〈美中大交易？軍事競爭與和解之困難選擇〉（A US-China Grand Bargains? The Hard Choice between Military Competition and Accommodation） ● 蘇拉曼尼亞（Arvind Subramanian）／《中美應達成大交易》（China and America Should Strike a Grand Bargain）
離岸平衡	● 實際上是一種分攤責任的戰略，即採取冷眼旁觀的方式，以便讓相關的地區大國承擔起平衡區域大國的責任，只有當相關的地區國家無法承擔有效的制衡責任時，離岸平衡者才需要介入這場爭端中，而且一旦達到了制衡的目的，離岸平衡者則應當再次退出。	● 米爾斯海默（John Mearsheimer）／《大國政治的悲劇》（The Tragedy of Great Power Politics） ● 克里斯多福．萊恩（Christopher Layne）／〈從優勢到離岸平衡：美國未來的宏偉戰略〉（From Preponderance to Offshore Balancing: America's Future Grand Strategy） ● 麥可．曼德爾邦（Michael Mandelbaum）／《美國如何丟掉世界？後冷戰時代美國外交政策的致命錯誤》（Mission Failure: America and the World in the Post-Cold War Era）

項目	政策主軸	學者代表／著作
有利平衡	● 戰略目標是增大美中兩國的實力落差，盡可能延長美國的主導地位。 ● 藉由各種措施振興經濟，提高國內生產總值，和保持長期在技術創新方面的能力。 ● 擴大美國的軍事能力，以應對中國試圖阻礙美國向亞洲投射軍力的能力。 ● 鼓勵其他對中國崛起感到擔憂的國家持續成長。設法提高其他同盟國家的能力。	● 田立司（Ashley Tellis）／《不用遏制的平衡》（Balancing Without Containment） ● 黎安友（Andrew Nathan）& 施道安（Andrew Scobell）／《沒有安全感的強國》（China's Search for Security） ● 范亞倫（Aaron L. Friedberg）／《美國回得了亞洲嗎？》（A Contest for Supremacy） ● 約瑟夫・奈伊（Joseph S. Nye Jr.）／《美國世紀的終結？》（Is the American Century Over?） ● 德瑞・蕭雷（Derek Chollet）／《美國該走的路：歐巴馬如何抗拒華盛頓的政治惡鬥，重新定義美國與世界的關係》（The Long Game: How Obama Defied Washington and Redefined America's Role in the World） ● 法理德・札卡瑞亞（Fareed Zakaria）／《後美國世界：群雄崛起的經濟新秩序時代》（The Post-American World） ● 湯瑪斯・佛里曼（Thomas Friedman）、邁可・曼德鮑（Michael Mandelbaum）／《我們曾經輝煌：美國在新世界生存的關鍵》（That Used To Be Us: How America Fell Behind In The World It Invented And How We Can Come Back）
遏制	● 遏制政策傾向於一種脅迫與威懾的戰略，一種集體防禦對雙邊聯盟的網路，以及重商主義對自由主義的經濟政策。 ● 限制中國獲得資源和外國市場的機會，構建一個制衡中國的聯盟，並對中國政權進行意識形態上的戰爭。	● 米爾斯海默（John Mearsheimer）／《大國政治的悲劇》（The Tragedy of Great Power Politics） ● 白邦瑞（Michael Pillsbury）／《2049 百年馬拉松：中國稱霸全球的秘密戰略》（The Hundred-Year Marathon: China's Secret Strategy to Replace America as the Global Superpower） ● 布萊克威爾（Robert Blackwill）與田立司／《修改美國對華大戰略》（Revisin g US Grand Strategy Toward China）

項目	政策主軸	學者代表／著作
遏制	● 放棄接觸與交往的政策，盡一切努力延緩中國崛起。盡可能將中國的鄰國納入遏制聯盟的結構中，設法阻止中國將其權力投射到地區之外。	
對抗	● 戰略目標不只是平衡中國的實力，更擴大到全方位的整體制衡。 ● 將美中關係設想成一場爭取權力和影響力的「零和鬥爭」。 ● 美中之間的對抗是完全不可避免的。它無法藉由靈活的外交或中國政權性質的改變，來改善美中彼此之間的關係，而且最終導致戰爭的可能性很高。	● 米爾斯海默（John Mearsheimer）／《大國政治的悲劇》（The Tragedy of Great Power Politics） ● 彼得・納瓦羅（Peter Navarro）／《美、中開戰的起點》（Crouching Tiger: What China's Militarism Means for the World）

資料來源：筆者參考所列書籍，自行分類製表。

第三節 研究途徑與方法

研究途徑（research approach）與研究方法（research method）在一般學術著作當中，經常有定義模糊或混為一談的謬誤，其實兩者並非同義。簡單來說，研究途徑是選擇問題及資料的準則，而研究方法則是收集資料與處理的方法。[186]途徑和方法具有順序之別，應該先決定採用何種研究途徑，然後再決定進行何種研究方法，不宜先談研究方

[186] 易君博，《政治理論與研究方法》，（臺北：三民書局，1990年），頁98。

法再談研究途徑，亦不可只談研究方法，不談研究途徑。[187]就研究途徑而言，主要是指作者擬從何種角度切入探討該主題的相關問題。不同學者因為觀念不同而支持不同的論述，因而逐漸形成各種學派，自然也產生了不同的研究途徑。不少研究途徑以理論稱呼，有些也只是沿用成習而已。另就研究方法而言，必須清楚說明資料是如何搜集而來，如何進行分析，藉此說明研究對象與變數的選擇。[188]

一、研究途徑

自蘇聯崩潰冷戰結束後，國際關係學者即大膽預測中國將是下一個在全球範圍挑戰美國霸權的國家。國際間早期對中國崛起的討論聚焦在兩個問題上：首先是中國的經濟與軍事能力提升的速度與程度；其次是西方社會如何看待中國的崛起。[189]百年來美國在亞太地區追求的戰略目標就是避免區域內任何國家主宰與挑戰美國的領導地位，確保美國在亞洲持續發揮關鍵影響作用，此目標與歐巴馬政府全力推進的「亞太再平衡」目標幾乎如出一轍。因此，美國對中國快速崛起的態度不僅複雜，更顯擔憂。2017年11月，美國《保守主義》雜誌刊載文章《崛起的中國發出歷史性權力轉移的信號》，文中強調在過去數年間，中國已成為世界第一出口國、貿易國和製造業大國。2014年國際貨幣基金組織宣佈，根據購買力平價計算（purchasing power parity, PPP）[190]，

---

[187] 孫本初，〈如何寫好一篇優質的碩博士論文〉，摘錄自「撰寫碩博士論文與投稿學術期刊」論壇，2016年，取自http://edu.ntcu.edu.tw/webfile/teacher/20161114104614.pdf（2018年8月26日）。

[188] 朱浤源，《轉寫博碩士論文實戰手冊》，中華科際整合研究會合編，（臺北：正中書局，1999年），頁182-186。

[189] Geoffrey Murray, *China: The Next Superpower: Dilemmas in Change and Continuity*, (Abingdon-on-Thames: Routledge, 1998), pp.12-14.

[190] 購買力平價（Purchasing Power Parity，簡稱PPP）是一種根據各國不同的價格水平計算出來的貨幣之間的等值係數，以對各國的國內生產總值進行合理比較，因為現行的貨幣匯率對於比較各國人民的生活水平將會產生誤導。簡言之，PPP 就是指在美國用一美元買到的東西，在臺灣（或在日本、韓國等其它國家）要花多少當地貨幣才買得到，2011年臺灣 PPP為15.112，表示在美國用一美元買到的東西，在臺灣只

中國已經超越美國成為全球第一大經濟體。[191]「中國崛起」與「美中關係」成為國際局勢起伏波動的「始作俑者」，吸引國內外各種領域學者以不同的研究途徑切入探討，因而累積豐富多元的研究成果。對國際政治研究者而言，不同的國際關係理論套用在美中之間，往往帶來不同的思考方向。無論是新現實主義所強調的體系層次，或是霸權穩定論所形成的共同利益，複雜多變的美中關係成為國際關係研究途徑經常操作的場域。[192]

針對美中兩國的權力變化，在國際政治光譜的兩端凝聚有正反兩極的批判。美國政界的想法認為，無論中國在經濟和科技領域取得何種成就，美國的軍事實力是遙遙領先，不容挑戰。然而，部份美國軍事分析家卻有截然不同的研究結果。美國智庫蘭德公司於2018年初發布國際情勢評估報告〈面對危險世界的美國軍力與戰力〉（U.S. Military Capabilities and Forces for a Dangerous World），對於美國在東亞的軍事優勢地位不斷流失，一再提出警告。[193]美中兩國在經濟、外交、軍事等面向的實力變化，已成為當今「權力轉移理論」的研究範例。由歷史的角度回顧，歐巴馬政府執政時期，正是中國崛起的飛躍期，奠基於經濟力量而形成的整體國力提升，包括軍事力量與外交上的國際地位等。促使亞太地區面臨權力轉移的臨界點。

要15.11元臺幣即可買到。何棟欽，〈購買力平價的應用與政策意涵〉，《主計月刊》，第705期，2014年9月，頁29。

191 Christopher Layne, “Rising China Signals Historic Power Transition- The U.S. must face a shift of its own influence on the Korean Peninsula.” *The American Conservative*, November 30, 2017, http://www. theamericanconservative.com/articles/rising-china-signals-historic-power-transition/ (accessed June 24, 2018).

192 Carin Zissis, “Crafting a U.S. Policy on Asia’, *Council on Foreign Relations*, April 10, 2007, https://www.cfr.org/backgrounder/crafting-us-policy-asia (accessed June 26, 2018).

193 David Ochmanek, Peter A. Wilson, Brenna Allen, John Speed Meyers, Carter C. Price, “U.S. Military Capabilities and Forces for a Dangerous World-Rethinking the U.S. Approach to Force Planning”, *The RAND Corporation*, 2018/01/29, https://www.rand.org/pubs/research_reports/RR1782.html (accessed June 24, 2018).

綜合上述提及的國際環境變化、美中權力發展趨勢以及權力轉移理論的契合程度，促使筆者決定採用「權力轉移理論」做為論文的主要研究途徑，它能具體應用在兩國關係的權力結構分析上，也能探索大國之間的未來互動。由於美中兩國的實力對比符合權力轉移理論的發展條件，而且這樣的權力變化仍在持續進行中。尤其是川普總統上任以來，一連串「逆全球化」的舉措，中國卻在全力擁抱全球化所帶來的利益，並且逐漸接下國際社會不同領域的領導角色，這樣的角色互換趨勢，促使美中權力轉移之說甚囂塵上。多數人已察覺到早在小布希政府時期，藉反恐戰爭之名連年對外用兵，導致美國國力與威信快速損耗。緊接著全球性的金融危機與國內經濟蕭條，相繼發生在歐巴馬政府上台的前後時期，美中相對權力的此消彼長不斷增速。[194]因此，以「權力轉移理論」做為歐巴馬執政時期的美中關係研究途徑，具備主觀權力起伏與客觀國際環境的契合條件。

二、研究方法

近幾任的美國總統對其任期內的「美中關係」皆有不同的戰略詮釋。例如在柯林頓總統時代，兩國關係曾經進展為21世紀「建設性戰略夥伴關係」（constructive strategic partnership）。[195]小布希總統上台後，公開聲明美中關係是「重要且複雜」、「熟悉且陌生」、「相互無法分離、但又各自有些嫌棄」的關係。[196]另在《四年期國防總檢報告》（QDR）中，將中國定位成「戰略競爭者」（strategic competitor）。[197]

---

[194] 林永富，〈逆全球化，美國再退群〉，《中時電子報》，2018年06月21日，取自https://www. chinatimes.com/newspapers/20180621000987-260309 (2018年9月22日)。

[195] ed Galen Carpenter and James A. Dorn, "China: Constructive Partner or Emerging Threat?", *The Cato Institute,* May 10, 2000, https://www.cato.org/publications/commentary/china-constructive-partner-or-emerging-threat (accessed Mar 5, 2019).

[196] James A. Kelly, "George W. Bush and Asia: An Assessment", *Woodrow Wilson International Center for Scholars,* 2005, https://www.wilsoncenter.org/sites/default/files/bushasia2rpt.pdf (accessed June 25, 2018).

[197] The U.S. Department of Defense, "Quadrennial Defense Review 2001", Sept 30, 2001. https://

「911」恐怖攻擊事件後，反恐成為美國首要的外交目標。美中雙方在合作的基礎上幾經磨合，才由副國務卿佐利克（Robert Zoellick）在小布希的授權下，將中國重新定位為「負責任的利害攸關者」（responsible stakeholder）。[198]歐巴馬總統自選戰初期曾形容：「美中關係既不是敵人，也不是朋友，而是『競爭對手』。」[199]上任後隨即在向國會遞交的《國家安全戰略》報告中明白表示：「美中關係是對21世紀產生決定性作用的『夥伴關係』。」[200]現任的川普總統在首次國情咨文內，將中共形容為全球競爭對手，甚至在隨後發表的《國防安全戰略》當中，認定中國是挑戰美國繁榮和安全的「修正主義大國」（revisionist powers）與「戰略競爭對手」（strategic competitor）。[201]

長期研究美中關係的學者專家們大多認為，從歷史的經驗來看，過去數十年來美中之間呈現「偶而融洽、時而緊張、多屬疑慮」的局面，這已成為既定的運作模式，且隨中國崛起的進程愈加明顯。有愈來愈多美國跨黨派的論點強調，美中關係已經出現結構性的分歧，短期內恐怕難有和解的契機。從外交政策的歷史回顧可以查覺，在江澤民與胡錦濤時代，正值中國國力崛起之初，尚不足以直接與美國發生衝突，外交政策多採韜光養晦、不挑戰美國霸權的態度。然而，歐巴馬執政伊始，美國的對中政策開始出現轉向，中國國力持續崛起並成

archive. defense.gov/pubs/qdr2001.pdf (accessed Aug 27, 2018).

198 Will McCallum, "Robert Zoellick: China 'Reluctant Stakeholder' in World Economic Woes", The World Bank President Robert B. Zoellick speaking before the Asia Society Austral Asia Centre's Annual Dinner in Sydney on August 14, 2011. https://asiasociety.org/robert-zoellick-china-reluctant-stakeholder-world-economic-woes (accessed July 30, 2018).

199 Matthias M. Maass, *The World Views of the US Presidential Election*, (New York: Palgrave Macmillan,2009), pp.234-235.

200 The White House "The 2015 National Security Strategy", Feb 06, 2015, https://obamawhitehouse.archives.gov /the-press-office/2015/02/06/fact-sheet-2015-national-security-strategy (accessed Aug 03, 2018).

201 Ryan Browne, "Trump's defense strategy sees China and Russia as biggest threats", *CNN Politics*, January 19, 2018. https://edition.cnn.com/2018/01/19/politics/trump-defense-strategy-china-russia/index.html (accessed Aug 1, 2018).

為美國的威脅是為主要原因。關心美中關係的美國傳統盟友、國內媒體、智庫與國會議員開始不斷質疑美國對中國的態度軟弱，中國被認為是強勁的競爭對手。[202]尤其自中國新一代領導人習近平上任之後，將實現中華民族的偉大復興作為任內實現「中國夢」的具體目標，並在隨後提出的「兩個一百年」奮鬥目標，欲把中國建設成為社會主義現代化強國。[203]除此之外，「一帶一路」的全球戰略，在南中國海填海造陸，提升武器裝備與加強軍事訓練，並在其他國家試圖藉由經濟影響力，改變他國內部輿論與國際形象，凡此種種皆被視為強烈挑戰美國的領導地位。這些對於美中關係至關重要的現象與反應，都必須藉由大量中外文獻進行地氈式爬梳，方能在外交政策上獲得具有邏輯性的因果論證，並建構完整的研究論述。[204]

基於上述美中關係在歷史發展過程的重要性，以及立場殊異與論述多元的複雜性，本書的研究方法擬採取「歷史研究法」與「文獻分析法」交互並用。「歷史研究法」是有系統的蒐集及評鑑與過去事件發生的相關資料，以檢驗事件的因果或趨勢，進而有助於解釋現況以及預測未來的一種歷程。[205]「文獻分析法」是藉由分析已公開的文獻紀錄進行分析，透過各種既存的文本、史料、文告、回憶錄等資料，找出事情的真相或印證對某一事物主觀的看法。文獻分析法的特色是

---

[202] 燕青，〈學者：白宮對華政策的轉變〉，《美國之音》，2010年8月3日，取自http://www.canyu.org /n18463c13.aspx（2018年8月27日）。

[203] 「兩個一百年」是中國政府的政治語彙，第一個百年是中國共產黨成立百年，也就是2021年，第二個百年則是中華人民共和國成立百年，也就是2049年。在江澤民世代的中共十五大政治報告中，就首次提出兩個百年的目標，到了習近平主政的十八大報告中更具體闡明：中國要在中國共產黨成立一百年時全面建成小康社會，在新中國成立一百年時建成「富強、民主、文明、和諧的社會主義現代化國家」。賴岳謙，《美國重返亞太戰略對亞洲權力結構的影響》，（臺北：秀威資訊出版社，2014年），頁116。

[204] 白墨，〈『四個全面』：習近平為『中國夢』解夢〉，《BBC中文網》，2015年2月25日，取自https://www.bbc.com/zhongwen/trad/china/2015/02/150225_xijinping_4_con（2018年8月2日）。

[205] 葉至誠、葉立誠，《研究方法與論文寫作》，（臺北：商鼎文化出版社，2002），頁7。

它所研究的事件是過去而非目前發生，所以它是超越時空的限制，雖然是紀錄過去的社會事實，卻可以超越個人的經驗與視野，可以有更多元的選擇。最重要的是它不是來自道聽途說，而是來自可詳實考究的背景資料。本書將以美中關係與亞太地區發展為基礎，蒐集與研究主題相關的歷史事證與各案研究，文獻部分包含美中兩國重要領導人講話、官方會議文件、智庫研究成果、指標性著作與論述，以及具有公信力之論壇會議等等，以系統理論的架構進行整理分析，期能從中獲取有利研究所需的參考資料，俾利探求本書研究的目的與疑惑。[206]

另筆者於2012至2013年間，有幸獲派赴美華府智庫「戰略與國際研究中心」（Center for Strategic and International Studies, CSIS）進行為期一年的現地研究，期間適逢歐巴馬總統邁入第二任期，同時習近平主席正式成為中國領導人的歷史時刻。彼時華府智庫迷漫著「中國崛起論」、「中國崩潰論」、「中國威脅論」、「中國責任論」……等等多元論辯。各方看法雖然不盡相同，但對中國快速壯大發展的警醒卻是一致的。從筆者在華府K街參與不同智庫與學院舉辦的研討座談中，直接聆聽許多國際政治與外交學者第一時間發表的研究報告，並做成筆者自己的心得筆記，以此作為文獻分析的額外素材，應是得天獨厚的機運。[207]

第四節　研究架構與章節分配

研究架構是一篇專文的靈魂，簡單的圖示及少量的文字，即可充分表達作者如何達成研究的結果，當然也包含如何回答研究的問題。

---

[206] 鈕文英，《研究方法與論文寫作》，（臺北：雙葉書廊，2015年），頁12-13。

[207] 筆者自2012年9月前往美國華府「戰略暨國際安全中心（CSIS）」進行為期一年的訪問學術研究，期間由該中心所屬研究部門「國際安全計畫」（International Security Program. ISP），負責安排研究工作所需各項研究計畫輔導。取自https://www.csis.org/programs/international-security-program/ military-fellows（2019年4月14日）。

研究架構在解決隨機的誤差上佔有重要地位，它能提升研究結果的公正性和可行性。通常，我們會由既有的研究理論中，找到一個合宜的架構，加以修訂或調整，以便用來分析所要研究的問題。研究架構可以用既有的理論來改良，也可以從其他的領域借鏡過來。重點是，每一項研究論文的架構，必須呈現出作者獨特的研究內涵與論述，而不是將資料套到研究架構中而已。[208]

一、研究架構

本書的研究架構或稱分析架構，是筆者針對歐巴馬政府時期的美中關係所進行系統化的思考、分析與發現過程。此架構不但可以呈現美中外交政策因果關係合理性的依據，也是觀察與判斷本書研究成果的窗口。因此，筆者擬先從外交決策中被廣泛運用的分析方法－「層次分析法」著手，藉由不同層次的劃分，把複雜的國際關係現象分解成幾個不同層級的變數，然後再根據每一個變數的發展，解釋各種現象發生的原因。接著，再從美中相對權力變化的現象，以「權力轉移理論」的核心概念加以觀察、解釋與說明。由於相對權力的改變，促使美國採取「亞太再平衡」戰略作為平衡兩國權力變化可能造成的不利影響。筆者藉由分析美國再平衡戰略的動機、目的與內涵，以及作為挑戰者的中國是如何思考與回應，逐漸勾勒出歐巴馬政府執政過程中，美中兩國互動關係波折起伏的因果關係。藉由不同事件處理的態度與手段，理解美國對中國外交政策的執行原則，從而檢討政策預期達成的目標。（詳如圖1-3）

（一）外交政策層次分析

國際關係是一個動態且複雜的綜合體系，不能單從一個層面進行研究，必須由多種層面綜合分析。因此，專門從決策的視角分析外交

---

208 張慶勳，《論文寫作手冊》，（臺北：社會科學研究），2010年，頁122-124。

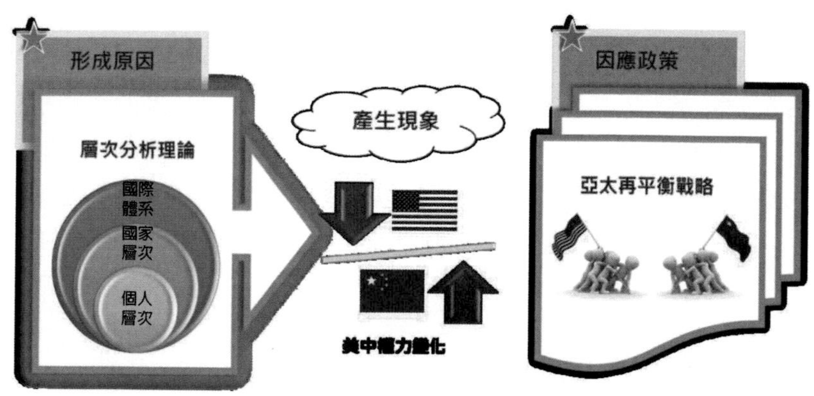

資料來源：筆者自繪

圖1-3　美國對中國外交政策因果分析架構圖

政策形成的機制和決策者思維，被稱作外交決策學。研究對象包含決策者與所處的環境，在不同層次上的互動和過程，目的是尋求外交決策與影響因素的因果規律。[209]美國結構現實主義學家肯尼士・華爾滋（Kenneth N. Waltz）是第一位在國際關係研究中系統化使用「層次分析法」的學者。他在《人、國家與戰爭：一種理論分析》一書中闡述戰爭原因的三種「意象」（images）：國際體系、國家和個人，其實就是國際關係的三種分析層次。[210]雖然國際戰爭的發生與決策者和國家有直接關係，但國際體系的特徵對於戰爭的爆發具有重要的影響。若想獲得有關戰爭源起的正確認識，必須同時將這三種意象獨立進行研究。不同層次涉及不同問題，綜合三個層次的分析結果，才是對國際關係擁有完整的認識。華爾滋的三個意象說，或稱三個層次說，開

[209] William Olson & Nicholas Onuf, *The Growth of a Discipline Reviewed, International Relations: British and American Perspectives,* (New York: Basil Blackwell, 1985), pp. 1-28.

[210] Kenneth N. Waltz, *Man, the State, and War: A Theoretical Analysis,* (New York: Columbia University Press; Revised edition, 2001), pp.21-23.

創了國際關係研究中的層次分析。[211]

對於國際關係研究的學者來說，無論是那個層次的變數，任何研究都不可能完全地排斥其他層次的影響。因為在國家之間的行為或事件，往往是由多種原因造成的。[212]對於複雜的國際關係互動，不結合多個層面進行分析，很難得出令人信服的解釋。[213]本書藉由三種意象層次的檢視，分析影響美中兩國外交政策制定過程的各種因素，並針對這些因素進行深入探討。

（二）研究分析架構

美國是如何從金融危機與戰爭泥淖中，藉由「亞太再平衡」戰略重建受損的國際形象與地位？面臨快速崛起的中國，身為現狀維持者的美國，究竟是如何處理至關重要的「美中關係」？美中兩國在相對權力起伏變化的過程中，既須避免衝突與戰爭，又須爭取國家發展的最大利益，華府的政策原則為何？北京的意圖又是如何？這些問題的形成與解答涉及多種面向，解構美國的外交政策必須包含宏觀與微觀的視角。筆者將這些有關因素區分為「國際體系權力變遷」、「區域安全衝突增加」、「國內政經發展需求」及「領導人決策特質」等四個面向。

首先，影響美中外交政策的第一個因素是「國際體系權力變遷」，它是屬於第一個意象層次－國際體系層次，係指主要國家權力分配的狀態。隨著前蘇聯政權崩潰，國際政治進入後冷戰時期，權力結構也因此轉變成以美國為首的「一超多強」格局，這與「權力轉移理論」所主張的金字塔式層級體系相互吻合。[214]華爾滋認為在層級化的政治體系中，

---

211 宋學文，〈層次分析對國際關係研究的重要性及模型建構〉，《問題與研究》，第47卷，第4期，2008年，頁167-199。

212 聶軍：〈層次分析與國際政治結構理論〉，《河北師範大學學報》，第1期，2004年，頁21。

213 吳征宇，〈關於層次分析的若干問題〉，《歐洲》，第6期，2001年，頁5。

214 A.F.K, Organski, op. cit., pp.364-365.

國家之間的權力運作原則是「扈從主義」（bandwagoning），弱小的國家會向霸權國家輸誠效忠，以換取國家生存與利益。既有主導國家是現有國際體系的最大受益者，具有強烈的動機維持體系的存續。面對挑戰者的總體國力大小，將有不同的外交政策因應。[215]當挑戰者的國力與自己接近時，構成的威脅相對愈大。在層級的國際體系下，主導國家與其他成員的能力差距愈大時，安全感與自信心相對愈大，無須採取抗衡與圍堵的手段保障自身的安全與利益。相反地，當差距變小時，主導國家的威脅隨即增加，針對挑戰者會主動採取阻擾與對抗的機會相對增加。

自2008年金融危機席捲全球之後，國際體系的變遷與轉移成為全球學術界研究的熱門議題。儘管普遍認為目前的國際體系正在發生變化，但是對於變化的性質及程度，變化的原因及影響等問題，依然存有許多分歧。[216]雖然目前國際政治格局還處在演變之中，但似乎可以獲得幾項共識。首先，美國仍然是全球唯一的超級強權，但與中國的相對實力正在拉近。美國單極霸權時代已經結束，即使歐巴馬推動「亞太再平衡」政策重振美國的軟硬實力，美國也很難重現上一世紀末的黃金年代。[217]第二，兩極時代短期內不會來臨。儘管美國人提出中美共治的G2概念，客觀上中國與美國的實力差距仍然巨大，主觀上中國也不希望出現兩極局面。第三，多極體系愈來愈明顯，G20機制是國際秩序的重大標誌性。[218]以往是美國唯一超級強權主導世界，各國實力懸殊唯美國馬首示瞻，現在則是大國們合作主導國際議題，美國必須顧及其他大國的反應，而中國已是大國們跟隨的對象。[219]美

---

[215] Keneth N, Waltz, "Theory of International Politics", (New York: Waveland Press, 2010), p.71.

[216] 袁鵬，〈金融危機與美國經濟霸權：歷史與政治的解讀〉，《現代國際關係》，第5期，2009年，頁1-6。

[217] 喬治・索羅斯（George Soros），《美國的霸權泡沫－糾正對美國權力的濫用》，燕清等譯，（香港：商務印書館，2004年），頁152。

[218] 美國國家情報委員會，《全球趨勢2005：轉型的世界》，中國現代國際關係研究院美國研究所譯，（臺北：時事出版社，2009年），頁121-122。

[219] 袁鵬，〈國際體系變遷與中國的戰略選擇〉，《現代國際關係》，第11期，2009年。頁32。

國提出的「亞太再平衡」政策實際上是有一整套包括軍事、安全、政治、經濟的戰略思考，不僅是為了制衡中國，也想藉機加強同盟關係。美國在面臨國際體系的變遷與轉移的過程中，已經見證了亞太地區的新興大國，正全力構建區域合作的多邊體系，以及全球經濟發展的主要動力。對於美國在亞太地區的發展受阻，「亞太再平衡」是美國迫切需要進行的全球地緣戰略調整。[220]否則；美國將在「國際體系權力變遷」的關鍵時刻，喪失主導利益分配的必要條件。

接下來，第二個影響因素是「區域安全衝突增加」，它是屬於第二個意象－國家層次。從地區安全環境分析，雖然學者普遍認為爆發全球性的戰爭可能性極其微弱，但亞太區域性的爭端與衝突卻是有增無減。亞太地區主要包括東北亞、東南亞與南太平洋三大區塊，並隨著區塊內的次區域之間經濟交流與政治互動，加速發展並擴散至南亞地區。在全球金融危機之中率先復甦的亞太地區，其安全與發展充滿了機運。除此之外；歷史遺留下來的民族矛盾與衝突並存，不穩定與不確定因素增加，在這樣複雜多變的安全環境下，使得美中兩國關係面臨諸多嚴峻的挑戰。[221]美國的亞太安全戰略目的就是要維持美國的主導地位，因此藉由「亞太再平衡」戰略的手段，避免任何企圖將美國排斥在外的倡議，同時持續加強以美國為中心的安全同盟體系。美中兩國是決定亞太地區是否能實現長期和平與穩定的主導國家。美中合作，亞太地區才能保持基本穩定；美中若發生衝突，勢必加劇地區內的緊張與矛盾。[222]

第三個影響因素是「國內政經發展需求」，它也是屬於國家層次

---

[220] Michael Green & Paul Haenle, "Obama's Asia Legacy", *The Carnegie-Tsinghua Center for Global Policy*, September 15, 2016. https://carnegietsinghua.org/2016/09/15/obama-s-asia-legacy-pub (accessed April 8, 2019).

[221] 陳向陽，〈亞太安全態勢的機遇和挑戰〉，《瞭望新聞週刊》，2010年05月17日，取自http://big5.chinanews.com.cn:89/gate/big5/www.chinanews.com（2019年4月12日）。

[222] 王緝思，〈亞太地區安全架構、目標、條件與構想〉，《國際安全研究》，第1期，2016年，頁21。

的意象。不同的是以滿足國家內部的政治運作與經濟發展需要為主。一國的對外政策是決策者根據國家利益在理性選擇上制定的，但是，決策者制定外交政策又是處在一個複雜的國內政治與經濟環境之中，從而使國內政經條件影響對外政策的制定與實施。首先，從美國國內政治環境來看，自20世紀以來，大量的國際關係文獻把國內政治解釋為國家對外決策的關鍵因素。克里斯多福・希爾（Christopher Hill）認為：「對外政策永遠不能脫離其國內背景的發源地，沒有國內社會和國家，也就沒有對外政策。」[223]因此，研究國內政治發展的需要，對外政策的影響具有重要的意義。冷戰後美國外交政策理念從老布希到歐巴馬時期，經歷了一個不斷演變的過程，從冷戰結束初期提出的世界新秩序，到「歐巴馬主義」的初步形成。一方面美國對外政策迎合了美國國內政治的主要聲音與要求，另一方也反映出同時代美國國內政治的主要特點與矛盾。[224]例如在美國國內政治結構中，總統與國會的關係嚴重牽制著美國外交政策的執行，若執政黨在兩院失去多數席位，將使許多政策難以推展。最近幾十年來，美國政府與民間建構的智庫（Think Tank）對外交決策的影響明顯增強。智庫扮演了許多不同的角色，它們向政策制定者提供資訊、為社會輿論構建框架、甚至參與美國政府的運作。新聞機構和國會亦經常向智庫的學者徵詢專業意見，因為來自智庫的專家往往比學院派的學者更擅長討論政策問題。[225]美國的總統選舉模式使得候選人對來自智庫的專家團隊，產生了一種高度依賴，而這些專家顧問人員又需要制定全面的計畫，以應對可能到來的勝選。以上這些因素相加在一起，使得美國智庫更像是

---

[223] 克里斯多福・希爾，《變化中的對外政策政治》，（上海：上海人民出版社，2007年），頁26。

[224] 劉文祥，〈考察影響美國外交決策的國內因素〉，《世界經濟與政治》，第11期，1999年，頁43。http://dlib.zslib.com.cn/qklw/rdzl/Z24/RD035859 (201809.04)

[225] Nadeem Yaqub, "The Influence of 'Think Tanks' in US Policy", *U.S. Politics,* April 01, 2018. https://www.voanews.com/a/influence-of-think-tanks-us-policy/4326366.html (accessed Aug 02, 2018).

一種「候任政府」。[226]

另從國內經濟環境的需求來看，一個國家的經濟能力對其外交政策具有關鍵性的影響。其重要性在下列四項因素中可以充分顯現：首先，經濟能力是一個國家生存發展的保障。足夠的自主經濟能力可以減少對其他國家的依賴，更有條件建立足夠的防衛能力以抵抗外來的侵略。第二，經濟能力也是一國綜合國力的重要因素。從權力政治的角度來說，只有擁有強大的經濟能力，才能影響他國的政經行為，並維持國際的經貿秩序。從霸權興衰史的研究顯示，歷史上的霸權國家逐漸走向衰敗時，其主因大多由於經濟能力不再足以支持其政治與軍事的目標，從中國滿清政府的滅亡到蘇聯的解體，都是最好的中外例證。[227]第三，經濟能力愈好的國家，代表著該國的國家機器愈有解決各種國內問題的行政能力，也代表該國愈有足夠的資源可以用來對抗潛在的對手，也就是愈具有抗衡的「能力」。第四，從國家領導人的能力來觀察，帶領國家經濟發展的能力是與執政的正當性與合法性成正比。經濟能力愈好的國家，也因其有能力自主發展，其領導人對外交政策的堅持就愈具有「意願」。[228]

歐巴馬總統上臺之初，美國正處於金融危機蔓延期，全國經濟異常蕭條。此時政府最緊迫的任務是重振美國經濟，讓它儘快走出衰退的泥淖。因此，歐巴馬避免採取強勢與對抗的外交政策，轉而對中國採取較為友善交往與合作的策略。同時藉由「向亞太再平衡」戰略，建立新型的亞太貿易協調機制，拓展潛在的亞太市場，因為擁有貿易順差的夥伴中，亞太地區的國家無疑是最佳的交易夥伴。美國的貿易

---

[226] 錢力，〈簡析美國智庫及其活動、議程和影響〉，《中美研究中心》，2016年5月，取自http://chinaus-icas.org/wp-content/uploads/2017/02/Think-Tank-in-the-US-CH.pdf（2018年09月04日）。

[227] 保羅・甘迺迪（Paul Kennedy），《霸權興衰史：1500至2000年的經濟變遷與軍事衝突》，張春柏、陸乃聖譯，（臺北：五南出版社，2014年），頁41。

[228] 何維達，《全球化背景下的國家經濟安全與發展》，（北京：機械工業出版社，2012年），頁44-46。

再平衡戰略，主要目的在於操控國外貿易逆差的規模，同時維持美元國際地位不墜，俾利實現美國國內經濟最大利益。

最後，第四項影響因素是「領導人決策特質」，它是屬於個人層次的意象。個人因素在國際關係和外交領域中，經常發揮關鍵性的角色。個人的社會經歷、人格魅力、政治素質、專業知識、情感與偏好以及世界觀等，也成為國際關係學者們研究的對象。不同的個人在對外政策的考量與執行上，也不盡相同。儘管外交事務不斷擴大，參與者之眾不知凡幾，但真正參與問題決策的官員，還是屬於少數。[229]影響當代外交的個人因數包含三種身份，即政治領袖、外交官和智庫學者。這些個人在不同程度和範圍內，主導國家對外政策的輸入和輸出過程。美國文化的核心是個人主義，個人在外交決策中的作用尤其不能低估。杜魯門總統曾公開宣稱：「美國外交政策由我制定」。[230]美國歷史上許多重要的外交政策，亦採用某些決策者個人的名字加以鮮明區別。在歷任領導人部分，例如「艾森豪主義」、「尼克森主義」、「雷根主義」等。近幾任總統也不例外，例如「布希主義」[231]、「歐巴馬主義」[232]等，甚至於中國亦有所謂的「習思想」[233]，這些都是以個人決策特質與行事風格，主導國家對外政策方針的有力證明。

個人因素在外交決策中的作用亦視情況而定，通常具有以下幾個

---

[229] 白雲真，〈體系、國家、社會、個體——中國外交的分析層次〉，《中國政治學網》，2011年5月25日，取自http://www.21ccom.net/articles/qqsw/zlwj/article_2011052536154.html（2019年3月6日）。

[230] 孫哲，〈美國的總統外交與國會外交〉，《復旦學報》，第4期，2001年，取自http://www.cas.fudan.edu.cn/picture/1539.pdf（2018年9月4日）。

[231] Stephen Sackur, “Bushisms’ cause national debate”, *The BBC News*, 3 March, 2001, http://news.bbc.co.uk/2/hi/americas/1200069.stm (accessed Sep 4, 2018).

[232] George Packer, “ Obamaism”, *The New Yorker*, April 13, 2009. https://www.newyorker.com/magazine/2009/04/13/obamaism (accessed Sep 4, 2018).

[233] 〈王毅要求駐外使節：習思想武裝頭腦〉，《星島日報》，2018年6月25日，取自http://std.stheadline.com/daily/news-content.php?id=1824899&target=2（2018年9月4日）。

特點：第一，決策者在決策機構中的地位越高，個人因素的影響就越大。第二，在危機處理的過程中，個人因素的影響更為凸顯。在決策過程中受到的制約和遇到的障礙也會減少。第三，情況越複雜，資訊越少，個人因素的影響就越大。[234]當決策在心理上和感情上有關聯時，決策者也可能會做出不理智的反應。華爾滋在其經典的《人、國家和戰爭》一書中，就將個人層次的意象視為分析戰爭的根源之一。這種意象認為人的邪惡，是由於他們錯誤行為導致了戰爭，如果個人的美德能夠普遍，社會就會獲得平和。如果不理解人的本性，就不可能有政治學的理論，因為世界歷史的發展離不開創造歷史的人。[235]

此階段描述的目的在於說明本書的分析架構，為了兼顧理論的簡潔性，並且清楚解釋政策形成的因果關係，筆者借用國際關係研究中的「層次分析法」，分別由三個意象層次研究歐巴馬政府時期的美中兩國互動形成原因，由此產生兩國相對權力起伏的變化，透過權力移轉的核心條件獲得印證。「亞太再平衡」戰略是美國針對快速崛起的潛在挑戰國家（中國）的積極因應作為，無論是採取「制衡與競爭」的強勢作為，還是「交往與合作」的柔性手段，其目標都是為了尋求在維護既有國際體系的情況下，設法降低中國的不滿意程度，這是權力轉移過程中不致造成激烈衝突與避免戰爭的必要條件。因為，唯有建立和平穩定的美中關係，美國才有可能維持現有國際體系中的霸權地位。

最後，在研究完成後，筆者獲得重要的成果與發現。首先，藉由「權力轉移理論」的核心要素進行質量分析，獲得美中兩國現階段較為具體的權力對比與中國的滿意程度。第二是綜合評估與檢視歐巴馬的對中戰略選擇。（詳如圖1-4）

[234] Quency Wright, *The Study of international Relations*, (New York: Appleton, 1955), p.433.

[235] Kenneth Waltz, *Man the Sate and War*, (New York: Columbia University Press, 1959), p.39.

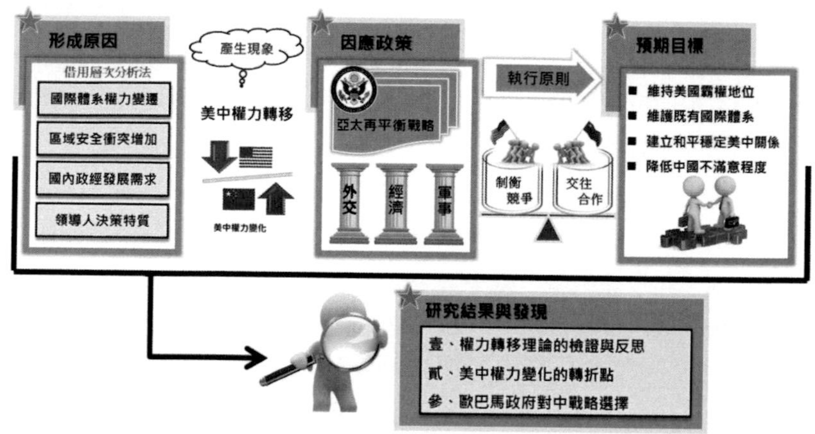

資料來源：筆者自繪

圖1-4　研究分析架構圖

二、章節分配

本書第一章為緒論，內容包含研究的動機與目的，以及研究的途徑、方法與範圍。完整陳述筆者研究的背景與議題，詳細說明美中關係在理論面與實務面為什麼值得研究，有什麼重要性與必要性，預期可以得到什麼樣的結果，或是產生什麼樣的貢獻。針對相同主題的國內外重要文獻資料，選擇具代表性者加以回顧，而且逐一深入討論與評析。其意義在於吸取學者先進們的研究心得，經由反覆的內在思辯與詢答，形塑出一套自我的價值評判。最後是研究分析架構的舖陳，這是本書檢視前後因果關係的骨架，也是考驗筆者掌握問題假設與研究發現的邏輯能力。

第二章試圖以專章方式探討「權力轉移理論」的源起、演化與適用性，此乃本書在理論上的依托。由於美中關係是當前維持國際秩序中最重要的兩個砝碼，重量稍有增減都可能造成國際局勢的波動。本章經由認識當前國際秩序的演進著手，說明霸權國家的定義並將關於戰爭的週期性理論－「權力轉移理論」進行完整的剖析，以美中兩國的發展互動，對照與檢視理論的正當性與適用性。另亦提供結論部分的研究發現與反思依據，為國際社會在「美中權力轉移」與「修昔底德陷阱」的繪聲繪影中，播開戰爭的迷霧。

第三章探討全球與地區的安全環境，採取「從大處著眼、從小處著手」的方式，探討歐巴馬政府時期的全球安全形勢。其中包括檢討美國經歷多年反恐戰爭，戰爭帶來的龐大國防開支，以及經濟上的過度消費與借貸，使美國國內經濟形勢陷入險峻。在政府高度關注中東地區的同時，中國反而在經濟與國防建設上大幅躍進，逐漸對美國的領導地位形成威脅，亞太地區的重要性逐漸突顯。歐巴馬政府著手調整美國的國家戰略方向，欲使呈現衰退跡象的美國可以因應未來國際變局。

第四章與第五章分別探討歐巴馬總統第一與第二任期的美中關係。筆者以「亞太再平衡」戰略揭開歐巴馬政府歷精圖治的擘劃，從戰略本身的動機、內涵及影響，探討美國從外交、經濟與軍事等面向，如何制約崛起的中國，以確保美國在亞太地區的霸權秩序。相反地，對於中國政府的看法與回應，美國如何利用交往與合作的手段，為複雜與矛盾的美中關係摸索出一條維繫主導力量的發展道路。從雙方各自的立場出發探討「美中關係」，藉由雙方領導人的外交思想，執政團隊在國內或國際上的全般政策推動，深入觀察不同政治制度的兩個國家，在相同的時空背景下，如何因應全球的格局變化，與迥然不同的國內政治挑戰。在歐巴馬的第一任期結束前，中國領導人換屆帶來歷史的機運，習近平的執政風格與前任胡錦濤大不相同，帶領著新一代的中國人民迎向「具有中國特色的社會主義新時代」。本章納入兩國在不同時期面臨的重大衝突與矛盾，觀察兩國在全方位競合的「政治博奕」中，如何呈現出權力移轉的軌跡。另外，也針對「亞太再平衡」戰略在執行上的挑戰，提供筆者的觀察與心得。

第六章是結論，亦是本書最有價值的部分，筆者試圖將研究的結果與發現分別以「權力轉移理論的檢證與反思」、「美中權力變化的轉折點」與「歐巴馬政府對中戰略的選擇」等三大主軸呈現，除了是對「權力轉移理論」的實務檢驗之外，也是對美國對中政策的一種辯論。希望未來在美中關係的研究上，走向更深一層的理解與正面發展。筆者想再一次強調，本書的價值不在於分析歐巴馬政府執政的歷史功過，而在於提供未來雙方避免戰爭與和平共榮的可能方向。

CHAPTER 2

權力轉移理論

自1648年《西發里亞和約》（Peace of Westphalia）確立了現代國際體系至今，接近400年的國際關係歷史中，大國之間權力此消彼長。期間，很多國家有過權力輝煌的時期，卻非永恆持久，起起落落是為常態。例如哈布斯堡帝國、法蘭西帝國、大英帝國、德意志帝國、俄羅斯帝國，甚至是中華大清帝國等等，它們都曾經是歷史上顯赫一時的霸權國家。如今有的帝國已經瓦解消失，有的帝國已經衰落，而有的國家重新崛起。對大國間權力轉移現象進行思考，可以從理論層面分析權力轉移的本質，也可以從國家興衰獲得權力變遷的啟示。[1]

「權力轉移理論」（Power Transition Theory）是20世紀50年代末期研究有關戰爭原因、特別是大國之間戰爭的學術思想，經過60年以上的發展，已經成為解釋大國之間權力關係變化，與如何影響戰爭與和平的重要理論。自上一世紀末開始，學者專家經常把權力轉移理論應用在「美中關係」與「國際秩序」的分析上。[2]一般普遍認為，隨著中國實力快速增長，已經對美國的超強地位構成威脅，權力的起伏變化是顯而易見的。然而，美中之間是否已經產生權力轉移的問題，學者們的看法並不一致。有些學者認為中國的崛起只是對美國構成潛在的威脅，美中之間尚未出現權力轉移的現象，美國的霸權地位仍然屹立不搖。[3]另有學者認為中國目前的發展已經跳脫權力轉移理論的「潛在大國」（the stage of potential power）階段，正處於「轉移增長」（the stage of transitional growth in power）時期，人民變得日益自信，對國際事務十分敏感，民族主義是這個時期國家對外行為的主要

---

1 游啟明，〈權力轉移理論及其批判〉，《世界經濟與政治論壇》，第3期，2018年，頁42-61。

2 James F. Hoge, Jr. A Global Power Shift in the Making, *The Foreign Affairs*, July/August Issue, 2004, https://www.foreignaffairs.com/articles/united-states/2004-07-01/global-power-shift-making (accessed Nov 30, 2018).

3 Baohui Zhang, "American Hegemony and China s' U. S. Policy", *Asian Perspective*, Vo. 28, No.3, 2004, pp. 87-113.

表現，美中之間的權力轉移已經是在進行中。當然也有少部分學者認為，中國的發展已通過「均勢」門檻，並成為「成熟權力」（the stage of power maturity）的階段，美中之間的權力轉移已是不爭的事實。[4]隨著中國綜合國力的持續發展，國際社會對中國崛起的預期與「權力轉移理論」有著密切的聯結，支持與反對「權力轉移理論」的學者紛紛開始檢視理論對於中國崛起問題的適用性。[5]

第一節　理論的源起與演化

以現實主義論述國家權力和體系穩定度之間的關係時，有兩派的主張持完全相反的立場。一派是「權力平衡理論」（the theory of balance of power），又稱「均勢」理論，以摩根索（Hans J. Morgenthau）與華爾茲（Kenneth Neal Waltz）為代表，認為國家之間的權力平衡才能帶來穩定和平的國際社會，歷史上的理論實例包含十七至十九世紀的歐洲國際體系與冷戰時代的格局；另一派則支持「權力轉移理論」，以奧根斯基（A.F. Kenneth Organski）為代表，主張國家間權力相近時，才是最有可能發生戰爭的時候。「權力轉移理論」的主體不是解釋國際關係中的權力變遷，而是追求大國間為什麼會發生戰爭的理論說明。理論歷經三代學者的發展，始終不改其初衷，也使得該理論在當代豐富多彩的戰爭起源理論中，始終佔有一席之地。[6]

---

4 David Lai, "The US-China Power Transition: Stage II China's assertiveness and U.S. hedging is a natural part of a power transition. It's also dangerous", *The Diplomat*, June 30, 2016, https://thediplomat.com/2016/07/the-us-china-power-transition-stage-ii/ (accessed Nov 30, 2018)

5 A.F. Kenneth Organski, op. cit., 1968, pp.124-133.

6 對於「權力轉移理論」在戰爭研究中的學術地位相關評價，請參見Jack S. Levy, *War and Peace*, in Walter Carlsnaes, Thomas Risse, and Beth A. Simmons, eds. *Handbook of International Relations*, (London: Sage Publications, 2002), pp.354-355。

一、理論的源起

「權力轉移」理論的首次問世是在1958年，由美國密西根大學教授奧根斯基在其所著《世界政治》（*World Politics*）一書中首次提出。他利用經濟學、社會學、心理學與歷史學等科學概念，研究國家建立時的政治發展過程，同時探討了國家成長與國家之間權力分配的關係，以及強國與弱國的互動關係。[7]十年之後，奧氏推出第二版《世界政治》，除了擴充對核子時代的探討，也增加新的章節闡述國家成長與核子時代的國際政治變化。雖然師承現實主義大師摩根索，奧氏對國際政治的觀察立場卻有所不同。現實主義認為國際社會是處於無政府狀態，其基本特徵是缺乏權威和秩序。大國之間可以藉由改變立場，以維持權力的均勢。奧氏則認為國家不是一個靜止的物體，它的權力可以從內部得到改變。大國不是生活在無政府狀態下，而是活動在主導國家建立的層級國際秩序之中，而且大國之間經常發生權力的轉移，直接影響國際秩序的運行，這種轉移是由國家處在不同的發展時期所致。奧氏把國家所處的三個不同時期劃分為「潛在大國」、「轉移增長」和「權力成熟」，並認為大國之間經歷不同時期的工業化發展，會發生相對權力的升降，從而產生權力轉移。[8]

國際體系中的國家大小有別，權力會集中在少數大國手中，戰爭源自於體系內主要國家之間綜合國力的差異、成長速度的快慢及對現況滿意程度的影響，當與對手國家的綜合實力呈現均勢時，戰爭的機率就會增加。如果雙方實力呈現明顯差距時，戰爭的可能性則大幅下降。在現有的國際秩序之下，崛起的大國如果不滿於現狀，當國家積累了足夠的實力，就有可能成為國際體系的挑戰者。奧氏認為核子武器的出現並沒有改變國際關係中軍事衝突的宿命，即使世界已邁入核

---

7 A.F. Kenneth Organski, 1958, op. cit., pp. 310-312.

8 Ibid., pp.340-341.

子時代，防止大國之間的戰爭依然是國際關係的重心。[9]特別是當大國之間的權力分配出現「持平」（power parity）時，戰爭爆發的可能性最高。雖然大國權力分配有差異，由於工業革命和現代政府效率的驅動因素，即使是後起的大國，藉由工業化的快速發展與政府施政效能的提升，就有可能和既存的大國出現權力「持平」，甚至「超越」的現象，戰爭的可能性在這個階段就難以避免。[10]

奧氏在1968年再版修訂的《世界政治》中，進一步修正和補充權力「持平」將導致戰爭的理論依據。由於崛起後的大國經常對現有的國際秩序不滿意，而主導的大國因為是現有國際秩序的既得利益者，自然覺得滿意且欲維持現有秩序，因此形成了「滿意國家」和「不滿意國家」對國際秩序主導權的競爭與衝突。當不滿意的國家認為有機會藉由戰爭贏得秩序主導權時，他們就會嘗試以戰爭手段改變現狀。然而，國際體系的運作並非靜態，權力增長的不平衡來自於人口數量、經濟生產力和國家從社會中汲取資源的政治能力。崛起國家與現狀主導國家的關係是大國關係的核心，國際體系變遷的原動力就是權力的重新排列組合與轉移。霸權不可能永遠不變，霸權國家的地位遲早會被新興的崛起國家所取代。崛起國家為了獲得霸權的地位而不斷積聚能量，現狀主導國家則小心翼翼地保護著自己的霸權地位，力圖最大限度地延續這種霸權地位。從歷史經驗和理論總結中，「權力轉移理論」將權力變更導致兩國衝突的現象，形成一個邏輯性的解釋。[11]

二、理論的演化

在過去六十年的時間內，「權力轉移理論」深化了國際關係學者對戰爭與和平問題的認識。理論經過不同時期的補充與演化，從一種

---

9 Ibid., pp.315-316.

10 朱鋒，2006年，op. cit., 頁33。

11 A.F. Kenneth Organski, 1968, op. cit., pp.364-365.

解釋國際社會中為什麼權力的變化可能導致衝突和戰爭的假設來說，權力轉移理論的學術貢獻都是不容忽視的。

（一）運用統計量化模型

1980年奧根斯基和古格勒教授（Jacek Kugler）合著的《戰爭總帳》（*War Ledger*）一書成為該理論之完整建構。他們合力將權力轉移理論進行驗證，並試圖回答一些問題：為什麼戰爭會開始？戰爭中的勝利或失敗如何影響參與戰爭國家的復原？自核子時代來臨後，國家之間發生衝突時的行為準則是否仍然有效？諸如權力平衡和集體安全等知名的國際關係理論，並不足以解釋國際體系中衝突是如何爆發的。[12]兩位作者運用量化研究，將古典權力轉移理論觀點與歷史上主要戰爭發生的原因，以統計模型進行驗證。所得結論顯示：當權力分配不均時，戰爭爆發機率較小。當戰爭爆發時，多是由於大國之間彼此權力分配接近，或出現後進者超越先行者的現象。因而推論出權力平衡不利於國際關係的穩定，權力不均衡的層級體系才有助於和平維繫的觀點。[13]作者在嚴謹的實證分析中發現，以經濟、社會、政治增長為核心的權力轉移理論，最能正確解釋這些複雜的問題。因此，為了有效評估一個國家的經濟、社會與政治資產，發展出一連串的「能力指標」，作為評估體系能力的工具。當各種主要衝突發生之後，一個國家的權力是否增長端視其復原的能力。作者亦討論了核武問題，而且發現這些核子武器並沒有像他們預期的那樣發揮作用，核武器也沒有改變國際政治賴以存在的權力結構，核武對抗的國家也不符合威懾理論所主張的預期結果。[14]

---

[12] A.F K. Organski & Jacek Kugler, 1981, op. cit., pp. 21-22.

[13] Ibid., pp. 24-28.

[14] Jack S. Levy, "The War Ledger Book Review", *Social Science Quarterly*, Vol. 62, 1981, p. 394.

（二）主張聯盟擴充權力

1992年韓籍學者金宇相（Woosang Kim）教授在其所撰〈從西發利亞到滑鐵盧的權力轉移和大國戰爭〉（Power Transitions and Great Power War from Westphalia to Waterloo）論文中，將當時關於權力轉移和霸權穩定理論的研究成果擴展到前工業時代，並在原有權力轉移理論的基礎上放寬了歷史經驗的領域。與奧根斯基的權力轉移理論有所不同，修正後的權力轉移理論並不局限在工業革命之後，亦可應用於前工業時代。金氏回溯工業化革命之前的戰爭歷史，以檢視權力轉移理論與霸權穩定理論是否適用於當代，獲得了強而有力的實證支持，即敵對雙方的權力大致均等時，戰爭的可能性就會增加。當具有挑戰性的大國在其盟國的支持下超越主導性大國時，最有可能發生大國戰爭。[15]金氏在分析權力轉移時強調，不僅要考慮大國內部的權力，還需考慮其盟友的潛在支持。作者採用「聯盟的相似度」（The Similarity of Alliance Portfolio）來表示潛在的挑戰者是否對既存國際體系及主導強權不滿。[16]傳統權力轉移理論認為，國力要素中的人口和政治能量受外界影響甚小，而經濟發展又以「內生成長」為主，因此並不重視國際政治上的「聯盟」。但金氏針對聯盟提出理論上的修正，他認為不同的經濟成長，導致全球或區域內的主要國家之間權力分配的變化，經由工業化、政治現代化與科技發展產生的內部成長，將導致主要國家之間相對能力的逐漸變化。由於國內政經結盟的轉變，會導致國家利益及對國際現狀的變化。[17]金氏成功拓展了傳統權力轉移理論的解釋能力，除了超越了奧根斯基只把權力轉移理論限定

---

[15] Woosang Kim, "Power Transitions and Great Power War from Westphalia to Waterloo", *World Politic*, Volume 45, Issue 1 October 1992, pp. 153-172.

[16] Douglas Lemke, *Regions of War and Peace*, (London: Cambridge University Press, 2002), pp.100-102.

[17] Woosang Kim, "Alliance Transitions and Great Power War", *American Journal of Political Science*, November 1991, p.35.

在工業化時代的假定之外，金氏的研究發現有三點結論：首先，大國自身權力差異、大國聯盟間權力差異，與大國對國際秩序的滿意度，導致了戰爭或和平的結果。其次，結盟可提升國家權力，故可減輕或加劇戰爭的風險。最後，透過技巧的結盟或瓦解策略，戰爭的危機可獲得管理。[18]

（三）適用多重層級結構

1996年由古格勒與蘭姆克（Douglas Lemke）合著《均勢與戰爭》（*Parity and War*）一書，明白指出中國因綜合國力不斷提昇而逐漸具備對國際現況表達不滿的實力，最終將成為美國霸權的挑戰者。[19]關於權力分配與戰爭之間的關係，幾十年來一直是國際關係實證研究的主要焦點。由於戰爭的啟動既需要機會，也需要意願，權力持平與戰爭之間更顯關係緊密。不過，大多數國際衝突理論只考慮其中一個條件，權力轉移理論卻是一個例外，它將兩國權力持平時視為「機會」，對現狀的不滿意視為「意願」。雖然奧根斯基的理論強調霸權帶來秩序穩定的邏輯令人信服，在歷史上的實證支持也令人印象深刻，然而，過於局限於最強大國家的權力和衝突關係，缺乏理論運用在不同地區與不同對象的通用性。[20]因此，作者試圖對權力轉移理論進行更為廣範的適用論述，將次級強權或普通國家之間的衝突關係納入權力轉移理論的經驗範疇，獲得開創性的發現－「多重層級模型」（Multiple Hierarchy Model）。證明國際制度是一系列的層級結構，而不僅僅適用於單一的層次，大幅增加了理論的通用性。另外也運用軍事力量的建構，分別評估挑戰國家和主導國家對改變現狀或者維持現

---

18 向駿，〈從亞投行看中美權力轉移〉，《新加坡聯合早報》，2015年3月26日。取自http://www.nanhai.org.cn/info-detail/21/924.html（2019年4月7日）。

19 Jacek Kugler, Douglas Lemke, *Parity and War: Evaluations and Extensions of the War Ledger*, (University of Michigan Press, 1996.

20 Harvey Starr, "Opportunity and willingness as ordering concepts in the study of war", *International Interactions*, Volume 4, Issue 4, 1978-, pp. 363-387.

狀的決心。作者認為當雙方權力持平時，無論是在區域或是全球層級，競爭者之間發生戰爭的可能性都會顯著增加，同時也是潛在的挑戰者向主導國家進行挑戰的大好機會。[21]當挑戰者的權力超過了現狀的主導國家時，顯示出挑戰者尋求改變的意願和決心，為權力轉移理論的擴充概念提供了有力的支持。

（四）預測中國超越美國

2000年古格勒與譚門（Ronald L. Tammen）等學者群共同出版《權力轉移：二十一世紀的戰略》（*Power Transition: Strategies for the 21st Century*）一書。書中強調只要中國大陸繼續對其在國際局勢中所擔任的角色不滿意，將會成為美國唯一潛在的挑戰者。為了避免21世紀某個時刻可能爆發的衝突，美國必須尋找將中國融入國際社會的方法，進而接受現行的國際規範與規則。[22]除此之外，書中還準確預測中國將持續經濟發展並維持一定的成長率，而且中國在政治上不會分裂，更不會演變出獨立於政府之外的經濟區域。作者預估中國大陸以購買力平價（Purchasing Power Parity, PPP）計算的國內生產總值，將在2015年前後超越美國。[23]事實證明，2014年由國際貨幣基金組織（IMF）所公佈的官方資料中，以購買力平價計算的美國經濟規模為17.4兆美元，中國則為17.6兆美元，中國已超過美國成為世界第一。[24]

除了成功預測中國崛起的權力轉移理論，兩位作者也對美、中互動有更進一步的論述。古格勒與譚門先以量化方式，從理論上探討國際層級體系挑戰者的出現與戰爭的風險，再以美國的立場分析如何因

---

21 Gerald Schneider, "Parity and War: Evaluations and Extensions of the War Ledger", *International Relation*, Volume 91, Issue 2, 1997, pp. 504-505

22 Ronald L. Tammen and Jacek Kugler, 2000, op. cit., p.15.

23 Ronald L. Tammen & Jacek Kugler, op. cit., pp.155-156

24 Mike Bird, "China Just Overtook The US As The World's Largest Economy", *The Business Insider*, Oct. 8, 2014, https://www.businessinsider.com/china-overtakes-us-as-worlds-largest-economy-2014-10 (accessed Dec 04, 2018)

應中國崛起的戰略，藉此探討國際體系的結構性，與不同國家的能動性。兩人最後界定權力是一種包含人口、經濟生產力、政治能力的綜合實力，同樣主張新興大國達到主導性強權綜合國力80%以上時，雙方進入「均勢」階段，當綜合國力達到100%以上，新興大國就「超越」了原來的主導性強權。[25]從邏輯的演繹過程來看，如此高度準確預測未來發展的理論常有存疑之處，因為在作者所提出的實際計算公式中，仍然缺乏在政治力變數與滿意度量化的合理公式，即使中國的經濟規模超過美國，仍難以運用公式判斷中國的權力是否已達到美國的80%？是否已正式成為具資格的挑戰者？即使近來中國主導「亞投行」（AIIB）與「區域全面經濟夥伴協定」（RCEP），著手進行東亞區域經濟整合等作為，是否就代表有意挑戰美國在亞太地區霸權的意味？坦白說，實在難以定論。[26]

權力轉移論者一向認為權力轉移過程中有高度的戰爭風險，早期奧根斯基和古格勒曾運用統計模型，驗證歷史上主要戰爭之間的關聯性，指出戰爭的爆發多是因為大國之間彼此權力分配均等，或者出現後起者超越了先行者的現象。如果是不滿意的挑戰者超越滿意的防衛者，則戰爭機率增加；如果是不滿意的挑戰者超越不滿意的防衛者，則戰爭機率將非常高；如果挑戰者與防衛者對現況均滿意，則發生戰爭的機率相當低。[27]面對中國崛起的挑戰，古格勒與譚門又提出美國應對的三種戰略選項，同時強調三者之間可以彼此相互支援：首先是培養兩國領袖都不想發生戰爭的條件，亦即妥善處理權力轉移過程使雙方都感到滿意；第二是專注對領土主權所產生引爆點的管理；第三

---

25 Ronald L. Tammen and Jacek Kugler, op. cit.; p.21.

26 羅慶生，〈美中權力轉移？何時轉？如何轉？南海摩擦映照下的亞太安全形勢〉，本文發表於國際關係學會與國立成功大學政治學系合辦「中華民國國際關係學會第八屆年會暨學術研討會」，研討會主題為「新面貌或是舊故事？地緣政治與地緣經濟重組下的國際格局」，會議地點：台南市國立成功大學社會科學院大樓。2015年10月24日。

27 A.F K. Organski & Jacek Kugler, 1981, op. cit.; pp.47-55

是尋求改變兩邊分佈的總權力，讓中國權力的增加仍在美國權力之下，同時確定美國盟邦能全力抵銷中國的發展。這種策略將使中國的挑戰轉向，更能弱化或延遲中國超越美國的能力與時間。[28]

（五）理論適用區域戰爭

2002年蘭姆克繼《均勢與戰爭》乙書之後，再次出版《戰爭與和平的地區》（*Regions of War and Peace*）一書，從不同的地區環境和歷史經驗出發，研究導致大國之間戰爭的因素是否也適用於其他國家。作者考察了非洲、遠東、中東和南美洲，並認為這些地區的戰爭原因是相似的，但在發展模式不同的基礎上，存有不少差異。作者是以多層階級模型（Multiple Hierarchy Model）的提倡者，主張擴充權力轉移理論的適用範圍，進一步將權力轉移理論應用至區域戰爭。[29]

在當代國際關係研究中，轉向區域層次的分析有幾個目的，除了為傳統區域研究的相關成果提供理論上的支持，亦對戰爭與和平的影響範疇提供傳統大國衝突之外的分析。尤其是透過區域研究提醒我們，許多衝突是由地方而不是由全球關切所驅動。區域研究也特別有助於看清楚衝突外溢的危險，以及最容易受到影響的其他國家。除此之外，區域衝突也成為研究為什麼某些區域比其他區域更傾向和平或暴力的方式解決國際事務，進而提供決策者理性地尋求國家最大的利益。[30]書中指出權力轉移理論的結構性優點，來自於大量的實證支持，當然，作者無意暗示權力轉移理論是國際政治的最佳理論，也無意暗示它不存在某些解釋力的不足，但至今它仍然為戰爭與衝突提供有利的線索。

---

[28] Ronald L. Tammen and Jacek Kugler, 2000, op. cit.; pp.157-158

[29] Douglas Lemke, *Regions of War and Peace*, (Cambridge: Cambridge University Press, 2002), p. 52.

[30] Alex Weisiger, "Regions of War and Peace in Foreign Policy", *World Politics Online Publication*, May 2017, http://oxfordre.com/politics/view/10.1093/acrefore/9780190228637.001.0001/acrefore-9780190228637-e-476 (accessed Dec 06, 2018)

（六）聚焦美中關係驗證

2005年古格勒和譚門再度合作，兩人共同發表〈權力轉移與中美衝突〉一文被譯成中文刊登於北京清華大學出版之《國際政治科學》期刊，闡述中國因經濟快速的成長，被全球視為下一個挑戰美國的國家，權力轉移理論始終被西方國家視為中國威脅論的有力支撐，直到兩位作者在國際研究學會（ISA）年會發表此文之後，權力轉移理論的解釋能力才開始被中國的學者所接受。[31]此階段的權力轉移理論聚焦在來自亞洲的挑戰，特別是指中國。中國和美國不可避免地邁入長期經濟的競爭中，此時觀察權力變化的視角不是中國能否在世紀末成為世界政治中的支配性國家，而是佔據支配地位的中國是公開挑戰現存的國際規則，還是加入或領導業已存在的國際社會。雖然正反兩方面的例子都可以在近代的歷史中找到，但權力轉移理論的重心直指現在和未來的中國，是否是一個滿意的國家？如果中國對現狀滿意，它與任何地區性或全球性的競爭者爆發衝突的可能性就會大幅降低。

兩位作者檢視中國對現狀的滿意程度時，首先認為中國與美國之間沒有直接的領土爭端，但是被中國視為核心領土的臺灣成為兩國最具危險性的領土爭議，美國必須嚴肅對待圍繞臺灣問題爆發戰爭的可能性。第二，是中國與美國幾乎沒有發生軍備競賽的跡象，中國也沒有意圖與美國進行軍備競賽。這說明美國面臨與中國建立信任的重大機遇，這種合作關係的建立需要主動和明確的對中政策。第三，是中國對現行的國際規則並非無重大不滿。在地區性範圍內，中國提出了許多雙邊和多邊的倡議，經濟的發展已經取代美國成為亞洲的經濟中心，中國有強烈的意願加入亞洲區域內的經濟和安全組織，並且展現

---

31 亞采克・古格勒（Jacek Kugler）、羅納德・譚門（Ronald L. Tammem），〈權力轉移與中美衝突〉，陳琪、吳文成譯，《國際政治科學》2005年，第3期，頁1-20。本文是作者向美國國際問題研究學會於2005年3月1-4日在美國夏威夷召開的國際研討會提交的會議論文。

了相當的滿意度和自信心。第四，是美中兩國並沒有嚴重的意識形態爭論，中國進行的社會實驗需要平衡政治控制與經濟自由。具有中國特色社會主義在不放棄共產黨一黨執政的立場上，大量引入資本主義在市場經濟上的概念，實際上中國特色社會主義融合了許多資本主義的傾向。第五，是美中之間目前存有約束力的貿易與合作局面，從經濟角度來看，中國逐步採行自由市場機制，兩國經濟上的相互依賴也在不斷地強化，因此認為經濟融合而引發合作的前景是十分樂觀的。[32]從美國的觀點來看，時間並不能應對來自中國日益臨近的挑戰。為了避免可能爆發的衝突，美國必須尋找將中國融入國際社會的方法，進而使中國接受現行的國際規範與規則。[33]

（七）權力轉移的巧實力

2011年以「軟實力之父」享譽全球的哈佛大學教授約瑟夫・奈伊（Joseph S. Nye）發表《權力大未來》（*The Future of Power*）一書，書中針對權力轉移提出開創性的詮釋，可以做為「權力轉移」主流理論之外的補充與參考。作者認為權力轉移有兩種型態，其一是國家之間的權力轉移，其二是權力從國家層面擴散到更多的非政府層面，這兩種權力轉移正在交互作用。作者綜觀全球，評估當前各國實力並提出權力的三個面貌。第一是主導改變，誘使他人去做原本不願做的事。第二是控制議程，透過排除他人的策略達到目的。第三是建立偏好，塑造他人的偏好，讓某些策略自始不被採納。其中第一種是屬於硬實力；第二、三種是屬於軟實力。硬實力是推，軟實力是拉。在適當的情境，利用設計良好的策略及技巧圓熟的領導能力，軟硬兼施，又拉又推，以取得想要的結果，這就是所謂的「巧實力」。[34]

---

32 亞采克・古格勒、羅納德・譚門，2005年，ibid., 頁13-18。

33 羅納德・譚門（Ronald L. Tammem），《權力轉移：廿一世紀的戰略》。向駿譯，（臺北：國防部史政編譯室，2003），頁77-78。

34 約瑟夫・奈伊（Joseph S. Nye），《權力大未來：軍事力、經濟力、網路力、巧實力奈伊認為新權力觀必須放在當前三維棋賽的世局中來觀察，最上層的軍事力量棋盤，仍然是單極的，因為美國在軍事方面的超強地位可以延續相當長一段時間。中間是經濟力量棋盤，美、歐、日本與中國都扮演關鍵的角色，形成多極的局面。下層的棋盤則是跨越國界、超乎政府控制的跨國關係，其中包括各式非國家行為體（如恐怖份子、網路駭客等），以及各式各樣的跨國議題（如氣候變遷、犯罪、傳染病等）。不同國家的權力固然有起有伏，但更明顯的是所有國家的權力都正快速地向非國家行為者擴散；越來越多問題超出主權國家的控制範圍，美國也不能例外。美國如果衰落，不會是因為外部的過度擴張，而是出自內部的力道不足。奈伊認為現在預言亞洲世紀的來臨仍然言之過早，因為在全球治理的網路世界中，以美國為首的西方國家依然比其他地區扮演更為核心的角色。21世紀的權力並非走向「零和」－不是你死就是我活，權力也可以是「正和」－你獲得時我也可以。硬實力當然會持續存在，而且不可或缺。但是除非能將硬實力與軟實力結合成「巧實力」，否則將無法應付正在面臨的新挑戰。[35]

（八）理論解釋國內衝突

權力轉移理論長期著重在解釋國際衝突的發生，卻較少應用在國家內部的衝突預防。以權力轉移理論來解釋國內衝突的研究，首見於班森（Michelle Benson）和古格勒所撰文章〈均勢、民主與嚴重的內部暴力〉（Power Parity, Democracy, and the Severity of Internal Violence）。兩人認為權力轉移理論不僅可以解釋國際戰爭發生的原因，同樣也可以解釋國家內部的族群或社群衝突。政府和反對派之間

的全球主導》，李靜宜譯，（臺北：天下文化出版社，2011）。

35 江靜玲，〈軟實力之父奈伊剖析美中巧實力〉，《中時電子報》，2017年11月6日，取自https://www.chinatimes.com/newspapers/20171106000970-260119（2019年3月6日）。

資源的相對均等，亦會導致更多的暴力衝突。具有高度競爭性和參與性機構的民主國家，比較能夠減輕其境內的暴力衝突，有效率的政府不管體制如何，都能維護國內和平。[36]隨著班森的努力，學者們開始探究權力轉移理論對於國內政治的適用性。另有學者達非・托夫特（Monica Duffy Toft）利用權力轉移理論研究族群之間的衝突，在其研究論文〈人口轉移與內戰：權力轉移理論的檢驗〉（Population Shifts and Civil War: A Test of Power Transition Theory）[37]中發現，一個多民族國家中的少數民族人口分佈變化，更有可能導致內戰。作者運用權力轉移理論的競爭邏輯，檢驗族群之間人口數量的移轉，以及數量增加的種族對現有秩序不滿時，對族群衝突的負面影響。研究結果顯示，當族群之間相對人口數量接近均等時，族群衝突的爆發機率較高。就像國際體系運作的現象一樣，國內族群產生衝突取決於如何看待權力。因此，理論用來解釋國內衝突發生的可能性，無論是政府與族群之間，還是族群彼此之間，均符合權力轉移理論的適用範圍。[38]

「權力轉移理論」自上一世紀發展起來之後，經過將近六十年的演化，現已成為解釋大國之間權力「關係」變化，以及變化的結果究竟將如何影響戰爭與和平問題的重要理論。經過不同時期的論證、補充與演化，對於有關解釋戰爭、特別是大國之間的戰爭思想，提供重大的學術貢獻。期間包含奧根斯基初次挑戰「權力平衡」理論，並因此成為解釋國際戰爭之主流。隨後與古格勒共同研究大國間權力與地位轉移，可帶來戰爭之間的量變關係，並提供統計學上的數據證明，從中發現權力轉移是大國戰爭的必要條件，但不是充分條件。隨後，蘭姆克還將權力轉移理論從國際體系層次擴展到區域層次，進一步主

---

[36] Michelle Benson, Jacek Kugler, "Power Parity, Democracy, and the Severity of Internal Violence", *Journal of Conflict Resolution,* April 1, 1998, Volume: 42 issue: 2, pp. 196-209.

[37] Monica Duffy Toft, "Population Shifts and Civil War: A Test of Power Transition Theory", *International Interactions,* Jul 27, 2007, pp. 243-269.

[38] 游啟明，〈權力轉移理論及其批判〉，《世界經濟與政治論壇》, 第3期，2018年，頁65-77。

張權力轉移理論亦可用在解釋區域爭霸的戰爭，也就是權力改變和不滿意度是解釋大國間戰爭最有力的因素。古格勒和譚門的研究，則將權力轉移理論聚焦在來自亞洲的挑戰，特別是指向中國。從論證中發現中國並不是一個不滿於現狀的大國，美國必須尋找將中國融入國際社會的方法。近年來奈伊將硬實力與軟實力結合成「巧實力」，提供美國應付中國崛起的全方位挑戰。打破權力非要走向零和的迷思，在未來全球治理的網路世界中，美國依然比其他國家扮演更為核心的角色。如今，甚至已將理論應用與延伸到國內不同族群的衝突解釋。研究至此，我們瞭解到「權力轉移理論」的源起與演化，美中關係雖然不是理論的一部分，卻與理論緊緊相扣，數十年來未曾停歇。

第二節　理論的核心論點

一、權力的定義

現實主義主張國家對權力的追求就是不斷地增強其政治、經濟和軍事力量，並以此為基礎不斷地擴大對外影響力。國際關係理論大師史丹利・霍夫曼（Stanley Hoffmann）亦表示：「以權力來衡量與規範國家利益是現實主義的核心價值。」[39]承襲現實主義理論的奧根斯基則認為，一個國家最重要的特徵是它對權力的運作，因為權力是國家在國際關係中的角色扮演，國際政治的本質就是「權力政治」。倒底什麼是權力？奧氏將權力定義為「按照自身的矛盾影響他國行為的能力」。[40]不同國家之間的關係取決於各國影響力的使用，如果一個國家擁有實力，但卻無法轉化為影響力，那麼它的實力依然不能成為國際關係中的真正權力。因此，實力的行使比實力的存在對國家利益更

[39] Stanley Hoffmann, *Contemporary Theory in International Relations,* (Portsmouth: Greenwood Pub Group, 1977), p. 22.

[40] A.F. Kenneth Organski, 1968, op. cit., pp. 101-123.

為重要。[41]奧氏以美國的國際地位變化舉例說明，他認為二戰前後美國都是世界上的大國，但戰後的美國之所以成為超級大國，是因為美國廣泛地參與國際事務，適時地將其實力變成現實影響力。所以，奧氏主張國家應該不斷地對外使用實力、不斷地影響他國的行為，這才是權力的本質。財富、資源、人力和軍事力量都僅是權力的工具，只有不斷地使用這些實力並影響他國的行為，這些工具才會變成實質權力。[42]

在權力的分析上，摩根索更強調權力在外交政策與國際政治的運用。保持權力、增加權力和展現權力是國際政治與外交政策的運作模式。[43]然而，摩根索反而輕忽權力在國內產生的方式，僅關心權力在國際上的作用和結果。奧根斯基與蘭姆克都強調權力在國內產生的重要性，因為在國際關係中，權力的變更最主要因素並非只是權力的運用，同樣包括權力背後的工業化能力，以及相對資源管理的政治能力。[44]在衡量國際關係的權力方式上，奧氏企圖超越傳統的物質分析，並結合近代歷史中的全球化工業革命，將一個國家內部的社會變革能力、政府管理效率與國家之間的權力變遷同步分析，對國際政治背後的歷史脈絡具有獨到的觀察。[45]

二、階層節制的國際體系

權力轉移理論從權力的本質，國家之間的相互權力關係，以及國家和國際體系之間的特性，描述出一個權力階層體系（Hierarchical System）。所有的國家都認知到這個階層體系的存在，以及在體系中

---

41 K. J. Holsti, "The Concept of Power in the Study of International Relations", *The Background*, Vol. 7, No. 4, 1964), pp. 179-194.

42 Katherine Fox Organski & A.F K. Organski, *Population and World Power*, (Whitefish: Literary Licensing, LLC, 2012), pp.112-120.

43 Hans Joachim Morgenthau, "Politics Among Nations: The Struggle for Power and Peace", (Alfred A. Knopf; 3rd edition), 1963, pp.122.

44 Douglas Lemke, 2002, op. cit., pp.39-42.

45 朱鋒，2006年，op. cit., 取自http://www.szrmf.com/paper/30379.html（2018年07月14日）。

權力的相對分配情形。在體系中，權力的分配不是平均的，而是集中在少數幾個國家身上。體系的結構有位階高低的區分，力量強大的國家處於高位，而力量小的國家則處於低位。處於高位的大國對處於低階的國家具有影響力，甚至主導其政策取向的力量。層級節制的定義是在某種排序下，其中有些國家擁有最多的資源，例如財富、軍力與國際聲望等，有些國家擁有較少的資源，而有些國家則是介於這兩者之間。由於權力在這世界上的不平均分佈，以及力量和資源總是集中在少數國家的手上，因此國際體系總是被認為是一個由少數強國，或一個更強的國家所治理與主宰。在權力轉移論者的眼中，雖然國際體系還是屬於無政府狀態，然而這不代表國際秩序是呈現混亂與失序。相反地，國際秩序是由若干更具有權力的主導國家所支配統治。

依體系內國家的數量多寡與位階的高低排列，形成一個「層級節制的金字塔」（Hierarchical Pyramid），金字塔主要是由以下四個類型的國家所組成：首先是最具支配優勢的霸權（Dominant Power），其可被視為是國際體系裡最強的國家，位處該體系裡的最高階位置。第二是較前者低一位階的強權（Great Powers），他們的國力雖不足以與前者相互匹敵，然而，在未來卻是最有潛力挑戰前者的霸權地位。第三是再低一位階，位處國際體系中下部分的中等國家（Middle Powers）。第四則是最低位階，位處國際體系底層的弱小國家（Small Powers）。（詳如圖2-1）

此外，這樣的層級節制不只是存在於「全球」的國際體系中，它同時也存在於任何的「區域」系統中。在全球權力層級之下，因地理位置的不同，各自形成區域的權力層級，例如亞洲、美洲、中東等等。在不同的區域權力層級中，又有其超級強權、強權與較小權力的國家所組成。[46]權力轉移理論將國際權力的結構以權力錐（Power Cone）的圖示呈現，依序區分為國際權力錐、區域權力錐與次區域

[46] Jacek Kugler, Douglas Lemke, 1996, op. cit., pp. 77-78.

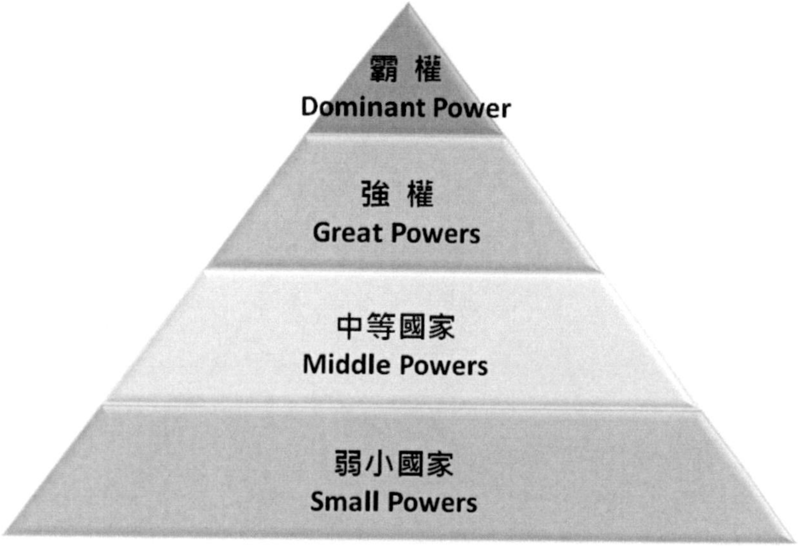

霸 權
Dominant Power
強 權
Great Powers
中等國家
Middle Powers
弱小國家
Small Powers

資料來源：Ronald L. Tammen, Jacek Kugler, Power Transition: Strategies for the 21st Century

圖2-1 國際體系權力層級金字塔

權力錐三類，界定成強權、中等與弱小國家地位的分野。（詳如圖2-2）在不同區域權力層級所形成的秩序，是受到全球權力層級的秩序影響。區域與區域之間不能夠跨越，也不能控制較大的區域。從圖2-2中各種權力錐分布的情況可以清楚瞭解區域層級從屬於全球層級，所有區域層級都以相同的模式發生作用，並在全球層級之中以相同的權力規則發展。權力轉移理論強調戰爭可以從全球層級擴散到區域層級，但是不會從區域層級向上發展到全球層級。例如在兩次的世界大戰中，都是由全球系統中的強權國家彼此的衝突，擴散到幾乎是所有區域層級。另在區域內發生的衝突，例如韓戰或越戰，由於受到全球體系的控制，所以仍侷限在戰爭發生國家所在的區域範圍。[47]

[47] Ibid., pp. 79-82.

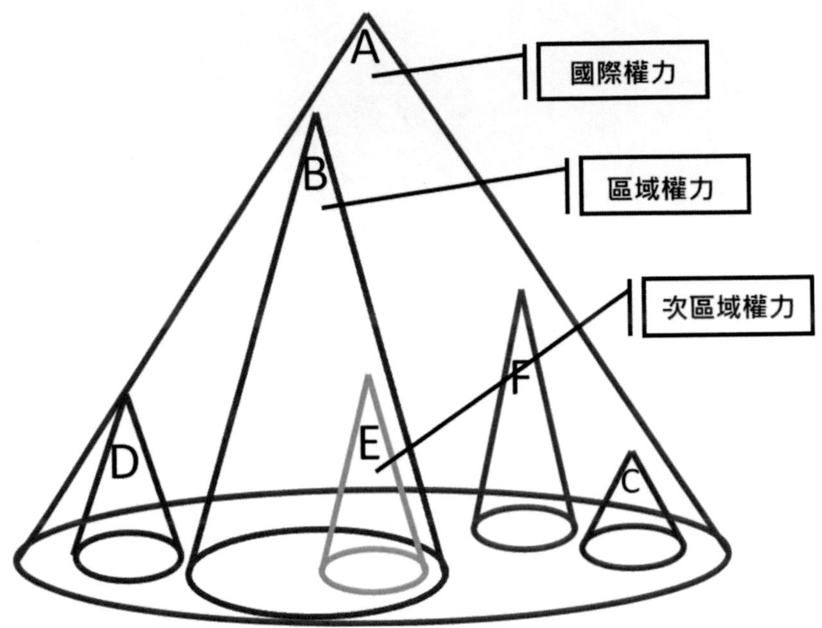

資料來源：Jacek Kugler, Douglas Lemke, Parity and War: Evaluations and Extensions of The War Ledger, P.80.

圖2-2　國際體系權力錐示意圖

權力轉移理論的國際體系觀非常類似於一般國家的國內政治系統概念，強調結構或系統的「階層組合」，上層位階對下層位階的國家具有支配、管理的影響力。而所有的國家都會認知到層級的存在，同時也瞭解本身權力在此層級中相對應的關係，此種關係將隨著各國國力的消長而產生動態變化。同時說明了各主要國家在全球事務中的相對實力，從來就不是一成不變的。權力轉移理論將挑戰者（強權國家）視為當其國力達到防衛者（霸權國家）國力的80%（含）以上時，若出現對現況不滿，將會是引發戰爭的導火線。[48]若將此層級結

[48] 陳亮智，〈尋找解釋美中戰略競爭的驅動力量：安全困境，權力平衡，或是權力轉移？〉，《中國大陸研究》，第52卷，第1期，2009年3月，頁8-10。

構對照在今日的國際體系中，我們可以發現美國是目前全球唯一符合這樣論述的「霸權國家」。無論是在政治、經濟、軍事、文化與社會等面向的發展，美國都優於其他國家，其亦掌握全球最多的資源。即便如此，美國卻無法單獨控制其他國家的行動，她常常必須透過滿足其結盟國家的某些需求來達到所欲目標與管理國際體系。[49]而強權國家，如中國、俄羅斯、德國、英國、法國等，也不見得全然接受霸權國家的控制。就全球發展態勢與美國受到威脅的程度來看，中國已是美國在國際體系中潛在的挑戰者。[50]

三、動態的權力要素

權力轉移理論認為對權力的衡量是動態性的，國家權力變化構成在探討國際關係互動時的動態因素，因為國家權力消長影響了該國家在國際體系中地位的變化，透過對於權力的評估，可以對該國家在國際體系地位變化擁有更準確的掌握。對於權力的評估，奧根斯基追求的是一種「宏觀的解釋」，企圖超越傳統國際關係權力要素的物質分析，以工業化為代表的現代化連結起來，將一個國家內部的社會變革能力、政府管理效率等現代化過程中的要素，與國家間的權力變遷結合起來。[51]因此，權力轉移理論認為國家之間的權力轉移根本動力源自於各國的「內部因素」發展，這些因素包含「國內人口」、「經濟生產力」和「政治能力」三者。此三個關鍵因素可以衡量權力的大小，這些因素對權力亦有不同的影響時期。[52]

---

[49] Salvatore Babones, “American Hegemony Is Here to Stay, U.S. hegemony is now as firm as or firmer than it has ever been, and will remain so for a long time to come.”, *The National Interest*, June 11, 2015, https://nationalinterest.org/feature/american-hegemony-here-stay-13089 (accessed Dec 07, 2018)

[50] Eli Lake, China deemed biggest threat to U.S.Russia second, *The Washington Times*, March 10, 2011. https://www.washingtontimes.com/news/2011/mar/10/china-deemed-biggest-threat-to-us/ (accessed Dec 17, 2018)

[51] 朱鋒，2006年，op. cit., 頁26。

[52] A. F. K. Organski and Jacek Kugler, 1980, op. cit., pp.19-22.

（一）國內人口

一個國家的人口資源，係指可以提供勞動力與戰鬥力的人口數量，它是成為大國的重要條件。或許一個政府可以藉由經濟發展的手段，改變國家的生產力，或是由政治控制的手段，提升其相對的政治能力，但是較難用政策操控一國的人口成長率。人口數量在短期內是比較固定且難以快速改變，但它卻是成為強權國家的必要條件。由於人口與生產力具有關連性，評估一個國家的綜合發展潛力，人口的多寡具有加乘效果。以美中兩國來說，中國具有人口數量上較大的優勢，因此，只需美國四分之一的生產力，即可達到相同的經濟規模。在沒有核子戰爭或國內政局壓力的情況下，中國將成為全球最具生產力的國家。[53]其次，一個國家的人口數量不僅涉及從事軍備的人員，也會影響戰爭期間對人員傷亡的承受度。依據聯合國對世界人口發展的預測，已開發國家的出生率普遍偏低，其中又以日本及德國為負成長；美、英、法等國雖有成長，但數量遠低於中國及印度。針對當前國際間的人口消長，不難看出未來人力資源將是中國成為世界經濟強國，乃至於軍事強權最具競爭優勢的戰略資產。

（二）經濟生產力

經濟成長是指在一定時間內經濟生產力之擴大。它所帶來的改變比人口成長更迅速，它代表著一個國家用來支持其政策目標的可用資源多寡。經濟成長的基本原則是因應現在和將來的資本累積（Capital Accumulation）。資本的總數反映出國家的收入和衡量國民的國內生產總值（GDP）。當一個國家的國內生產總值偏低，加以人口眾多，又逢政府的政治能力不足時，國家可能會陷入「貧困陷阱」（Poverty

---

[53] 加藤嘉一，〈美國戰略家眼裡的中國崛起〉，《紐約時報中文網》，2013年7月2日，取自https://cn.nytimes.com/china/20130702/cc02kato/zh-hant/（2019年3月7日）。

Trap）。[54]反之，當經濟成長開始，優質的勞動力及有效的政治能力，可促使經濟快速的成長。[55]然而，經濟會呈現爆性的快速成長，通常只發生在開發中國家，而已開發國家因為已經達到相對高水準的資本累積，而且擁有穩定的政治保持能力，經濟成長率自然趨於和緩。奧根斯基將經濟學的內生成長（Endogenous Growth）理論套用在國家經濟發展的曲線，用來說明工業革命結合政治能力的改善，可以幫助已開發社會維持穩定的經濟成長率，但是，卻無法保證他們仍能位居迅速開發中國家之上。[56]（詳如圖2-3）

權力轉移理論強調權力的轉移是屬於動態的轉變，它會影響權力的穩定性。雖然主張國家權力的成長不致受到國際干預而急劇的變化，但是如果因為一些政治因素，促使以工業為導向的物力和人力的資本變化，它就有可能形成兩個國家之間的綜合實力漸趨一致。因此，處於經濟成長不同階段而人口數相似的國家，其中一方會處於支配地位。當一個位於全球層級體系頂端而人口較少的國家，被一個人口大很多，且經濟快速成長的國家超越時，潛在的危險就會大增。即使已開發國家具有技術上的優勢，但是具有高經濟成長率的挑戰者，則會因為經濟整合的動力而在國際社會中急速崛起。美國《時代》週刊封面在2017年11月出現「中國超越美國」標題，並引用歐亞集團總裁Ian Bremmer的預測，認為中國這個新興大國的經濟總量將在2029年超越美國，並預言美國失去獨霸全球的日子將愈來愈近，中國GDP在本世紀超過美國幾乎已經是經濟學界的共識。[57]

---

54 發展經濟學中的貧困陷阱（poverty trap），是指由於經濟中存在惡性循環，而使發展中國家陷於貧困落後之中難以擺脫。落後國家之所以貧窮，是由於每一個人的平均所得太低，又缺乏足夠的需求刺激投資，而且也無足夠的儲蓄來提供投資，生產力低落，所得無法提高，因此長期陷入貧窮之中而無法自拔。

55 Tadeusz Kugler, "Demographic and Economic Consequences of Conflict", *International Studies Quarterly* 2012, pp.1-12.

56 Ronald Tamman and Jacek Kugler, 2000, op. cit., p.17.

57 Ian Bremmer, "How China's Economy Is Poised to Win the Future", *The Time,* Nov. 2, 2017. http://time.com/magazine/south-pacific/5007633/november-13th-2017-vol-190-no-20-asia-

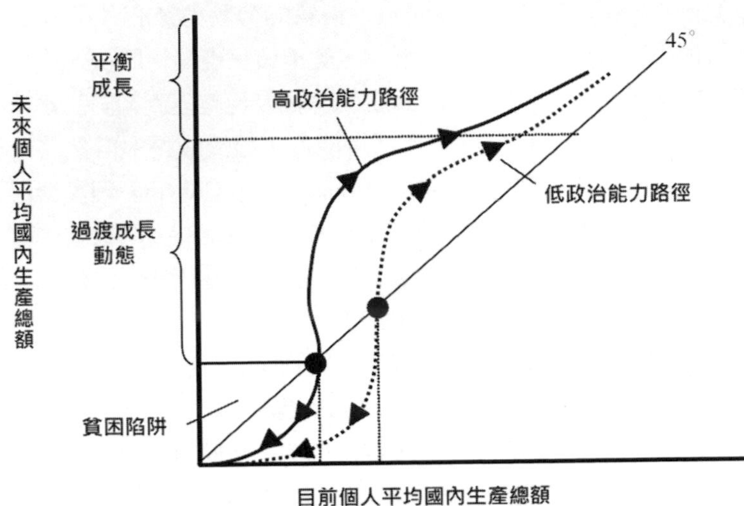

資料來源：Ronald Tamman and Jacek Kugler (eds.), Power Transitions: Strategies for the 21th Century (New York: Chatham House Publishers, 2000), p.10.

圖2-3　內生成長軌跡

（三）政治能力

奧根斯基認為權力變遷因素不僅是權力的顯示與使用，同樣包括權力背後的工業化能力，以及適切的執行管理和調動資源的「政治能力」。[58]政治能力是指政府為達成政策目標而從其人口中獲取資源的能力，一旦經濟成長開始後，政治能力的改變可以促使經濟快速發展。[59]一國的「政治能力」代表政府的執政能力。為了順應現代化的要求，動員各種社會資源，團結各種社會力量，建立穩定的經濟社會秩序，形成全體國民對現代化的共識，這些都需要一個政治能力強大的政府，藉由提高國家動員人力物力的能力，加速國家的現代化進程。因

europe-middle-east-and-africa-south-pacific/ (accessed 16 July, 2018)

[58] A. F. K. Organski and Jacek Kugler, 1980, op. cit., pp.214-220.

[59] Ronald L. Tammen and Jacek Kugler, 2000, op. cit., pp.15-16.

為國家是經濟發展、政治變革、社會轉型和外交關係的主要驅動者。提高國家的政治能力，就是提高中央政府控制宏觀經濟、推進改革與加速工業化與現代化的能力。政治能力較強的國家，能有效動員其潛在人口資源。不但使國家的權力持續增強，並且在短期內高度運作。在經濟上具有高成長率的國家，將會因為經濟高速整合與政治快速動員等因素，在國際社會中快速崛起，逐漸與體系中的主導大國形成均勢，甚至發生超越主導大國的可能。因此，對一樣具有眾多的人口和生產力的國家而言，相對的政治能力就成為國家權力對比的關鍵變數。[60]

從以上三項關鍵因素的分析中，我們可以瞭解奧根斯基所主張的國家「內部因素」，它們是國家之間權力轉移的根本動力，在不同時期的不同組合下，產生不同的結果。將這些理論細化的檢驗指標套用到中國崛起的發展過程，可以發現改革開放之前的中國，由於意識型態凌駕經濟發展，中國社會停留在「潛在大國」階段，人民普遍生活貧窮，縱使共產專制社會具有較高的政治能力，可以快速動員並擷取所需資源，但是仍然無法使其權力大幅提升。但是，經過改革開放後的中國，經濟快速成長，再配合大量的人口與高效率的政治動員能力，中國的權力以驚人的程度快速提升，開始在許多區域發展與國際事務上開始扮演重要的角色。[61]藉由觀察以上三項權力發展的關鍵要素，在分析美中關係時，可以做出更為客觀正確的評估。

四、動態的滿意程度

權力轉移理論把對國家實力的「比較分析」與對國家現況的「認知分析」聯繫起來，不僅從權力關係解釋國家的戰爭行為，也從國家

---

[60] 向駿，〈拉丁美洲七講——美中權力轉移下的拉丁美洲〉，鄧中堅主編，（臺北：五南出版社，2013年），頁33。

[61] Jin Kai, *Rising China in a Changing World: Power Transitions and Global Leadership*, (London : Palgrave Macmillan. 2017), p.32.

的認知角度來闡述戰爭的根源。奧根斯基認為大國之間由於實力的消長導致權力關係的趨近，實力增加的挑戰者大致分為兩種狀況：競爭者是「滿意」國家，或競爭者是「不滿意」國家。滿意國家對國際秩序的現狀表示滿意，對主導國家建立和維持的國際秩序沒有挑戰的動機和企圖。而不滿意國家則想要改變現有國際秩序和打破現狀。當滿意的競爭者和主導國權力持平時，不會發生戰爭，只有強大的不滿意競爭者轉變為挑戰者，才會在權力轉移過程中引發戰爭。因此，權力轉移理論認為戰爭的動機主要來自於對權力層級內規則的滿意程度，而大部分的衝突係由不滿意現況的國家期望提昇其在權力層級中的地位而產生的。[62]

通常位於權力層級體系頂端的國家（詳如圖2-4），由於控制了大多數的財富與權力，並且制訂了相關的規則，因此，霸權國家必定對現況感到滿意，同時也是現況的捍衛者。而處於強權層級的國家大多也都是滿意並且支持國際體系的規範，因此較不常發生衝突。然而，仍有少數位於金字塔上半部，以及位於金字塔底部的國家對現況感到不滿，除了想改變現有國際秩序和打破現狀，同時認為國際系統是不公平或是由敵對力量所掌控的。其中涉及歷史、宗教、意識型態或文化差異等不同的原因，多數不滿現況的國家認為現狀對他們是不利的。然而，這些不滿意的國家大多屬於影響力較小的中等國家或弱小國家，通常它們也無法改變現況。當然，歷史上也不乏出現強權國家對現況不滿的例子，亦即對其所處權力的層級感到不滿。如果某一強權綜合國力快速成長，同時又能充分發揮政治能力，有效的運用國家整體資源，它就有可能成為國際現狀潛在的挑戰者。[63]

如何定義和判別一個國家是否「滿意」？支持者較有共識的答案認為，在國際體系中對現有的國際規範、利益分配以及對主導國的意識形態接受與否，是為「滿意」與「不滿意」的指標。譚門和古格勒

[62] Organski & Kugler, 1980, op. cit., pp. 19,23,39.

[63] Organski, 1958, op. cit., pp.313-320.

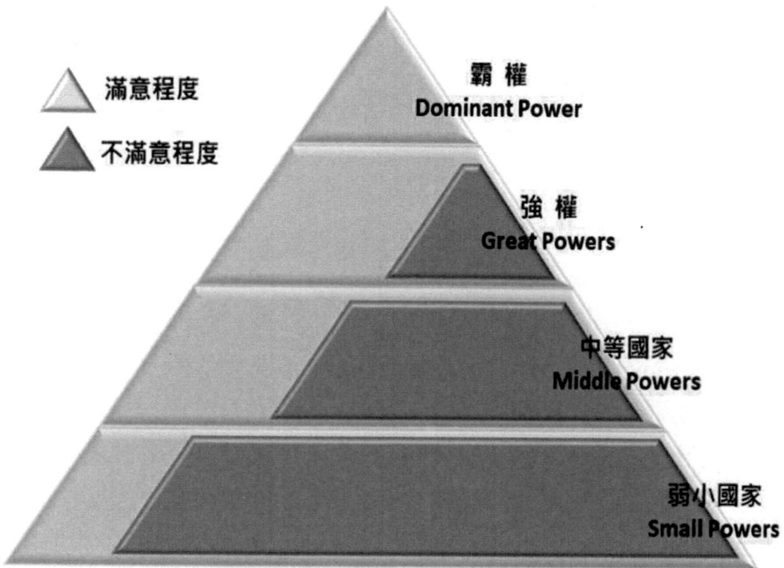

資料來源：Ronald Tamman and Jacek Kugler (eds.), Power Transitions: Strategies for the 21th Century (New York: Chatham House Publishers, 2000), p.10.

圖2-4 滿意度分布金字塔

在《權力轉移：二十一世紀的戰略》一書中認為滿意度是：「各國對全球或區域權力層級內規則之滿意程度」。滿意的國家會支持現行國際權力層級的規則，並從這些規則中獲得利益。不滿意的國家會去挑戰此結構，它們對現行權力制度的規則和規範不滿，不滿意的國家企圖改變其在權力體系中的地位。造成不滿意的因素有六種，包含歷史因素、意識型態、宗教差異、主權意識、個人原因與文化差別。[64]蘭姆克在《區域戰爭與和平》一書中亦提及「滿意度」是相當難以去解釋的名詞，判斷滿意與不滿意更非易事。[65]綜合歷年來學者專家的討論，筆者認為國家的滿意度應至少包含下列兩個層面，一是國家對國

[64] Ronald Tamman and Jacek Kugler (eds.), 2000, op. cit., p.12.

[65] Douglas Lemke, 2002, op. cit., p33.

際現況的滿意度，二是國家對國際領導體系及國際規則的滿意度。因此，在衡量崛起國家對國際秩序現況是否滿意時，可從崛起國在國際制度和國際組織的參與程度，與經濟相互依賴程度進行檢視。

權力轉移理論在解釋國際體系的衝突時，強調挑戰者在與霸權國家的權力變化中，是否仍為滿意現狀的國家。這不僅可以解釋衝突的原因，同時也可以對霸權國家提出政策建議，減低甚至避免與挑戰者產生衝突。權力轉移理論也說明了滿意與不滿意國家之間，可能採取合作和不合作的互動模式（詳如圖2-5）。當彼此都對現況表示滿意時，雙方形成安全合作社會中的經濟整合。如果合作程度惡化，即意味著某一國家也許會變得不滿意，雙方的關係將變為競爭型態。當面臨滿意的國家與不滿意的國家彼此互動時，採取合作的方式通常會發生在滿意的國家身上。一般介於合作與否的態度之間，雙方會傾向採取對抗性的競爭模式，若挑戰者對其在全球或區域權力層級的地位不滿。當面臨兩個不滿意現狀的國家彼此互動時，如果他們都希望改變現狀，其結果可能是兩國經由合作尋求共謀性夥伴關係，共同對抗現

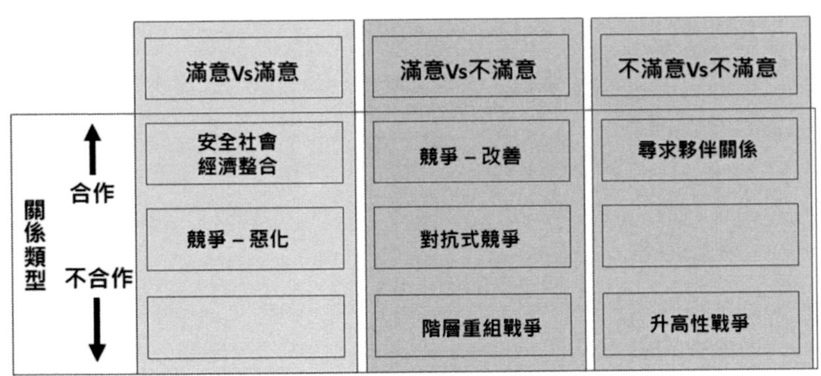

資料來源：Ronald Tamman and Jacek Kugler (eds.), Power Transitions: Strategies forthe 21th Century (New York : Chatham House Publishers, 2000), p.11.

圖2-5　滿意度與合作關係示意圖

狀滿意國家所組成的聯盟。如果兩國對現狀的不滿意係基於不同的原因，則彼此的關係將會是具有敵意，有極大可能會走向戰爭。[66]

五、權力轉移的過程

權力轉移理論在解釋國際體系的衝突時，是以邏輯的架構來探討衝突發生的原因。為什麼國際體系中會產生衝突？大部分的相關理論僅解釋國際體系「如何」及「為何」會出現衝突。權力轉移理論認為核心問題在於研究衝突發生的時機、啟始、代價、歷時和結果。[67]因此，在解釋戰爭發生的可能性時，權力轉移理論提出了兩個概念：

一、均勢（parity）：當一個強權國家的資源發展到達防衛者資源的80%以上時，即成為一個潛在挑戰者，並在國際體系中產生均勢的格局，而當挑戰者的資源到達防衛者的120%時，均勢即告結束，同時進入超越的階段。

二、超越（overtaking）：在超越的過程中，崛起的國家是藉由生產力和政治能力的增加而與防衛者達到均勢的狀態，並依相對權力的大小，很自然的超越防衛者，在此超越過程中也大幅增加彼此發生衝突的可能性。

挑戰者與防衛者在權力轉移過程中，相對權力與時間的關係，可以在圖2-6中清楚解釋。實線是防衛者的權力變動曲線，虛線是挑戰者的權力變動曲線。在變動初期，防衛者因處於已開發國家的成熟經濟型態，導致其權力的成長相對地落後於崛起的挑戰者，但相對於潛在的挑戰者仍享有絕對的優勢。[68]因此，即使挑戰者對全球或區域權力體系中的資源分配感到不滿意，因為缺乏足夠實力改變現況，通常會選擇避免與防衛者發生衝突，其結果是和平的。但當挑戰者的高經濟成長率使其與防衛者的相對權力縮小。當達到均勢時，儘管防衛者

---

[66] Ronald Tamman and Jacek Kugler, 2000, op. cit., p.11.

[67] Organski, World Politics, 2nd, 1968, op. cit., p. 21.

[68] Ronald Tamman and Jacek Kugler, 2000, op. cit., pp.18-22.

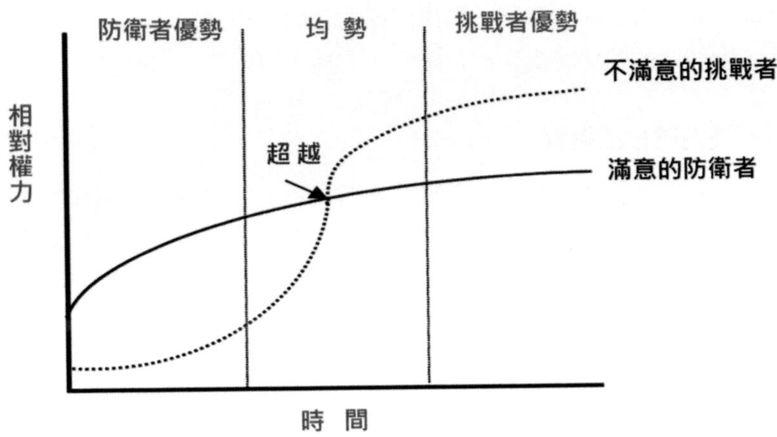

資料來源：Ronald Tamman and Jacek Kugler (eds.), Power Transitions: Strategies forthe 21th Century (New York: Chatham House Publishers, 2000), p.22.

圖2-6　挑戰者與防衛者權力轉移過程

仍保有優勢，但其對挑戰者的影響力已相對減少，且在均勢的區間中，彼此都體認到超越的情形將會發生。此時，如果雙方對於現況有不同看法時，尤其是挑戰者不滿意現況時，戰爭發生的可能性大增。

六、權力轉移的管理

權力轉移是一種動態的過程，無論是全球範圍或是區域內的主導國，因為掌握體系內的大部分資源，在權力轉移過程中主導國必須運用有效的方法來管理國際體系，運用體系規則使體系內國家能獲得利益，以確保主導國的優勢。若要獲得體系內的局勢穩定，主導國必須有能力促成一個支持現有規則與規範的滿意聯盟，主導國以增加體系內國家的滿意度來獲得體系的穩定。該理論的建議包括對於結盟、國際組織、核武器等等的管理手段。[69]

[69] Douglas Lemke and William Reed, “Power Is Not Satisfaction”, *Journal of Conflict Resolution,*

（一）結盟管理

權力轉移理論認為藉由結盟的過程，可以使衝突發生的可能性下降，也可以使衝突的可預測性增加。若國家之間對現狀評估的結果相同，由於具有共同安全與經濟共享的利益，結盟後的關係將可維持穩定，此種結盟關係不會因為些許紛爭而輕易改變。若結盟不是基於共同的利益或相似的價值，則屬於不可靠的結盟，當共同的威脅結束後，聯盟就會隨之瓦解。[70]另由主導性強權所組成的聯盟在滿意於現狀的國家中，會創造優勢地位並強化系統的穩定性。一個成功的霸權主導國家會吸引大量的強權、中等及弱小國家支持其領導地位，因為在他們所參與的聯盟結構中，能夠獲得滿意的待遇與地位。從權力轉移的觀點來看，霸權國家應該試圖結合新的成員加入聯盟，並且將不滿意現狀的國家轉變成滿意現狀的國家。如此除了可以加強現狀維持的手段之外，也可以使潛在的挑戰者在均勢與超越的過程中，以和平與理性的方式應對權力的轉移。[71]

（二）建制管理

權力轉移理論認為，國際組織雖然是霸權國家使用的制度性工具，並由其制訂規則和標準。然而，國際組織也為不滿意國家所能挑起的衝突，提供解決爭執的場所，聯合國即是了解權力轉移在經營國際組織時的常設機構。由於國家在國力成長到相當程度後，對其相對的地位及權利的要求會顯得較為積極。若不考慮非理性的因素，則將相關國家納入國際體系，並以國際共同遵守的規範加以制約，對擁有權力的國家而言，是一種較佳的風險管理方式。

Vol.42, No.4, 1998, pp.511-516.

[70] 鄭仁智，〈從『均勢理論』看近期中美關係變化〉，《展望與探索》，第13卷，第9期，2015年，頁28-29。

[71] 陳亮智，〈尋找解釋美中戰略競爭的驅動力量：安全困境，權力平衡，或是權力轉移？〉，《中國大陸研究》，第52卷，第1期，2009年，頁91-94。

（三）核武器管理

在核武時代，安全競爭無論僅止於恫嚇敵人，或是由常規戰爭升級為核戰爭，權力轉移理論的立場是，儘管擁有核子武器，當存在超越和不滿情況時，戰爭的可能性仍高，核子嚇阻是脆弱的。在面對快速升高的不滿現狀的挑戰者時，核子武器的嚇阻效果並非是絕對的。由一個對現況滿意的防衛者所掌握的核子優勢可以確保和平，但對於一個不滿現況的挑戰者而言，核子均勢和核子優勢可能是導致戰爭的最大罪魁禍首。[72]

第三節　動態權力與滿意度分析

「權力轉移理論」是基於兩個解釋量變，即「相對權力」和對國際秩序的「滿意程度」，它們之間的互動後果是戰爭與和平的主要決定因素。隨著權力的動態型變化，當一國的國力提升後，相對的也會希望在全球或區域的階層體系中享有較多的權力。因此，權力轉移理論認為引發戰爭的動機，主要來自於對層級體系規則的滿意度變化，而大部分的衝突係由不滿意現況的國家期望提昇其於權力層級中的地位而產生的。因此，量測權力組成因素的相對差距，與衡量滿意度的指標，自然成為檢驗「權力轉移」的依據，與「引發戰爭」的動機。

一、相對權力的量測與比較

國家權力（national power），又稱綜合國力，歷來在國際政治分析中佔有絕對重要的地位。在傳統的國際政治研究中，對於「權力」的研究偏重於「軍事」實力，往往把軍事實力置於權力的主導地位。一些早期的學者如伊尼斯・克勞德（Inis Claude），將其定義為「全

---

[72] Douglas Lemke, "The Continuation of History: Power Transition Theory and the End of the Cold War", *Journal of Peace Research*, Vol. 34, No. 1, 1997, pp. 23-36

部的軍事能力」[73]；諾曼・奧考克（Norman Alcock）將其定義為「軍費支出」[74]；喬治・莫德斯基（George Modelski）更將其定義為「海軍能力」[75]。採單一指標進行國家權力量測者，例如克勞斯（Klause Knorr）以國民生產總值（GNP）或總產出代表綜合國力[76]，布魯斯（Bruce Russett）則利用全部燃料和電能消費多寡量測度國力。[77]然而，以單一指標描述國力過於簡單並且廣受批評，學者們逐漸以多指標合成方法描述國家權力或綜合國力。摩根索在1948年首先將經濟類因素列入國家權力，並將構成要素列舉了9項，分別是地理條件、自然資源、工業能力、軍事裝備、人口、國家特質、國家士氣，外交和政府管理的質量。[78] 1962年法國學者雷蒙.阿隆（Raymond Aron）將國家權力歸結為三大因素，一是佔據的「空間」，二是的「資源」，三是行動能力。[79]英國劍橋大學教授克雷佛・基曼（Clifford German）則提出非線性合成的指標，他的國力可用公式為：G＝N（L＋P＋I＋M），G是國力，N是核能力，L是土地，P是人口，I是工業基礎，M指軍事規模。[80]

1975年，美國前中央情報局副局長雷・克萊恩（Ray S. Cline）出版《世界實力評估》一書，儘管他的工作是在冷戰時期負責為美國政

---

[73] Inis L. Claude, Jr. "Power and International Relations", *Political Science Quarterly*, Vol. 78, No. 4, 1963, pp. 609-613.

[74] Norman Alcock and Alan Newcombe, "The Perception of National Power," *Journal of Conflict Resolution*, Vol.14, 1970, pp.335-343.

[75] George Modelski, William R. Thompson, *Seapower in Global Politics, 1494-1993*, (London: Palgrave Macmillan; 1st ed. 1988), p.44.

[76] Knorr, Klaus, Power and Wealth The Political Economy of International Power, (London: Palgrave Macmillan, 1973).

[77] Bruce M. Russett, *Power and Community in World Politics*, (New York: W.H.Freeman & Co Ltd, 1974).

[78] 漢斯・摩根索，《國家間的政治》，楊歧明譯。（北京：商務印書館），1993年，頁151-197。

[79] Raymond Aron, *Peace and War: A Theory of International Relations*, (New Jersey: Transaction Publishers; 1st edition, 2003).

[80] F. Clifford German, "A Tentative Evaluation of World Power," *Journal of Conflict Resolution*, Vol.4, 1960, pp.138-144.

治領袖提供美蘇權力平衡的分析，但權力的衡量已經具有綜合性，他發表五大因素的權力計算公式：「權力＝（人口＋領土＋經濟＋軍事）×（策略＋意志）」。[81]1980年，日本大平內閣的「政策研究會」提出《綜合安全保障戰略》報告，從國家安全戰略的角度研究國家權力。強調保障國家安全不僅是運用軍事力量，而是要綜合運用「政治、軍事、外交、經濟、文化」等各方面的實力。[82]現實主義大師亨利・季辛吉則採用乘積的公式表示一個國家的實力：「國家權力＝經濟實力×軍事實力×政治實力」。乘積關係就是一種線形的關係，也就是權力要素總是越大越好。[83]中國大陸學者閻學通亦提出國家綜合實力計算公式：「綜合國力＝政治實力×（軍事實力＋經濟實力＋文化實力）」。[84]中國社會科學院發表的《國際形勢黃皮書》專門計算綜合國力，他們量度的指標包括領土與自然資源、人口、經濟、軍事、科技、社會發展、可持續性、安全與國內政治、國際貢獻等。[85]在國際間譽為「軟實力之父」的美國學者約瑟夫.奈伊在討論到全球權力分配與美「中」權力轉移時，運用「硬實力」與「軟實力」的綜合，獲得：「綜合國力＝硬實力（人口＋經濟＋軍事＋資源）＋軟實力（政治價值觀、國家凝聚力、文化吸引力及國際參與）」。[86]依據奧根斯基的「權力轉移理論」解釋，權力的組成有三個要素：人口、經濟生產力和政治能力，每一個因素對權力有不同的影響時期。

---

[81] Ray S. Cline, *World power assessment: A calculus of strategic drift Unknown Binding-1975*, (Washigton D.C.: Center for Strategic and International Studies, Georgetown University), 1975, pp.72-78.

[82] 大平総理の政策研究會，《大平総理の政策研究會報告》，自由民主黨広報委員會出版局，1980年。

[83] James Joyner, "Kissinger's Formula: Goal + Capability + Staying Power", *The Atlantic Council*, Jan 16, 2009, https://www.atlanticcouncil.org/blogs/new-atlanticist/kissingers-formula-goal-capability-staying-power (accessed Mar 7, 2019).

[84] 閻學通，〈中國崛起的實力地位〉，《國際政治科學》，第2期，2005年，頁7。

[85] 〈中國社科院黃皮書：中國軍事總實力僅次於美國〉，《新華網》，2009年12月24日，取自http://www.scio.gov.cn/zggk/gqbg/2009/Document/503577/503577.htm（2019年3月7日）。

[86] Joseph S. Nye Jr. *The Future of Power*, (New York: Public Affairs, 2011).

另有倍受全球政府各部門關注與信賴的澳洲智庫洛伊國際政策研究所（Lowy Institute for International Policy），其定期出版的亞洲實力指數（Asia Power Index）被譽為有史以來對地區權力轉移所做的最全面研究。[87]通過8項指標並依地區權力的重要性共識予以加權計算，獲得國家綜合實力的主觀與客觀量測。其計算公式為：國家權力＝經濟資源（20%）＋軍事實力（20%）＋適應力（7.5%）＋未來趨勢（7.5%）＋外交影響力（10%）＋與各國經濟關係（15%）＋區域防衛聯盟（10%）＋文化影響力（10%）。

如何衡量一國權力（或綜合國力），學者各有不同看法，亦需相當繁雜的資料蒐集與嚴謹的評估程序，甚至是大規模的專案研究。考量本書篇幅及部分參數衡量不易（如政治能力、科技水準、文化、策略、意志等），人口的指標變化在短期內不易造成大幅的改變，而且人口素質確實難以衡量。另亦觀察到前述所提及的各式計算公式中，以「經濟」與「軍事」兩項為共識性最高的指標，「經濟」是國力的基礎和核心，「軍事」是傳統權力的工具與保障（詳如表2-1）。在大國間經濟成長保持相對穩定狀態的時候，國家對軍事能力的選擇，對國際間相對權力的變更具有重要的影響。美國從1885年之後在GDP上超過英國，成為世界上最大的工業化國家。但美國的綜合國力、特別是海軍軍力和英國的差距卻有一段距離，單一的GDP指標並不能完全反映英美兩國在能力差異。此後美國開始大幅提高海軍發展開支的比重，英美兩國的海軍軍力在短短三十年間差距迅速縮小，美國的海軍力量增長了325%，成為世界第三大海軍強國，但同期英美的GDP對比卻只擴大了不到兩倍。美國的海軍發展投資和戰略選擇是使得美英之間力量對比變化超越GDP變化的最重要因素。[88]

---

[87] "The Lowy Institute Asia Power Index2018", *The Lowy Institute*, 8 May 2018, https://power.lowyinstitute.org/downloads/LowyInstitute_AsiaPowerIndex_2018-Summary_Report.pdf (accessed April 19, 2019).

[88] 朱鋒，〈權力轉移理論：霸權性現實主義？〉，《國際政治研究》，第3期，2006年，頁35-36。

經濟實力與軍事力量作為衡量權力的標準，缺一不可。單有經濟力量的國家缺少如軍事力量的否決權；僅有軍事力量的國家缺乏經濟實力作為穩定的支柱。經濟成長通常比軍事成長為先，兩者存在一個明顯的時間差。換言之，經濟實力是軍事力量的發展基礎，軍事實力則是國際政治最終的較量標準。衡量一國的權力可以觀察其軍事力量，但是要對其權力的變化做出判斷，則必須研究該國的經濟力量。[89]因此，在本書後續以「權力轉移理論」檢視歐巴馬政府第一、二任期的美中關係時，將以「經濟」與「軍事」兩項指標，作為「美中動態權力比較」的重要依據。

表2-1　國家權力（綜合國力）量測公式文獻彙整

次	作者	計算公式	文獻來源
1	漢斯・摩根索（Hans Morgenthau）	地理條件、自然資源、工業能力、軍事裝備、人口、國家特質、國家士氣，外交和政府管理的質量9項。	1948, Politics Among Nations: The Struggle for Power and Peace
2	雷蒙・阿隆（Raymond Aron）	國家權力歸納為三大基本因素：一是政治單位所佔據的「空間」，二是包括物力和人力的「資源」，三是涉及軍備組織、社會結構的集體「行動能力」。	1962, Paix et Guerre Entre les Nations
3	克雷佛・基曼（Clifford German）	國家權力＝核能力×（土地＋人口＋工業基礎＋軍事規模）。	1960, A Tentative Evaluation of World Power
4	雷・克萊恩（Ray S. Cline）	國家權力＝（人口＋領土＋經濟＋軍事）×（策略＋意志）	1975, World Power Assessment: A Calculus of Strategic Drift Unknown Binding

[89] 王義桅，〈大國政治的悲劇與國際關係理論的悲劇－米爾斯海默『大國政治的悲劇』解析〉，《學術界》第6期，2003年，頁260。

次	作者	計算公式	文獻來源
5	日本大平內閣政策研究會	國家權力＝政治＋軍事＋外交＋經濟＋文化	1980年《綜合安全保障戰略報告》
6	亨利・季辛吉（Henry Kissinger）	國家權力＝經濟實力×軍事實力×政治實力	1994, Diplomacy
7	閻學通	綜合國力＝政治實力×（軍事實力＋經濟實力＋文化實力）	1998年《中國崛起國際環境評估》
8	中國社會科學院	綜合國力＝領土＋自然資源＋人口＋經濟＋軍事＋科技＋社會發展＋可持續性＋安全＋國內政治＋國際貢獻	2015年《全球政治與安全報告2015》
9	約瑟夫・奈伊（Joseph Nye）	綜合國力＝硬實力（人口＋經濟＋軍事＋資源）＋軟實力（價值觀、國家凝聚力、文化吸引力及國際參與）	2011, The Future of Power.
10	洛伊國際政策研究所（Lowy Institute for International Policy）	國家權力＝經濟資源（20%）＋軍事實力（20%）＋適應力（7.5%）＋未來趨勢（7.5%）＋外交影響力（10%）＋與各國經濟關係（15%）＋區域防衛聯盟（10%）＋文化影響力（10%）。	2018, Asia Power Index

資料來源：筆者自製

二、滿意度的量測與比較

奧根斯基與譚門在《權力轉移：二十一世紀的戰略》一書中認為「滿意度」是：「各國對全球或區域權力層級內規則之滿意程度」。[90] 滿意的國家會支持現行國際權力層級的規範，並從這些規則中獲得利益。不滿意的國家會去挑戰此結構，並認為全球的權力階層是不公平的，它們對國際領導者不滿意，對現行權力制度的規範不滿意，企圖

[90] Ronald L. Tammen and Jacek Kugler, *Power Transitions: Strategies for the 21st Century* (New York: Chatham House, 2000), p.15.

改變其在權力體系中的地位。吉爾平在《世界政治中的戰爭與變革》一書中，提出三種識別滿意度的成分，分別是「權力分配」、「威望的層級結構」與「管理影響國家間的權力與規則」。[91]蘭姆克亦在《區域戰爭與和平》一書中提及，「滿意度」是十分難以去解釋的詞句，判斷滿意與不滿意是相當不容易的。[92]另外，譚門與古格勒在所著《權力轉移與中美衝突》一文中，以美中之間對於領土爭端、軍備擴張、對待現行國際規則的態度、意識形態爭論和經貿合作等五項的處理態度，對中國進行滿意度的考察，獲得的結果顯示中國是對現狀滿意的國家，所以短期內中美不但不會產生衝突，而且是實現合作的獨特機會，此文亦被視為衡量中國滿意度的代表性文章之一。[93]

江憶恩則在《中國對國際秩序的態度》一文中，針對中國是否為滿意國家的爭論，用證偽方法定位中國對國際秩序的政策立場。他提出了五項衡量標準：參加制約主權國家行為的國際機構、在這些國際機構內的違規行為、改變這些國際機構規則的行為、對國際權力再分配的偏好及實現權力再分配的目標。作者據此對中國的實際對外政策和國際行為進行檢視，獲得的結論顯示中國並沒有採取改變國際秩序現狀的實際政策，不能斷言中國是一個不滿意國家。[94]江氏在另一篇文章〈中國是否是一個現狀強權〉（Is China a Status Quo Power?），以中國參加國際組織的數量與各國的比較、中國期望參加的國際組織與實際參加的國際組織比較、中國降低主要關稅的程度、美國對中國人權譴責的投票情形等等項目，作為量測中國的滿意度指標。[95]與江憶恩持相同看法的學者，還有來自美國科羅拉多大學華裔教授陳思德

---

91 Robert Gilpin, *War and Change in World Politics,* (London: Cambridge University Press, 1981), pp.119-126.

92 Douglas Lemke. *Regions of War and Peace,* (New York: Cambridge University Press, 2002), p.33.

93 亞采克・古格勒、羅納德・譚門，2005年，op. cit., 頁13-16。

94 江憶恩，〈中國對國際秩序的態度〉，《國際政治科學》，第2期，2005年。

95 Alastair Iain Johnston, "Is China a Status Quo Power?", *International Security,* Volume 27, Issue 4, Spring 2003, p.5-56

（Steve Chan），他在2003年提出以聯合國否決權的行使去衡量滿意度，接著在2004年又提出了以國家參與國際政府組織（IGOs）的範圍作為評價國家滿意或不滿意的依據。[96]

中國的學者婁偉在其所著《論中美之間的權力轉移》一文中，強調衡量崛起國家滿意還是不滿意有三個標準：首先，是崛起國家在全球或區域國際制度和國際組織的參與程度。崛起國家參與國際制度和國際組織的程度表明了對國際規範與國際準則的接受程度，參與的程度越高，意味著滿意度越高。第二，是崛起國與全球或地區的經濟相互依賴程度，特別是與體系內主導國家的依賴程度。相互依賴使行為體之間形成了廣泛的制度網路，共有利益的實現具有更大的可預期性。第三，是體系主導國家對崛起國家所採取的戰略。如果能夠尊重崛起國家的核心利益，採取一種包容的態度，那麼它就有可能採取和平方式實現崛起。[97]國內學者唐欣偉教授在其所著〈美國國關學界對中國之評估：以攻勢現實主義與權力轉移論為例〉一文中，提出軍事同盟組合的相似程度，與異常的軍費開支等二項滿意度量測指標，推論出中國是大致上滿意現狀的結果。[98]

參考上述國內外學者專家們對於滿意度量測指標的研究結果，綜整歸納彼此異同之處（詳如表2-2），後續本書以「權力轉移理論」檢視歐巴馬政府第一、二任期的美中關係時，在「動態滿意度」的量測指標上，將採用「參與國際組織」、「接受國際規範」、「行使聯合國否決權」與「領土主權爭議」等四項指標作為評估依據，其代表的意義說明如後：

---

96 Steve Chan, *China, the US and the Power-Transition Theory: A Critique,* (Abingdon-on-Thames: Routledge; 1 edition, 2007), pp.122-126.

97 婁偉，〈論中美之間的權力轉移〉，《東北亞論壇》，第96期，2011年，頁40-42。

98 唐欣偉，〈美國國關學界對中國之評估：以攻勢現實主義與權力轉移論為例〉，《政治科學論叢》，第58期，2013年12月，取自http://politics.ntu.edu.tw/psr/?post_type=chinese&p=3063（2019年3月9日）。

（一）參與國際組織

國際組織是指三個或三個以上國家（或其他符合國際法的政治實體），為實現共同的政治或經濟目的，依據締結的條約或法律文件所建立的常設性機構。廣義上說，國際組織還包括非政府之間的國際組織。由於它們在各種問題領域上發揮國際合作的功能，已成為當今國際關係中不可或缺的行為體，構成國家和國際某種政經和社會調節的功能。這些主體相互依存，以共同的價值觀為指導，達成以共同立場為目標的協商和談判，解決各個層次上的衝突。參與國際組織代表著一個國家融入現行國際機制與規範的意願，國際機制具有制約和調節國際社會角色行為的功效，並具有合法性和權威性，同時可以塑造國家在國際社會負責任的正面形象。[99]依據權力轉移理論的觀點，現狀主導國家藉由國際組織，提供體系內成員國家利益，提高成員國家的滿意度，以維持自身的領導地位。崛起的挑戰國家若積極參與現狀主導國家所建構的國際組織，亦顯示其願意遵守由現狀主導國家所建構的國際秩序。因此，一個國家在國際組織的參與率愈高，代表對國際現狀的滿意度愈高。[100]

（二）接受國際規範

在國際秩序演變的過程中，國際社會在無政府狀態下，以權力分配為基礎的現實主義，一直是維持國際秩序的基本模式。隨著全球化進程的日益發展，國家之間相互依存和交往的規範和制度，就成為擺脫現實主義困境的有效機制。藉由國際組織的平台與國際公約的規範，可以構建和維繫和平穩定的國際秩序。國際秩序雖然建立在國家

---

99 胡春豔，〈中國對國際機制的參與與國家形象的建構〉，《國際問題研究》，第1期，2011年，頁13-14。

100 游啟明，〈權力轉移理論及其批判〉，《世界經濟與政治論壇》，第3期，2018年，頁42-61。

權力對比或均勢的基礎上，本質上卻是依賴各國的行為準則所達成的共識。而判斷崛起國家是否對現況滿意的關鍵因素，就在於崛起國家對待國際規則的態度與行為。當一個國家認同國際體系的現狀時，就會更有意願加入這個體系的規範。在國際社會存在的各式公約、條約、協定等等，就是國際規範的具體建構。因此，我們可以合理推論，當一個國家所簽署的國際公約愈多時，即表示對國際秩序的現狀認同度愈大，可視為對現狀滿意的國家。[101]

（三）行使聯合國否決權

聯合國是第二次世界大戰後成立的國際組織，也是一個由主權國家組成的國際組織，致力於促進各國在國際法、國際安全、經濟發展、社會進步、人權及實現世界和平方面的合作，也是在緩和國際緊張局勢，解決地區衝突與促進世界各國全方位合作與交流極為重要的國際組織。聯合國安理會的決策機制是聯合國集體安全的核心，而「否決權」則是安理會決策機制的關鍵決議程序。依據聯合國憲章，安理會組成計有15個成員國，其中5個是常任理事國（美、中、英、蘇、法等五國），沒有任期限制；另外10個成員國由大會選舉產生，任期2年。決議程序必須至少有9個成員國同意，其中5個常任理事國必須全數贊成，沒有任何一國反對，決議事項才能通過。否決權的設計是一個少數抵制多數的權力規則，滿足了大國在國際事務中擁有優越獨特的地位，賦予常任理事國決定性的影響力。[102]由於美中兩國都是常任理事國，兩國在否決權行使上，能夠反映出對國際體系的滿意度，具「不滿意」意圖的國家往往與國際社會不和或意向相左。行使否決權可以展示國家強硬的一面，在很多情況下不滿意的國家不惜多

---

[101] 閻學通，〈權力中心轉移與國際體系轉變〉，《當代亞太》，第6期，2012年，頁18-19。

[102] 林碧炤、楊永明，〈聯合國的重要性、功能與成就〉，《新世紀智庫論壇》，第14期，頁12-23。

次使用否決權，直到妥協方案有利於自己為止。因此，一般認為一個國家對否決權行使的次數愈多，視為其對國際現狀的滿意度愈低。[103]

（四）領土主權爭議

古格勒教授認為：「藉由一國對領土爭議的處理情形，可以瞭解國家的滿意情形。」領土與主權的爭議在傳統上被視為最容易發生不滿意與戰爭的重要因素，從早期殖民主義的勢力範圍，到帝國主義的割據佔領，再到民族國家的獨立自主，往往都伴隨著領土爭端與主權糾紛。[104]國家權力的消長亦與國家處理領土與主權爭端的態度，息息相關。當一個國家的權力提升時，將會對領土與主權的解決方式採取更為積極的態度；相反地，國家的實力對比下降時，除了自己的態度相對消極之外，亦會受到其他國家領土與主權強勢要求的挑戰。[105]因此，一個對現狀滿意的國家在領土與主權爭端問題上，勢必會採取與鄰為善的態度，理性且低調的解決衝突。相反地，一個對現狀不滿意的國家，在涉外事務上會有更多的期待，外交政策也會採取較為激進的擴張行動，並且勇於在國家領土與主權衝突中，挑戰現狀體制的秩序。[106]

---

103 Steve Chan, "Power, Satisfaction and Popularity A Poisson Analysis of UN Security Council Vetoes", *Cooperation and Conflict*, Vol. 38, No.4, 2003, pp.339-359.

104 亞采克・古格勒、羅納德・譚門，〈權力轉移與中美衝突〉，陳琪、吳文成譯，《國際政治科學》，2005年，第3期，頁13。

105 聶宏毅、李彬，〈中國在領土爭端中的政策選擇〉，《國際政治科學》，第16期，2008年，頁1-2。

106 Francesco Mancini, "Uncertain Borders: Territorial Disputes In Asia" *International Society for Performance Improvement ISPI*, No.180, 2013, p.5.

表2-2 滿意度量測指標文獻彙整

作者	量測指標	文獻名稱	文獻來源
婁偉	● 在全球或區域國際制度和國際組織的參與程度。 ● 與全球或地區的經濟相互依賴程度，特別是與體系主導國的依賴程度。 ● 體系主導國對崛起國所採取戰略。	〈論中美之間的權力轉移〉	《東北亞論壇》，第4期，總第96期，2011年。
江憶恩 Alastair Iain Johnston	● 參加制約主權國行為的國際機構的情況。 ● 在這些國際機構內的違規行為 ● 改變這些國際機構規則的行為 ● 對國際權力再分配的偏好 ● 實現權力再分配的目標。	〈中國對國際秩序的態度〉	《國際政治科學》，第2期，2005年。
	● 中國參加國際組織的數量與各國的比較 ● 中國期望參加的國際組織與實際參加的國際組織比 ● 中國降低主要關稅的程度 ● 美國對中國人權譴責的投票情形	〈中國是否是一個現狀強權〉（Is China a Status Quo Power?）	International Security, Volume 27, No. 4, Spring 2003, pp.5-56
羅伯特・吉爾平 Robert Gilpin	● 針對特別的規則，國家間外交、安全制度及國際經濟制度，國家領導人的論述與行為 ● 針對全球或區域性的權力分配，國家領導人的論述與行為 ● 針對權力的層級結構，國家領導人的論述與行為	《戰爭與世界政治的變化》War And Change In The World Politics	Cambridge University Press, 1981
陳思德 Steve Chan	● 國家參與國際政府組織（IGOs）的範圍	Can't get no satisfaction? The recognition of revisionist states	International Relations of the Asia-Pacific, August/2004

作者	量測指標	文獻名稱	文獻來源
陳思德 Steve Chan	● 以聯合國否決權的行使	Power, Satisfaction and Popularity A Poisson Analysis of UN Security Council Vetoes	Cooperation and Conflict, Vol. 38, 2003
唐欣偉	● 軍事同盟組合的相似程度 ● 異常的軍費開支	美國國關學界對中國之評估：以攻勢現實主義與權力轉移理論為例	《政治科學論叢》，第58期，2012年。

資料來源：筆者彙整自製。

第四節　理論的評述

「權力轉移理論」著重在說明國際體系中權力不平衡帶來的穩定格局，經過近一甲子的時間，理論已慢慢發展成一項兼具質化與量化分析的科學研究項目。不斷有新的學者投入該理論的深度研究，符合時代背景的理論補充與創新也不時出現。但是作為國際關係的應用理論，對於指導和預見未來大國權力再分配的解釋與預測能力，依然存有不足之處。直到目前為止，學者們仍持續對權力轉移理論進行不同面向的檢視與批判，特別是有關對中國崛起的機械式看法，更是直接與「權力轉移理論」存在著某種聯繫，一般認為中國的崛起將難以避免地符合「權力轉移理論」的預測與總結。

時代的巨輪考驗著人類生存發展的條件，理論的建構也同樣在時代下考驗它的適用性。在國際關係的領域中，沒有完美的理論，只有實用性、邏輯性、預測性與目的性符不符合當代所需的理論。因此，本節綜合國內外學者專家對於「權力轉移理論」的褒貶批評，與筆者從理論本身的假設研究中，發現了不少矛盾與質疑，在此提出以下幾點作為後續研究觀察的參考。

一、對戰爭的預測過於悲觀

回顧國際關係理論有關強權興衰的各種論述，我們可以發現「權力轉移理論」對於衝突與戰爭的預測顯得十分悲觀，事實上權力轉移並非是導致衝突的唯一因素，權力的消長變動也不必然會導致戰爭。[107]傳統權力轉移理論視權力的變化是一種預先決定的事件（predetermined incident），幾乎不考慮決策環境對權力移轉過程和結果的影響。[108]而決策環境包括競爭雙方在體系結構、國內政治、社會因素以及領導者特質層面的互動。而且導致國際體系不穩定也是一種歷史的合力，它除了受到體系內國家實力分布變化的影響之外，還受到體系本身的性質（公正與否）、科技的變革，體系的規範以及相關國家內部變化的影響，結合這些變數的分析才能合理的解釋或預測權力轉移導致戰爭的發生。尤其在全球化時代的今天，強權國家在共同的國際組織與規範之下彼此相互依賴，若忽略這樣的互動過程與利害關係，極容易低估與否定了和平轉移的可能性。[109]

二、理論建構傾向政策性研究

奧根斯基提出權力轉移理論並非要對國家之間權力的變化進行描述，而是藉由該理論提出自己對國際關係應有狀態和未來發展的解釋和說明。這樣的理論是建構在「政策」研究的性質上，即一開始就已經知道結論以及結論的用途，然後再為已知的結論尋找經驗事實與理論依據。因此，他找到了權力轉移的根源－工業化，並認為各國最終都會走向工業化的發展道路是不可避免的。西方因為比其他地區先行

[107] 朱鋒，〈權力轉移理論：霸權性現實主義？〉，《國際政治研究》，2006年，第3期，頁24-42。

[108] Peter Harris, “Problems with Power-Transition Theory: Beyond the Vanishing Disparities Thesis”, Asian Security, Volume 10, 2014, Issue 3, pp. 241-259.

[109] 李思嫺，〈中國威脅論下的「和平崛起」論述〉，《國立臺灣科技大學人文社會學報》，2015年11月，頁63-80。

實現了工業化，所公取得了優勢的地位，但這種優勢卻不是永久的，其他國家也會走向工業化，因此權力的轉移是不可避免的。同時，他卻希望西方國家要竭力維持它目前的優勢地位，並提出對一個潛在敵國的工業化應採取遏制的手段，具體方式有三點：一是從一開始即阻止潛在挑戰國的工業化企圖，第二是藉由貿易禁運、制裁和拒絕給予援助等手段拖延該國的工業化進程，第三是主動協助潛在挑戰國的工業化發展，以換取感激與友好合作。但他旋即表示以現實的角度不傾向於第三種方式。由於前兩種方式不可能長期阻止，後一種方式又不可取，這樣使得「權力轉移理論」的實用性操作大打折扣。[110]

三、理論未脫離無政府狀態

不同於「權力平衡」認為國際體系是無政府狀態的假設，「權力轉移理論」認為國際體系並非是無政府狀態，而是在類似層級節制的金字塔結構下，由一個少數強國所治理與掌控的機制環境。在權力轉移論者的眼中，國際秩序是由更具力量的國家所支配，非常類似於一般國家的國內政治系統概念，乃是在於強調結構或系統的「階層組合」，上一層級對下一層級國家具有支配、管理的影響力。此外，這樣的層級節制不只是存在於「全球」的國際體系中，它同時也存在任何的「區域」系統中。雖然理論強調國家之間的力量是呈現不平衡的分佈，國際體系也是一個由霸權與強權所支配掌控的階層結構。但是，無論是最具支配優勢的霸權或是國際組織，國際社會終究還是不存在一個至高無上的權威，足以完全控制或影響主權國家的行為。[111]因此，「無政府狀態」還是國際體系在大環境下的認知。在某些特定的國際事務議題上，霸權國家未必能一意孤行、為所欲為，而是必須

[110] 李小華，〈權力轉移與國際體系的穩定-兼析中國威脅論〉，《世界經濟與政治》，1995年，第5期，頁41-44。

[111] 陳亮智，〈尋找解釋美中戰略競爭的驅動力量：安全困境，權力平衡，或是權力轉移？〉，《中國大陸研究》，第52卷，第1期，2009年，頁88-92。

與其他強權國家或弱小國家一同尋求跨國與多邊的合作，方能達成國家的利益與目標。從現實主義的角度來看，層級節制的國際體系還是在無政府狀態之下的有限闡釋，其本身並未脫離無政府狀態的大前提。

四、權力的定義和評量不充分

如何定義和測量權力成為第一個理論上的難題。奧根斯基認為，大國權力由人口規模、經濟生產力、政治能力、大國道德、資源和地理六部分組成。依全般影響力的比重來看，最終他把大國權力構成要素縮減成人口規模、經濟生產力與政治能力三項，並用國民生產總值（GNP）代表大國經濟發展的程度。[112]然而，理論並沒有提及政治能力是如何有效的測量。事實上政治能力對大國權力具有乘積作用，而不是簡單的加值影響。當一國的政治能力為零時，該國的權力無法在國內外發生作用，展現出來的綜合國力也將為零。政治發展也對大國之間的權力轉移具有重要影響。[113]在國內，一個國家內部的不穩定會削弱它的權力，進而反射在國家之間的權力對比上。在國際上，一個國家外交政策的成功與否，更能突顯出自身的權力等級。學者們普遍把國家進行戰爭的能力，作為大國權力的主要組成要素。為了精確地衡量大國之間的權力變遷，採用多面向的統計方法來測量大國的實際權力，可以反映出比較完整、精確的權力現況，避免權力的要素過度集中在戰爭準備的指標上。所以，如何準確的定義和測量國家的權力，可以成為未來「權力轉移理論」研究演化的重點之一。[114]

---

112 A.F. Kenneth Organski, 1968, op. cit., p. 220.

113 大衛・拉普金、威廉・普森，《廿一世紀的美國與中共權力轉移想定》，高一中譯，國防部政務辦公室史政編譯處，2016年，頁68。

114 陳亮智，〈尋找解釋美中戰略競爭的驅動力量：安全困境，權力平衡，或是權力轉移？〉，《中國大陸研究》，第52卷，第1期，2009年3月，頁87。

五、滿意度缺乏統一衡量標準

「權力轉移理論」提供一個觀察國際體系的框架或平台，試圖在危機發生之前提供解決方案。在觀察的過程中，「滿意度」是一個重要且複雜的議題，「滿意度」的管理會影響到權力轉移最後是走向衝突還是和平。雖然奧根斯基強調滿意度是戰爭爆發的重要因素，但是並沒有提出測量這一概念的方法。學者譚門與古格勒在以美中之間的領土爭端、軍備擴張、遵守國際規則的態度、意識形態爭論和經貿合作等五項指標做為中國對現狀滿意與否的衡量，結論顯示中國是對現狀滿意的國家，並沒有採取改變現狀的意圖。[115]另有學者把大國的結盟數量當成滿意度的指標，並認為與主導國的共同盟友數量越多時，該國對國際秩序的滿意度就越高。相反地，若共同盟友很少或根本沒有時，該國的滿意度明顯較差。然而，這種測量指標也存在不足。因為共同盟友的數量有時只是各國不願選邊的現象，並不能完全代表現狀滿意度的呈現。亦有不少學者支持以參與國際組織的程度視為其滿意度的反映。因為，國際秩序主要表現為各種國際組織的集合，所以當一國參與國際組織的數量越多，就表明其對國際秩序越滿意。邏輯上似乎合理，但也需要注意這些國際組織是否為中立，有無特定排他性的立場。另有些中立國（例如瑞士）雖然加入很少的國際組織，但不能把它們視為不滿意者。[116]再說，一旦加入國際組織後，並不能排除對現狀不滿意的國家，意圖在體制內推翻或改變組織的運作模式。[117]

---

115 江憶恩，〈中國對國際秩序的態度〉，《國際政治科學》，2005年，第2期，頁26-63。

116 游啟明，〈權力轉移理論及其批判〉，《世界經濟與政治論壇》，第3期，2018年，頁47-49。

117 Douglas Lemke, *Regions of War and Peace*, (New York: Cambridge University Press, 2002), p33.

六、主導國可能主動發起戰爭

奧根斯基認為崛起的挑戰者就是潛在的戰爭發起者，因為國際秩序的現狀是由主導國依照符合自身利益而建構的，不會主動發起戰爭摧毀符合自己利益的國際秩序，所以只有崛起國才會想要推翻現有的國際秩序。事實上，主導國家為了避免利益持續衰退、優勢持續喪失，當然也會選擇在權力對比還有利於自己的時候，主動對崛起國家發動預防性戰爭。[118]中外戰爭哲學中亦有「先發制人的攻擊」戰略，當一國面臨相對衰落時，它會利用預防性戰爭來延緩甚至扭轉相對衰落的進程。亦有可能主動利用對外戰爭轉移國內經濟衰退與施政不佳的壓力，試圖凝聚人民的向心力，以維護領導團隊的正當性。因此，權力轉移過程中不能忽視主導性大國主動啟動預防性戰爭的可能性。[119]

七、主導國可能無力承擔責任

在權力轉移過程中，崛起國與主導國雙方都需要面對兩個重要問題：是否需要成為主導國？如何進行主導國地位轉換？依照「權力轉移理論」的主張，如果崛起國不想成為主導國，那麼就不會涉及主導國地位轉換問題，也不會產生權力轉移過程中的緊張甚至衝突。然而，當主導國沒有能力與意願扮演提供「公共財」（public goods）的角色，並從現有的國際秩序中退縮或孤立時，可能形成「主導國缺位」的嚴重問題，此時的崛起國若沒有能力與意願填補這個真空，國際秩序與全球經濟將出現失序與短缺的危機，歷史上稱為金德伯格陷阱（Kindleberger's trap）。[120]根據金德伯格對30年代全球經濟大恐慌

---

118 Paul K. MacDonald, Joseph M. Parent, *Twilight of the Titans: Great Power Decline and Retrenchment*, (New York: Cornell University Press, April 15, 2018), pp.118-123.

119 吳明上，《新戰略論》，（臺北：五南出版社，2007年），頁48-52。

120 Joseph S. Nye Jr., "The Kindleberger Trap", *Harvard Kennedy School Belfer center*, Jan 9, 2017.

起源的分析，這些公共財包括在經濟出現巨大波動時，適時為世界經濟注入購買力，或在金融市場出現恐慌時及時扮演擔保人角色，只有國際秩序的主導國家才有能力與意願提供這些公共財。世界經濟大恐慌的出現，就是因為當時出現國際領導權青黃不接，美國沒有意願承接英國衰落留下的領導真空所造成。[121]所以，如何實現權力轉移以避免形成主導國缺位問題，成為國際政治發展變化下的另一種現象。因此，未來需要在研究中探討崛起國家的權力轉移戰略類型，以發掘權力和平轉移更多的可能性。

八、崛起國亦可能是維護現狀者

權力轉移理論認為崛起國家作為挑戰者必定是不滿意國際秩序的現狀，一旦實力接近維持現狀的主導國時，為了擴大自身的利益，就會想要改變現狀，戰爭就在改變現狀的目的下發生。然而，理論的支持者似乎完全忽視了崛起國亦可能是國際秩序現狀的積極維護者。由於崛起國家經常是依靠現行的國際體系與秩序的保障，得以崛起成為具有影響力的大國，它的順利發展並不是自外於國際的現狀。如果現狀可以帶給崛起國家持續成長的利益，最終意圖改變或推翻現狀的國家可能會是建立現狀的主導國家。此時，崛起國家反而成為國際現狀的維護者。[122]當今美中關係的最大特色，就是中國透過融入美國所主導的國際秩序，而且成功取得快速的經濟發展，綜合國力不斷持續提升。儘管基於自身實力的發展已經越來越接近全球舞臺的中央，但是中國還是積極加入並設法融入現存的國際秩序中，試圖在國際秩序的體制內進行改革。因此，推翻國際秩序現狀的國家不必然就是新興崛

https://www.belfercenter.org/publication/kindleberger-trap (accessed Dec 17, 2018).

121 朱雲漢，〈需要擔心金德伯格陷阱嗎？〉，《中國時報》，2017年10月19日，版A7.

122 Alastair Iain Johnston, "Is Chinese Nationalism Rising? *International Security,* Vol. 41, No. 3 (Winter 2016/17), pp. 7-43.

起的大國。[123]

九、忽略核子武器的嚇阻效果

核子武器的出現改變了1960年代主流學者對於傳統戰爭的看法，相互保證毀滅（Mutual Assured Destruction. M.A.D）的核威嚇戰略令大國之間的戰爭越來越不可能。然而，奧根斯基卻對核武器能夠有效遏止戰爭持消極的看法，他認為大國之間的戰爭總是不可避免的，核武器並沒有改變戰爭與軍事衝突這一國際關係中的宿命問題。即便在核子武器時代，防止大國之間的戰爭依然是國際關係中最重要的關切。撰寫《美國科學家和核武器政策》一書的吉爾平認為，在歷史上大國戰爭是用來重建國際秩序的工具，崛起的國家藉由戰爭奪取衰落中的主導國地位，重新締造下一個新秩序。但是核子武器的出現使得這種戰爭動遭遇質疑。一方面，美國呈現出更大的容忍性。因為在核子時代，美國不能用軍事力量來征服其他核武大國，不能用威懾戰略代替結盟戰略對核武國家實施制衡。另一方面，美國所主導的國際秩序現狀更不容易改變，因為以戰爭推動國際秩序改變的模式已經不符合全球化時代的趨勢。[124]所以，奧根斯基筆下的「權力轉移理論」仍堅持核子武器不能阻止後起國家對主導國的挑戰，也不能阻止挑戰者用戰爭手段扭轉國際秩序現狀，這樣的論述對照在今日戰爭可能帶來的毀滅性，與避免戰爭可能擁有更多的選擇性，似乎存有許多矛盾與疑慮。[125]

權力轉移理論歷經數十年的發展，如今已成為國際政治研究中的顯學。本章首先對理論的源起與演化進行溯源，理解學者們在不同時

---

[123] 游啟明，2018, op. cit., 頁49。

[124] Robert Gilpin, *American Scientists and Nuclear Weapons Policy*, (Illinois: Princeton University Press, 1962).

[125] 泓佐，〈權力轉移理論的缺陷〉，《學習時報電子版》，2011年06月20日，取自 http://www.aisixiang.com/data/41507.html（2018年12月17日）。

期進行的理論拓展與補充，接著解構出該理論的核心論述，突顯理論推斷的合理性與適用性，最後再將理論隨著時代環境的變遷所顯現的不足，加以補充與批判。從學術的角度來說，「權力轉移理論」雖是幾代學者的費心努力，仍然有些理論上的缺陷無法釋疑。作為國際關係的理論成果，對於預見未來大國權力再分配的問題還是有所限制。例如國際體系究竟權力集中好、還是權力分散好？大國間衝突的機率是權力均衡時比較高、還是權力差異時比較大？這些都是國際關係非常重要的核心問題，但是權力轉移理論並未提出足夠的解答。[126]因此，筆者認為將權力轉移理論視為觀察21世紀大國關係走向的分析工具，仍將面臨許多挑戰與辯論。

---

[126] 劉勝湘，〈西方現實主義國際安全理論及其批判〉，《武漢大學學報》，2006年，第4期，頁23-28。

CHAPTER 3

全球與地區安全環境

上一世紀末期，全球形勢出現二戰以來最大的變化。東歐發生巨變，柏林圍牆倒塌伴隨華沙公約解體，緊接著蘇聯正式瓦解，冷戰走至盡頭，全球進入後冷戰時代。國際形勢朝向經濟全球化、政治民主化。日裔美籍政治思想家法蘭西斯・福山（Francis Fukuyama）甚至樂觀大膽的預言「歷史的終結」，認為自由民主與市場經濟，將是人類意識形態演化的最終勝利者。[1]然而，剛剛踏進千禧年的門檻，卻又經歷了一系列重大國際安全事件的洗禮。「九一一」事件帶來席捲全球的反恐戰爭，從東歐轉向中東的全球戰略重心，經歷了阿富汗與伊拉克兩場戰爭，除了令美國元氣大傷之外，全球安全環境依然未見穩定。將「改變，我們做得到！」（Change, we can!）當成競選口號的歐巴馬總統上台後，國際形勢繼續發生歷史性的複雜變化，國際金融危機、美國轉向亞洲和中國加速崛起，構成了全球格局與地區安全形勢加速調整的主要推動力量。在此背景下，國際政治在權力結構、問題議程和決策規則等層面，一再呈現出新的面貌，全球正加速步入所謂的「後危機時代」。[2]

第一節　全球形勢與亞太安全

一、全球形勢

全球形勢的變化源於主要力量的推動，這些力量在國際金融危機、美國戰略轉向和中國加速崛起等三股動能的相互影響之下，全方位對全球形勢造成深遠影響。[3]分析如後：

---

1 Francis Fukuyama, *The End of History and the Last Man Reissue,* (Free Press: Reissue edition, March 1, 2006), pp.14-15.

2 何亞非，《秩序重組：後危機時代全球治理通解》，（香港：中華書局），2018年，頁23。「後危機時代」（Post Financial Crisis Era）隨著危機的緩和，而進入相對平穩期。但是由於固有的危機並沒有，或是不可能完全解決，而使世界經濟等方面仍存在這很多的不確定性，是緩和與未知的動蕩並存的狀態。

3 金燦榮、劉世強，〈國際形勢的深刻變動及其對中國的影響〉，《現代國際關

（一）金融危機重創全球

從2008年雷曼兄弟倒閉後至今，全球經濟從危機蔓延、全面惡化到逐步復甦，經歷了戲劇性的過程。美國、歐盟、日本等主要經濟體逐步走出經濟衰退的谷底，新興大國也維持經濟高速穩定的增長，國際金融危機正式宣告終結。然而，此次危機的全面性和破壞性超過二戰以後的歷次經濟衰退，導致國際經濟和政治後遺所帶來的戰略影響遍及各種層面。在地緣經濟層面上，造成全球經濟版圖出現重大變化。美國、日本和歐洲等成熟經濟體受創最重，陷入長期增長遲緩的狀態，新興經濟體則在小幅擺盪後保持穩定向上。這意味著新興經濟體在國際事務中的影響力逐漸擴大，全球的經濟秩序因此變得更加多元。在地緣政治層面上，國際體系「一超多強」的格局明顯弱化，美國仍然是唯一的超級大國，在經濟、科技和軍事等層面都具有主導性優勢，但是它的實力和威望均不足以支撐單邊主義的外交政策。由於在金融危機中的表現不同，「多強」的排序也隨之出現調整，最明顯的是中國的排序與地位獲得國際普遍重視與肯定。[4]在戰略安全層面上，國際秩序發生重大變化，歐巴馬總統調整了小布希時期的新保守主義政策，使得美國在鞏固傳統盟友戰略關係，和拓展新盟友方面獲得進展。以美國為首的日、法、德、印戰略夥伴關係都在這段時間內獲得提升，美國的巧實力外交和市場重新平衡的政策，改變了傳統單極政治的形勢。中國是改變此番政治格局的最大力量，也為兩極或多極的國際體系提供轉變的機會。[5]

係》，第12期，2009年。

[4] 閻學通，〈國際格局由一超多強轉向兩超多強〉，《環球時報》，2011年12月30日。轉載於清華－卡內基全球政策研究中心網站，取自https://carnegietsinghua.org/2011/12/30/zh-pub-47221（2018年9月20日）。

[5] Ted Ellis, "Grand Strategy: George W. Bush vs. Barack Obama, Who wins?", *The National Interests,* Jan 21, 2017, https://nationalinterest.org/blog/the-skeptics/grand-strategy-george-w-bush-vs-barack-obama-19109 (accessed Mar 9, 2019).

（二）新興國家權力提升

國際金融危機使新興大國和已開發國家之間的力量對比發生重大消長的變化。美國受到國際金融危機衝擊，再加上阿富汗和伊拉克兩場戰爭的拖累，軟硬實力與國內外聲譽明顯受挫。自「九一一」事件發生以來，美國國會播款用於反恐戰爭與戰爭相關的費用已累計超過4.6兆美元。[6]美國國債和財政赤字屢創新高，經濟增長缺乏新的動力，經濟結構面臨大幅調整的壓力。美國引以自豪的新自由主義模式遭到國際社會的普遍質疑，《後美國世界》的作者札卡里亞多次表示：「過去幾年間，全球有近3/4的國家在崛起，只有一個國家在走明顯的下坡路，那就是美國」。[7]歐盟和日本也面臨失業率居高不下、通貨緊縮、個人消費減緩等多重挑戰。全球各主要國家實力消長互見，成為直接推動國際格局和體系調整的最大推力。美國對外戰略不斷加大對盟國和多邊機制的倚重，發展中大國逐漸在國際合作的場域扮演重要的角色。「金磚5國」、「展望5國」和「新鑽11國」等等發展潛力巨大，彼此在全球事務和國際體系調整變革中的影響迅速上升。[8]新興大國在金融危機中的表現亮眼，反映在「20國集團」（G20）金融高峰會上，首次以平等姿態與傳統大國共同討論國際經濟的核心問題。新興大國在「國際貨幣基金」和「世界銀行」等組織的話語權，日漸提升。[9]

---

6 譚利婭，〈美研究認為五角大樓嚴重低估911事件所產生成本〉，《新浪香港新聞網》，2018年9月12日，取自https://sina.com.hk/news/article/20180912（2019年4月1日）。

7 法理德・札卡里亞，《後美國世界：群雄崛起的經濟新秩序時代》，杜默譯，（台北：麥田出版社，2008年），頁21-23。

8 金磚五國（BRICS），是指五個主要的新興市場國家，分別為巴西、俄羅斯、印度、中國、南非。展望五國（VISTA）是越南（Vietnam）、印尼（Indonesia）、南非（South Africa）、土耳其（Turkey）和阿根廷（Argentina），「VISTA」在英文中有「遠景」、「展望」之意。新鑽11國（Next-11）是成長潛力僅次於金磚五國的11個新興市場，包括巴基斯坦、埃及、印尼、伊朗、韓國、菲律賓、墨西哥、孟加拉、奈及利亞、土耳其、越南。

9 王毅，〈當前國際安全形勢及中國面臨的安全困境〉，《中國國際問題研究所「共用安全與全球治理」研討會論文集》，2013年11月。http://www.ciis.org.cn/chinese/

（三）大國合作大勢所趨

為了應對國際金融危機，同時著眼於「後危機時代」的國際競爭，傳統大國加快地緣戰略調整的腳步，並發展多元的外交政策，以獲取戰略的制高點。歐巴馬政府對外政策進行了冷戰結束以來最大幅度的調整：首先是運用「巧實力」修復美國形象。第二是高度重視經濟外交，以帶領美國儘快走出金融危機。第三是推行兼顧全球的地緣戰略。除了以歐亞大陸為核心，逐步把在中東反恐的重心，轉向亞洲。並且兼顧跨大西洋的傳統夥伴，改善與歐洲傳統盟國的緊張關係，另外還不忘重啟美俄關係。當然，最重要的美中關係始終是美國外交政策的重中之重。美國外交政策調整緩和了國際關係中的緊張狀態，有利於大國間加強溝通協調。其他國家也都意識到當今全球正在經歷前所未有的變化，迫切地加緊調整各自的發展遠景，為了是在日益激烈的綜合國力競爭中，謀求更大更多的影響力。大國在政治、經濟、軍事、安全乃至軟實力方面的較量從來沒有停止過，圍繞在海洋、極地和太空領域的爭奪逐步展開，戰略資源與全球利益的競爭不曾停止。但是金融危機的爆發，客觀上緩和了大國之間的關係，面對嚴峻的全球經濟與金融形勢，各國普遍的共識是加強合作、共渡時艱。美、歐等傳統大國除了加強彼此的協調外，並加大對新興大國的依賴，合作成為共同渡過國際金融危機唯一的選擇。[10]

（四）地區衝突持續增溫

全球的軍事安全形勢依舊複雜，除了敘利亞內亂、伊朗核問題、以阿衝突、恐怖主義等原有的武裝衝突持續發生之外，亞太地區的領土領海權益爭議，明顯升溫。日俄有北方四島之爭，日韓有獨島之

2013-12/02/content_6502308.htm (2018.09.22)

10 中國國際問題研究所，《國際形勢和中國外交藍皮書（2010/2011）》，（北京：時事出版社），2011年05月，頁33-34。

爭，中日有釣魚島之爭、中菲有黃岩島對恃，這些領土領海的爭議不斷成為媒體炒作的對象。[11]在國際關係的互動上，中東伊斯蘭國家的反美浪潮，凸顯出美國和西方國家與伊斯蘭世界之間的文明衝突。源於日本東京都知事石原慎太郎的「購島」鬧劇，引發中日台三邊外交博弈與抗議風暴。這些爭端反映出地區衝突之下的結構性矛盾，而中日的衝突還折射出美中之間的戰略博弈。東北亞在北韓成功發射衛星與洲際導彈之後，引發美日韓等國家的強烈抗議，造成周邊國家的緊張與威脅。朝鮮半島核危機是一個局勢更為複雜的全球議題。[12]美國的亞太的「再平衡」戰略試圖將軍事力量逐次提升，除了造成地區內的緊張升溫，也帶動地區國家新一輪的軍備競賽。

（五）中國地位持續提升

在全球經濟出現衰退，世界主要經濟體出現負成長的背景下，中國成功地通過金融危機的考驗，經濟繼續保持高速增長，不但已經成為全球第一大出口國，也超過日本成為全球第二大經濟體。中國的崛起是過去二十年來全球報導最多的頭版新聞。國際社會對中國已不是一般意義上的關注，而是對大國崛起方式和大國發展道路產生一種新的眼光。在中國經濟實力進一步增強的背景下，也日益在國際舞臺上發出自己的聲音。[13]在國際貨幣體系改革問題上，中國主張建立超主權貨幣儲備。在哥本哈根氣候變化會議前，中國批評西方先進國家在減排上的虛情假意。中國在國際組織的影響力明顯提高，並直接促成傳統大國同意以20國集團取代8國集團，成為符合時代所需的全球

---

[11] 劉建飛、左鳳榮，〈2012世界亂象背後的基本大勢〉，《當代世界》，2013年，第1期，取自http://www.faobserver.com/NewsInfo.aspx?id=8252（2018年9月21日）。

[12] Kathrin Hille, "China warns of military competition in Asia", Mar 31, 2011, *The Financial Times*, https://www.ft.com/content/9ac6b438-5b5b-11e0-b965-00144feab49a (accessed Mar 9, 2019).

[13] 吳興唐，〈大變革：國際形勢新發展的一個特點〉，《決策探索》，2009年，第12期，取自http://www.cnki.com.cn/Article/CJFDTotal-JCTY200912003.htm（2018年9月21日）。

經濟治理平臺。[14]中國的發展和經驗越來越受到國際社會的關注與肯定，許多發展中國家開始將標竿從西方轉向東方，希望借鑒中國成功發展的經驗。[15]中國的持續崛起不僅影響國際體係調整，同時塑造出國際社會對中國的集體心理認知。一方面，國際社會期望中國承擔更多更大的國際責任；另一方面，對中國戰略意圖的不明和擔憂也相對提高。[16]

（六）跨國安全危機突顯

全球性問題的重要性自冷戰結束以來就逐步上升，但在金融危機後，嚴重性更為迫切，其中包括核武擴散、恐怖主義、糧食安全、能源安全、疾病蔓延、自然災害等，這些全球性問題日益在各國內政與外交的議程上，佔據重要甚至主導地位。繼金融危機之後，氣候變化問題不斷升溫，成為國際社會關注的焦點問題。[17]各國出於自身利益考慮展開激烈的交鋒，充分反映出現實主義的利害得失算計。[18]已開發國家昧於經濟發展的迫切利益，將自己做過的承諾拋諸腦後，極力想否定《聯合國氣候變化框架公約》確定的「共同但有區別的責任」原則，包括美國，日本，加拿大，澳州等國提議廢除《京都議定書》，要求發展中國家與已開發國家一樣承擔強制減排義務，無視於

---

14 Alex He, "China's Goals In The G20: Expectation, Strategy And Agenda", *The Centre For International Governance Innovation,* No. 39, SEP 2014, https://www.cigionline.org/sites/default/files/no39.pdf (accessed Mar 9, 2019).

15 楊潔篪，〈大變革、大調整、大發展－2009年的國際形勢和中國外交，《求是雜誌》，2010年，第1期，取自https://www.fmprc.gov.cn/ce/ceindo/chn/xwdt/t649594.htm（2018年9月21日）。

16 金燦榮、劉世強，〈國際形勢的深刻變動及其對中國的影響〉，《現代國際關係》，2009年，第12期，取自http://niis.cssn.cn/webpic/web/niis/upload/2012/12/d20121208083227067.pdf（2019年3月9日）。

17 尹承德，〈金融危機與世界格局的新變化〉，《國際問題研究》，2011年，第65期，頁39-42。

18 中國國際問題研究所，《國際形勢和中國外交藍皮書（2009/2010）》，（北京：世界知識出版社，2010年），頁12-14。

過去工業革命以來無限制排放的責任，如今卻想限制發展中國家的發展動能。[19]

全球性問題在歐巴馬政府上臺後特別突顯的原因何在？首先，就是國際金融危機所產生的副作用。隨著全球化的發展，國與國之間彼此利益交織，一損俱損、一榮俱榮已成無法迴避的趨勢，某些問題一旦爆發就會形成全球性的挑戰。各國基於爭奪未來發展和國際體系制高點，越來越在乎是誰佔據了全球性問題的主導權，因為擁有主導權就擁有了未來發展的主動權，和國際體系變革的裁判權。儘管全球性問題引起國際社會高度重視，但在短時間內將難以獲得妥協的共識。因為在所有的全球問題上，各國所面對的共同威脅存在著極大的利益差距。各國所能做的政治承諾與實際需要之間，存在巨大鴻溝。共同的行動還需要經過相當長時間的政治磋商和利益妥協，這一國際秩序現狀雖然在短期內不致發生根本上的改變，但是長期而言，美中關係的發展將是決定未來國際秩序的關鍵因素。

二、亞太安全環境

首先，筆者必須特別說明，本書所探討的亞太安全環境是以歐巴馬政府上台前，及任期內的安全環境為主軸。近期有關朝鮮半島的核危機及南海島礁的主權爭端等議題，隨著美國總統川普上任後急於推翻前任總統的戰略布局，為了在國際舞台展現個人風格，頻頻在國際媒體前進行出乎意料的言論，再加上率性退出《跨太平洋夥伴關係協定》（TPP）及隨後祭出的中美貿易大戰，川普的外交決策一再令全球國關與戰略領域的專家學者跌破眼鏡，並且造成區域安全形勢混亂不明，充斥著敵我陣營不分的矛盾。為了區別歐巴馬總統卸任後在亞太地區的安全形勢變化，避免與本書所設計的研究範圍產生混淆與失

---

19 Charli Coon, "Why President Bush Is Right to Abandon the Kyoto Protocol", *The Heritage Foundation*, May 11, 2001, https://www.heritage.org/environment/report/why-president-bush-right-abandon-the-kyoto-protocol (accessed April 12, 2019).

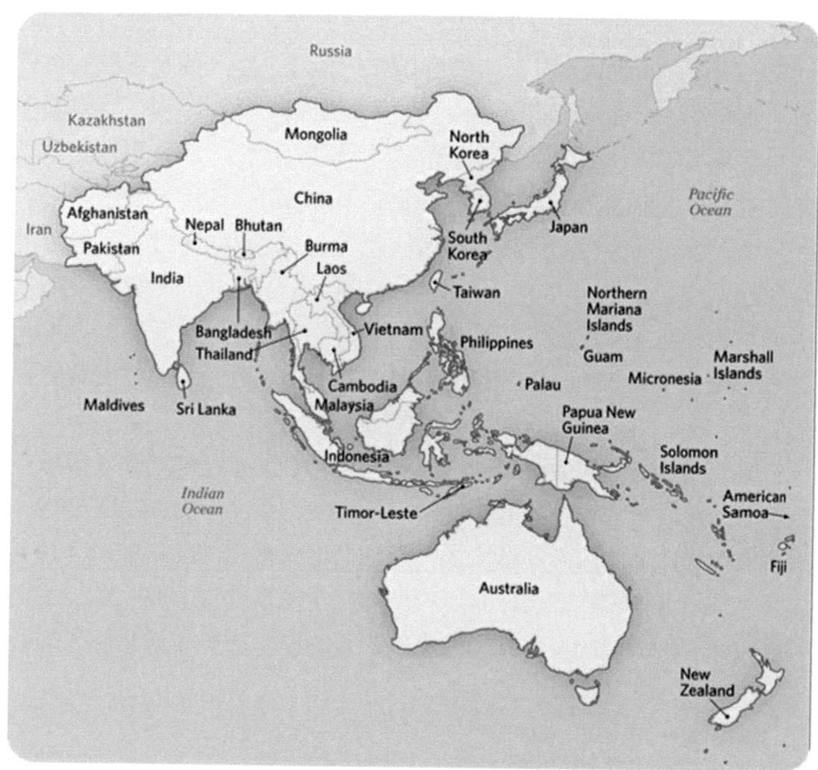

資料來源：美國傳統基金會官方網站

圖3-1　亞太地區示意圖

焦，在此做一時空環境上的補述。[20]

在全球戰略格局中，亞太地位的重要性日益凸顯，國際政治、經

[20] 2017年川普就任美國總統後，美國政府開始頻繁使用「印太地區」來取代「亞太地區」。2017年11月，川普在越南峴港出席APEC峰會時提出「自由開放的印太戰略」（FOIPS），用於取代其前任總統歐巴馬的「亞太再平衡」戰略。2018年5月，美軍的美國太平洋司令部更名為美國印太司令部。Bhavan Jaipragas, "Why is the US calling ASIA-PACIFIC the INDO-PACIFIC?", *South China Morning Post*, 7 NOV 2017. https://www.scmp.com/week-asia/politics/article/2118806/why-us-calling-asia-pacific-indo-pacific-trump-clarify (accessed Sep 23, 2018)

濟的重心亞太轉移已經成為本世紀的發展趨勢。亞太地區是新興大國最集中的地區，也是全球最大的區域經濟板塊。亞太的範圍泛指由日本、朝鮮半島、臺灣，南至澳大利亞、紐西蘭，西起印度、斯里蘭卡向東橫跨孟加拉、中南半島、菲律賓、印尼以及南、北太平洋諸島國之範圍。亞太地區原則上可分為東北亞、東南亞、印度、澳紐與南太平洋等五大區。計有36個獨立國家，其貿易量占世界總量43%以上，為全球重要之政治外交重心。進入21世紀後，亞太安全環境持續發生複雜的變化，並且成為新的世界地緣政治、經濟與軍事重心。區域內的國家不但彼此合作，競爭亦趨緊密，涉及國家利益的衝突頻頻發生。

歐巴馬政府時期的亞太地區形勢變化，無論是在就任前，或是在八年任期之間，都存在著歷史性與挑戰性的轉變。在這樣的演變中，有利於和平發展的因素逐漸增加，不利於地區穩定的因素依然存在。因此；經筆者研究觀察後綜整出「整體安全架構穩定」與「局部爭端明顯加劇」兩個面向，試圖廓清經由複雜的歷史與戰爭演化而成的亞太安全環境。[21]

（一）整體安全架構穩定

儘管在冷戰時期亞太地區曾經發生多場局部戰爭，例如台海危機、韓戰、越戰等等，但自冷戰結束以來，特別是上一世紀90年代中期以後，亞太地區經濟快速發展，經貿合作大幅推進，區域內國家無論在官方與民間的互動頻繁，成為世界上最具發展活力與潛力的地區。這樣相對穩定的地區形勢源於以下幾項條件的形成：[22]

---

21 郭震遠，〈亞太安全新形勢及其主要影響因素〉，《中國評論月刊》，2015年1月號，總第205期，取自http://hk.crntt.com/doc/1035/5/4/6/103554602.html?coluid=136&kindid=4730&docid=103554602（2019年3月9日）。

22 劉麗雲，〈如何看待冷戰後亞太地區的安全環境及其對中國的影響〉，《教學與研究》，2000年，第6期，取自http://d.wanfangdata.com.cn/periodical_jxyyj200006008.aspx（2018年09月23）。

首先，亞太地區能夠持續保持總體的和平穩定，取決於地區內國家擁有和平穩定發展企圖與需要，這股和平發展的潮流始終居於主導地位；其次也取決於地區內各種緊張情勢，儘管它們長期存在，但始終維特在可以控管的範圍內。美、中、俄、日、東協和印度等國家是決定亞太地區安全形勢的最大因素。它們在地區安全事務中扮演著重要的角色，而且彼此之間形成既合作又競爭的複雜戰略關係。日本是美國在亞太地區最可靠的盟友，美國與東協國家亦存在合作的空間，俄印、美印之間正同時發展戰略夥伴關係，中美、俄美、中日之間亦保持著「利益攸關者」的關係。[23]

第二，地區內國家致力於經濟發展和國際合作，並且把國家戰略的重心向國民經濟發展的方向進行。不同國家的權力組合不再是簡單的聯盟或對抗關係，而是既競爭又合作的競合關係，各方都無意以軍事手段解決利益衝突。

第三，經濟相互依存趨勢日益深化，地區經濟合作不斷發展，亞太地區首次成立了亞太經濟合作組織，以它為代表的區域經濟合作成為亞太地區處理區域事務的主流。

第四，地區安全形勢逐步走向緩和，越來越多的國家意識到在安全領域多邊對話的重要性，1994年東盟地區論壇（ARF）正式成立，成為亞太地區第一個政府間多邊安全合作機制，吸引了所有主要的亞太國家參加，並且在地區安全中發揮危機管理的作用。[24]

最後，是在大國之間存在彼此相互牽制的競爭模式。美俄、美中之間存在「遏制」與「反遏制」的意識形態競爭，中日、中印之間存在著「歷史仇恨」的互不信任關係，俄日之間亦存在著戰後領土爭端等等。即便複雜程度如此深切，但是在謀求地區安全與穩定，與力

---

[23] 鐘飛騰，〈中國周邊安全環境：分析框架、指標體系與評估〉，《國際安全研究》，2013年，第4期，頁64-66。

[24] Jürgen Haacke, "The ASEAN Regional Forum: from dialogue to practical security cooperation?", *Cambridge Review of International Affairs,* Volume 22, Number 3, Sep 2009, pp. 427-449.

促經濟發展的需求上，彼此存在更多共同利益。[25]因此，亞太地區的大國關係能夠保持相對穩定的態勢，出現全面性對抗的可能性極其微弱。儘管亞太地區大國之間存在各式各樣的爭議，但是彼此形成的協調性架構，就是構成亞太地區整體形勢呈現穩定的最大支柱。[26]

（二）地區爭端明顯增加

雖然整體安全環境呈現出合作的趨勢，並為亞太地區和平與穩定的發展創造良好的契機。然而，這並不代表該地區安全就此獲得充分的保障。綜觀近年亞太安全形勢變化多是由二個重要因素影響的結果。首先是亞太地區一直存在的歷史遺留問題，近幾年更被明顯激化；其二是美國的「亞太再平衡」戰略調整和中國國力的快速增長。後者的影響又居於主導地位，這些因素不僅本身就對亞太安全形勢具有重大意義，而且對歷史遺留問題的激化，也有十分重要的影響。[27]在這兩種因素的推波助瀾下，地區的安全問題有三個衝突熱點最為迫切。特別令筆者感興趣的是在這三個安全問題背後，都可以看見美中權力競合的現象與爭鋒相對的身影。[28]首先，是北韓核武與朝鮮半島的緊張局勢問題，第二是東海與中日關係問題，第三是南海島礁主權問題。個別說明如後：

---

[25] 童清峰，〈國際學者反思太平洋戰爭〉，《亞洲週刊》，第19卷，第35期，2005年8月，取自 http://www.yzzk.com/cfm/content_archive.cfm?id=1367894354520&docissue=2005-35（2019年4月9日）。

[26] 張蘊嶺，〈如何認識中國在亞太地區面臨的國際環境〉，《當代亞太》，第6期，2003年，頁44。

[27] 郭震遠，〈東亞安全形勢變化與台灣當局的政策選擇〉，《中國評論》，第199期，2014年，頁16-20。

[28] 王緝思，〈亞太地區安全架構：目標、條件與構想〉，《國際安全研究》，第1期，2016年，取自http://www.cnki.com.cn/Article/CJFDTotal-GGXB201601003.htm（2018年9月22日）。

1、北韓核武與半島局勢

朝鮮半島的緊張情勢始終是國際關注與討論的焦點，除了兩韓彼此存在的問題之外，背後更有著大國相互較勁的戰略意涵。自從北韓2005年宣布正式擁有核武，並表示無限期停止參加六方會談，此舉不只讓國際社會期盼政治與以外交解決朝核問題的行動受到打擊，也使得圍繞北韓核武問題而進行的多邊區域安全努力瀕臨破局。[29]美國、日本與南韓三方一再聲稱恪守2005年9月六方會談之聯合聲明及其核心目標，通過以和平的方式實現朝鮮半島可核查的去核化行動。美國國務院甚至對外表示，美日韓三方希望與中國及俄羅斯就朝鮮問題展開磋商。美日韓三方代表重申聯合國安理會對北韓發射彈道導彈的譴責。另外，針對美韓大規模舉行的年度軍事演習，北韓也以連續發射短程與中程導彈做為報復行動。美國對此指責北韓的舉動不但「危險」且具有「挑釁」意味，同時也重申對盟國的防衛承諾。[30]迄2017年9月為止，北韓共進行過六次被證實的核試驗，其中高達五次是在歐巴馬總統上任前與任期中進行。六方會談首輪會議於2003年8月在北京舉行，直到第六輪於2008年12月結束後，朝鮮半島無核化進程陷入停頓，六方會談至今未能重啟。

2011年12月19日北韓最高領導人金正日突然逝世，少主金正恩接任北韓領導人以來，朝鮮半島危機並未有所緩和，反而加劇了半島的緊張局勢，北韓甚至還曾經揚言要對美國與南韓發動核子攻擊以示威嚇。北韓一直以來皆以核試爆作為對抗美國或西方強而有力的籌碼，並視軍事手段是達成外交目標的方式之一，欲藉此爭取與美國和聯合

---

29 蔡東杰，〈朝鮮半島危機之區域戰略意涵分析〉，《全球政治評論》，第42期，2013年，頁25。

30 李明，〈歐巴馬政府的朝鮮半島政策2009-2012年〉，《遠景基金會季刊》，第14卷，第2期，2013年，頁55-58。

國進行談判的機會。[31]然而，導致北韓核武問題複雜化與六方會談成果有限的關鍵原因，在於參與會談的國家彼此信任不足，互設障礙。首先；在朝鮮半島統一問題上，南、北韓的鴿派欲促成南北統一的民族大業，但美國和中國則認為朝鮮半島南北和解，並不符合美中兩個大國的利益，對於統一的未來也產生不安與懷疑。俄國對朝鮮半島的和解與統一，則抱持著複雜且曖昧的心態。因為一但朝鮮半島真的完成統一，很可能意味著朝鮮半島政治制度的大轉向，更可能帶給東北亞現有權力平衡的重新洗牌，美、中、俄、日等區域大國其實都不樂見。[32]其次；在核武問題上，其他五國都反對北韓擁有核武，主張朝鮮半島無核化，只有北韓堅持不放棄核武。南韓及日本反對北韓擁有核武是出於自身的安全考慮，美國反對卻是出於全球戰略上的霸權考量。北韓要求就核武問題與美國進行雙邊談判，並主張討論無核化之前要先行討論締結和平協定問題。而美國和南韓則堅持要北韓先放棄核武，才願意交談，並稱無核化取得進展和朝鮮重返「六方會談」是協商和平機制的條件。北韓在經濟日益走下坡，國際社會持續孤立的情況下，為保障其岌岌可危的獨裁政權，只能打出發展核武這張唯一「王牌」，迫使大國主動與其溝通並建立正常外交關係，把「停戰協定」轉換為「和平協定」。[33]由於北韓的決策者可能的不理性對外政策，美國前國務卿季辛吉與華府智庫專家們均認為，美中兩國應該共同討論對策，以應對北韓發生政權崩潰的情況。如果北韓真的挺而走險，或是擦槍走火，使美日韓不得不做出反應時，戰爭發生的可能性就會大為提高。[34]

---

[31] 廖舜右，〈從北韓核武試爆看東北亞情勢〉，《亞太和平月刊》，第5卷，第3期，2013年，頁1-3。

[32] 俞正，〈南北韓能統一嗎？〉，《中國時報》，2009年10月01日，另轉引自《知識通訊評論月刊》，第84期，頁32-33。

[33] 李華球，〈另一個戰火－北韓核武危機〉,《國政評論》，2003年3月21日，取自http://old.npf.org.tw/PUBLICATION/NS/092/NS-C-092-090.htm（2018年09月23日）。

[34] Henry Kissinger, “Kissinger on North Korea: We Must Not Overreact”, *The Wall Street Journal,* 10

2、東海主權爭議

目前存在於東海的爭議，主要有兩項。其一，是《聯合國海洋法公約》於1994 年生效後，中、日、台三方在東海海域有關專屬經濟海域（EEZ）大陸架劃界的爭端；其二，是釣魚台列嶼主權的歸屬，主權聲索國仍然是中、日、台三方，目前由日本實際支配（掌握行政管理權）。[35]

(1) 東海專屬經濟區劃界爭端

上一世紀60年代，聯合國能源署公佈調查報告，預測東海地區可能存藏著大量的油氣資源。雖然在這之前中日兩國政府都對外宣稱對東海海域擁有主權，而且也由此引發了許多小紛爭，但都不足以在國際上形成話題。自從聯合國的報告公佈後，中日兩國在東海問題上的爭端持續升溫，雙方不斷地向外界宣示本國在東海的主權；《聯合國海洋法公約》對海洋主權的劃分規定也成為引發爭端的起因之一。[36]隨著中日兩國爭端日益白熱化，東海邊界如何劃分逐漸成為國際社會關注的焦點，由於此區域位於敏感戰略要衝，區域外勢力也開始涉入關切。

東海是位於中國大陸東部海岸與太平洋之間的半封閉海洋，東鄰日本九州與琉球群島，北部臨接韓國濟州島與黃海，南面與台灣海峽相接，南北長約700海里，東西最寬處約360海浬、最窄處約167海浬。東海大陸架是中國大陸陸地領土的自然延伸，由西北向東南傾斜，直至沖繩海槽。沖繩海槽成為分隔東海大陸架與沖繩群島的自然

Apr, 2013, http://live.wsj.com/video/kissinger-on-north-korea-we-must-not-overreact (accessed Spet 25, 2018).

35 林賢參，〈東海爭議現況及其解決之道〉，《清流月刊》，第22期，第5卷，2013年，頁1-8。

36 胡光曲，〈中日東海爭端〉，《華夏經緯網》，2011年6月22日，取自http://www.huaxia.com/hxhy/rdjj/2011/06/2464534.html（2019年3月10日）。

分界線。[37]依《聯合國海洋法公約》規定，沿岸國家可以從海岸基線開始計算，向外200海浬以內的海域是為專屬經濟區，專屬經濟區內的所有資源歸沿岸國擁有。然而，中日兩國之間的東海海域部分寬度不到200海浬，中國認為東海海底的地形和地貌結構決定了中日之間的專屬經濟區，依據公約所指界線劃分應該遵循「大陸架自然延伸」的原則。[38]日本則主張以兩國海岸基準線的中間線來確定專屬經濟區的界線，即所謂的「等距中間線原則」。[39]由於日方提出的中間線主張缺乏歷史依據，中方始終沒有承認。在雙方界限不明狀況下，中國在2004年開始在「春曉」油氣田（日稱白樺）進行開採天然瓦斯作業。日本則以該油氣田礦脈與日方礦脈相連，受到「吸管效應」影響，中方汲取到日方資源，要求中方停止作業，因而引爆雙方在東海之資源爭奪戰。[40]

2006年10月，時任日本首相安倍赴北京展開「破冰之旅」，以期打破中日外交僵局。中日雙方在歷經數次高層互訪後，同意致力於建構「戰略互惠關係」，並且在2008年6月胡錦濤訪日時，與福田康夫首相簽署聯合聲明，其正式名稱是《中日關於全面推進戰略互惠關係的聯合聲明》，雙方公布共同開發東海的政治共識，並認為「擱置爭議、共同開發」是解決東海問題的唯一正確選擇。然而，由於中日發

---

37 馬英九，〈從新海洋法論釣魚台列嶼與東海劃界問題〉，（臺北：正中書局，1986年），頁49-50。

38 《聯合國海洋法公約》第六部分大陸架，第七十六條大陸架的定義：「沿海國的大陸架包括其領海以外依其陸地領土的全部自然延伸，擴展到大陸外緣的海底區域的海床和底土，如果從測算領海寬度的基線量起到大陸邊的外緣的距離不到二百海浬，則擴展到二百海浬的距離。」

39 《日內瓦大陸礁層公約》第六條定義：「同一大陸礁層鄰接2個以上海岸相向國家領土時，則分層該國的界線由有關各國以協議自行定之，倘無協議除因情況特殊應另定界線外，以每一點均以測量每一國領海寬度之基線上，最近各點距離相等之中央線為界線。」

40 林正義、陳鴻鈞，〈兩個「中國」在東海的油氣勘探〉，《遠景基金會季刊》，第15卷，第4期，2014年，取自https://www.ea.sinica.edu.tw/file/File/Exploration_for_Oil_and_Natural_Gas_in_the_East_China_Sea_by_2_Chinas.pdf（2019年3月9日）。

生陸籍漁船「閩晉漁5179」號撞船事件而中斷交涉，另有釣魚台「國有化」事件，造成中日關係降至冰點，中日東海資源共同開發的「戰略互惠關係」協議，至今仍是遙遙無期。[41]

(2) 東海釣魚島主權爭端

中日兩國在東海海域的主權爭議，主要是圍繞一系列小島展開。中國稱為釣魚島（Diaoyutai Island），日本稱為尖閣列島（Senkaku）。日本在1894年至1895年的戰爭結束後，以不平等條約獲得這些島嶼的控制權，1972年5月美國在中國大陸與臺灣兩方都反對的情況下，將釣魚島的行政管轄權交予戰敗的日本政府，雖然美國一再申辯，將釣魚島交給日本管轄，並不涉及主權歸屬問題。然而，日本卻是有恃無恐地宣稱主權的合法地位。[42]中國大陸和臺灣持續以歷史淵源為由，聲稱對這些小島擁有絕對的主權。直到1972年，中日兩國為了國家的永續發展建立正常邦交，因此兩國領導人達成擱置爭議的共識，將釣魚島主權問題留待以後處理。當時雙方領導人認為隨著兩國人民交往的日益密切，情感的不斷加深，雙方能夠在和協的氣氛中，找到合適的解決問題的辦法。[43]

冷戰結束後，日本右翼團體積極推動日本對釣魚島的實際佔有，並且不斷嚐試歷史翻案，使中日關係陷入低潮與衝擊。其間日本在釣魚島上修建直升機平台，日本青年社又在釣魚島設置新的燈塔，海峽兩岸的政府官方都向日本提出嚴正抗議，日方卻置之不理，此舉引起

---

41 〈中日宣佈東海合作達成原則共識〉，《BBC中文網》，2008年06月18日，取自http://news.bbc.co.uk/chinese/trad/hi/newsid_7460000/newsid_7461600/7461636.stm（2019年3月9日）。

42 中華民國外交部條約法律司，《外交部歷年來就釣魚臺主權問題之聲明》，2012年08月22日，取自http://www.mofa.gov.tw/official/Home/Detail/（2019年4月9日）。

43 Liu Dan, "Diaoyu Islands Dispute: A Chinese Perspective-A view from China on the treaties that apply to the territorial dispute between China and Japan.", *The Diplomat*, August 08, 2018. https://thediplomat.com /2018/08/diaoyu-islands-dispute-a-chinese-perspective/ (accessed Sept 25, 2018).

全球華人極大的憤慨。日本政府不再遵守「擱置爭議」政策，藉由右翼從旁推動，政府積極主導，逐步強化日本對釣魚島的控制。2012年9月日本政府不顧中國的強烈抗議與反對，逕自將有爭議的釣魚島「國有化」付諸行動，導致中日關係陷於前所未有的緊張狀態。日本除了依仗美國重返亞太的戰略調整做後盾，也看準了中國重視戰略機遇期的和平發展政策，咸認為即使強勢將釣魚台國有化，中國僅會提出抗議，不會動用武力。如此可將釣魚島順勢完成國有化，最終可達到擁有釣魚島實質主權的目的。[44]

隨著中國國力增強，海軍實力迅速擴大，近年中日兩國之間的釣魚島爭端愈演愈烈。當日本公務船強力驅逐登上釣魚島的中國保釣人士，中國民間對此反應是爆發強烈的反日抗議活動。從中國的觀點來看，既然認定是領土，當然就沒有片面改變現狀的事實，因此定期派遣公務船艦前往護衛領土，以展現維護主權的決心。然而，受制於日本現今事實佔領該地，還有美日安保機制的後盾，直接與日本發生衝突與軍事對峙，中國仍有所顧忌。[45]2010年，時任國務卿的希拉蕊與歐巴馬總統雙雙在公開場合明確告知中國，美國認知釣魚台島主權確有爭議，但現今行政管轄權屬於日本，美國基於釣魚島適用美日安保條約、美國將釣魚島列入防禦的範圍，反對中國改變東海現狀，並催促日本投資強化自衛隊的武裝實力。[46]在中國政府的解讀下，這些嚇阻動作都是為了防止中國跨越第一島鏈，也為美國「亞太再平衡」的外交政策造勢與壯膽。

---

[44] 毛峰，〈日本加速釣魚島國有化內情〉，《亞洲週刊》，第26卷，第35期，2012年，取自https://www.yzzk.com/cfm/content_archive.cfm?id=1363690508485&docissue=2012-35（2018年09月21日）。

[45] James Przystup, John Bradford, James Manicom, "Japan-China Maritime Confidence Building and Communications Mechanisms", *Center for Strategic and International Studies*, PacNet #67, August 20, 2013, http://csis.org/program/pacnet-newsletter (accessed April 7, 2019).

[46] Andrew Quinn, "Clinton assures Japan on islands, invites Abe to U.S.", *The Reuters,* Jan 19, 2013, https://www.reuters.com/article/us-japan-usa/clinton-assures-japan-on-islands-invites-abe-to-u-s-in-february-idUSBRE90H1AX20130118 (accessed Sept 22, 2018).

3、南海主權爭端

南海爭端係指南中國海周邊的幾個國家，因為對於該海域部分島嶼的主權歸屬、海域劃界和相關海洋權利的聲索產生重疊，進而發生大小不同的衝突。涉及該爭端的國家及地區有中華民國（台灣）、中國大陸、菲律賓、印尼、馬來西亞、越南和汶萊。南中國海領土爭端包括南沙群島、西沙群島和中沙群島的主權糾紛、北部灣海上邊界問題以及其他地區的爭議。相關國家出於自身利益，希望實際控制自己所主張擁有主權的島嶼。[47]雖然南海眾多島礁大多是無人居住的小島、環礁或沙洲，但南海島礁主權具有兩種令各方垂涎的優勢。其一，是豐富的能源與漁業資源。尚未開採與潛在的重要能源資源如天然氣和石油，以及海域內豐富的漁場資源，對相關國家的經濟發展是迫切需要的。其二，是位處重要的戰略要衝。南海是西太平洋海上通道最關鍵與繁忙的樞紐和咽喉，也是橫跨西歐、中東與遠東最重要的海上航線。如此重要的戰略安全地位，即使是不可居住的島礁（包含暗沙、暗灘），都可以成為軍事的據點和海外的補給站，而且依照「聯合國海洋法公約」的規定，可作為劃定領海基線的基點。[48]所以，這些優勢使南海成為亞太地區重要的敏感區域。所有「關切」南海爭端發展的國家，無論是不是主權聲索國家，其主要著眼的利益也就在於能源資源與戰略要點這兩項。隨著各國陸續進行填海造陸、佔礁駐軍、油氣開採、漁權爭奪等等情況加劇，使南海問題已上升成為東亞區域安全最嚴重的衝突熱點之一。[49]

---

47 比爾・海頓（Bill Hayton），《南海：21世紀的亞洲火藥庫與中國稱霸的第一步？》，林添貴譯，（台北：麥田出版社），2015年，頁12-14。

48 Murray Hiebert, "Examining the South China Sea Disputes", Papers from the Fifth Annual CSIS South China Sea Conference, September 30, 2015. https://www.csis.org/analysis/examining-south-china-sea-disputes (accessed Sept 21, 2018).

49 Michael Richardson, "Energy and Geopolitics in the South China Sea: Implications for ASEAN and Its Dialogue Partners", Institute of Southeast Asian Studies, 2009, pp.22-25.

2013年1月，菲律賓依據《聯合國海洋法公約》向荷蘭海牙常設仲裁法院提出仲裁申請，抗議中國近年在此填海造陸的擴張，已威脅到菲國的經濟活動。目前黃岩島在中國實質控制之下，經常傳出中菲互相逮捕、甚至射殺對方漁民的衝突事件。仲裁法院在沒有中方參與和申辯的情況下，逕自於2016年7月判決支持菲律賓多數訴求，並裁定中國不享有基於九段線的歷史性權利，要求中國必須立即停止在南海的活動。中國多次宣稱「不接受、不參與、不承認、不執行」仲裁結果，由於聯合國不具強制執行裁決的軍事選項，因此無法強迫中國離開目前在南海實質控制的島嶼。[50]

美國總統歐巴馬2009年初上任後，美中兩國在南海隨即發生「無瑕號」事件。該事件起因於美國海軍海洋監測船，在海南島潛艦基地南方水域監測大陸潛艦時，遭大陸船艦包圍，海軍海洋監測船聲納亦遭破壞。美國是否有合法權利在他國專屬經濟海域進行軍事監偵，再次成為美「中」爭議的焦點。中國認為美國是遙遠的域外國家，而且自己並未簽署海洋法公約，所以對於南海事務沒有任何發言權和角色，軍艦頻繁進入海域的活動是侵略領海的行為。[51]2010年時任美國務卿希拉蕊在「東協區域論壇」中，以南海議題公開挑戰中國。並指出南海列島主權爭議的解決對區域安定至關重要，維持在亞洲公共海域的航行自由，以及在南海爭議上尊重國際法，是符合美國的國家利益。由於美國公開展現干涉南海事務的立場，南海議程優先性迅速提升。[52]

---

[50] Ted L. McDorman, "The South China Sea Arbitration", *The American Society of International Law*, Issue: 17 Volume:20. November 18, 2016. https://www.asil.org/insights/volume/20/issue/17/south-china-sea-arbitration (accessed Sept 21, 2018).

[51] Peter Ford, "US-Chinese naval standoff the latest in a string of clashes-The US Navy has accused Chinese ships of harassing a US submarine-tracking vessel in the South China Sea.", *The Christian Science Monitor,* Mar 10, 2009. https://www.csmonitor.com/World/Global-News/2009/0310/us-chinese-naval-standoff-the-latest-in-a-string-of-clashes (accessed Sept 23, 2018).

[52] 魏國金，〈南海議題希拉蕊公開挑戰中國〉，《自由時報電子版》，2010年7月24日，取自http://news.ltn.com.tw/news/world/paper/413690（2018年9月21日）。

此外，美國爭取其他在南海有利害關係的國家支持，並試圖瓦解中國以《南海各方行為宣言》主導南海之局面。歐巴馬政府多次宣示南海政策，內容始終以堅持航行自由、反對武力解決紛爭、保障合法商業利益、呼籲制定更有約束力的區域行為準則為基調。[53]然而極為諷刺的是，美國不斷地要求他國遵守《聯合國海洋法公約》，但是美國自身不但不是此公約的締約國，而且至今仍拒絕執行海牙仲裁庭曾經對美國進行的相關判決，這種雙重標準被中國認為是來自美國自身的虛偽與傲慢。作為南海區域外國家的美國，試圖以自由航行為藉口，作為「亞太再平衡」的戰略調整動作，並且大規模將軍事力量介入南海，直接影響南海地區國家的動向與主張。[54]由於維持全球領導地位乃是美國極端重要的國家利益，在戰略條件如此重要的南海地區，美國當然不會置身其外，美國南海政策的終極目標，就是要維繫美國在區域內的領導地位。[55]南海不僅是亞太地區一個潛在的衝突區域，更是大國權力相互競逐的重要場域，有效管控美中兩國在南海可能發生的危機，才能防止衝突升級，避免局勢失控。

除了上述三大問題以外，亞太地區的衝突和安全隱憂還不僅如此，在此區分為「傳統安全」與「非傳統安全」兩大領域。在傳統安全部分：包括台海兩岸的對恃可能引發的美中關係惡化，中印的邊界糾紛，印巴的領土爭端，韓日之間的獨島（日本稱竹島）主權爭議，俄日之間的北方四島主權爭議，緬甸的政權更迭和族群衝突，馬來西亞、泰國等國的社會轉型和街頭政治等等。在非傳統安全部分：激進組織伊斯蘭國恐怖攻擊活動，東南亞地區緬北克欽獨立組織自治訴求、馬來西亞沙巴境內蘇祿軍主權訴求、泰國南部三省分離主義及非

53 Hillary Clinton,“ America’s Pacific Century,” *Foreign Policy*, No. 189, Nov, 2011, pp. 57, 61.

54 Hannah Beech, “ China Will Never Respect the U.S. Over the South China Sea. Here’s Why”, *Time Magazine*, July 8, 2016. http://time.com/4397808/south-china-sea-us-unclos/ (accessed Sep 24, 2018).

55 周平，〈美國南海政策的演化與進程〉，《展望與探索》，第16卷，第4期，2018年，頁42-26。

律賓回教主義分離運動等，均為區域內恐怖攻擊頻傳之地，連帶影響區域安全與經濟發展。另由於氣候變遷、全球化與國際交通運輸便利，導致新型傳染病諸如禽流感、新型流感、超級細菌、伊波拉、諾羅病毒等疫情不斷爆發。全球暖化引發海平面上升，沿海地區潮水高漲，城市洪水成災，地震、海嘯等嚴重自然災害影響各國生態環境與經濟發展。其他的地區安全危機還包括能源安全危機、糧食與水資源紛爭、網路資安攻擊威脅國家安全、公共安全和經濟安全等等。[56]

從亞太安全整體危機管理的可預測性來看，北韓核武與朝鮮半島安全問題最具有爆炸性，也最有可能引發大規模軍事衝突和人道災難。而南海問題涉及的國家最多、地域最廣、最難找到令各方均滿意的解決方案。由此可見，美中兩國是決定亞太地區是否能實現長期和平與穩定的主導國家。美中合作，亞太地區就能保持基本穩定；美中衝突，勢必促使地區安全步入險境。

第二節　中國崛起與美中權力對比

伊拉克和阿富汗戰爭嚴重削弱了美國超級強權的地位，金融危機標誌著美國打造的國際體系與「華盛頓共識」面臨嚴重挑戰。[57]同一時刻，發生在太平洋彼岸的北京奧運會，奢華壯觀的場面充分展現中國人的自信。面對國際社會，它既是一種召告中華民族偉大復興的慶

---

56 《中華民國104年國防報告書》，（臺北：中華民國國防部史政編譯室），2015年。取自http://test.mnd.gov.tw/paged065.html?sn=6&lang=tw（2018年9月22日）。

57 1989年陷於債務危機的中美洲國家急需經濟改革。美國國際經濟研究所邀請國際貨幣基金組織、世界銀行、美洲開發銀行和美國財政部的研究人員以及中美洲國家代表在華盛頓召開會討論對策。曾任世界銀行經濟學家約翰・威廉姆森對中美洲國家的經濟改革提出十條政策措施，由於國際機構的總部和美國財政部都在華盛頓，加之會議在華盛頓召開，因此這一共識被稱作「華盛頓共識」。由於這些思想秉承了亞當・斯密自由競爭的經濟思想，與西方自由主義傳統一脈相承。後來人們將這些觀點稱之為「新自由主義的政策宣言」。戴維・赫爾德（David Held），《全球盟約：華盛頓共識與社會民主》，周軍華譯，（北京：社會科學文獻出版社，2005），頁27-29。

祝，也是一種國家富強的意圖宣示。正當中國開始奮力推開強國地位的一扇扇大門時，西方國家不得不把這些大門一一開啟。中國大步從過去幾個世紀的屈辱歷史中走出來，解放軍（PLA）開始傾全力維護對南海和東海島鏈的歷史主權申張。中國認為自己對南海擁有大部分海域主權，堅持「九段線」不但存在，並且直言老祖宗留下來的土地一寸也不能丟。[58]中國提出「一帶一路倡議」（Belt and Road Initiative. BRI），持續為中國不斷擴大的經濟影響力，增加具有遠見的地緣政治目標。[59]中國何時將超越美國成為全球最大經濟體成為國際社會爭相預測的話題，歷史學家們普遍認為這是21世紀的美中權力變遷的關鍵節點。[60]中國改革開放政策從計畫經濟走向市場經濟已40載，這樣非比尋常的歷史時刻，美國明顯往全球化相反的路徑退卻。中國的崛起與強大，既是引發區域緊張加劇不可忽視的原因，又是促進全球總體繁榮發展與和平穩定的重要條件。[61]

一、中國崛起的事實

1978年12月，中國的領導人鄧小平，依據當年中共十一屆三中全會所提出的「對內改革、對外開放」政策，開始實施一系列經濟改革開放政策，這一決策改變了中國自1949年後對外封閉的情況，使中國經濟逐漸邁入高速發展。[62]從1978年至今，中國由一個尚有2億人生活

58　邱國強，〈習近平嗆馬提斯：老祖宗的領土 一寸也不能丟〉，《中央通訊社》，2018年6月27日，取自https://www.cna.com.tw/news/acn/201806270334.aspx（2019年3月9日）。

59　《中國一帶一路》，中華人民共和國國務院，取自https://www.yidaiyilu.gov.cn/（2019年3月9日）。

60　菲力浦・斯蒂芬斯（Philip Stephens），〈西方失去的十年與中國挺進的十年〉，《金融時報中文版》，2018年9月14日，取自http://big5.ftchinese.com/story/001079417?full=y&archive（2018年09月29日）。

61　Seung-Youn Oh, "China's Reform and Opening: 40 Years and Counting - How far is the Chinese government willing to go in letting go of economic control?", *The Diplomat*, June 01, 2018. https://magazine.thediplomat.com/#/issues/-LD9qurZaK3OphNnS6v3/preview/ (accessed Sep 30, 2018).

62　謝明瑞，〈中國大陸改革開放40年與兩岸關係〉，《國家政策研究基金會》，2018年6月5日，取自https://www.npf.org.tw/2/18809（2018年9月30日）。

在貧困線下的極權國家，變成了一個經濟繁榮，有著活躍市場的世界第二大經濟體，並成功減少了世界近1/5的貧困人口。[63]中國完成了計畫經濟向市場經濟的轉型，民營經濟產值在總量上超越了國有經濟，成為中國經濟增長的重要力量。大量引進外資的同時，中國社會的消費能力也不斷提升，促使國際社會逐漸重視中國大陸市場，中國成為全世界吸引外資金額最多的國家。隨後冷戰結束後的90年代初期，國際上有關「中國崛起」的聲音愈發響亮。所謂「中國崛起」，原本是指中國的經濟在國際經貿層面的影響力越來越重要。然而，隨著其經濟實力的增強，中國在軍事、外交及國際秩序上也逐漸產生影響。

（一）經濟上的崛起

在經濟表現方面，《哈佛商業評論》刊登的〈如果你想改變世界，就和中國合作推動〉一文指出：「中國經濟發展經歷了三個階段。第一階段是對外開放，讓世界進入中國；第二階段還是對外開放，但中國開始走向世界；第三階段依然是對外開放，中國已經開始改變世界了。在這三個階段中，開放政策始終不變，但開放的結果卻變了又變，使中國變得更加發展、更加強大。」[64]歷史上從未出現過擁有全球1/5人口的國家，能夠在1/4個世紀內年增長率達8%。自從1978年以來，中國人均GDP僅為154美元，不及南部非洲國家的三分之一。當時中國是一個只關注自身的國家，其對外貿易佔GDP的比例僅為9.7%，2009年已成為44.6%。[65]中國的經濟增長成績一次次超越傳統的經濟大國，2009年中國超越日本成為世界第二大經濟體；2010年

---

[63] 鄭彭年，《西風東漸－中國改革開放史》，（北京：人民出版社），2005年，頁33-37。

[64] Peggy Liu, "If You Want to Change the World, Partner with China", *Harvard Business Review*, Nov 22, 2013. https://hbr.org/2013/11/if-you-want-to-change-the-world-partner-with-china (accessed Sep 23, 2018).

[65] 〈中國－GDP各細項比重〉，《財金M平方》，取自https://www.macromicro.me/collections/22/cn-gdp-relative/984/cn-gdp-percentage（2018年9月30日）。

取代德國成為全球最大的商品出口國；2013年成為世界最大的貿易國家；2014年以購買力平價計算，中國超越美國成為世界上最大的經濟體。中國也是世界上最大的商品生產國，以及世界上最具競爭力的國家之一。[66]在此期間；高達7億多中國人擺脫了貧困，進入了小康社會。中國已成為中上收入國家，每年的人均GDP接近9000美元，到2025年左右，這一數字可能會突破12700美元大關，屆時中國將成為高收入國家。[67]

目前暫居第二大經濟體的中國，國內龐大的內需市場代表的消費勢力，除了讓中國擁有左右世界經濟的實力之外，背後更代表中國消費影響力的擴大。過去累積經濟發展的成果，是中國從世界工廠轉變成為世界市場的本錢，不僅吸引全球一流企業爭相出口到中國，甚至更多投資人也將前仆後繼的投資中國。在金融上，中國經濟勢力的提升也代表國際金融界的大洗牌。因為金融海嘯已經影響美元的信譽，歐洲的債信危機，也讓歐元巨幅貶值。人民幣將成為新的國際貨幣。雖然人民幣國際化的程度目前仍無法與美元等量齊觀，但中國政府設計的人民幣貿易結算政策，將使中國與周邊貿易的國家更加密結合，也會讓人民幣從結算貨幣逐步變成儲備貨幣。[68]有關中國在經濟上的崛起，從人類的經濟發展史上，還從未見過一個人口如此眾多的國家（13億人），在如此長的時期內（30-35年），在經濟上有過如此快速的發展（年增長率達到了8%~9%）。另外，也從來沒有一個國家如

[66] 林毅夫，〈發展中國家可以向崛起的中國學到什麼〉，《紐約時報中文網》，2017年12月6日。取自https://cn.nytimes.com/opinion/20171206/xi-jinping-china-rises/zh-hant/（2018年9月28日）。

[67] 2018年世界銀行的新標準中，將人均GDP低於995美元的國家歸為低收入國家；人均GDP在996美元到3895美元，歸為中低收入國家；將人均GDP在3896美元到12055美元之間歸為中高收入國家；將人均GDP超過12055美元的歸為高收入國家。取自https://blogs.worldbank.org/opendata/new-country-classifications-income-level-2018-2019（2019年4月1日）。

[68] 顏建發、黃琬珺，〈從國際政經觀點看中國經濟發展的成就與難題〉，《台灣國際研究季刊》，第9卷、第3期，2013年，頁42。

此依靠外部世界的市場、技術和資本，以協助實現自己的起飛。在過去1/4的世紀裡，世界改變了中國。今天，中國正在改變世界。[69]

（二）軍事上的崛起

在軍事發展方面，隨著中國經濟繼續向上發展，國家對軍事現代化的投入越來越大。這和其他國家沒有區別，一個國家的經濟發展到一定階段，必然會由不同的方式轉化成為軍事力量。中國現在從人均收入水準來看，也已經進入中等收入社會，中國的軍事現代化已經具備了相當的經濟基礎。任何一個國家，隨著其經濟力量走向世界，其軍事力量也會跟著「走出去」。中國在改革開放之後，已經從一個資本高度短缺的國家，轉型為一個資本過剩的國家，同時又是一個貿易大國。就貿易來說，海上航道對戰略物資安全的需要。就國家安全來說，國際恐怖主義對國社會安定的需要。就主權國家之間來說，區域緊張情勢升高之後的軍事衝突需要，除了必要的外交手段之外，這些都有賴軍事力量做為後盾。中國的軍事崛起有需要，也有必然。[70]

中國軍力發展之快速，超過媒體和學界的想像，上世紀90年代，美國情報界發現對蘇聯的能力和量體的預測時常被誇大。然而，如今在軍事獨霸全球的自信之下，美國分析家卻總是低估中國的實力。90年代時，觀察家們嘲笑中國軍隊的裝備老舊，認為他們實際上比表面看來更差勁。現在，中國的硬體提升後，轉而批評解放軍的訓練和聯合行動上。例如關於中國航母的探討總認為「中國將花很長時間掌握」，很少有人預測解放軍會快速建立成熟的航母打擊群。[71]2014年

---

[69] Jeffrey Sachs, "China, the Game Changer", *Columbia Business School*, Aug 3, 2012. https://www8.gsb.columbia.edu/articles/chazen-global-insights (accessed Sep 30, 2018).

[70] 鄭永年，〈中國要如何實現軍事崛起〉，《環球軍事網評論》，2014年01月15日，另刊載於新加坡《聯合早報》1月14日。http://opinion.huanqiu.com/opinion_world/2014-01/4757460.html (2018.09.30)

[71] 〈美評估中國軍力4大錯誤：沒料到中國快速掌握航母〉，《鉅亨網新聞》，2014年05月25日，https://news.cnyes.com/news/id/1061452 (2018.09.07)

美國《國家利益》雜誌發表題為「我們低估中國軍力了嗎？」一文指出，中國軍力發展超乎想像，在數個領域上正快速接近、甚至超過美國。過去10年，軍事觀察家評估中國軍力時犯了一大錯誤是「沒想到中國能快速掌握航母」，呼籲軍事專家學者必須避免重蹈覆轍。[72] 美國國防部負責採購、技術和後勤的副部長弗蘭克・肯德爾（Frank Kendall）同年在國會作證時表示：「美軍的技術優勢正受到幾十年未曾見過的挑戰，特別是在亞太地區的中國」。[73]

2000年起，快速的經濟增長帶動了中國軍事現代化，並以每年7-10%的「國防預算」成長率提供解放軍建軍發展，另透過採購俄製先進武器和複製西方先進科技，促使自研自製的武器獲得長足的進步。[74]中國海、空軍能力近年來大幅提升，經過多年的研發和突破，先進戰機的攻擊能力變得更為精良，反艦彈道飛彈、巡弋飛彈的精準度已達成熟階段，並在區域衝突中可搶占優勢，射程範圍不但已達台灣東部海域，更遠射程可直接威脅到美國的關島基地。[75]除此之外，健全的指揮、管制、通訊、情報、監視與偵查等能力不斷成長，足以挑戰美國及其盟友原先在亞太地區的海空優勢。另在美國國會的「美中經濟暨安全檢討委員會」（USCC）年度報告預測中，宣稱中國核

---

72 Timothy A. Walton, "Are We Underestimating China's Military?", *Center for the National Interest,* May 19, 2014. https://nationalinterest.org/feature/are-we-underestimating-chinas-military-10479 (accessed Sep 22, 2018)

73 "Hearing: Stability In China: Lessons From Tiananmen And Implications For The United States", *The U.S.-China Economic and Security Review Commission,* May 15, 2014. https://www.uscc.gov/Hearings/hearing-stability-china-lessons-tiananmen-and-implications-united-states-webcast (accessed April 9, 2019).

74 Phillip C. Saunders and Joshua K. Wiseman, "Buy, Build, or Steal: China's Quest for Advanced Military Aviation Technologies", *The National Defense University Press,* Dec. 1, 2011, http://ndupress.ndu.edu/Publications/Article/717785/buy-build-or-steal-chinas-quest-for-advanced-military-aviation-technologies/ (accessed Sep 13, 2018).

75 翁明賢，〈從「2017年中國軍事與安全發展態勢報告」、「2017年香格里拉對話」到「美中外交與安全對話」解析川普上臺後亞太安全情勢演變與影響〉，《展望與探索》，第15卷，第7期，2017年，頁23-31。

武持續快速發展，提供北京在軍事和外交上更多籌碼，潛在影響將會弱化美國的威懾力。[76]

（三）外交上的崛起

改革開放四十多年以來，中國崛起後的經濟實力不斷上升，軍事實力也隨之水漲船高，參與的國際事務也越來越活躍。除了引起國際社會高度關注之外，對於中國的持續發展，在國際外交上不得不思索如何調整相對的步伐。自「天安門」事件後，在國際上處於孤立狀態，面對西方國家的施壓和制裁，鄧小平提出「冷靜觀察、穩住陣腳、沉著應付」的外交戰略方針，隨後又增加了「韜光養晦、善於守拙、決不當頭、有所作為」，構成28字方針。從此，中國在「和平共處五項原則」的基礎上，與所有國家發展友好關係，為中國經濟建設提供有利的國際環境。[77]本世紀初內外環境發生改變，「九一一」事件迫使美國轉移了外交的焦點，美中兩國關係獲得緩和。此時的美國身陷阿富汗與伊拉克兩地忙於反恐，不但無力牽制中國，更需要中國在國際社會上的支持。中國在國際關係中的地位逐漸上升，國際社會也期待中國成為「負責任的夥伴」，此一「韜光養晦」政策不得不面臨檢討。[78]

中國第四代領導人胡錦濤全面掌權之後，國際形勢持續變化，崛起後的中國權力大幅提升，為了化解西方社會具有敵意的「中國威脅論」及「中國崩潰論」，在眾多專家學者的集思廣益之下，「和平崛起」成為中國新的外交政策。然而，「崛起」兩字的用語仍會對國際

---

76 "2014 Annual Report to Congress", *The U.S.-China Economic and Security Review Commission*, Nov 20, 2014, https://www.uscc.gov/Annual_Reports/2014-annual-report-congress (accessed Sep 16, 2018).

77 〈中國宣導和平共處五項原則〉，中華人民共和國外交部，2000年11月7日，取自https://www.fmprc.gov.cn/web/ziliao_674904/wjs_674919/2159_674923/t8987.shtml（2019年3月9日）。

78 蘇格，〈中國外交的偉大歷史進程〉，《國際問題研究》，2017年，第5期，取自http://www.ciis.org.cn/gyzz/2017-09/28/content_40031950.htm（2018年9月16日）。

社會產生較具威脅的恐懼，隨後這個說法逐漸被「和平發展」所取代。[79]中國認為「和平發展」不僅是要繁榮自己，更希望能和平的繁榮世界，建構一個持久和平的「和諧世界」。2005年在雅加達亞非峰會及隨後的聯合國成立六十週年元首會議中，胡錦濤主席正式將「和諧世界」的「和諧外交」政策定調提出。[80]以「和平發展」為主軸推動「和諧外交」政策，並與內政上所推動的「和諧社會」配套而行。「和諧社會」旨在解決因為經濟發展，所衍生出來的國內諸般社會問題，「和諧外交」旨在化解因為經濟發展，中國崛起所帶來的國際焦慮與敵意。兩者都在營造一個和諧穩定的國內外環境，利於中國在「戰略機遇期」穩定發展。[81]

習近平上台後，中國的施政主軸由經濟發展擴大到民族復興，內政治理由維持穩定轉向反腐打貪，社會發展由累積財富轉為改革創新，生產供應由出口導向轉為內需消費，外交戰略由韜光養晦轉為奮發有為。習近平認為中國外交的變化是一個整體性的轉變，它涉及戰略目標與總體布局。因此，提出「中國必須有自己特色的大國外交。」[82]要有鮮明的「中國特色、中國風格、中國氣派。」[83]外交是內政的延伸，國力增長必然形成國家利益的內涵發生變化，外交則須適應國際格局和國內形勢的變化。中國外交工作的戰略目標與基本原則就是和平、發展、合作與共贏，把握和平發展、民族復興的主軸，維護國家主權、安全與發展利益，營造更加有利的國際環境，為實現

---

79 閻學通，〈和平崛起的分歧、意義及策略〉，《中國社會科學》，2004年，第5期，頁51-63。

80 〈努力建設持久和平、共同繁榮的和諧世界－胡錦濤在聯合國首腦會議上發表重要講話〉，《人民日報》，2005年9月16日，第一版。

81 張麟徵，〈中共外交政策解析〉，《海峽評論》，193期，2007年1月號，頁33-35。

82 〈習近平：中國必須有自己特色的大國外交〉，《人民日報》，2014年12月01日，取自http://gd.people.com.cn/BIG5/n/2014/1201/c123932-23072849.html（2019年3月9日）。

83 羅玲，〈習近平：外交要有中國氣派〉，《BBC中文網》，2014年11月30日，取自https://www.bbc.com/zhongwen/trad/china/2014/11/141130_china_foreign_policy（2019年3月9日）。

「兩個一百年」奮鬥目標而努力[84]

習近平在第一屆任期時，即已將中國外交政策帶入了新的時代。相繼提出了中國外交政策的四大新理念：「新型大國關係」、「中國特色大國外交」、「人類命運共同體」和「新型國際關係」。[85]（詳如表3-1）在積極構建「新型大國關係」過程中，習近平與歐巴馬總統莊園會晤、瀛台夜話、白宮秋敘等，使中美關係發展邁上新的進程，通過加強溝通、拓展合作、管控分歧，在相互尊重的基礎下，共同推進合作共贏目標。在建構「中國特色大國外交」方面，繼承了以往中國對外交往的品格和傳統，並結合全球化和多極化發展變化的新形勢，既考慮現實需求又顧及長遠影響，既維護本國利益又兼顧他國利益。在定義「人類命運共同體」方面，顧名思義，就是每一民族、每一國家的前途命運都緊緊聯繫在一起，應該風雨同舟，榮辱與共。對於經濟全球化所產生的難題，為世界提供「中國方案」與「中國智慧」。[86]在「新型國際關係」的推動上，以合作取代對抗，以共贏取代獨佔，反對零和博弈和贏者通吃。全球化時代，國與國之間的相互依存空前緊密，各國都在全球供應鏈、產業鏈、價值鏈的相互聯繫當中，任何一個環節出了問題，各方都會受到影響。[87]中國首先從周邊國家關係發展著手，提出「親、誠、惠、容」的周邊外交理念，與周邊國家和睦相處、守望相助。[88]另外也努力打造多邊外交朋友圈。中

---

84 楊潔篪，〈深入學習貫徹習近平總書記外交思想，不斷譜寫中國特色大國外交新篇章〉，《求是》，2017年7月16日，取自http://www.gov.cn/guowuyuan/2017-07/16/content_5210812.htm（2019年3月9日）。

85 謝韜，《習近平特色的中國外交政策》，（清華－卡內基全球政策中心），2017年11月20日，https://carnegietsinghua.org/2017/11/20/zh-pub-75390 (2018.09.22)

86 陳曼儂，〈習近平：為解決人類問題貢獻中國智慧和中國方案〉，《中時電子報》，2017年10月18日，取自https://www.chinatimes.com/realtimenews/20171018002328-260409（2019年3月9日）。

87 王毅，〈構建以合作共贏為核心的新型國際關係〉，《人民日報》，2016年06月30日，第一版。

88 〈王毅談中國周邊外交：積極踐行親誠惠容睦鄰理念〉，《中華人民共和國常駐聯合國日內瓦辦事處》，2014年03月08日，取自http://www.china-un.ch/chn/xwhd/

國深入參與和引導多邊外交進程，與聯合國和其他重要國際組織關係取得新發展。中國秉持平等、包容和共贏的理念，力圖走出一條「對話而不對抗，結伴而不結盟」的道路。[89]

表3-1 中國外交政策四大新理念

外交理念	重要內涵	首次提出
新型大國關係	「不衝突、不對抗，相互尊重，合作共贏」的大國關係。	2012年2月，中國國家副主席習近平訪問美國時提出。
中國特色大國外交	結合中國特色社會主義道路、理論、制度和文化，既可加快發展又可保持自身獨立性，為解決人類問題貢獻中國智慧和中國方案。	2014年11月，中國領導人習近平在召開中共中央外事工作會議上提出。
人類命運共同體	針對經濟全球化後果和難題的全球治理方案，旨在解決單一國家無法解決的問題，強調合作共贏。	2012年，中國領導人胡錦濤在十八大報告中提出，於2018年修憲時寫入《中華人民共和國憲法》序言。
新型國際關係	以「合作共贏」為核心的國際關係。以合作取代對抗，以共贏取代獨占，不再搞零和博弈和贏者通吃那一套。	2013年3月，中國領導人習近平在莫斯科國際關係學院發表《順應時代前進潮流 促進世界和平發展》演講。

資料來源：中華人民共和國國務院新聞辦公室http://www.gov.cn/；筆者自行彙整。

（四）科技上的崛起

伴隨中國經濟上的快速成長，中國在科技領域的崛起也令全球驚豔。曾經被美國、歐洲主宰的科技創新領域，正面臨中國的強勁挑戰。中國正在成為掌握許多先進科技的全球引領者，無論是在太空探索、深海探索、超級電腦等領域，均取得重大突破。自中共十八大

t1135285.htm（2019年4月9日）。

[89] 閻學通，〈崛起困境與中國外交新特徵〉，《人民論壇網》，2014年12月10日，取自http://theory.people.com.cn/BIG5/n/2014/1210/c112851-26183122.html（2018年9月10日）。

以來，中國在實施創新驅動發展戰略獲得顯著成就，由於科技的不斷突破，對中國經濟增長的貢獻率從2012年的52.2%提高到2016年的56.2%，有效推動了產業轉型與升級。如今中國已是世界第二大科技研究國，每年花費在科技上的開支僅次於美國，中國現今有近百萬人在科技領域從事研究工作，也僅居美國之後。[90]據統計目前在中國的工程博士數量已經超過美國，許多跨國公司都在中國建立研究中心。[91]在全球超級電腦的研發領域中，中國研製的「天河二號」比第二名美國的「泰坦」快近一倍的速度。[92]在海洋探索領域中，中國研製的「蛟龍號」潛水器下潛深度創造中國載人深潛新的歷史記錄，這也是全球同類型的載人潛水器最大下潛深度。[93]

在太空科技部分，自1970年中國首次發射衛星東方紅一號進入太空，成為第五個有能力發射衛星的國家。北斗衛星導航系統是聯合國確認的全球四個衛星導航系統核心供應商之一。2003年，中國成為世界上第三個可以獨立將人類送入太空的國家。2007年，中國成為世界第三個有能力以飛彈摧毀人造衛星的國家。同年，嫦娥一號繞月衛星成功發射，中國成為第五個探測月球的國家。2008年首次成功實現太空人出艙活動，這說明中國已經掌握載人航天、太空行走兩大載人空間技術。2011年發射了天宮一號並在軌運行，開啟了中國太空站構建的序幕，預期在2020年左右完成總重60噸的太空站的建造。2013年成

---

90 Reinhilde Veugelers, "China is the world's new science and technology powerhouse", *The Bruegel*, Aug 30, 2017, http://bruegel.org/2017/08/china-is-the-worlds-new-science-and-technology-powerhouse/ (accessed Mar 9, 2019).

91 Niall McCarthy, "The Countries with The Most STEM Graduates", *The Forbes*, Feb 2, 2017, https://www.forbes.com/sites/niallmccarthy/2017/02/02/the-countries-with-the-most-stem-graduates-infographic/#4a733b85268a (accessed Mar 9, 2019).

92 賴廷恆，〈全球榜首 陸超級電腦大展神威〉，《中時電子報》，2016年11月16日，取自https://www.chinatimes.com/newspapers/20161116000750-260309（2019年3月9日）。

93 〈震驚！5年來，中國誕生了這麼多高科技成就！〉，《星島日報》，2017年9月26日，取自http://std.stheadline.com/daily/news-content.php?id=1671103&target=2（2018年9月3日）

功完成了嫦娥三號在月球表面軟著陸和巡視。中國將在2020年至2025年左右執行載人登月計劃。[94]

2016年中國科技創新大會上，中國領導人習近平提出五項目標：「夯實科技基礎，在重要科技領域躋身世界領先行列；強化戰略導向，破解創新發展科技難題；加強科技供給，服務經濟社會發展主戰場；深化改革創新，形成充滿活力的科技管理和運行機制；弘揚創新精神，培育符合創新發展要求的人才隊伍。」在會中不斷強調要把科技創新擺在國家發展更加重要的位置，建設中國成為世界科技強國。中國政府相信科技創新是一個國家發展的重要引擎，擁有了科技創新能力，就擁有了和平發展的主動權。[95]

（五）國際地位的崛起

崛起的中國已經改變了國際權力與利益的分配，中國政府堅持的和平共處五項原則、新安全觀、新型大國關係、文明多樣性等，逐漸成為影響國際秩序變革的重要觀念。隨著中國全面融入國際社會，中國不僅成為國際制度的參與者，而且開始主導區域性國際制度的創立，直接促進了舊有國際秩序的調整與轉型。因此，中國的崛起勢必會影響現有國際秩序，而現有的國際秩序確實有符合當代國際形勢的調整空間，包含國際地位與外交轉型幾乎是同步進行。中國認為自己有必要也有責任就如何建立國際秩序提出自己的見解，試圖調整符合中國崛起等量齊觀的政經地位，力爭成為未來國際秩序的重要塑造者。

中國的崛起已經對21世紀的國際秩序產生劃時代的影響。對於全球秩序的重組，必須跳脫熟悉的西方價值與資本主義觀念，大家熟悉

---

[94] 高敏鳳，〈大陸2030年實現載人登月，下一目標『兩步規劃』送人到火星〉，《ETtoday新聞雲》，2018年04月25日，取自https://www.ettoday.net/news/20180425/1157059.htm（2019年3月9日）。

[95] 田詩文，〈中國科技無聲中崛起〉，《香港商報》，2016年6月18日，取自http://www.hkcd.com/content/2016-06/18/content_1004899.html（2018年9月21日）。

以西方為中心的世界正在改變。[96]國際間對「中國崛起」的概念已不再是單純經濟面向的評估與期待，也包含了對中國在全球及區域秩序可能產生負面力量的隱憂。國際社會對「中國崛起」的認知，已經明顯被「中國威脅」的恐中概念所覆蓋，對「中國崛起」可能帶來樂觀的經濟利益，比不上對危及國際秩序與和平的疑慮。雖然中國政府一再強調「和平崛起」，由於中國擁有巨大的量體，經常被視為是一個潛在的超級大國。美國總統歐巴馬在接受「大西洋月刊」專訪時，坦承在未來數十年內，中國將成為美國最大的挑戰。儘管許多美國人希望他們的總統有能力對抗中國，但歐巴馬明確地表示，「我們更應該懼怕一個衰落的、受威脅的中國，而非一個崛起的中國」。[97]

二、美中權力對比

面對中國經濟的持續成長，多年來一直在國際媒體和學術界熱烈討論的議題是「中國將何時超越美國成為世界第一大經濟體？」以及「中國綜合國力何時將超越美國？」，這個答案目前沒有任何專家學者可以準確預測，但是僅有的共識卻是這個時刻一定會到來，只是早晚的問題。未來的趨勢真是如此嗎？雖然中國目前是世界上貿易總量最大、外匯存底最高、總人口數最多、高鐵總長度最長、世界最大消費國、鋼鐵汽車造船第一、外國投資引進第一、科技人力資源第一、大學生數量第一與網際網路網使用第一的國家。然而，依據全球多數學者專家在定性與定量的研究中，咸認為美國仍然是目前世界上最強大國家。

---

[96] 朱雲漢，〈中國崛起對全球秩序的影響〉，《香港經濟導報社》，2015年05月18日，取自http://new.jdonline.com.hk/index.php?m=content&c=index&a=show&catid=（2018年09月28日）。

[97] Andrew McGill, “Obama on the World - How the president thinks about foreign policy, in his own words”, *The Atlantic*, Mar 10, 2016. https://www.theatlantic.com/international/archive/2016/03/obama-doctrine-quotes-foreign-policy/424281/ (accessed Sept 18, 2018).

（一）美國地位依然第一

美籍中國問題專家沈大偉（David Shambaugh）認為，中國當前及在未來一段時間內將處於一個「局部力量」（partial power）的狀態，中國若要在經濟、外交、安全、治理以及其他領域，成為具有全球影響力的超級大國，仍有很長一段路要走。隨著時間的推移，中國可能有機會獲得這些能力，但在此之前，中國仍是一個地區局部力量，中國的實力依然有限，短時間內不足以對美國構成巨大威脅。[98]美英權威學者如哈佛大學奈伊教授，與倫敦政經學院邁克爾.考克斯（Michael Cox）教授等都堅信，儘管全球權力移轉，許多人相信美國漸趨衰弱。[99]但美國1960到1970年代、九一一恐襲和金融危機，都可視為歷史性震盪，自由主義最終仍具有韌性和反省能力，具結構性優勢。[100]中國國內維穩壓力、主權紛爭、人口老化、貧富不均等難題還多，短時間內想取代美國的領導地位實屬不易。另由中國社會科學院世界經濟與政治研究所和社會科學文獻出版社共同發表的《國際形勢黃皮書：全球政治與安全報告（2018）》，內容亦指出隨著中國實力和國際影響力的上升，中美關係已經進入一個質變期。[101]儘管中國綜合實力在急劇上升，但至少未來的5~10年，美國仍將是全球綜合實力最強大的國家。這些中外研究的成果與多數學者支持的「美國實力依

---

98 David Shambaugh, "The Illusion of Chinese Power", *The Brookings Institution*, June 25, 2014. https://www.brookings.edu/opinions/the-illusion-of-chinese-power/ (accessed Oct 1, 2018)

99 Michael Cox, "Clash of the Titans? China-US Relations from Nixon to Trump", *London School of Economics and Political Science*, 1st Dec, 2016. http://www.lse.ac.uk/ideas/podcasts/us-china (accessed 2 April, 2019).

100 Joseph S. Nye, "America Still Holds the Aces in its Poker Game with China", *The Belfer Center for Science and International Affairs*, Nov. 02, 2017. https://www.belfercenter.org/publication/america-still-holds-aces-its-poker-game-china (accessed Sep 27, 2018).

101 〈2018年『國際形勢黃皮書』發佈〉，（北京：社會科學文獻出版社，2017年），取自https://www.ssap.com.cn/c/2017-12-18/1064267.shtml（2018年10月01日）。

然強大」論點，不謀而合。[102]

在世界各國綜合國力對比的學術研究中，伊朗學者哈費茲尼亞（Mohammad Reza Hafeznia）等人，以經濟、政治、文化、社會、軍事、領土、跨國因素（國際組織會籍、進出境人數等）、科技、太空等九項因素做為評估指標，指出2005年美國在這九項指標（每一指標最高100點）共獲得882點，排名第一，遠遠超過排名第二的中國（462點），後面依序是俄羅斯第三（458點）、英國第四（440點）、日本第五（424 點）、德國第六（402點）、法國第七（391點）。[103]另有來自俄羅斯國際未來研究科學院與經濟戰略研究院組成的合作團隊，由俄藉教授阿格耶夫（A. Agaev）與英、德藉學者共同完成《2012年全球百強國家綜合實力排行榜》。透過精悳設計的戰略矩陣圖模型，根據九項基本要素對國家在過去、現在及將來的綜合實力的地位進行評價。這些要素分別是國家和社會管理體制、領土、自然資源、人口、經濟實力、文化和宗教、科學和教育、軍事實力、外交政策等。研究結果指出2012年美國在這九項指標（最高10分）共獲得8.14分，排名第一，排名第二是歐盟（7.67分），中國第三（7.32分）、俄羅斯第四（6.00點）、印度第五（5.61分）、德國第六（5.39分）、法國第七（5.33分）。[104]從這些國際研究團隊分別由不同國籍、不同時期、不同變項因素所做的全球各國權力對比研究中，我們可以再次確認直至目前為止，「美國地位依然第一」的論點是不容置疑的。

---

[102] Kelly Kadera & Gerald Sorokin, "Measuring National Power", *International Interactions,* Volume 30, 2004, Issue 3, pp. 211-230.

[103] Mohammad Hafeznia, Seyed Zarghani, Zahra Ahmadipor and Abdelreza Eftekhari, "Presentation a New Model to Measure National Power of the Countries", *Journal of Applied Sciences*, Vol. 8, No. 2, 2008, pp. 230-240.

[104] 阿・阿格耶夫（A. Agaev）、格・緬什（德）、勒・梅季尤茲（英）主編，《2012年全球100個國家綜合實力排行榜》，（莫斯科：國際未來研究科學院經濟戰略研究院，2012年），頁108。

（二）中國崛起持續追趕

國際上同樣也有越來越多的研究指出，中國的國力將在不久的未來超越美國，並且取代美國在國際社會的霸權地位。依據皮優全球態度調查2011年報告，經訪問散佈全球逾千份有效樣本的問卷，過半數被詢問的中國人認為美國依舊是世界第一的經濟強權，第二則是「中國」。相反地，被詢問的美國人不再那麼肯定美國是經濟第一，反而有43%的受訪者回答「中國」是世界第一，僅有38%的美國人認為，美國依然是全世界的經濟霸主。[105]《經濟學人》亦於當年選取了21項指標進行分析，提供了互動式圖表，依據美中兩國「實質GDP成長」、「通膨率」、以及「人民幣兌美元升值速度」這三項變數，程式化地預測中國GDP超越美國的時間。結果發現中國已經在超過一半以上的指標勝過了美國。而且在未來的十幾年中，中國「所有的」指標將會逐漸地超越美國。[106]

近期的研究與預測還包含有英國智庫經濟與商業研究中心（CEBR），該中心在2017年對外發布的全球經濟預測《2017年世界經濟聯盟排行榜》（*The World Economic League Table 2017*），預測中國將在2032年超越美國，成為全球第一大經濟體。並且聲稱十五年後全球前四大經濟體中除了美國，其餘三國都將來自亞洲，分別是中國、印度和日本。[107]另有比較保守的研究預測來自中國社會科學院，在其2017年第2季期刊《中國經濟學人》針對《中國經濟熱點調查》的結

---

[105] 〈China Seen Overtaking U.S. as Global Superpower〉, *Pew Research Center*, July 13, 2011. http://www.pewglobal.org/2011/07/13/china-seen-overtaking-us-as-global-superpower/ (accessed Oct 1, 2018).

[106] 〈The dating game - We invite you to predict when China will overtake America〉, *The Economist online Daily chart*, Dec 27th 2011. https://www.economist.com/graphic-detail/2011/12/27/the-dating-game (accessed Sep 16, 2018).

[107] "World Economic League Table 2017", *Centre for Economics and Business Research*. 26 December 2016, https://cebr.com/world-economic-league-table-2017/ (accessed Oct 2, 2018).

果，在「中美兩國經濟增長的對比」項目上，受訪的經濟學家普遍認為直至2034年左右，中國才會與美國經濟總量持平。另有調查認為中國經濟水平還需10年、20年、30年才能與美國持平的經濟學家，其占比分別達到38.4%、30.4%和20%，僅有11.2%的受訪者認為目前中美兩國經濟水平已經持平。綜合受訪經濟學家們的判斷，計算出中國在經濟總量上趕上美國大約是在2034年前後。[108]亦有比較激進的研究預測來自中國清華大學教授胡鞍鋼，胡氏於2017年3月發表的《大國興衰與中國機遇：國家綜合國力評估》一文，直指中國必然超越美國，並認為發達國家逐漸老化並走向衰退，為中國提供了難得的天時、地利與國和的歷史機遇。[109]胡氏認為中國現今已進入全面追趕並圖超越美國的時期，其中經濟實力、科技能力和綜合國力已經接近美國；國防實力、國際影響力、文化軟實力也在加速追趕美國，中國在未來將全面超過美國。此論述立即在國內外引發輿論熱議，甚至中國官方媒體亦表達「深感不安」與「聳人聽聞」的評論，學術界也普遍認為此研究結果過於樂觀。[110]

（三）美中權力對比分析

歷史上衡量一個國家的國力在不同時期擁有不同指標，各方學者專家也有不同觀察的面向與看法，具有從微觀至宏觀不等的研究目的。有時需要相當繁雜的資料蒐集與嚴謹的評估程序，甚至是大規模的專案團隊研究。有時卻僅需幾項關鍵能力發展指標，即可瞭解國力

---

108 周程程，〈中國經濟學人熱點調查結果出爐：預期2034年中美經濟總量持平〉，每日經濟新聞網，2017年6月14日，取自http://www.nbd.com.cn/articles/2017-06-14/1117205.html（2018年9月27日）。

109 胡鞍鋼、高宇寧，〈中美關係實力基礎的根本變化：對中美綜合國力的評估（1990-2010）〉，《國情報告》，第24期，2013年，頁58-59。

110 胡鞍鋼、高宇寧、鄭雲峰、王洪川，〈大國興衰與中國機遇：國家綜合國力評估〉，《經濟導刊》，2017年，第3期。取自http://www.iccs.tsinghua.edu.cn/ProductsSt/273.html（2018年9月17日）。

對比的程度與趨勢。考量本書篇幅及部分參數衡量不易（例如政治能力、人口素質、戰略意圖、國家意志等等），各項指標的重要性會隨著時代推進而互有起伏，但是基本上還是要從整體的角度來衡量一國的力量，否則會偏重某個因素而產生誤判的情形。[111]因此，本階段將「經濟力」、「軍事力」與「軟實力」三個要素，做為美中核心權力的對比分析。為了保持量化分析的簡潔性，在此擬將「GDP」視為「經濟力」的代表；以「國防預算」視為「軍事力」的依據；以「人民認同」視為「軟實力」的精神戰力指標。

另須在此特別強調，本書研究範圍雖然主要聚焦於歐巴馬總統任期八年期間的美中關係，然而國力的形成與發展有其線性趨勢，意謂著它有日積月累的基礎，更有未來發展的趨勢。因此，相關量化分析有時納入任期前後的參考數據，為了是呈現更多的佐證與說明。

1、美中經濟力比較：GDP

國內生產總值GDP（Gross Domestic Product）是指一個國家或地區在一定時期內，運用生產要素所生產的全部產品和服務的市場價值。它是對一國或一個地區經濟最終生產總量的衡量，經常代表一個國家或地區經濟的狀況指標。而美中兩國持續朝向擴展國際經貿、科技產業、智慧工業等方向發展，經濟體質與貿易模式相似，因此適用GDP來呈現兩國經濟實力的對比。中國的經濟自1978推動改革開放之後，經濟開始飛快成長，1990年中國的GDP是3,609億美元，仍遠落後美國的5.98兆美元，僅為美國經濟實力的6.3%。然而，自2010年以後，GDP快速上升至6.101兆美元，已達同年美國經濟實力的40.7%，超越日本並成為世界上第二大經濟體。到了2017年，中國的GDP達到12.2兆美元，美國的GDP 19.4兆美元，雙方差距快速拉近。美國的經

[111] 張立德，〈21世紀美「中」權力關係檢視與展望：權力轉移理論觀點〉，《戰略與評估》，第5卷，第2期，2014年，頁104-105。

濟成長率受到國際金融風暴的影響，在歐巴馬執政期間平均增長率僅為1.4%（詳如表3-2）。根據國際貨幣基金會（IMF）用「購買力平價」來估算，中國的GDP早在2014年已經超過美國。[112]

表3-2　美中GDP對比表（1978-2017年）

時間	美國		中國	
	GDP	增長率%	GDP	增長率%
1978	2,357.0	5.6	149.5	11.7
1990	5,980.0	1.2	360.9	3.9
2000	10,285.0	4.1	1,211.0	8.5
2008	14,719.0	-0.3	4,598.0	9.7
2009	14,419.0	-2.8	5,110.0	9.4
2010	14,964.0	2.5	6,101.0	10.6
2011	15,518.0	1.6	7,573.0	9.5
2012	16,155.0	2.2	8,561.0	7.9
2013	16,692.0	1,7	9,607.0	7.8
2014	17,393.0	2.6	10,482.0	7.3
2015	18,037.0	2.9	11,065.0	6.9
2016	18,596.0	1.5	11,191.0	6.7
2017	**19,397.0**	2.3	**12,238.0**	6.9

單位：10億美元／部分數字以四捨五入方式處理。
資料來源：The World Bank

[112] Noah Smith, "Who Has the World's No. 1 Economy? Not the U.S.", The Bloomberg, Oct, 18. 2017. 18 https://www.bloomberg.com/view/articles/2017-10-18/who-has-the-world-s-no-1-economy-not-the-u-s (accessed Doc 3. 2018)

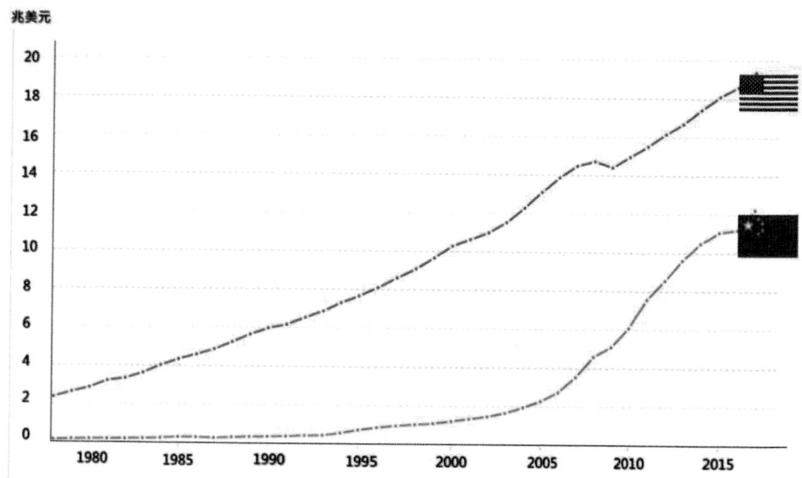

資料來源：The World Bank, "Countries and Economies: the United States", "Countries and Economies: China,", https://data.worldbank.org.cn/country/china?view=chart

圖3-2　美中GDP對比走勢圖（1978-2017年）

2、美中軍事力比較：國防預算

國防預算是每個國家相當重要的預算支出項目，因為它一方面反映出一國的軍事化程度、國防政策、軍事戰略、國防建設的規模和速度，另一方面也反映出不同的經濟與政治關係。自1990年開始，中國在經濟實力的支撐之下，國防預算持續快速成長，不管中國再怎麼強調和平崛起，其軍事現代化的腳步總會令人擔憂。[113]事實上，國際上各種軍事研究機構對中國的國防預算數值一直沒有共識，其中涉及經濟、軍事與政治不同採計視角，無所謂正確與否的評斷。[114]因此，本

[113] 丁樹範，〈為什麼中國軍費越透明越讓人放心？〉，《BBC中文網》，2014年3月5日，取自https://www.bbc.com/zhongwen/trad/china/2014/03/140305_ana_china_defence_dingshufan（2018年9月11日）。

[114] "What does China really spend on its military?" *The Center For Strategic And International Studies,* https://chinapower.csis.org/military-spending/ (accessed Mar 12, 2019).

書採用瑞典斯德哥爾摩國際和平研究所（SIPRI）資料庫數據作為對比的依據。它對全球制定國家戰略和安全政策的決策構具有相當的影響力，也是少數擁有權威性的資料來源。

表3-3　美中歷年國防預算對比表（1990-2017年）

時間	美國		中國	
	國防預算	增長率%	國防預算	增長率%
1990	5624.0		210.5	
2000	4205.0	3.87	413.2	5.60
2008	6924.0	7.40	1084.6	9.52
2009	7479.4	8.02	1313.5	21.10
2010	7684.7	2.74	1380.3	5.10
2011	7589.9	-1.23	1490.2	7.96
2012	7158.4	-5.69	1618.0	8.58
2013	6590.6	-7.93	1768.6	9.31
2014	6183.4	-6.18	1919.2	8.52
2015	6036.3	-2.38	2045.0	6.15
2016	6001.0	-0.58	2160.3	5.64
2017	5971.8	-0.49	2282.3	5.65

單位：億美元，部分數字以四捨五入方式處理。

資料來源：Stockholm International Peace Research Institute / SIPRI Military Expenditure Database/Data for all countries from 1988-2017 in constant (2016) https://www.sipri.org/databases/milex (2018.10.05)

金融危機造成的龐大財政赤字壓力，美國在歐巴馬總統領導下，於2011年底自伊拉克撤軍，並公宣示將大幅刪減預算，目的是要扭轉自「九一一」恐怖攻擊以來軍事支出一直不斷增長的趨勢。[115]除此之

[115] Fareed Zakaria, "Why defense spending should be cut", *The Washington Post*, August 3, 2011, https://www.washingtonpost.com/opinions/why-defense-spending-should-be-

外，美國同時啟動五年1,000億美元的國防預算裁減行動。因此，自2011年開始直至歐巴馬總統任期結束為止，每年國防預算均呈現負成長趨勢。相對於美國的計畫性的裁減國防預算，中國即便是在金融危機發生後全球軍事開支均呈緊縮情況下，中國的國防預算仍然逆勢成長，國際上對中國軍費的這種增長速度議論紛紛，而中國國防白皮書則把這種增長釋為「補償性發展」。例如在2000年時，中國的國防預算僅達美國的9.8%，2010年達18%，2015年達33.9%，2017年更提升至38.2%，雖然與美國的差距仍大，但是如果美國在未來沒有大幅提升國防預算，而中國仍然保持常態性的增加國防預算，則中國國防預算在不久的未來超越美國將指日可待。[116]

3、美中軟實力比較：人民認同

自美國前助理國防部長約瑟夫・奈伊提出「軟實力」的概念之後，學術界對於軟實力的討論就不曾間斷，但學者們始終未能就軟實力構成的要素達成一致的共識。奈伊將軟實力定義為：「一國透過吸引或說服，讓其他國家願意配合，進而達到目標的能力」，認為這種權力是由文化吸引、意識形態和國際制度所構成。[117]但是這樣的定義難以具體量化美中兩國的軟實力差距，而且明顯停留在類哲學的討論層面。定性分析除了無法比較差距，甚至無法瞭解不同性質的軟實力何者為重。中國清華大學教授閻學通在〈中美軟實力比較〉的研究中，帶領研究團隊完成了一套國家軟實力的計算方法，並將軟實力定義為一國的「國際吸引力」、「國際動員力」和政府「國內動員力」的總和。[118]另有美國南加州外交研究中心發布的《全球軟實

cut/2011/08/03/gIQAsRuqsI_story.html?noredirect=on&utm_term=.42a5bb990113 (accessed Sept 3, 2018).

116 盧素梅，〈陸軍費20年後追上美國〉，《中時電子報》，2014年02月06日，取自 http://www.chinatimes.com/cn/realtimenews/20140206003424-260408 (2018,10,06)

117 Joseph S. Nye Jr. *Soft Power: The Means to Success in World Politics*, (New York: Public Affairs, 2004).

118 閻學通、徐進，〈中美軟實力比較〉，《現代國際關係》，第1期，2008年，頁24-28。

力研究報告》（*The Soft Power 30*），透過6項類別的客觀數據（政府、文化、教育、全球參與度、企業與數字化）和全球吸引力民意調查所產生的評比排名。[119]報告中顯示英國成為全球最具軟實力的國家，中國排名第27位，已連續四年躋身全球軟實力30強。相比之下，美國軟實力下跌至第四名。關注國際事務與文化的英國環球時事文化雜誌《Monocle》，連續數年公布全球軟實力國家排行榜，該組織並沒有從經濟和軍事的傳統角度去評判，而是按各國的政治、外交、貿易、文化、教育等層面的吸引力，針對全球193個國家進行軟實力排名。[120]「軟實力」已經變為一種國際性的外交政策目標，無論是那一種軟實力的評估與比較，最大的共通點就是人民的「好感程度」。

根據國際知名獨立民調機構「皮優研究中心」（Pew Research Center）2018年對全球25個國家所做的民調顯示，31%的人認為美國在當今世界扮演的角色比十年前更重要，但卻有高達25%的人認為它的作用已經不再那麼重要，顯示世人對美國現今實力的認同產生極大分歧。相較之下，卻對中國實力的看法卻顯明確，高達70%的人認為在過去十年，中國在世界舞臺上的地位持續上升，扮演的角色比十年前更重要。對於誰是當今全球第一的經濟大國，僅有39%的人認為是美國，卻有34%的人認為已經是中國，兩者幾乎已達平衡拉距之間。[121]除此之外，另在民調的25個國家中，45%的人對中國有好感，43%的人持負面看法。其中有12個國家給予中國極友善的評價，其中包含非洲、中東和亞洲部分地區最為普遍。在突尼斯、肯亞和奈及利亞，超過六成的人對中國持好感，在南非和以色列，也有一半以上的

---

[119] "Soft Power 30", *USC Center on Public Diplomacy*, Jul 18, 2017, https://uscpublicdiplomacy.org/users/ softpower30, (accessed Oct 3, 2018).

[120] "Soft Power Survey 2017/18", *The Monocle,* Dec 28, 2017, https://monocle.com/film/affairs/soft-power-survey-2017-18/ (accessed Oct 1, 2018).

[121] Richard Wike, "Trump's International Ratings Remain Low, Especially Among Key Allies", *The Pew Global Survey,* Oct 1, 2018, http://www.pewglobal.org/2018/10/01/trumps-international-ratings-remain-low-especially-among-key-allies/ (accessed Oct 7, 2018)

人持有好感。加拿大與美國對中國有著複雜的感情，加拿大擁有44%的人民對中國有好感，45%的人民卻不看好。在美國也有高達38%的人民對中國持有好感。在這些西方國家中，年輕人對中國的好感度明顯大於年長者，例如在英國有61%的年輕人對中國持有好感，美國、澳大利亞及荷蘭也有類似的現象。對於美國的印象，在25個國家參與的民調中，50%的人對美國有好感，43%的人持負面看法。近幾年來，各國人民對中國好感度持續增加，對美中兩國的「好感度」差距大幅縮小。依據調查數據的平均值，2014-16年間對美國有好感者佔64%，對中國有好感者佔52%，「好感度」美國高於中國12個百分點，到了2017年，兩國差距縮小到只有5個百分點。同時，自2014年以來，對美國有好感的國家數目，也從25個減少到13個。[122]

然而，即使各國人民對中國的好感度持續增加，也公認中國即將成為領先的經濟大國，若在美中兩國之間做選擇，大多數接受調查的民眾還是傾向由美國來領導世界。民調顯示在25個國家中，有63%的受訪者更喜歡美國主導的世界，只有19%的人喜歡中國主導的世界。尤其是與中國鄰近的亞太地區，反而對美國的偏好特別高，81%的日本人、77%的菲律賓人和73%的韓國人都喜歡由美國而非中國引領未來的世界。顯然，中國所倡議的「睦鄰」、「安鄰」和「富鄰」的外交理念，仍有極大努力的空間。[123]

美國著名新聞雜誌《新聞周刊》（*Newsweek*）曾報導前總統卡特與現任總統川普在美國外交政策上進行討論，雙方均十分擔心中國在各種領域正在超越美國。卡特是唯一見證美中關係歷史時刻的在世美國總統，他向川普解釋自從美中關係正常化以來，中國不曾陷入任何一場戰爭，反觀美國自建國以來的242年歷史中，只有16年享有完全

---

[122] 劉永祥〈全球對中美好感度差距近逼〉，《中時電子報》，2017年8月26日，取自 https://www.chinatimes.com/newspapers/20170826000677-260301（2018年10月04日）。

[123] 王光厚，〈從「睦鄰」到「睦鄰、安鄰、富鄰」——試析中國周邊外交政策的轉變〉，《外交學院學報》第3期，2007年，頁38-43。

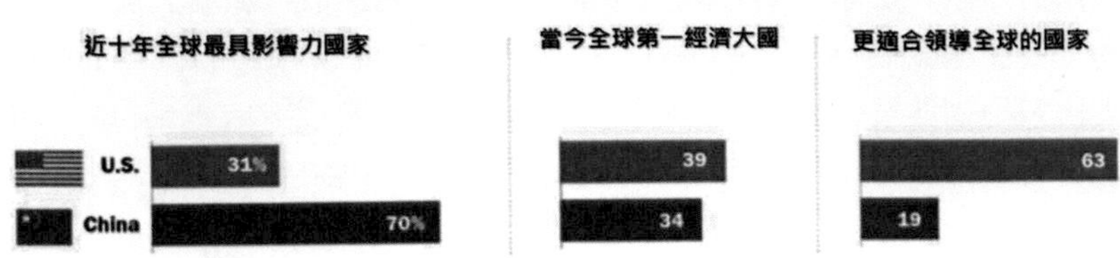

資料來源：The Pew Research Center / How people see the balance of power between the U.S. and China/http://www.pewglobal.org

圖3-3　全球民眾認知的美中權力對比

的和平。從1979美中美建交至今，中國沒有在任何戰場上耗費國家資源，美國卻忙著在各地打仗，而且竟然花費超過3兆美元的天價。如果沒有這些戰爭，將這筆戰爭花費轉用於教育、基礎建設與全民健保等等提升國力的方向上，今日的美國恐怕仍是中國望塵莫及的競爭對象。[124] 卡特更直指這個差別的根源，就是美國習慣於要求其他國家接受「華盛頓共識」的外交原則。美國雖然抱怨中國搭美國主導的國際秩序便車，但是美國身為國際秩序的主導國家，在反恐、人道救援與防擴散這些大事上，必須付出代價來維持其威望與信任。[125]根據霸權穩定理論的主張，體系內的主導國家最終將是相對收益的最大獲利者。即便主導國的能力有時衰退，只要原有的國際體系與規範仍能幫助各國降低互動成本與不可預期性，而不是損人利己、雙重標準，國際秩序就能夠維持下去。

---

[124] David Brennan, "Jimmy Carter Took Call About China From Concerned Donald Trump: China Has Not Wasted A Single Penny On War", *Newsweek*, April 15, 2019, https://www.newsweek.com/donald-trump-jimmy-carter-china-war-infrastructure-economy-trade-war-church-1396086 (acce22, 2019).

[125] 張登及，〈西方國際秩序進入漫長重組〉，《中國時報》，2019年4月18日，版A14。

第三節 美中外交政策理念

一、美國外交政策與理念

長期以來，美國外交政策明顯帶有理想主義色彩，但這種色彩屬於不斷變化的複雜進程，具體政策往往必須以現實主義的戰略目標加以平衡。前美國國務卿季辛基認為美國外交政策的決定性特徵，總是在富有犧牲精神的理想主義與狹隘的孤立主義之間搖擺，時而以唐・吉訶德的方式主持正義，時而對世界上的災難視而不見，呈現美國外交政策的趨勢變得模糊不清。關於美國注定要擔當傳播自由、民主的信念始終是美國與世界交往的一個重要因素。即使美國各時期的領導人對推進這些目標的方式，或對美國影響這些信念的能力有不同的意見，但是美國各界長期以來都認為，成功的傳播自由與民主的信念，取決於世界其他地區的發展。

（一）美國外交政策演變

回顧美國外交政策的形成脈絡，可以概括區分為三個歷史階段，每一階段都有它獨特的時代背景。第一階段，從建國開始到美西戰爭。在此時期「孤立主義」一直在美國佔據主導地位。對外政策表現出明顯的防禦性，設法排拒來自歐洲大陸列強的干涉。[126]任何企圖延伸歐洲勢力至新大陸上的作為，都被美國視為可能危及自身和平與安全。美國不會介入歐洲各國之間的戰爭，也要求歐洲各國不應插手美洲事務，這就是所謂的「門羅主義」，也被視為美國基本外交政策的起始點。[127]第二階段，從美西戰爭到第二次世界大戰之間。美國開始

---

126 何春超，《國際關係史上冊》，（北京：法律出版社，1986年），頁71、213。

127 "Monroe Doctrine－Milestones in the History of U.S. Foreign Relations", *Bureau of Public Affairs, United States Department* of State, https://history.state.gov/milestones/1801-1829/monroe (accessed Oct 2, 2018).

逐漸參與和融入國際社會，「門戶開放政策」和「威爾遜十四點原則」都是美國試圖參與國際事務的證明。[128]威爾遜提出的十四點計畫描繪了美國心目中的國際社會藍圖。第三階段，自二戰之後至今。以建立國際秩序和宣揚美國價值觀為主要特徵，對外政策轉趨主動，例如主導創建布雷頓森林體系和聯合國，冷戰期間與蘇聯在全球爭霸，以及冷戰結束後發動波灣戰爭、伊拉克戰爭等等，此時的外交政策與美西戰爭之前的對外政策截然不同。上述三種歷史階段都有它獨特的時代背景，美國的外交政策也在不同的國際形勢下呈現巨大的轉變。[129]

當今的國際關係理論針對不同時期的美國外交政策擁有多重的解釋，例如「理想主義」色彩最為濃厚的國際和平倡議首推「威爾遜十四點原則」；「現實主義」外交政策的變化和國家實力的增長有密切關係；「新自由主義」可以解釋布雷頓森林體系和聯合國的創建；「新現實主義」從國際社會的結構決定了美國霸權穩定的狀況；「建構主義」從觀念、規範和文化的歷史互動，解釋蘇聯解體與冷戰結束的建構關係等等。冷戰結束後，美國外交政策的演變經常是理想主義和現實主義交互出現，時而顯得自我矛盾，前後不一。比如有時重視現實，有時宣揚理想；有時是孤立主義，自掃門前雪，有時又是國際主義，打抱不平；有時宣導民族自決國家平等，有時又像是帝國主義唯我獨尊；有時推行人權外交普世價值，有時又和專制政權建交結盟。美國的外交政策令人困惑不解的一面，除了反映出國內形勢的變化，也源於走馬燈式的民主政權更替。即便如此，美國仍在維持自身全球主導地位的目標下，運用不同外交理念，以理想為手段，現實為目標，不斷尋求國家利益與理想的平衡。[130]

---

128 Mark Moyar, "Wilson's Fourteen Points", January 10, 2018, *The Hoover Institution*, https://www.hoover.org/research/wilsons-fourteen-points (accessed Sep 21, 2018).

129 蘇平，〈美國外交政策之新視角分析〉，《中國社會科學院研究生院學報》，第3期，總171期，2009年，取自http://niis.cssn.cn/webpic/web/niis/upload/2012/12/d20121208111749994.pdf（2018年10月2日）。

130 張會龍、趙孟清，〈戰後美國外交政策的演變——在現實主義與理想主義間尋求平

（二）歐巴馬的外交理念

在歐巴馬的兩屆總統任期中，有關其外交政策的學術批評正反兩面，許多西方學者認為歐巴馬背離了人道主義思想的價值觀外交，這是民主黨政治的根基。共和黨為主的美國保守勢力更對歐巴馬的綏靖政策表示不滿，自由主義陣營與現實主義陣營都認為歐巴馬外交沒有最大限度地維護美國的國家利益。作為一個民主黨總統，歐巴馬確實強調「自由主義」理念在美國對外政策實踐中的重要性，並且主張在美國領導下，以自由、民主、人權等美國式價值的外交理念，實踐基於法制的國際秩序。[131]在其第一任期的外交決策核心團隊當中，就是以一批自由主義色彩鮮明的代表人物為施政主軸：例如國務卿希拉蕊・克林頓、助理國務卿坎博（Kurt Compbell）、國務院政策規劃司長安妮瑪麗・斯勞特（Anne Marie Slaughter）、美國駐聯合國代表蘇珊・萊斯（Susan Rice）等等。歐巴馬強調國際合作以解決美國所面臨的全球性問題，強調在捍衛美國式自由主義的價值觀中，以外交而並非武力解決美國所面臨的挑戰。當然，歐巴馬也沒有放棄以「實用主義」來解決美國所面臨的實際問題。實用主義的外交不太高喊民主、自由等空洞的口號。歐巴馬自己就坦承，他並非一個理想主義者，正如他2010年1月對國會議員所發表的國情咨文內容，自稱是一個實用主義者。[132]歐巴馬的實用主義本質上就是一種現實主義，這種不預設意識形態前提的思維模式，成為歐巴馬處理國際政治問題的出發點。[133]

衡〉，《雲南行政學院學報》，第6期，2012年。取自http://xuewen.cnki.net/CJFD-YNXY201206035.html（2018年10月03日）。

[131] Michael Fullilove, “Obama as Hardheaded Liberal”, *The Brookings Institution,* Aug 26, 2011, https://www.brookings.edu/opinions/obama-as-hardheaded-liberal/ (accessed Mar 13, 2019).

[132] “The 2010 State of the Union Address”, The White House, Jan 27, 2010, https://obamawhitehouse.archives. gov/photos-and-video/video/2010-state-union-address#transcript (accessed Dec 17, 2018)

[133] 楊衛東，〈歐巴馬外交：主義意識還是問題意識〉，《人民論壇》，2015年05月19

經過八年的實踐，歐巴馬結合了「自由主義」與「實用主義」兩者理念價值的現實操作，塑造出「歐巴馬主義」（Obamaism）的外交思想。[134]具體作為就是重視美國與區域主要強權的對話約制，不排斥與不友好、甚至人權紀錄不佳的國家互動，同時較為著重聯合國際建制發揮集體制衡力量，或是至少透過集體協議阻斷部分國家對少數邪惡國家的暗助，分擔美國單一力量推持秩序的風險。其目的在確保美國國家安全以及對恐佈主義的有效壓制，同時促成美國在區域政經領導力量的永續鞏固。[135]

（三）歐巴馬的外交政策

2016年3月美國《大西洋月刊》刊載題為〈歐巴馬主義〉（The Obama Doctrine）專文一篇。[136]這篇由曾經榮獲美國國家雜誌報導獎的記者傑佛瑞・戈德堡（Jeffrey Goldberg）所執筆，主要內容是渠對美國總統歐巴馬的多次親身訪談，詳細描述過去七年間美國總統進行重大外交決策的心路歷程，透露出歐巴馬個人的外交政策理念。雖然部分美國的保守派學者批評其軟弱的姿態削弱了美國的影響力，但是這樣的政策卻被歐巴馬視為擴大美國影響力最有效的手段。歐巴馬雖然選擇降低軍事干預的選項，卻在教育、經濟、移民、氣候與網路安全等全球化的「軟實力」議題上，大幅提升美國的領導地位。無論在氣候峰會、核安全會議、伊朗危機，甚至是朝鮮半島風波中，「歐巴馬主義」呈現出來的是對話外交，謙卑協調，合縱連横，軟硬兼施，

日，取自http://theory.people.com.cn/BIG5/n/2015/0519/c388583-27023697.html（2018年12月17日）。

[134] George Packer, "Obamaism", *The New Yorker*, April 13, 2009, https://www.newyorker.com/magazine/2009/04/13/obamaism (accessed April 2, 2019).

[135] 劉世忠，〈檢視「歐巴馬主義」〉，《中時電子報》，2015年7月22日，取自https://newtalk.tw/news/view/2015-07-22/62536（2019年4月2日）。

[136] Jeffrey Goldberg, "The Obama Doctrine - The U.S. president talks through his hardest decisions about America's role in the world", *The Atlantic Monthly*, April/ 2016, https://www.theatlantic.com/magazine /archive/2016/04/the-obama-doctrine/471525/ (accessed 20 Dec, 2018).

不用軍事力量卻能取得外交上的成果。他帶領美國在國際上的形象從谷底攀升，甚至比走出金融海嘯的速度還快。歐巴馬在外交政策上的韌性與耐心，包含了許多不同的關鍵特性：

1、多重平衡的戰略思維

歐巴馬上任之初，美國的外交處境陷於嚴重失衡局面。從區域安全來看，美國過分重視中東而輕忽亞太；從對外政策來看，美國重視軍事解決而輕忽外交斡旋。另在國內社會也面臨貧富差距、種族發展、教育資源、基礎建設與城鄉發展等等的政策失衡，無論是在國內還是在國外，美國的表現都讓世人感到逐漸走向衰落。因此，歐巴馬執政後的外交政策，在多方面均呈現出平衡操作的特點。例如美國利益和價值觀之間的平衡、國內施政和國外發展之間的平衡、歐洲與亞太地區政治目標之間的平衡、南半球與北半球經濟發展之間的平衡，以及美國與其他國家應當承擔責任之間的平衡。[137]歐巴馬的平衡理念源於承認美國的資源也是有限的，針對目標進行優先排序，做出選擇，分配資源和進行取捨，以扭轉不平衡的資源錯置。平衡也顯示出美國在國際社會中的影響力，美國必須比其他大國處理更多的目標和國家利益。[138]儘管許多人批評歐巴馬的決策不切實際，但是平衡就是重新分配，因為其他國家無法像美國一樣，受到國際社會高度的期待。

2、多邊協調的合作機制

歐巴馬政府揚棄小布希時代的「單邊主義」對外政策，更加強調國際協調與多邊合作的重要性。2009年諾貝爾獎委員會的決定將和平獎頒給歐巴馬，此舉彰顯出國際社會期待表達的兩項訊息：一是凸顯對前總統小布希任內高舉反恐大旗，獨斷執行強勢「單邊主義」外交

---

[137] Derek Chollet, The Long Game: How Obama Defied Washington and Redefined America's Role in the World, New York: Public Affairs, 2016. Pp.37.

[138] 德瑞・蕭雷，2017年，op. cit., 頁45-47。

政策的不滿；二是肯定歐巴馬政府回歸「多邊主義」，尊重包括聯合國等國際建制的務實外交方向。[139]歐巴馬著重在外交斡旋與多邊談判，以及仰賴區域潛在強權合作等實際戰略操作。簡言之，就是以「交往對話代替圍堵對抗，族群和解重於美國獨霸」。歐巴馬認為美國在21世紀面臨的主要問題無法僅由一個國家單獨解決，甚至無法藉由與傳統盟友的合作得到解決，而是必須與大多數國家和國際組織的合作來解決。[140]他選擇其競選時的主要外交顧問蘇珊・賴斯擔任美國常駐聯合國代表，並將其地位提升至內閣層級，就是表達對聯合國等多邊機構的重視。[141]

3、戰略克制的外交決策

外交戰略既是關於決定做什麼，也是關於決定不做什麼，尤其是在涉及軍事行動的問題上，強調不能做什麼或許是一種負責的做法，卻很難鼓舞人心，歐巴馬更因此而遭到不少批評。甚至曾經身為他的首任國務卿希拉蕊在2016年總統競選期間，也對歐巴馬揭示的「不做蠢事」（Don't do stupid stuff）的外交政策刻意保持距離。[142]但外交事務有如鋼索行走，謹慎小心避免錯誤至關重要。美國身為全球唯一超級霸權，外交決策往往會忽視權衡取捨。當單獨應對某一國家或某一地區的衝突時時，該如何做往往較為明確。但美國面臨的挑戰經常是

---

139 Hady Amr & Steven Barnes, "Obama and the Nobel Peace Prize", The Brookings Institute, Oct 12, 2009. https://www.brookings.edu/opinions/obama-and-the-nobel-peace-prize/ (accessed April 2, 2019).

140 Matt Compton, "President Obama's Remarks on the Death of Muammar el-Qaddafi", The White House, October 20, 2011. https://obamawhitehouse.archives.gov/blog/2011/10/20/president-obamas-remarks-death-muammar-el-qaddafi (accessed 19 Dec, 2018).

141 劉世忠，〈「歐巴馬主義」的理想與挑戰〉，《自由時報》，2009年10月12日，A14版。

142 Mollie Reilly, "Hillary Clinton Dismisses Obama's 'Don't Do Stupid stuff' Foreign Policy", *HuffPost News*, Aug 11, 2014, https://www.huffingtonpost.com/2014/08/10/hillary-clinton-obama_n_5665901.html (accessed 19 Dec, 2018).

同時面對相互衝突的多國關係。當然，並不是在所有情況下克制都是正確的。考驗就在於選擇正確的時機發揮更大的影響力。例如歐巴馬在伊朗核協議、利比亞戰爭與獵殺賓・拉登等關鍵時刻所作出的正確決策。[143]

4、目標精確的打擊行動

在軍事行動上，歐巴馬要求盡一切可能減少誤判與傷及無辜。他認為沒有目標的隨意揮舞大棒，看起來只像是個滑稽的巨人。歐巴馬的外交政策與任務手段採取的是一種外科手術式的根除方式（Surgical strike），講究精確的行為和預期效果。採取無人機襲擊、特種部隊突襲、針對性經濟制裁等手段，就是要確保這些手段是能夠對付具體的目標。[144]即使是在核武器的使用上，歐巴馬亦反對傳統「擴大打擊面」的絕對優勢思維，反而是朝向根據目標調整當量規模，將連帶損害降到最低。[145]歐巴馬在主持打擊暴力極端主義峰會表示：「我們並沒有和伊斯蘭這個宗教開戰，我們是和那些將伊斯蘭教義扭曲的極端分子開戰。」歐巴馬將打擊的焦點放在「基地」組織及其追隨者，避免以「反恐戰爭」的名義，濫用武力或傷及無辜。[146]

5、勇於承認錯誤的決策自信

歐巴馬認為美國不能因為擔心犯錯而無所作為。相反地，勇於承認錯誤才是贏得世人尊敬的開始。誠實面對外交政策缺陷，並且設法克服缺陷，美國的外交政策才能精進。自我檢討不是要拋去理想主

---

143 德瑞・蕭雷，2017，op. cit., pp.47.

144 "Obama defends US drone strikes in Pakistan", *The BBC News*, 31 January 2012, https://www.bbc.com/news/world-us-canada-16804247 (accessed Mar 13, 2019).

145 William J. Broad and David E. Sanger, As U.S. Modernizes Nuclear Weapons, 'Smaller' Leaves Some Uneasy, *The New York Times*, Jan. 11, 2016.

146 Remarks by President Obama at the Leaders' Summit on Countering ISIL and Violent Extremism, The White House, United Nations Headquarters, New York, September 29, 2015.

義，而是要捍衛理想主義。[147]歐巴馬願意承認美國的不完美，這是他領導能力上最具爭議性的一面，批評他的人認為這是示弱的表現，並認為美國是全球最偉大的國家，沒有必要向現實低頭。然而，歐巴馬認為美國的偉大，不是來自於自我宣稱完美，而是來自於主動承認錯誤，並從中吸取教訓。歐巴馬願意公開討論美國在海外的不光彩過去，並因此被批評為不愛國的道歉者。例如，2015年美軍誤炸「無國界醫生」（MSF）設在阿富汗的醫療中心，歐巴馬主動親自致電給該組織主席致歉，並悼念罹難者，全盤檢討防止日後再發生相同憾事。[148]歐巴馬認為，自我批評是美國成熟和自信的表現。通過對自身的錯誤保持清醒並加以改正，美國的外交政策可以變得更加成熟。

二、中國外交政策與理念

（一）中國外交政策演變

中國歷史貫穿了數千年文明，由於國家在各朝代大多處於統一時期，周邊的藩屬國家也多是遵循君臣之間的政治朝貢禮儀，因此長期以天朝自居。但是，自1840年鴉片戰爭以後，西方列強用船堅砲利打開了中國封閉的國門，強迫清朝政府簽訂了一個接一個不平等條約。中國的主權和領土完整被肆意踐踏，這一時期的中國外交完全處於喪權辱國的卑賤地位。[149]直到抗日戰爭勝利後，廢除了一百年來列強訂立的不平等條約，恢復了完整獨立的國家主權，也結束了半殖民地歷史。1949年國共內戰後，中國共產黨在內戰中獲得勝利，建立中華人民共和國，雖與退守臺灣的中華民國政府形成兩岸分治的格局，但是自此之後，中國大陸的外交進入另一個歷史階段。

---

[147] 德瑞・蕭雷，2017，op. cit., pp.48.

[148] "Readout of the President's Call with Doctors Without Borders International President Dr. Joanne Liu", The White House, Oct 07, 2015. https://obamawhitehouse.archives.gov/the-press-office/2015/10/07/readout-presidents-call-doctors-without-borders-international-president (accessed April 9, 2019).

[149] 耿向東，《圖解當代中國外交》，（香港：中華書局），2010年，頁12-14。

1、中共建政初期的外交政策

中共建政初期，外交的首要任務是掃除帝國主義對中國的壓迫，恢復國家的獨立和主權。為此，第一代領導人毛澤東提出「另起爐灶」、「打掃乾淨屋子再請客」和「一邊倒」的三項外交政策方針。所謂「另起爐灶」，就是不承認國民政府與其他國家建立的外交關係，並且重新審查處理一切條約和協定，為了是要在全新的基礎上與世界各國建立新的外交關係。「打掃乾淨屋子再請客」，就是要將帝國主義國家在中國的勢力、特權和影響逐一掃除，然後在互相尊重領土主權、平等互利的基礎上，與各國重新建立正常的外交關係。「一邊倒」就是中國除了與蘇聯建立盟友關係，更是堅定地倒向支持共產國家陣營一邊，反對帝國主義和以美國為首的西方資本主義陣營，更視資本主義陣營為敵人。[150]在與世界各國和平共處和大小國家一律平等的思想指導下，1953年底由毛澤東進一步提出「互相尊重主權和領土完整、互不侵犯、互不干涉內政、平等互利、和平共處」五項原則，並以此作為國際關係的基本準則。1955年在印尼萬隆舉行的亞非會議，這是戰後首次由29個亞非國家和地區舉辦，且沒有西方國家參加的國際會議，在和平共處五項原則的基礎上，達成了著名的萬隆十項原則。[151]

1960年代在動盪的國際局勢中，美蘇兩國形成強烈的兩極格局，並且各自加強了對盟國的控制，進而加劇了社會主義陣營分裂與自由民主陣營雙方內部控制與反控制的衝突。蘇聯開始不斷對中國施加壓力，在中蘇邊境和蒙古增派重兵，從北面威脅中國的安全，進而挑起邊界流血衝突，中蘇關係全面惡化。面對兩個霸權大國都與中國為敵

---

[150] 劉美珣，《中國特色社會主義》，（北京：清華大學出版社），2004年，頁32-33。

[151] 〈萬隆會議是國際新秩序的起點 為其建立提供理論基礎〉，《中國社會科學報》，2015年4月15日，取自http://www.cssn.cn/zt/zt_zh/xwzt/zzztx/zxzzs/201504/t20150415_1588018.shtml (21 Dec, 2018).

的不利局面，中國提出了「兩個中間地帶」的戰略思想，一個中間帶是指亞洲、非洲、拉丁美洲的廣大經濟落後的國家，另一中間地帶是指以歐洲為代表的帝國主義國家和發達的資本主義國家。中國的外交戰略是依靠第一中間地帶，爭取第二中間地帶，反對美蘇兩國的霸權主義。[152]

1970至80年代，中國針對當時的國際形勢，提出「三個世界」的戰略思想。美國、蘇聯是第一世界。日本、歐洲、澳大利亞、加拿大等是第二世界。中國與亞洲、非洲、拉丁美洲和其他地區的開發中國家和未開發國家稱為「第三世界」。[153]從此，中國大力加強亞、非、拉國家的合作，這個時期中國在國際上的影響不斷擴大，形成了與他國建交的高峰期。此時與中國建交的國家已超過五十個，中國已成為美、蘇兩國之外的國際外交重要力量。1971年，在發展中國家的支持下，聯合國大會以壓倒多數通過2758號決議，接納了中華人民共和國成為「中國」在聯合國的合法席位，同時繼承一切合法權利。

1973年，毛澤東會見美國總統特使季辛吉，並提出了「一條線」的外交戰略。隔年在北京會見日本外務大臣大平正芳時又提出了「一大片」的外交構想，極欲結合包括美國和日本在內的相關國家，共同對付蘇聯的擴張。[154]當時的中國開始逐步與美國合作共同對抗蘇聯，建立包括美國、日本、歐洲在內的國際反霸統一戰線，有效地遏制了蘇聯對中國的邊境威脅，並擺脫在國際上的孤立地位。中國同時抓住美國欲改變雙邊關係的訊息，從恢復中美大使級談判，乒乓外交，基辛吉秘密訪華，直到尼克森總統訪問中國。美中雙方1972年2月發表

152 〈堅持獨立自主原則，奉行和平外交政策〉，中共中央黨史研究室組織編著，2011年05月，取自http://www.zgdsw.org.cn/BIG5/218994/219014/220570/222734/14738560.html（2019年4月5日）。

153 李捷，〈正確理解「三個世界」劃分理論的歷史內涵〉，《中國社會科學報》，2012年03月，取自http://theory.people.com.cn/BIG5/17263992.html（2019年5月1日）。

154 陶季邑，〈美國關於中國20世紀70年代「一條線、一大片」外交戰略研究述評〉，《武漢科技大學學報》，第2期，2014年。

了《中美聯合公報》，美中關係獲得歷史性的突破，兩國決定互設聯絡處，最終於1979年1月兩國正式建交。[155]

2、改革開放後的外交政策

中國第二代領導人鄧小平對當下的國際形勢分析，毅然決定把重點轉移到社會主義現代化建設上。鄧氏強調：「同心同德地實現四個現代化，是今後一個相當長的時期內全國人民壓倒一切的中心任務。」，「是解決國際問題、國內問題的最主要的條件」，「要把經濟建設當作中心，其他一切任務都要服從這個中心，圍繞這個中心。」[156]他還指出：「實現四個現代化，搞好改革和開放，在國內要有安定團結的政治局面，在國際上需要一個和平環境。」對外政策就是反對霸權主義，維護世界和平；增進國際合作，促進共同繁榮。[157]中國在處理與鄰國之間存在歷史遺留的領土和海域爭端的問題上，提出「主權屬我、擱置爭議、共同開發」的主張，緩和了中國與有關國家的關係。並且以「和平相待、友好協商、互諒互讓、公平合理、全面解決」的原則，維持了中國邊界的和平與安寧。在經濟發展上，以「平等互利、講求實效、形式多樣、共同發展」的經濟合作四原則，開展多樣的經濟合作，與發展中國家建立深厚的經濟基礎。[158]

1989年天安門事件發生，美國為首的西方國家對中國實施全面的制裁，歐洲國家亦追隨美國的制裁行動，致使雙邊關係嚴重倒退，政治往來和經貿合作受挫。緊接著在1991年蘇聯解體冷戰結束，仍是共產制度的中國倍感壓力。鄧小平提出「冷靜觀察、沉著應付、穩住陣腳、韜光養晦、有所作為」的戰略，既維護國家主權和尊嚴，又展開

155 楚樹龍、金威，《中國外交戰略和政策》，（北京：時事出版社，2008年），頁47-52。

156 鄧小平，《鄧小平文選第二卷》，（北京：人民出版社，1993年），頁208-209。

157 鄧小平，1993年，op. cit，頁116、117。

158 張海冰，〈中國援非邁入機制化新階段〉，《文匯報》，2011年12月5日，取自https://www.fmprc.gov.cn/zflt/chn/zxxx/t884138.htm（2019年3月13日）。

多邊外交，參與國際事務和建構國際政經新秩序。中國持續進行對外開放，增進國際間經貿、科技合作，逐漸在經濟上呈現崛起態勢，並在平等互利的基礎上，與世界各國開展經貿與科技的交流。在國家發展的方向上，大膽吸收和借鑒西方社會的發展成果，與先進的經營理念和管理經驗。中國第三代領導人江澤民繼承並貫徹鄧小平外交思想，和獨立自主的和平外交政策。堅持以經濟建設為中心，不斷增強中國的綜合國力，中國的國際地位也進一步獲得提升。[159]

3、21世紀至今的外交政策

進入21世紀，經濟全球化深入發展，經過數十年改革開放和經濟發展，中國綜合國力不斷提高。外交上順應「和平、發展、合作」的時代潮流，提出推動建設持久和平、共同繁榮的和諧世界。此時中國第四代領導人胡錦濤提出「科學發展觀」，強調以人為本，樹立全面、協調、可持續的發展觀，促進經濟社會和人的全面發展。[160]在外交理念上，中國主張進一步推進國際關係，提倡各國應平等參與國際事務，協商解決共同關注的國際問題。在大國關係上，中國努力保持中美關係穩定發展，雙方建構了戰略與經濟對話機制，以積極的態度處理分歧，並探索構建新型大國關係。中國也堅持「與鄰為善、以鄰為伴」，不斷發展與周邊國家睦鄰友好關係，積極促進區域合作機制化，上海合作組織就是一個典型的例子。另與東協建立了「面向和平與繁榮的戰略夥伴關係」，東協－中國（10+1）、東協－中日韓（10+3）等對話機制強化了中國與東協的關係。近年來，二十國集團（G20）成功取代八國集團（G8）成為全球經濟合作治理的主要平

---

[159] 高朗，〈後冷戰時期中共外交政策之變與不變〉，《政治科學論叢》，第21期，2004年，頁19-48。

[160] 趙建民，〈科學發展觀與胡錦濤路線〉，《展望與探索》，第5卷，第12期，2007年，頁43-46。

臺。作為G20創始國，中國在國際事務中的角色日益重要。[161]

2012年以來，中國第五代領導人習近平上台後，深刻闡述了實現中華民族偉大復興的中國夢，並賦予其更加深遠的意義。「中國夢」的思想內涵，就是要完成「兩個一百年」的歷史使命：到建黨一百年時，全面建成小康社會；到建國一百年時，將中國建成富強、民主、文明、和諧的社會主義現代化國家。[162]習近平提倡「四個全面」戰略佈局，即「全面建成小康社會、全面深化改革、全面依法治國、全面從嚴治黨」，以實現「兩個一百年」奮鬥目標。[163]在外交方面，習近平主張「中國必須有自己特色的大國外交」。外交是內政的延伸，實現中華民族偉大復興，與中國特色大國外交戰略有著密切的關係。[164]國力增長必然引起國家利益發生變化，外交則須適應國際格局和國內形勢。此時的中國外交工作就是維護國家主權、安全、發展利益，為和平發展營造更加有利的國際環境，維護和延長發展的重要戰略機遇期。

（二）胡錦濤的外交理念

中國實施改革開放以來，持續強勁的政經發展引起國際社會廣泛關注，當然也帶給已開發國家許多疑慮和恐懼，深怕中國引發對能源、資源、市場的爭奪，以及對霸權的企圖，形形色色的「中國威脅

161 《中國的亞太安全合作政策白皮書》，中華人民共和國國務院，2017年1月11日，取自http://www.scio.gov.cn/37236/38180/Document/1626688/1626688.htm（2019年3月14日）。

162 朱炳元，〈實現「兩個一百年」奮鬥目標的內在邏輯〉，《求是》，2018年03月08日，取自http://www.qstheory.cn/dukan/hqwg/2018-03/08/c_1122505870.htm（2019年3月15日）。

163 曹莉，〈解讀習近平「四個全面」〉，《紐約時報中文網》，2015年3月5日，取自https://cn.nytimes.com/china/20150305/cc05xi/zh-hant/（2019年3月14日）。

164 〈中央外事工作會議在京舉行習近平發表重要講話〉，《人民日報》，2014年11月29，取自http://www.xinhuanet.com/politics/2014-11/29/c_1113457723.htm（2019年3月14日）。

論」在國際社會上不曾停歇。2003年3月，胡錦濤成為中國第四代領導人正式提出和平發展道路，強調中國不走歷史上一些國家崛起的戰爭道路，和平發展道路成為中國的國家大戰略。自中共十六大以來，在內政方面大力倡導科學發展觀，建構和諧社會，走和平發展道路。在國際上則提出建設和諧世界的外交理念，此一理念為胡錦濤在外交思維上的發展主軸。[165]

1、和平發展道路

「和平發展道路」既是內政，又是外交，其精髓是爭取和平的國際環境來發展國家內政，又以國家的進步發展促進世界和平。它將中國的內政與外交、國內局勢與國際格局融為一體。起初中國學者提出的「和平崛起」口號，為化解國際社會視中國為威脅的看法，中國官方將「和平崛起」改成「和平發展」，但是其外交政策仍依循「和平崛起」路線。[166]「和平發展」戰略是參考新自由主義的觀點，也結合了奈伊的「軟實力」。中國近年來並將「軟實力」運用在實際外交政策上。2005年11月，胡錦濤訪英期間全面闡述了中國和平發展道路的基本要義。同年12月由國務院發表《中國的和平發展道路》白皮書，全面系統地闡述了中國走和平發展道路的必然性，提出了相應的戰略方針和政策措施。胡錦濤向世人明確宣示，和平發展道路是中國現代化建設的必經之路。[167]

---

[165] 胡聲平，〈胡錦濤執政下的中共外交新作為——公共外交與安全外交〉，《亞太研究通訊》，第10期。2012年，頁91。

[166] Bonnie S. Glaser and Evan S. Medeiros, "The Changing Ecology of Foreign Policy-Making in China: The ascension and Demise of the Theory of 'Peaceful Rise.'" *China Quarterly*, 190 (June 2007), pp. 291-310.

[167] 康紹邦、秦治來，〈堅持和平發展道路 推動建設和諧世界〉，《求是》，2009年07月14日，頁34。

2、和諧的世界觀

和平發展的國家戰略同樣實現在中國的外交理念上。胡錦濤在聯合國成立60周年的領袖高峰會上提發表題為《努力建設持久和平、共同繁榮的和諧世界》演講，首次提出了「和諧世界」的理念。[168]2006年上海合作組織峰會，中國提出建立「和諧地區」。2007年胡錦濤訪問非洲時，倡議「加強中非團結合作，推動建設和諧世界」。「和諧世界觀」成為中國對外工作的主要思維和全球戰略的核心內涵。[169]從中國官方論述來看，胡溫體制已經把和諧世界觀定位為中共外交思想的重要內容。強調和平、發展與合作是時代的主流，將鄧小平提出的和平與發展理念，加入合作的內容，成為新型外交理念的三個基石。「和諧世界觀」的具體作為主要是共同安全、共同繁榮與和諧世界。共同安全是要透過多邊機制，解決和平問題，以聯合國等國際組織為基礎，以協商談判方式達成和平。共同繁榮則是以互利合作解決發展問題，重點在於要求已開發國家援助發展中國家。和諧世界是要以相互尊重，解決文明差異的問題。[170]

綜觀胡錦濤任內從2003年到2012年中國外交工作報告中，可以看出中國外交的整體思路是構建和平穩定的國際環境、睦鄰友好的周邊環境、互利的合作環境，以及合作的安全環境。「和諧世界觀」的提出，有助於中國建構一個有利發展的國際環境。[171]

---

[168] 胡錦濤，〈努力建設持久和平、共同繁營的和諧世界—在聯合國成立60周年首腦會議上的講話〉，《人民日報》，2005年9月16日，版1。

[169] 奚潔人，《科學發展觀百科辭典》，（上海：辭書出版社，2007年）。

[170] 趙建民、許志嘉，〈中共第四代領導集體的『和諧世界觀』：理論與意涵〉，《遠景基金會季刊》，第10卷，第1期，2009年，頁9-11。

[171] 胡聲平，《中國對外政策：從江澤民到習近平》，（臺北：致知學術出版），2015年，頁183-185。

（三）習近平的外交理念

2013年3月習近平成為中國新一代接班的領導人，中國和平發展也進入歷史新階段，習氏明確提出「中國必須有自己特色的大國外交」。[172]中國特色大國外交就是貫徹「和平、發展、合作、共贏」的外交理念，逐漸形成一系列兼具戰略性、前瞻性和針對性的外交思想。[173]十八大以來，習近平積極推動中國對外工作的理論和創新，同時全面發展大國外交的頂層設計和政策方針。核心內容包含：

1、和平發展理念

習近平除了堅持和平發展的戰略思想，更賦予新的內涵，在中國特色大國外交上，持續以「和平共處五原則」的核心精神形成「六個堅持」，即「堅持主權平等、堅持共同安全、堅持共同發展、堅持合作共贏、堅持包容互利及堅持公平正義。」[174]中國在持續數十年的發展後，也面臨經濟、社會和文化的矛盾所帶來的各種挑戰，需要在穩定的社會環境下深化改革。無論是在國內或國際上都堅持「穩定是壓倒一切的」，只有在和平穩定的環境下，才能集中精力進行建設。堅持「發展是硬道理」，只有根據國情從實際出發，才能探索到國家全面發展的正確道路。堅持「合作是方向」，只有在國際社會開展全方位合作，才能在新時代走出兼顧國家利益和全人類利益的共贏之路。[175]

---

172 〈習近平出席中央外事工作會議並發表重要講話〉，《新華社》，2014年11月29日，取自 http://www.xinhuanet.com/politics/2014-11/29/c_1113457723.htm（2018年12月21日）。

173 王毅，〈構建以合作共贏為核心的新型國際關係——對21世紀國際關係向何處去的中國答案〉，《學習時報》，2016年6月20日，頭版。

174 〈習近平在和平共處五項原則發表60周年紀念大會上的講話〉，《新華社》，2014年06月28日，取自http://www.xinhuanet.com/politics/2014-06/28/c_1111364206.htm（2018年12月21日）。

175 鄧小平，1993年，op. cit., 頁33-34。

2、新型大國關係

十八大報告中明確指出，中國將改善和發展大國之間的關係，推動建立長期穩定健康發展的新型大國關係。習近平提出構建「中美新型大國關係」倡議，強調「不衝突、不對抗、相互尊重、合作共贏」的重要原則。這一外交思路就是要客觀理性看待美中彼此戰略意圖，相互尊重核心利益和重大關切，兼顧對方利益並促進共同發展，避免大國崛起的「修昔底德陷阱」。

3、睦鄰友好關係

亞太地區是中國安身立命、發展繁榮的所在。習近平在首次召開周邊外交工作座談會上強調：「中國周邊外交的基本方針，就是堅持與鄰為善、以鄰為伴，堅持睦鄰友好，著力維護周邊和平；積極參與區域經濟合作，加快基礎設施互聯互通，建設好絲綢之路經濟帶、21世紀海上絲綢之路，構建區域經濟一體化新格局。」[176]將「遠親不如近鄰」的道理融入周邊外交工作方針，展現了中國貫徹「親、誠、惠、容」的周邊外交理念，積極與所有鄰國和睦相處。[177]

4、義利結合的價值觀

國家之間的關係發展，固然要尋求利益的融匯。然而，利益不能被狹隘地理解為唯利是圖。中國特色大國外交的重要特點之一，就是要結合道義與利益的價值觀。習近平表示：「『國不以利為利，以義為利也。』在國際合作中，我們要注重利，更要注重義。……在國際

[176] 〈習近平在周邊外交工作座談會上發表重要講話〉，《新華社》，2013年10月25日，取自http://www.xinhuanet.com/politics/2013-10/25/c_117878897.htm（2018年12月21日）。

[177] 〈親誠惠容結善緣，周邊外交續新篇〉，中華人民共和國外交部，2017年01月10日，取自https://www.fmprc.gov.cn/web/ziliao_674904/zyjh_674906/t1429256.shtml（2018年12月21日）。

關係中，要妥善處理義和利的關係。政治上，要遵守國際法和國際關係基本原則，秉持公道正義，堅持平等相待。經濟上，要立足全域、放眼長遠，堅持互利共贏、共同發展。」[178]在利益複雜交織的國際社會，以「海納百川」的胸懷審視國際關係，以「同舟共濟」的理念破解全球治理難題，這是中國提升軟實力的努力方向。中國特色大國外交實踐正確的義利觀，主張政治上秉持正義公道，經濟上宣導合作發展，國際事務中講信義、重情義，不僅弘揚中華民族傳統美德，也將促進世界的和平發展。[179]

5、人類命運共同體

2015年9月，習近平在紐約出席第70屆聯合國大會並發表《攜手構建合作共贏新夥伴，同心打造人類命運共同體》重要演講。[180]指出世界格局正處在一個加快演變的歷史性進程之中，和平、發展、公平、正義、民主、自由是全人類的共同價值。習近平認為：「人類命運共同體，顧名思義，就是每個民族、每個國家的前途命運都緊緊聯繫在一起，應該風雨同舟，榮辱與共，努力把我們生於斯、長於斯的這個星球建成一個和睦的大家庭，把世界各國人民對美好生活的嚮往變成現實。」[181]堅持推動構建人類命運共同體，是習近平外交思想的重要組成部分，對於統籌國內國際兩個大局，始終不渝走和平發展道

---

[178] 〈習近平在韓國國立首爾大學的演講〉，《新華社》，2014年07月04日，取自http://www.xinhuanet.com/politics/2014-07/04/c_1111468087.html（2018年12月21日）

[179] 尚偉，〈正確義利觀：構建人類命運共同體的價值追求〉，《求是》，2018年05月15日，取自http://theory.people.com.cn/BIG5/n1/2018/0515/c40531-29991371.html（2018年12月21日）。

[180] 方焰，〈打造人類命運共同體－習近平訪美與中國走向世界〉，《海峽評論》，299期，2015年11月號，取自https://www.haixia-info.com/articles/7374.html（2019年3月14日）。

[181] 〈什麼是人類命運共同體？〉，中華人民共和國監察部，2018年01月17日，取自http://www.ccdi.gov.cn/special/zmsjd/zm19da_zm19da/201801/t20180116_161970.html（2018年12月21日）。

路、奉行互利共贏的開放戰略，堅持正確義利觀，做世界和平的建設者、全球發展的貢獻者、國際秩序的維護者。[182]

6、亞洲新安全觀

2014年3月，習近平在「海牙核安全峰會」上首次提出「亞洲新安全觀」，同年5月在「亞洲相互協作與信任措施會議」（簡稱亞信）峰會上再次提出。結合「共同、綜合、合作、可持續」等四項安全新觀念的亞洲新安全觀，也是和平共處五項原則的延續和發展，與中國總體國家安全觀緊密相連。近年亞洲安全不斷面臨新挑戰，除了領土海洋權益劃界，在非傳統安全如金融安全、能源安全、重大災害等領域的挑戰也十分突顯。在新安全觀中，各種安全威脅與經濟社會發展密切相關，彼此牽制。它與傳統國際社會採取結盟來面對威脅的方式不同，中國所提倡的「亞洲新安全觀」不是圍堵對抗的零和遊戲，而是互利共贏。[183]亞洲新安全觀強調亞洲安全由亞洲人民自己做主，習近平表示：「亞洲的事情歸根結底要靠亞洲人民來辦，亞洲的問題歸根結底要靠亞洲人民來處理，亞洲的安全歸根結底要靠亞洲人民來維護。」亞洲新安全觀是一種亞洲國家的命運共同體意識。[184]

---

182 習近平，《論堅持推動構建人類命運共同體》，（北京：中央文獻出版社，2018年），頁4-6。

183 王高成，〈上海『亞信峰會』與新亞洲安全觀〉，《展望與探索》，第12卷，第6期，2014年，頁21-28。

184 閆文虎，〈亞洲安全觀的核心要義〉，《中國青年報》，2015年12月07日，取自http://theory.people.com.cn/BIG5/n/2015/1207/c40531-27895176.html（2019年1月22日）。

CHAPTER 4

歐巴馬總統第一任期美中關係

20世紀結束前後，中國因為改革開放經濟飛速發展，國家的重點目標是累積財富，伴隨而來的漠視人權、貪污腐敗、環境污染等問題，卻成為國際社會對中國難以揮卻的印象，美國政府對中國的關切也多聚焦於此。自2008年之後，美國逐漸意識到中國的崛起與發展，已經與自己的切身利益息息相關。先前中國謹守「韜光養晦，決不當頭」的外交政策，也開始翻轉國際社會對它的印象。金融海嘯發生之後，中國政府透過龐大的經濟刺激方案，成功渡過金融危機巨大的衝擊，也因此贏得國際社會的肯定，不但讓「中國崛起」成為全球爭相報導的焦點話題，也讓中國出現了勝利主義情緒（premature triumphalism），政府與人民在對外關係上，逐漸展現更為強勢的外交企圖。[1]從2008年至2012年之間，《經濟學人》雜誌高達六次以「中國崛起」的主題作為封面文章，其中探討的內容包含「中國工人力量崛起」、「中國銀行業崛起」、「崛起的中國帶來威脅」、「創業型中國崛起」、「崛起的中國與焦慮的國家」、「中國的軍事崛起」等等，均在全球各行各業引起廣大迴響。[2]

2008年中國舉辦的奧林匹克運動會在北京鳥巢國家體育場開幕，全球超過45億人次的收視率，創下所有歷史上的世界紀錄，成功展現中國文化的神韻、自信與自覺。二年後在上海舉辦的世界博覽會亦展現出舉世僅有的「中國特色價值」，一種「集中力量辦大事」的優勢，讓世人看到中國的科學技術發明與文化藝術創新。[3]接著在2010年，中國GDP超越日本成為世界第2大經濟體，2012年中國和美國並列為全球第一大貿易國。自此，持反中派立場的聲量在美國社會持續

---

1 George Koo, "Q&A: China expert Susan Shirk updates her view of Sino-US relations", *The Asia Times,* MARCH 3, 2016, http://www.atimes.com/qa-china-expert-susan-shirk-updates-her-view-of-us-chinese-relations/ (accessed 21 Jan, 2019).

2 "The dangers of a rising China", *The Economist,* Dec 2nd 2010, https://www.economist.com / leaders/2010/12/02/the-dangers-of-a-rising-china (accessed April 2, 2019).

3 吳迪，〈美國眼中的中國四十年，管中窺豹？旁觀者清？〉，《多維》，第38期，2019年，頁108-109。

累積醞釀，隨著中國主動參與國際事務的頻次增加，美國也有愈來愈多的學者專家抱持懷疑的態度。[4]

初上任的歐巴馬總統告訴社會大眾，美國需要與中國建立長期積極且具有建設性的關係，支持美中在經濟安全和全球政策方面的高層對話，加強兩國在環保和軍事領域的交流。[5]即將走馬上任的國務卿希拉蕊在參議院的聽證會上，以「巧實力」（Smart Power）的外交新概念，為美中關係未來的發展注入更多的可能。[6]「巧」就是靈巧運用所有政策工具，包括外交、經濟、軍事、政治、法律和文化等各種手段，恢復美國的全球領導力。未來的美國既要團結朋友，也要接觸對手；既要鞏固原有聯盟，也要展開新的合作。公開宣誓美國將視中國為未來外交密切接觸的對象，也為美國重返亞洲之路揭開序幕。[7]本書將分為兩個篇章分別就歐巴馬總統第一、二任期的對中政策進行回顧與檢討，嘗試以任期內影響美中關係的重要事件、官方聲明與學者專家評論，循事件發生的脈絡解析美中互動的意涵，以期勾勒出歐巴馬政府執政期間的對中政策取向。

---

4 胡鞍鋼，〈2013回望中國系列三——搶得最大貿易國地位〉，《中時電子報》，2013年12月28日，取自https://www.chinatimes.com/newspapers/20131228000971-260109（2019年3月15日）。

5 Jacques deLisle, A Nation Must Think Before it Acts - China Policy under Obama, *Foreign Policy Research Institute*, Feb 01, 2009, https://www.fpri.org/article/2009/02/china-policy-under-obama/ (accessed Dec 25, 2018)

6 Hilary Rodham Clinton, "Statement of Senator Hillary Rodham Clinton Nominee for Secretary of State Senate Foreign Relations committee," *The Senate Foreign Relations Committee*, January 13, 2009, pp.7-11

7 Paul Lewis, Peter Walker, "Hillary Clinton backs 'smart power' to assert US influence around world", *The Guardian News*, 13 Jan 2009, https://www.theguardian.com/world/2009/jan/13/hillary-clinton-confirmation-hearing-senate (accessed Mar 15, 2019).

第一節　美國對中國的政策

回顧美中關係過去三十年的歷史，從雷根總統開始，經由老布希、柯林頓及小布希總統，每位總統上任後，任內前二年與中國的關係總是採取強硬的態度，隨著雙方在敏感議題上幾番磨合互動之後，才會漸入佳境。[8]由於歐巴馬在競選期間，曾經對人民幣匯率及美對中貿易逆差問題提出強烈批評，外界預期歐巴馬執政初期勢必會歷經一段不短的磨合期。然而，美國因房地產泡沫引發全球金融危機及世界經濟衰退，在美中經濟高度互賴的現實環境下，迫使歐巴馬一上臺不得不採取較為友善低調的態度，以期共同走出經濟衰退的谷底。時任中國外交部長楊潔篪曾表示，歐巴馬上臺後，兩國關係未經磨合期，快速進入良性互動，有點出乎中方意料之外。[9]

自2009年1月歐巴馬總統就職後，美國對中國主動釋出善意。首先是美國務卿希拉蕊於2009年2月打破數十年來「重歐輕亞」的傳統，就任後選擇先行訪問亞洲，並將中國視為最重要的一站，參訪全程刻意迴避了她曾疾呼的人權問題。[10]出訪中國前在「亞洲協會」（Asia Society）發表演說，希拉蕊明確指出歐巴馬政府希望與北京建立正面、務實的夥伴關係。她在致詞中強調：「過去我們的政府在弄清事實與證據之前，就採取反射性的行動。但歐巴馬總統與我決心採取一種既不衝動，也不流於意識型態的外交政策；一種懂得重視其他人意見的外交政策。」「現在有人認為，崛起的中國會成為美國的敵人。我們認為剛好相反，因為美國與中國可以從彼此的成功獲益，而

[8] 余萬里，〈美國大選與中美關係週期〉，《外交觀察》，2012年，秋季號，頁63-67。

[9] 陳文賢，〈美國歐巴馬政府亞太政策初探〉，《新世紀智庫論壇——時事評析》，第45期，2009年03月，頁121-122。

[10] Dan Twining, A U.S. Asia strategy for Hillary Clinton's trip, *The Foreign Policy*, Feb 15, 2009, https://foreignpolicy.com/2009/02/15/a-u-s-asia-strategy-for-hillary-clintons-trip/ (Accessed Dec 25, 2018).

且加強雙方在共同議題與機會上的合作，符合美國的利益。」[11]希拉蕊在結束演講前特意提到中國春秋時代吳人與越人的故事，兩個侯國雖然互為仇敵，當雙方士兵同乘一條船渡河，遇到風暴的時候，他們不再爭鬥，反而攜手共度難關。因為這個典故，後來流傳下來一句成語「同舟共濟」，希拉蕊希望以這句成語作為改善美中關係的期待。[12]

在此樂觀的氛圍下，歐巴馬對中國表現出較高的期望，鼓勵中國在全球問題上承擔起更大的責任。2009年4月歐巴馬與胡錦濤兩位美中領導人在倫敦20國集團（G20）[13]峰會上會晤之後，國際社會對於由美中兩國共組集團（G2），建立美中兩極體制的「美中共治論」，給予高度期待，中國的重要性被高度凸顯。[14]隨後在其首次訪問中國之前，為了在敏感時刻不激怒中國，歐巴馬刻意迴避與達賴喇嘛的會晤。作為總統第一次訪問中國時，歐巴馬試圖盡量遷就中國領導人，期盼藉此換得中國在朝鮮半島無核化、氣候變化和伊朗核計畫等問題上的合作。

然而，國際關係的發展卻是事與願違，2009年12月於哥本哈根舉行的聯合國氣候變遷會議，中國在氣候變化的標準上與美國不同調，美中關係出現變化。2010年11月，歐巴馬在韓國首爾與胡錦濤會面時提出嚴正警告，如果中國不採取行動遏制北韓的好戰行為，美國將採

---

11 Matt Schiavenza, "What Would a President Hillary Clinton Trip to Asia Have Looked Like?" *The Asia Society*, Feb 13, 2009 https://asiasociety.org/new-york/what-would-president-hillary-clinton-trip-asia-have-looked (accessed Mar 14, 2019).

12 〈謝謝中國與美國『同舟共濟』〉，《天下雜誌》，第417期，2011年4月，取自https://www.cw.com.tw/article/article.action?id=5001828（2018年12月25日）。

13 「二十國集團」建立最初由八大工業國組織的財政部長於1999年9月在美國華府提出，旨在防止類似亞洲金融風暴的重演，使有關國家就國際經濟、貨幣政策舉行非正式對話，以利國際金融和貨幣體系的穩定。從2008年起召開領導人峰會，隨著集團架構日漸成熟，充分反映新興工業國家的重要性，二十國集團成員國的領導人於2009年宣布該組織完全取代八國集團，成為全球經濟合作的主要論壇。

14 Richard C. Bush, The United States and China: A G-2 in the Making? *The Brookings Institution*, October 11, 2011, https://www.brookings.edu/articles/the-united-states-and-china-a-g-2-in-the-making/ (accessed Dec 25, 2018).

取措施來保護美國免受核彈的威脅。[15]另外在向伊朗施壓的努力上中國也一再拖延，並開始在南海領土主張問題上採取強勢作為。歐巴馬總統逐漸對中國的被動回應失去耐心，先前處處對中國退讓的態度逐漸改變，轉而對中國採取較為強硬的立場。接著以中國在美國市場傾銷為由，開始對中國輸美貨物開徵懲罰性關稅，持續對人民幣升值施壓，另對於中國的人權狀況也不斷提出指責。原本帶著希望與和解的想法開始接觸中國，但隨著中國政府在外交領域逐漸展現強硬的態度，很多國際問題無法與美國進行合作，歐巴馬試圖影響中國的幻想逐漸消失。[16]

從某些方面來看，歐巴馬在中國問題上的學習曲線是漸進式的。最初，他期盼昔日對手能夠捐棄前嫌，但後來被現實驚醒，最終採取務實政治方式。在中國問題上，歐巴馬認為採取較為強硬的態度並不會導致惡性循環，而是和一個註定要和美國打交道的國家，彼此確立一種建設性的互諒互讓關係。[17]一個在金融危機打擊下欲振乏力的美國，面對快速崛起與強大的中國，是歐巴馬接任總統時所面臨的國內外環境。國際輿論開始討論中國發展出來的政治與經濟模式－「北京共識」，大有可能取代因當代金融業的貪婪、管理不善和腐敗的「華盛頓共識」。因此，歐巴馬總統的對「中」政策與其個人擔任總統的歷史機運，兩者息息相關。他無意重新打造美國對外的形象，也不願改變歷史上大國發展的軌跡，只是期待在內政上帶給美國人民更好的生活，在國際上保持美國身為全球領導的地位。

---

15 文龍，〈首爾核安峰會　全球聚焦朝鮮〉，《新紀元》，第269期，2012年，取自https://www.epochweekly.com/b5/269/10639.htm（2019年3月14日）。

16 Mark Landler, Obama's Journey to Tougher Tack on a Rising China, *The New York Times*, SEPT. 20, 2012, https://www.nytimes.com/2012/09/21/us/politics/obamas-evolution-to-a-tougher-line-on-china.html (accessed Dec 25, 2018).

17 Nina Hachigian and Winny Chen, "President Obama's Progressive China Policy, Assessing the U.S.-China Relationship Today and What Lies Ahead", *The Center For American Progress,* May 21, 2010, https://www.americanprogress.org/issues/security/reports/2010/05/21/7732/president-obamas-progressive-china-policy/ (accessed Dec 25, 2018)

一、外交政策與互動

2009年初，歐巴馬就任美國總統隨即致電中國領導人胡錦濤，確立分居太平洋兩岸的核子大國將以合作共贏為基調，期待建立更積極、更具建設性的關係。在歐胡兩位領導人首次電話熱線中，雖然涵蓋議題廣泛，但主要話題仍在於如何共同面對當前的國際金融危機。[18]中國是美國最大的債權國，其龐大的經濟實力與外匯存底，早已被歐美各國視為應付全球金融海嘯的特效藥。兩位領導人表明美中關係是兩國最重要的雙邊關係，中國在美國新政府經貿決策地位的重要性無可取代。[19]

2009年2月，美國國務卿希拉蕊首次訪問中國，也是美國新一屆政府就職以來，美中兩國高層領導人首次進行面對面接觸，希拉蕊首要任務是與中國政府就高層戰略與經濟對話機制達成協議，再者逐步恢復雙邊的軍事交流與對話。美方明確表示與中國在各領域合作的重要性，尤其是金融危機、環保、能源、反恐、反核擴散、打擊跨國犯罪等全球議題，沒有中國的攜手合作將不可能因應未來變局。除此之外，在北韓問題、伊朗問題、阿富汗問題上，也是美中兩國共同發展戰略視野以促進共同利益的地方。由此可見美中互相依賴程度之深，已達到前所未見的格局。在美國遭受金融風暴襲擊時，中國需要美國的復甦，才能繼續其經濟成長的軌跡，並藉以確保國內統治的正當性，所以中國繼續以其外匯購買美國公債，而且雙方均有默契，不以對抗政策或保護主義來對待彼此，以免重蹈以往全球經濟危機的覆轍。[20]

---

[18] David Alexander, "Obama, Hu discuss trade imbalances in call", *The Reuters,* JAN 31, 2009, https://www.reuters.com/article/us-obama-hu-idUSTRE50T5TM20090130 (accessed Dec 26, 2018).

[19] 黃介正，〈歐胡熱線忘了台灣是福不是禍〉，《聯合報》，2009年2月1日，版A11。

[20] 縱横，〈希拉蕊首度東亞行之評析〉，《展望與探索》，第7卷，第3期，2009年3月，頁3-11。

2009年4月歐巴馬與胡錦濤在倫敦20國集團（G20）峰會會晤時達成共識，雙方立即在當年夏天於華府進行首輪「美中戰略經濟對話」會議。作為本國元首的特別代表，美國國務卿希拉蕊和中國國務委員戴秉國共同主持「戰略軌道」對話，另由美國財政部長蓋特納（Timothy Geithner）和中國副總理王岐山共同主持「經濟軌道」對話。兩國都有意願建立一個積極、合作和全面的21世紀美中關係，保持並加強雙方在各個層次的交流。[21]胡錦濤當場邀請歐巴馬當年下半年訪問中國，歐巴馬亦欣然接受邀請。兩國元首在共同結論中指出，美中兩國持續而且緊密的合作，對維持目前以及未來全球經濟的健全都至關重要。[22]

2009年9月，胡錦濤利用赴聯合國會議期間與歐巴馬進行當年的第二次會晤，並出席包含聯合國在內的4個系列峰會，分別為聯合國氣候變化峰會、聯合國大會辯論、安理會核不擴散與核裁軍峰會，以及20國集團領導人金融峰會。聯合國秘書長潘基文公開肯定胡錦濤親自參與聯合國會議，顯示中國對聯合國等多邊機制的高度重視，[23]胡錦濤向國際社會全方位宣示中國對國際事務的基本理念和原則。首先，以「同舟共濟、共創未來」為方向，強調中國面對前所未有的機遇和挑戰，與國際社會一道攜手並進，秉持和平、發展、合作、共贏、包容理念，推動建設持久和平、共同繁榮的「和諧世界」。第二，以「全力促進增長、推動平衡發展」為主張，展現中國積極參與國際金融危機下的國際合作，同時推進國際金融體系改革，實現全球

---

[21] "First Joint Meeting of the U.S.-China Strategic and Economic Dialogue", *The Congressional-Executive Commission on China,* August 6, 2009, https://www.cecc.gov/publications/commission-analysis/first-joint-meeting-of-the-us-china-strategic-and-economic-dialogue (accessed Mar 15, 2019).

[22] *Statement on Bilateral Meeting With President Hu of China,* The White House, Apr 1, 2009. https://obamawhitehouse.archives.gov/the-press-office/statement-bilateral-meeting-with-president-hu-china (accessed April 9, 2019).

[23] Louis Charbonneau, "China wants climate deal this year: U.N.'s Ban", *The Reuters,* July 29, 2009, https://www.reuters.com/article/us-china-climate-un/ (accessed Dec 26, 2018).

經濟全面平衡發展。第三，以「攜手應對氣候變化挑戰」為重點，應對氣候變化，除了涉及全球共同利益，更關乎廣大發展中國家利益和福祉，中國將積極應對全球性挑戰的。第四、以「共同締造普遍安全的世界」為目的，強調中國堅定奉行自主防禦的核戰略，堅持在任何情況下不首先使用核武器政策，明確承諾無條件不對無核武器國家和無核武器區使用或威脅使用核武器。強調中國不會進行任何形式的核軍備競賽，並將繼續把核武維持在國家安全需要的最低水準。[24]

2009年11月，歐巴馬受邀赴中國進行首次國事訪問，這次歷史性的會晤備受國際間關注。[25]經過近1年的評估觀察，歐巴馬的亞洲政策逐漸清晰，持續加強與中國的合作是其亞洲政策的重心，美國對亞洲事務的介入比以往更為積極，兩國領導人還共同簽署長達6,400字的「美中聯合聲明」。[26]此份聲明超越傳統的美中雙邊關係範疇，開始論及全球治理問題。從亞太地區共同利益，到朝鮮半島、伊朗的核擴散問題，乃至阿富汗與巴基斯坦問題。雙方皆提出建設性的意見，可以看到美國逐漸願與中國分擔全球責任。[27]

2010年2月，儘管中國強烈的反對，歐巴馬仍按計畫與西藏流亡精神領袖會面。達賴喇嘛在白宮草坪會見傳媒時表示，歐巴馬總統強烈支持保護西藏人權，保存西藏獨特的宗教、語言和文化，兩人也同意美中關係至關重要，歐巴馬希望達賴可以和中國政府對話。中國則以傳召美國駐華大使表達強烈譴責。中國認為歐巴馬政府為擺脫國內

---

[24] 劉東凱，〈胡錦濤出席聯合國會議G20峰會：中國理念中國作用〉，《新華社》，2009年09月26日。取自http://www.gov.cn/ldhd/2009-09/26/content_1427534.htm（2018年12月27日）

[25] 鄭玉，〈歐巴馬訪中，開啟中美新時代〉，《大陸觀察》，第223期，2010年1月，頁46-49。

[26] "U.S.-China Joint Statement", *The White House*, November 17, 2009.

[27] Hellen Cooper, "China Holds Firm On Major Issues In Obama'S Visit", *The New York Times*, Nov 18, 2009, https://www.nytimes.com/2009/11/18/world/asia/18prexy.html?mtrref=www.google.com.tw&gwh=190AA59CEE7D594D67322E9D1CAF3104&gwt=pay (accessed 26 Jan, 2019).

困境，以轉移民眾對施政上的不滿。[28]

2010年7月，國務卿希拉蕊針對中國周邊國家進行一連串的外交訪問，並在越南河內第17屆東協區域論壇中表示，美國是南海情勢的利害關係國，南海航行自由、亞洲海洋共同資源等開放通路，皆涉及美國國家利益。對於南海主權爭議，美國雖不會直接支持任何一方，但是反對任何一國單邊宣稱主權，或以任何形式威脅作為解決爭議的手段，並希望南海主權爭議能以「聯合國海洋法公約」循多邊外交協調方式解決。[29]美國雖然不是南海島礁主權聲索國，此次高度熱心介入南海問題的姿態，有別於過去美國政府對南海問題的基本立場。美國強調南海問題國際化，並有意擔任調解人，同時催促東協國家應與中國簽署「南海區域行為準則」。另要求越南利用其主席國的權力，將「南海區域行為準則」放入議程討論，結果遭到中國的反對而未能如願。[30]

2011年1月，胡錦濤再次赴美進行國事訪問。在此之前，歐胡兩位領導人在各種場合舉行的元首對話已達11次之多，顯示美中領導人的接觸和對話相當頻繁。此次訪美行程受到歐巴馬總統的高規格禮遇，美國媒體亦配合大幅度報導。[31]中國政府則透過紐約時報廣場的廣告看版，大力宣傳知名中國人與中國大陸的新形象。在美中巨額貿易逆差之下，胡錦濤此行刻意採購美國貨品，簽訂450億美元的貿易協定，為美國提供23.5萬個就業機會，對美國的影響是前所未有。[32]

---

28 〈中國對歐巴馬總統會見達賴喇嘛表示強烈不滿和堅決反對〉，《新華社》，2010年2月19日。取自http://www.china-embassy.org/chn/zt/zgxz /t659171.html（2018年12月26日）。

29 李瓊莉，〈東協對南海問題的立場與回應〉，《海峽評論》，第248期，2011年8月，頁34-42。

30 陳鴻瑜，〈美國、中國和東協三方在南海之角力戰〉，《遠景基金會季刊》，第12卷，第1期，2011年1月，頁44-48。

31 林正義，〈胡錦濤訪美行之研析〉，《展望與探索》，第9卷，第2期，2011年2月，頁2-6。

32 "U.S. - China Joint Statement, President Hu Jintao of the People's Republic of China paying a state

2011年11月，歐巴馬總統訪問澳洲並在國會發表演說，公開宣誓加強美澳軍事合作，預告將有兩千五百名美軍陸戰隊即時部署在澳洲北部港市達爾文，雖然外界解讀為美方欲藉此舉，制衡中國在亞太地區的崛起，但美國認為這是讓美軍在澳洲擁有穩定存在的一塊墊腳石，提供美軍更接近南海的戰略途徑。[33]歐巴馬為了緩解亞太地區傳統盟國的疑慮，數次強調即使美國預算大幅削減，也不會危及美國在亞洲的現代化軍事部署。[34]美國雖然計畫性的裁減國防支出，但不會影響到亞太地區，因為美國是太平洋的強權，而且美國將繼續留在太平洋。同月，希拉蕊在夏威夷大學的東西方中心發表題為《美國的太平洋世紀》演講，相同的內容在美國《外交政策》雜誌上亦同步刊出，引起全球各地廣泛的討論。[35]文中強調美中關係是美國有史以來最具挑戰性、也最重要的雙邊關係之一，需要非常謹慎、穩健、務實地管理。部分美國人認為中國的進步是美國的威脅，也有部份中國人認為，美國企圖遏制中國的成長，然而這兩種主張希拉蕊都不認同。她強調繁榮的美國有利中國，同樣地，繁榮的中國也符合美國利益，合作對雙方的好處絕對大於衝突。美中雙方也要坦承面對彼此的差異，在合作的同時也會避免不切實際的期望。[36]

2012年2月，習近平以國家副主席身分訪美。習氏已被美方普遍認為將在不久的未來成為中國最高領導人，美國對其訪問自然給予領

---

visit to the United States of America from January 18-21, 2011". *The White House*, Jan 19, 2011.

33 管淑平，〈歐巴馬訪澳　擴大美澳軍事合作〉，《自由時報》，2011年11月16日，版A11。

34 Michael Fullilove, "Obama's Australian Visit and the Australia-United States-China Strategic Triangle", *The Brookings Institution*, Feb 6, 2012, https://www.brookings.edu/on-the-record/obamas-australian-visit-and-the-australia-united-states-china-strategic-triangle/ (accessed Dec 28, 2018).

35 Hillary Rodham Clinton, "America's Pacific Century－The future of politics will be decided in Asia, not Afghanistan or Iraq, and the United States will be right at the center of the action.", *The Foreign Policy*, Oct 11, 2011, https://foreignpolicy.com/2011/10/11/americas-pacific-century/ (accessed Dec 28, 2018).

36 Hillary Rodham Clinton, *America's Pacific Century, The East-West Center,* Nov 10, 2011. https://2009-2017.state.gov/secretary/20092013clinton/rm/2011/11/176999.htm (accessed Dec 28, 2018).

導人規格的接待。習氏在美方歡迎儀式上發表《共創中美合作夥伴關係的美好明天》演講。內容強調推動美中合作夥伴關係已經取得新的進展，在雙方塑造二十一世紀的『新型大國關係』上，可以朝四個方面共同努力。第一，持續增進中美相互理解和戰略信任。第二，切實尊重彼此核心利益和重大關切。第三，努力深化中美合作互利共贏的格局。第四，不斷加強在國際事務和全球性問題上的協調合作。[37]『新型大國關係』被國際媒體解讀為中國對未來美中關係發展的定調，習近平在各個公開場合也都不斷強調建立美中「新型大國關係」的重要意義。在談到美中關係面臨的起起落落時，習近平引用中國宋代詩人辛棄疾的詩詞『青山遮不住，畢竟東流去。』[38]強調在和平與發展的時代主題下，美中的友好與合作是大勢所趨。這是中國領導人在美國華府首次提出構建「中美新型大國關係」的概念。

2012年9月，國務卿希拉蕊在年內第二次訪問北京。此行正值南中國海和中日釣魚島領土主權糾紛升溫之際，因此備受外界關注。兩國近期在許多問題上態度分歧，包括伊朗危機、朝鮮問題以及在亞太地區領導方面的競爭。中國還回絕了美方要求減少對敘利亞阿薩德（Bashar al-Assad）政府的支持。此次訪華是希拉蕊作為國務卿最後一次到訪中國。[39]

2012年11月，中共第十八次全國代表大會在北京召開，新一屆中央政治局委員、常委產生，習近平如意料中接替胡錦濤正式成為中國最高領導人。外界普遍認為以習近平對美國的瞭解，他將為美中關係開啟新的局面。歐巴馬總統立即致函祝賀，並表示期待未來彼此能夠

---

37 習近平，〈共創中美合作夥伴關係的美好明天〉，2012年2月15日赴美訪問期間於華府與美國友好團體歡迎午宴上演講，原文詳參《人民日報》，2012年02月17日。

38 韓磊，〈中美新型大國關係意味著什麼？〉，《清華－卡內基全球政策中心》，2014年01月15日，取自https://carnegietsinghua.org/2014/01/15/zh-pub-54197（2019年1月26日）。

39 Steven Lee Myers & Jane Perlez，〈希拉蕊訪華連遭挫折〉，《紐約時報中文網》，2012年9月6日，取自https://cn.nytimes.com/china/20120906/c06clinton/（2019年4月2日）。

密切合作，強化美中的夥伴關係，共同面對區域與全球的經濟與安全挑戰。[40]

二、經濟政策與互動

歐巴馬政府在第一任期的全球經貿布局中，首重借助二十國集團G20組織機制贏得國際經貿合作，拓展全球的市場空間，希望儘速擺脫國內經濟衰退的困局，恢復與重振美國的經濟。華爾街金融風暴將美國推入經濟衰退的泥淖，時間長達一年半之久。根據美國商務部的統計，金融危機使美國經濟出現二戰以來最嚴重的不景氣，民眾財產的損失超過「大蕭條」時期。危機導致美國政府債台高築，財政赤字飆升，失業率居高不下，更使國會與社會走向兩極化。[41]為此，歐巴馬總統將全球經貿的重心置於G20組織，一方面放低身段以誠意獲取國際廣泛支持，遏制危機的漫延與衝擊。另一方面藉由「再工業化」（manufacturing renaissance）與「出口倍增計畫」（national export initiative），鼓勵新興國家開放市場，拓展國際經貿空間。這一時期歐巴馬政府的全球經貿戰略採取「同舟共濟」的合作態度。在美中雙邊經貿關係上，將美中「戰略經濟對話」機制升格為「戰略與經濟對話」機制，藉此拓展雙邊合作與對話管道。[42]同時持續催促中國人民幣升值，以及對中國實施更多的保護措施，以提升美國企業競爭的優勢，平衡美中經貿日益嚴重的逆差。金融危機使美中經濟力量對比發

---

[40] 張蓉湘，〈中共十八大與權力交接習近平執政　白宮發賀詞　美國務院：期待合作〉，《美國國之音中文網》，2012年11月16日，取自https://www.voachinese.com/a/us-looks-forward-to-work-with-new-chinese-leadership-20121115/1547070.html（2019年3月15日）。

[41] "Economic Report of the President March 2014: Together with The Annual Report of the Council of Economic Advisers", *CreateSpace Independent Publishing Platform*, 2014. pp. 21.

[42] 2009年4月1日，時任中國國家主席胡錦濤與美國前總統歐巴馬在倫敦參加G20金融峰會期間舉行首次會晤，雙方一致同意把「戰略經濟對話」與2005年啟動的「中美戰略對話（SD）」加以整合，建立新的「中美戰略與經濟對話（S&ED）」機制。首輪「中美戰略與經濟對話」於2009年7月28日在華盛頓舉行，對美中戰略與經濟關係的協調極具建設性。

生預想不到的變化，中國經濟總量加速崛起，美國經濟總量相對減弱，中國從規模上彎道超車，令美國政府應接不暇。2010年中國製造業產值首次超過美國，成為世界第一製造大國，美國保有這個頭銜始於1870年，國際社會將此視為全球製造業最重要的歷史性改變。[43]

美中經貿關係持續合作發展仍然是美中兩國的主流共識，不僅是美國全球經貿戰略的核心內容，也是中國對外經貿戰略的重中之重。事實上，當今世界經濟基本已形成一種美中主導全球經貿發展的格局，從雙邊關係來看，美中經濟是建構「中美新型大國關係」的基礎。兩國共同管控全球經貿的風險，已經面臨責無旁貸的必然性。[44]前美國駐中國大使駱家輝認為美中經濟的強烈互相依存性無法倒退。40多年前尼克森總統破冰訪中時，美中之間的貿易還不足1億美元，今日兩國每天的貿易額就超過15億美元。美中雙邊貿易額超過5000億美元，兩國每天平均有1.4萬人次的往來，每17分鐘起降一個航班，美中兩國的州省之間已建立超過40對友好關係，還有超過200組姐妹城市關係……這些具體的數據，就是美中兩國聯繫密切的有力佐證。[45]

2009年5月，美國財政部長蓋特納首次訪華，其主要任務就是呼籲中國擴大內需，並為兩國更加均衡和可持續的經濟增長奠定基礎。美國希望中國擴大內需的真正用意，在於借中國之力刺激美國的金融與經濟。蓋特納在接受媒體聯合採訪時表示：「過去，美國依賴舉債消費以推動經濟，美國將來需要提高儲蓄率，期待包括中國在內的國家提高內需對整體經濟的貢獻。」[46]由於蓋特納在上任後不斷攻擊中

---

43 Michael Hennigan, "China became the world's biggest manufacturer in 2010", *Finfacts.com*, Mar 14, 2011, http://www.finfacts.ie/irishfinancenews/article_1021835.shtml (accessed Mar 15, 2019).

44 "U.S.-China Strategic and Economic Dialogue", *The U.S. State Department*, https://2009-2017.state.gov /e/eb/tpp/bta/sed/index.htm (accessed Dec 28, 2018)

45 章念生、高石、張朋輝，〈合作，中美關係發展的主線〉，《人民日報》，2017年02月28日，取自 http://www.qstheory.cn/international/2017-02/28/c_1120542289.htm（2018年12月28日）。

46 Gordon G. Chang, "Geithner In Beijing", *The Forbes Weekly Column*, Jun 5, 2009, https://www.forbes.com/2009/06/04/china-treasury-geithner-opinions-columnists-beijing-wang-qishan.

國的匯率政策而飽受爭議，此後蓋特納的態度發生了180度大轉彎，贊揚中國的匯率政策在過去兩年已發生顯著變化，並在年度外匯報告中，支持中國沒有操縱人民幣匯率作為最終結論。

2009年7月，中美首輪戰略與經濟對話在華盛頓舉行。雙方討論的主軸為美中關係、國際和地區問題、全球性問題等3個議題。期望達到擴大共識、減少分歧、加深互信與促進合作，推動兩國關係朝向積極合作的方向發展。在經濟對話中，設定的主題為「凝聚信心，恢復經濟增長，加強美中經濟合作。」重點在於加強兩國之間重大經濟問題的合作，應對金融危機，確保經濟可持續增長，構建強有力的金融體系，支援全球貿易體系，反對貿易保護主義，深化雙邊貿易投資合作等。同時確認美國總統歐巴馬將應胡錦濤主席的邀請，於當年年內訪問中國，另亦表示將擴大兩軍在各級別的接觸和交往。[47]

2009年12月，聯合國氣候變化大會——《聯合國氣候變化框架公約》締約方第15次會議在丹麥首都哥本哈根舉行。來自世界各地192個國家和地區參加，參與人數超過1萬5千人，包括了非政府組織，企業代表等等。美中兩國是位居世界前兩位的能源消費大國，占全球溫室氣體年排放量的40%以上，但兩國在氣候變化問題上卻難有共識。事實上，在氣候變化方面，美中正面臨難得的歷史機遇，美國擁有世界最先進技術、強大的人才及金融實力，而中國在技術上相對落後，正處於工業化、城鎮化快速發展階段，且面臨巨大能源和環境壓力，雙方在應對氣候變化相關的領域都存有合作的必要性。協議期間的草案明顯偏袒已開發國家，引起多數開發中國家的不滿。出於對主權的考慮，中國拒絕接受國際減排查核。最終會議僅達成一份不具法律約束力的聲明。[48]

---

html#74d4410b7276 (accessed Dec 28, 2018) g

47 〈首輪中美戰略與經濟對話閉幕明年在京舉行〉，《中國評論新聞網》，2009年7月29日，取自http://www.chinareviewnews.com，（2019年3月15日）。

48 汝醒君、陳茜、嚴曉星，〈國際氣候談判中的博弈——以哥本哈根氣候大會為

2010年1月，美中貿易摩擦從此開始。美國商務部宣佈對中國進口價值超過3億美元的鋼絲層板徵收43%－289%的反傾銷稅。2月初，再對中國生產的禮品盒等相關產品徵收最高231%的反傾銷稅。10月，美國政府決定對中國向美國出口的多層實木地板進行反補貼和反傾銷調查。在中國方面，2月初中國商務部決定採取報復行動，並對美國出口中國的肉雞產品徵收43.1%－80.5%不等的反傾銷稅。4月，對美國的矽電鋼徵收7.8%－64.8%不等的反傾銷和反補貼關稅。12月，對美國進口的玉米酒糟產品展開反傾銷調查。歐巴馬政府執政以來，美中雙邊關係在經歷了近一年的蜜月期之後，兩國開始在貿易上的磨擦加劇。美國頻頻對中國產品徵收高額關稅，中國也對美國產品施以反制。美中之間頻繁的貿易爭端成為未來雙邊關係中不穩定的重要因素之一。[49]

2010年3月，美國多位參眾議員致函歐巴馬總統，要求將中國列入貨幣操縱國，並認為中國刻意把人民幣對美元的匯率控制在較低水準，以獲得不公平的貿易好處，人民幣被低估是美中巨額貿易逆差非常重要的原因，以此敦促歐巴馬政府以立法形式向中國政府施加壓力，迫使中國改變人民幣固定匯率的政策，扭轉美中貿易嚴重失衡的局面。[50]美國財政部始終設法推遲向國會提交匯率報告，最後仍拒絕將中國列為貨幣操縱國。美中雙方高層財政金融官員都對人民幣匯率問題發出措辭緩和的信號。然而財經專家們普遍認為，美國應該尋求多邊途徑解決人民幣匯率低估問題。[51]

例〉，《科技促進發展》，2011年7月，頁18-24。

49 〈回顧2010年美中貿易摩擦〉，《美國之音中文網》，2011年1月2日，詳參https://www.voacantonese. com /a/xl-us-sino-trade-disputes-in-2010-112770034/926624.html（2019年3月15日）。

50 Roya Wolverson, "Is China a Currency Manipulator? Six experts debate whether the Obama administration's approach to China's currency policy is the right one, and why.", *The Council On Foreign Relations*, April 14, 2010. https://www.cfr.org/expert-roundup/china-currency-manipulator (accessed Dec 29, 2018).

51 何興強，〈美國國內政治與人民幣匯率問題〉，《美國問題研究報告2011——美國的實力與地位評估（美國藍皮書）》，2012年，頁48-56。

2011年11月，亞太經合組織（APEC）峰會在美國夏威夷檀香山舉行，歐債危機是這次會議的主要議題，但國際社會都將焦點放在東道主美國能否促成「泛太平洋戰略經濟夥伴關係協定」（TPP），以抗衡中國主導的「東盟+6」貿易框架，胡歐兩位領導人因此在夏威夷先後發表演講。胡錦濤認為在當前主要經濟體成長趨緩，一些國家主權債務問題突出，國際金融市場動盪不安的形勢下，必須堅定保持增長與穩定。除此之外，還應增加新興市場國家和發展中國家的代表性和發言權，建立全球新型經濟發展夥伴關係。[52]歐巴馬則表示，美國支持中國發展，因為這不僅惠及美國商業和出口，而且可以令數億中國人民脫離貧困。但是，中國不按照規則行事，人民幣匯率被低估，它不利於美國企業，對中國經濟也沒有好處。人民幣升值將有利於全球收支平衡，不但可以增加中國經濟增長，也有利於美國經濟復甦。[53]

2012年3月，美國、歐盟和日本一同向WTO的委員會提出仲裁，指控中國對17種稀土（rare earths）以及鉬、鎢兩種鋼合金原料的出口進行限制，違反了國際貿易法。由於這些中國金屬礦產佔全球供應量的90%以上，它們具有重要的戰略意義，對於許多高科技的現代化產品不可或缺。自2010年開始，中國以環保為由，將出口配額削減約40%，這些金屬的價格隨後出現暴漲。由於這些金屬從開採到精鍊，再到廢物處置，生產過程中的每個環節都對環境造成巨大危害，因此中國被迫關停一些違規嚴重的生產企業。[54]這一爭端引起全世界的關注，形成一個主權國家對監管環境做法的權利，和全球貿易規則之間

52　胡錦濤，〈轉變發展方式實現經濟增長〉，《新華社》，2011年11月15日，詳參http://theory.people.com.cn/GB/16246323.html（2019年4月9日）。中國國家主席胡錦濤於2011年11月13日在美國夏威夷州首府檀香山舉行的亞太經合組織第十九次領導人非正式會議上發表講話（全文）。

53　Remarks by President Obama at APEC CEO Business Summit Q&A, Sheraton Hotel, Honolulu, Hawaii, The White House, Office of the Press Secretary, Nov 12, 2011.

54　Doug Palmer, Sebastian Moffett, "U.S., EU, Japan take on China at WTO over rare earths", *The Reuters,* Marf 13, 2012, https://www.reuters.com/article/us-china-trade-eu/u-s-eu-japan-take-on-china-at-wto-over-rare-earths-idUSBRE82C0JU20120313 (accessed 30 Dec, 2018).

的特殊矛盾。[55]美國國會認為中國壟斷全球稀土市場，將對美國國家安全及經濟環境帶來不利影響，未來將立法鼓勵美國國內生產軍事及高科技領域的稀土產品，確保經濟穩定發展促進就業，美中戰略性資源的博弈將持續進行。

2012年11月，第21屆東協高峰會期間，各國領導人簽署「區域全面經濟夥伴關係協定」（RCEP）的框架並開始進入正式談判。這是由東協十國發起，中國主導並有日本、韓國、印度、澳大利亞、紐西蘭等國共同參與的經濟協定。RCEP和TPP都是亞太地區重要的全球貿易合作管道，不同之處在於RCEP是由中國主導不包含美國在內，而TPP則是由美國主導沒有中國在內的區域經濟協定。RCEP更加碼允許成員可以免除某些貨物的關稅削減，以保護當地個別行業，並給予開發中國家更多的時間來達成已開發國家的目標。中國對推動該協定態度十分積極，此協議也向其他區域外的經濟體開放，比如中亞國家、南亞及大洋洲其他國家，中國將RCEP視為未來可能與TPP進行競合的重要經濟戰略。[56]

三、軍事戰略與互動

2009年2月，國務卿希拉蕊訪華後不久，美中國防部年度工作會晤隨即在北京展開。這是自2008年10月以來，因為美國宣佈對台軍售導致兩國軍事交流部分中斷後，美中國防部之間的首次工作會晤。[57]

---

[55] DAVID JOLLY，〈世貿組織裁定中國稀土出口配額違反國際貿易法〉，《紐約時報中文網》，2014年3月27日，取自https://cn.nytimes.com/business/20140327/c27trade/zh-hant/（2018年12月30日）。

[56] 張心怡，〈TPP、RCEP的競合以及中國大陸對於區域經濟整合之態度轉變〉，《戰略安全研析》，第113期，2014年9月，頁5-12。

[57] 2008年10月，小布希（George W. Bush）政府在下台前，宣佈價值64億美金的7項對台軍售案，包含4套愛國者飛彈發射組、330枚愛國者PAC-3型飛彈、E-2T預警機升級、AH-64E阿帕契直昇機30架、UGM-84L魚叉飛彈block 2型32枚等。並且留給歐巴馬政府一些當時未處理、且具有爭議性的軍售項目，包括F-16C/D 戰機與潛艦評估案。歐巴馬政府上台後，對於是否出售台灣先進戰機與潛艦，一直沒有正式表態，

不僅是兩國軍事交流機制的重新恢復，改善兩國和兩軍之間的關係，更被視為希拉蕊訪華之後的重大成果。[58]美中兩軍之間雖然存在著分歧，但更具有廣泛的共同利益。今後雙方推動兩軍關係的穩定發展，將以尊重、互信、對等、互惠作為發展的基本原則，美方支持所有利於增進雙方戰略互信的努力，願意在合作中解決雙方存在的問題。[59]

2009年10月，應美國國防部長蓋茨（Robert Gates）的邀請，中央軍委副主席徐才厚上將赴美進行正式訪問，旨在落實美中兩國領導人發展兩軍關係達成的重要共識。這是美國歐巴馬政府執政以來中國軍方高階領導人首次訪問美國，行程中除了會晤歐巴馬總統之外，也參訪了許多美方極為敏感的軍事設施，雙方並在具體軍事合作項目進行高階對話。[60]訪問期間中方表達兩國交流的重要障礙首先是美對台軍售問題，中方要求美方嚴格遵守中美之間三個聯合公報，逐步減少直至最終停止對台軍售。臺灣問題涉及中國核心利益，是阻礙兩軍關係積極發展的核心因素。其次是美軍機艦在中國專屬經濟區的活動問題，要求美方嚴格遵守聯合國海洋法公約和中國國內有關國家安全的法律。第三是兩軍交流的法制性障礙，特別是美國國會過去通過的國防授權法案，在許多領域阻礙了兩軍關係的正常發展。[61]最後是美中彼此戰略信任問題，中方希望美方能夠理性看待中國軍力發展，勿肆意炒作「中國威脅論」。

引發外界對歐巴馬政府對台軍售立場的猜測。

[58] Michael Wines, "US and China revive military talks", *The New York Times,* 28 Feb, 2009. https://www.nytimes.com/2009/03/01/world/asia/01china.html?mtrref (accessed Dec 30, 2018)

[59] 熊爭艷，〈中美舉行國防部工作會晤就共同關心問題進行商談〉，《新華社》，2009年02月27日，取自http://big5.www.gov.cn/gate/big5/www.gov.cn/jrzg/2009-02/27/content_1245643.htm（2018年12月30日）。

[60] "U.S. to host senior Chinese military general", *the Reuters,* Oct 15, 2009, https://www.reuters.com/article/us-china-usa-military/u-s-to-host-senior-chinese-military-general-id (accessed 30 Dec, 2018)

[61] 楊晴川，〈軍委副主席徐才厚訪美引關注　美方釋放積極信號〉，《新華社》，2009年11月02日，取自 http://news.ifeng.com/mainland/special/xucaihoufangmei/news/200911/1102.shtml（2018年12月30日）。

2010年1月，歐巴馬總統結束首次訪問中國的兩個月後，旋即簽署包括黑鷹直昇機等總值高達64億美元（近2,050億台幣）的對台軍售案，內容包含2套愛國者PAC-3發射組、UH-60黑鷹直升機60架、鶚級獵雷艦2艘、魚叉遙測訓練飛彈12枚等武器裝備。中國立即強烈敦促美方充分認清售台武器的嚴重危害性，要求美方立即撤銷對台軍售的決定，並在記者會上表明：「中方將對參與售台武器的美國公司實施相關制裁，強烈敦促美國有關公司停止推動和參與售台武器」。[62]這是中國首次公開表示要制裁美國公司，即使面對中國的反彈，美國政府仍然堅持對台軍售，並表示：「中國如果要美國停止軍售台灣，必須確保台灣不受武力威脅，否則美國將繼續軍售。美國提供台灣武器的結果，並非升高台海緊張，反而有助於兩岸關係的發展，因為台灣自我防衛的力量增加之後，更有助於和中國進行對等協商」。[63]

2010年2月，美國國防部公布《四年期國防總檢討》（QDR），內容強調美國將改變25年來的戰略思維，從能夠同時打贏兩場大型傳統戰爭，調整為設法應付多場不同型態的衝突，讓美軍能夠防範從恐怖主義到網路攻擊等多種不同類型的威脅，在全球各地捍衛美國利益。這次的檢討雖然仍強調中國的威脅，但重點放在防範來自網路的攻擊，以及中國積極發展的先制攻擊能力。另亦指出中國的通訊衛星、偵照衛星的能力已經大幅提升，彈道飛彈、巡弋飛彈配合其自主研發的北斗衛星定位導航系統，精準能力有所突破；中國具備威脅美國軍用及民用人造衛星體系安全的科技能力，更是美方必須密切關注的重點。[64]

---

62 〈美國對台灣軍售概要說明——在2010年與2008年分別宣佈了大型軍售案，金額皆為64億美元〉，美國在台協會，2010年2月11日，詳參https://www.ait.org.tw/zhtw/u-s-arms-sales-taiwan-fact-sheet-major-arms-sales-announced-2010-6-4-billion-2008-6-4-billion-zh/（2018年12月30日）。

63 Michael Pillsbury, "China and Taiwan - The American Debate", *The RUSI Journal,* Volume 154, Issue 2, 08 May 2009, pp. 82-88.

64 Dingli Shen, "The 2010 U.S. QDR And Its Impact On China", *Asia Pacific Bulletin,* No. 61, The

2010年4月，美國發布《核態勢評估報告》（Nuclear Posture Review），指出未來十年最重要的課題，是防止極端主義份子和非政府團體獲得核材料、核設備與核技術；在核武戰略方面，美國仍然堅持擁有發動核武攻擊的主動權。隨後，歐巴馬在華府召開全球核安全峰會，邀請來自中國在內的37個國家領袖代表，以及聯合國、國際原子能總署、歐盟等3個國際組織負責人出席峰會，一起討論核安全、防止核恐怖行為和非法核走私。[65]胡錦濤在會中發表題為《攜手應對核安全挑戰，共同促進和平與發展》的演說，提出5點關於如何加強核安全的主張：切實履行核安全的國家承諾和責任；切實鞏固現有核安全國際法框架；切實加強核安全國際合作；切實幫助發展中國家提高核安全能力；切實處理好核安全與和平利用核能的關係。[66]中國在峰會中呼籲「全面禁止和徹底銷毀」核武器，並且強調中國奉行「自衛防禦的核戰略」，只維持最低限度的核威懾，在任何情況下都不首先使用核武器的政策，無條件地承諾不對無核武器國家和無核武器區使用或威脅使用核武器。

2010年5月，美國公布《國家安全戰略》（National Security Strategy），這是歐巴馬上任以來公布的第一份國家安全戰略。報告中強調美國及盟國面臨的威脅是相互交錯、全球性的，美國應該建立一個反映21世紀現實的國際秩序及制度，重建美國國力及影響力。[67]此份《國家安全戰略》完全不同於小布希時代採取的單邊軍事策略，歐巴馬認為美國雖然依舊是唯一能夠持續及長期進行大規模軍事行動

East-West Center, May 13, 2010.

[65] Kevin Kallmyer, "Assessing Implementation of the 2010 Nuclear Posture Review", *The Center For Strategic And International Studies* (CSIS), June 1, 2011, https://www.csis.org/analysis/assessing-implementation-2010-nuclear-posture-review (accessed 30 Dec, 2018)

[66] 孫承斌，〈為了世界的和平與發展—胡錦濤出席核安全峰會側記〉，《新華社》，2010年04月14日，取自http://www.gov.cn/ldhd/2010-04/14/content_1580140.htm（2018年12月30日）

[67] 〈美國《國家安全戰略》總綱〉，美國在台協會臺北辦事處，2010年6月3日，取自https://web-archive-2017.ait.org.tw/zh/officialtext-ot1016.html（2018年12月31日）。

的國家，但如果過度使用武力，而沒有投資或發展出其他互補的工具，或與盟國一起聯合行動，美國軍事力量將被大幅削弱，而且讓人們很片面地將美國的領導地位與其軍事力量聯繫起來。[68]在這份長達52頁的報告中，歐巴馬總共10次提及中國，要求多方面與中國合作，但也不放棄對中國軍力發展的監控。鑒於美中兩國利益的廣泛交織，在報告中亦表示願意以接觸的方式來對待中國，希望通過對話溝通與中國合作，建立一種積極的、有建設性的的合作關係。

2010年7月，針對南韓天安艦被擊沉事件，美國和南韓宣佈在黃海和日本海舉行聯合軍事演習。這次軍演和制裁的規模強度遠遠超出預期，引發中國強烈反彈，造成朝鮮半島及整個東北亞地區緊張局勢加劇。軍演期間美國派遣「喬治・華盛頓」號核動力航母與神盾驅逐艦等20多艘美韓軍艦、200多架戰鬥機，並首次派出4架美軍最先進的F-22隱形戰鬥機，這是34年來最大規模的一次美韓聯合演習。[69]中國拒絕接受美國在周邊海域的「公然挑釁」，黃海位於朝鮮半島與山東半島之間，臨近中國京津政治中心，也是中國北海艦隊所在地。美國航母若出現在這片海域，使軍演的事態發展複雜化，因此解放軍安排東海艦隊在東海舉行海空實彈演練予以回應，促使美國最終宣布將航母戰鬥群調整至日本海進行演習，以避開敏感的黃海海域。[70]

2011年2月，美國國防部發布《2011年美國國家軍事戰略：重新定義美國軍事領導力》。這是2004年以來美國首次公布新的總體軍事戰略，在美軍參謀首長聯席會議起草的報告中，強調在下一個10年

---

[68] Christian Henderson, "The 2010 United States National Security Strategy and the Obama Doctrine of Necessary Force", *Journal of Conflict and Security Law,* Volume 15, Issue 3, 1 Dec, 2010, pp. 403-434.

[69] Peter Certo, "Joint U.S.-South Korean Military Exercises in Yellow Sea Raise the Ante", *Foreign Policy In Focus*, November 28, 2010. https://fpif.org/joint_us-south_korean_military_exercises_in_yellow_sea_raise _the_ante/ (accessed 29 Dec, 2018)

[70] 李庚嬉，〈美、韓聯合軍演對朝鮮半島情勢的影響〉，《海峽評論》，237期，2010年9月號，頁44-51。

內，來自亞洲的威脅極有可能上升，美國必須更依賴其在亞太地區的盟友來維持其軍事優勢。針對中國的崛起，美國應採取接觸和遏制並行的策略。一方面認為美國應加強與中國的軍事合作，同時亦批評解放軍日益增強的實力和意圖仍然「不甚明朗」。因此，尋求與中國進一步的接觸，擴大互信與互惠領域，可以有效降低誤判和誤解。[71]該報告另稱美國國防預算削減，將迫使正在進行的戰爭和應對未來的威脅之間，難以達成平衡。因此，美國國會、歐巴馬政府和軍方將在國防開支的範圍和規模，持續進行激烈的辯論和拉鋸戰。

2011年9月，歐巴馬政府通知國會，將為中華民國現有的145架F-16A/B戰機提供升級，並繼續為中國民國F-16戰機飛行員在美國亞利桑那州陸克空軍基地（Luke AFB）提供訓練項目，金額總值大約為58億5200萬美元。美國國防安全合作署說明F-16A/B升級的硬體設備包含主動電子掃描雷達（AESA）、內建全球定位慣性導航系統（GPS）、電子作戰管理系統、響尾蛇熱追蹤導彈等，中國外交部對美國宣佈對台軍售發表聲明表示強烈抗議。[72]

2012年1月，美國國防部發表「延續美國全球領導地位，21世紀防衛優先任務」（Sustaining US Global Leadership: Priorities for 21st Century Defense）為標題的新型戰略指導，旨在修正2009年2月公布的「國家軍事戰略」。將維繫了近10年的「同時打贏兩場大型戰爭」策略，改為「隨時準備進行一場戰爭，同時有效嚇阻另一場戰爭」。這是繼911事件之後美國安全和國防戰略的又一次重大轉變。美國宣佈結束伊拉克戰爭，並成功擊斃賓拉登，以反恐戰爭為首要任務的國防戰略宣告結束，「亞太再平衡」戰略成為國家軍事戰略的指南。新戰

---

71 The National Military Strategy of the United States of America, 2011: Redefining America's Military Leadership, Washington D.C.: Department of Defense, Dec 11, 2012, pp. 21-26.

72 鍾辰芳，〈美政府宣佈為台F-16戰機升級〉，《美國之音中文網》，2011年9月22日，取自https://www.voacantonese.com/a/article-20110922us-announces-f-16-retrofit-for-taiwan-130344983/933910.html（2018年12月31日）。

略暗示美國將縮減陸軍規模，並減少在歐洲的軍事部署，轉而加強在亞太地區的軍事存在，以維護亞太的安全與繁榮。[73]美軍在網路戰、導彈防禦等方面提升能力。並保證在有限的資源和安全利益之間平衡的前提下，滿足美國國家安全戰略的要求。[74]

2012年5月，中國國防部長梁光烈赴美訪問，此行目的是落實胡錦濤與歐巴馬兩位領導人就發展美中合作夥伴關係達成的重要共識，也是對時任美國國防部長蓋茨去年訪問中國的回訪。鑒於中方在上次訪問中讓蓋茨參觀了一些敏感的作戰機構，美方本次亦安排過去從未對中國開放的軍事設施參觀。除此之外，梁光烈還就中美兩軍交往中的三大障礙，即美售台武器、美軍艦機對華抵近偵察、涉華歧視性法律等，再次表達中方的嚴正關切，強調美方應尊重中方的核心利益和重大關切。[75]

2012年6月，美國國防部長潘尼塔（Leon Panetta）協同美軍參謀長聯席會議主席鄧蒲賽（Martin Dempsey）和太平洋司令洛克利爾（Samuel Locklear）出席在新加坡舉行的香格里拉對話。潘尼塔在講話中細數美國轉向亞太的戰略布局。目前美國海軍的285艘軍艦平均分佈於太平洋與大西洋，而11艘航空母艦已有六艘部署在太平洋。到了2020年，美國海軍太平洋與大西洋的軍艦數目比例，將從過去的50比50變成60比40。美國強調美軍在亞洲加強的軍事部署，不該被視為針對中國。儘管美國宣佈未來十年將削減4,870億美元的軍事預算，但未來仍會發展新武器，以支持美國在亞洲的軍事力量。以目前的國

---

[73] 〈野心大於實力財力 美無法同時打2場大型戰爭〉，《中時電子報》，2017年10月6日，取自https://www.chinatimes.com/realtimenews/20171006003418-260417（2019年3月15日）。

[74] 張旭成，〈二十一世紀的美國對華政策〉，《台灣國際研究季刊》，第9卷，第2期，2013年，頁1-26。

[75] "Secretary Panetta and Chinese Defense Minister General Liang Guanglie hold a Joint News Conference", *The U.S. Department Of Defense*, September 18, 2012, http://archive.defense.gov/transcripts/transcript.aspx?transcriptid=5116 (accessed 31 Dec, 2018).

防計畫來看，美國海軍軍艦的數量未來十年將逐漸減少，但美國部署於亞洲的軍艦數量仍將不減反增。美國的新戰略專注在亞洲，未來派遣到該地區的美軍也會增加，同時也將部署高科技武器。[76]

2012年9月，美國國防部長潘尼塔赴中國進行回訪，此行是應中國國防部長梁光烈邀請，行程中特別安排赴青島海軍基地參觀，並且成為首位訪問中國北海艦隊基地的美國國防部長。由於正值中日在釣魚島的主權之爭酣戰之際，令外界感到格外特殊。訪程中在回答記者所提出有關美國是否會在釣魚島爭端上協防日本的問題時，潘尼塔重申美方不持立場，期望中日雙方能一起努力尋找和平解決的途徑。[77]

2012年12月，美國參眾兩院分別通過2013財政年《國防授權法案》，法案包括釣魚島條款和涉台條款，但僅是表明國會意向，並無法律約束力。釣魚島條款聲稱美國對釣魚島主權歸屬不持立場，但承認日本對釣魚島的行政管轄權，並重申美國對日本安全的承諾；涉台條款呼籲美國向臺灣地區出售F-16C/D或類似機型的戰鬥機。[78]中國外交部表示，中方堅決反對任何國家向臺灣出售武器，敦促美國國會中的一些人放棄冷戰思維，多做促進中美以及兩岸和平關係發展的事。另強調釣魚島自古就是中國領土，美日安保條約是特定歷史時期的安排，中方利益不應因此受損，美國不應介入他國領土爭議。[79]

美中關係自2009年開始就賦予了人們很大的想像空間，這不僅僅是因為2009年是美中建交30周年，更是由於美國政治生態的變化，即

---

[76] Leon E. Panetta, Remarks by Secretary Panetta at the Shangri-La Dialogue in Singapore, *The U.S. Department of Defense*, News Transcript, June 02, 2012.

[77] 魏萊，〈美防長帕內塔重申對釣魚島之爭不持立場〉，《環球時報》，2012年9月20日，3版。

[78] “H.R.4310 - National Defense Authorization Act for Fiscal Year 2013”, *The Conference Report in The House*, Dec 18, 2012. https://www.congress.gov/bill/112th-congress/house-bill/4310?q= (accessed 31 Dec, 2018)

[79] 德永健，〈美國會批准2013軍費預算，涉釣魚島條款無約束力〉，《中國新聞網》，2012年12月22日，取自http://www.chinanews.com/gj/2012/12-22/4429482.shtml（2018年12月31日）。

民主黨重返執政地位。首位非裔的美國總統歐巴馬上任之初，美中關係不尋常地出現美國主動表現善意的態勢，雙方在應對金融危機、全球反恐、氣候變化、朝鮮和伊朗兩個核危機等方面，存在許多合作的空間與需要。歐巴馬給足了中國面子與善意，一方面可以看出美國在金融重創之後有求於中國，另一方面想嚐試與中國在不同利益上打交道。隨後，中國在東海、南海的主權聲討行動，在東南亞、非洲和拉美地區的經貿活動，甚至包括在歐洲和美國的一些金融投資，一再令美國政府產生越來越多的質疑，兩國原先被掩蓋的一些競爭也逐步顯現。

歐巴馬總統首次前往中國訪問之後，國內公眾與媒體紛紛批評政府對中國的態度過於軟弱，不但主動迴避接見達賴喇嘛，還須向北京保證美國的債信沒有問題。另在隨後的哥本哈根氣候峰會上，中國與其他幾個發展中國家繞開美國，另外採取共同立場的行為，令美國感到自己的領導地位受到挑戰。這兩起事件可視為美中雙方地位在世人心中的分水嶺，也是歐巴馬總統改變對中主動釋放善意的開始。[80]此後，美國不僅在對台軍售、西藏人權、人民幣升值與谷歌退出中國市場等問題上向中國發難，還高調主張重返亞太，並傾所有行政團隊之力，推動「亞太再平衡」戰略，使得美中戰略博弈在西太平洋地區日見升溫。雖然全球經濟治理、反恐、氣候變化等議題確實持續為美中關係提供著合作的基礎，但並不足以構成有效制約。[81]

恰如中國大陸學者王逸舟的比喻，美中之間的問題就像錢幣的兩面，如果處理得好，好的一面就會發光，如果處理得不好，壞的一面就會顯現出來。[82]就兩國貿易而言，美中近年來貿易額持續攀升，某

---

[80] John Lee, "How China Stiffed The World In Copenhagen", *The Foreign Policy*, Dec 21, 2009, https://foreignpolicy.com/2009/12/21/how-china-stiffed-the-world-in-copenhagen/ (accessed 26 Jan, 2019).

[81] 王偉男，〈常態與新常態下中美關係的彈性與韌性〉，《教學與研究》，2018年，第5期，頁67-73。

[82] 王逸舟，〈中國對外關係轉型30年（1978-2008）〉，（北京：中國社會科學文獻出版社，2008年》，頁22-23。

些批評者認為中國剝奪了美國人的就業機會，不過，貿易也給美國的就業和中國的成長帶來了好處；在朝鮮半島問題上，如果美中存在誤判，對北韓核問題的控制就會減弱，如果雙方有默契，問題就能適當地解決；在東海釣魚台島問題上，如果美國介入干預，可能加劇中日衝突，如果美國保持中立和平角色，中日之間擱置爭議共同開發的雙贏結果才可能實現。由此觀之，美中兩國幾乎在所有爭議中，都存在共同利益。[83]

第二節 「亞太再平衡」戰略

歐巴馬為了落實競選時期對選民的承諾，除了規劃加速自伊拉克與阿富汗撤軍，亦著手將美國的全球戰略重心向亞洲移轉，提出「亞太再平衡」戰略指導方針，逐步實現以美國利益為依歸的全球戰略重新佈局。[84]重視亞洲地區並不是從歐巴馬政府才開始，二戰後美國在亞洲擁有眾多的軍事基地，大量的駐軍人數，建立以美日、美韓與美澳同盟為核心的雙邊防衛安全體系。即使是「逢歐巴馬必反」的現任總統川普，也視亞太地區的領導權為美國的重要利益，不但未全然否定歐巴馬政府的「亞太再平衡」戰略動機，更提出一個以美國利益為優先的「再平衡」戰略升級版－「印太戰略」，或稱「自由開放的印太」（Free & Open Indo-Pacific）。強調亞洲地區的盟友對美國的重要性、發展新的安全夥伴關係，以及確保美軍在地區內的前沿軍事佈署等等，它的目標與歐巴馬政府的方向並無二致。[85]

綜觀「再平衡」戰略的架構與內涵，透過美國三位領導階層先

---

[83] 李慧敏，〈訪談：歐巴馬連任，如何看中美關係〉，《紐約時報中文網》，2012年11月7日，取自https://cn.nytimes.com/china/20121107/cc07lihuimin/zh-hant/（2018年12月29日）。

[84] Mike Allen, "America's first Pacific president", *The Politico*,11/13/2009, https://www.politico.com/story/2009/11/americas-first-pacific-president-029511 (accessed 31 Dec, 2018).

[85] 黃介正，〈美國印太戰略現在進行式〉，《中國時報》，2018年09月05日，A11版。

後對外界的關鍵論述，較能刻劃出美國政府在亞太地區的利益和目標。其中包含國務卿希拉蕊2011年10月在《外交政策》雜誌以〈美國的太平洋世紀〉為題發表的文章、歐巴馬總統2011年底在澳大利亞國會的演講，以及國家安全顧問唐尼倫（Thomas Donilon）在華府智庫戰略與國際研究中心（CSIS）的評論。[86]美國政府在闡述亞洲的戰略調整時，最初使用「轉向」（Pivot）一詞，在遭受不少批評之後，改用「再平衡」（Rebalance），雖然華府官員私下描述歐巴馬總統仍然偏好使用「Pivot」勝過「Rebalance」，但前者帶有絕對主義的強勢色彩，後者則因其兼具善意與地理上的釋意，最終成為美國官方在外交場合中的主流用法。前亞太助卿坎博（Kurt Campbell）曾在華府智庫「新美國安全中心」（CNAS）研討會上使用「重返」（Return）一詞也曾受到關注，不過由於美國的影響力始終存在，且不曾離開過亞太地區，為了避免造成事實上的誤解而不被官方引用。[87]但「重返」一詞顯然更符合亞太國家對美國的新亞洲戰略看法。總之；不論是「轉向」、「重返」，還是被官方所青睞的「再平衡」，戰略上的意義其實都是一致的。

一、「再平衡」戰略的動機

美國國家戰略的形成，除了來自於外在環境的變化，同時也為了滿足內部發展的需要。時任歐巴馬政府的國家安全顧問唐尼倫，為了清楚解釋「再平衡」戰略的動機與內涵，先後在華府「戰略與國際研究中心」（CSIS）以「美國真的重返亞洲」為題[88]，以及在紐約「亞

---

[86] Michael J. Green, 'Pivot 2.0-How the Administration and Congress Can Work Together to Sustain American Engagement in Asia to 2016", *The CSIS Asia Program*, January 5, 2015.

[87] Kurt M. Campbell, *Risk and Reward: American Security in an Age of Uncertainty, Center for a New American Security's* (CNAS)), June 2, 2011.

[88] Thomas Donilon, "President Obama's Asia Policy and Upcoming Trip to the Region", *Center for Strategic and International Studies CSIS* ,November 15, 2012. http://csis.org/files/attachments/121511_Donilon_Statesmens _Forum_TS.pdf (accessed April 9, 2019).

洲協會」（Asia Society）以「2013年的美國與亞太」為題，詳細說明美國向「亞太再平衡」政策的精髓。唐尼倫一語道破「再平衡」戰略的緣起：「我們環顧全球之後進行戰略比重檢討，我們在那裡過重？在那兒過輕？」[89]當今的美國認為自己的影響力在全球失衡，過分專注在中東，過少關注在亞太。對於美國面臨的經濟發展，檢討哪些是美國過度投資和投資不足的區域。在國家整體資源的分配上，美國在南亞和中東的軍備投資過高。相對於亞洲經濟快速的發展，美國在亞洲的投資明顯不足。在美中關係的發展上，與崛起的中國發展建設性的關係，是美國「再平衡」戰略的核心概念。美國當前的外交、經濟和安全挑戰都需要中國參與。因此，歐巴馬力推的「亞太再平衡」戰略基本上包含四項主要動機。

（一）全球地緣戰略失衡

21世紀的歐亞地緣關係發生重大的變化。當歐洲與亞洲對全球形勢的影響力做一比較時，可以發現「平衡的歐洲」與「失衡的亞洲」現象。從歷史的軌跡來看，二戰後保持歐亞之間權力對比的平衡，是最有利於美國掌握全球權力，並確立美國在世界上唯一強權的地位。[90]結冷戰束，美國將其全球戰略重心由大西洋彼岸的歐洲，向太平洋遼闊的亞洲挪移，有其主觀與客觀上的多重需要，也是採取「再平衡」戰略最根本的戰略思維。目前，在歐洲地區形成的權力架構已趨成熟，對美國不會造成潛在與立即性的威脅。美國在歐洲的傳統影響力與既得利益，短時間內面臨挑戰的可能性不高。反而是新興國家林立的亞太地區，權力對比相對失衡，新興國家對區域穩定造成不同

---

89 Tom Donilon, *The United States and the Asia Pacific in 2013,* (New York, The Asia Society, March 11, 2013).

90 沈強，《國際戰略環境的新變化與中國戰略機遇期新階段：2011年國際形勢討會論文集——美國全球戰略調整：戰略重心更多向亞太傾斜》，（北京：世界知識出版社，2012年），頁75-76。

層度上的威脅，對美國在該地區維持主導地位構成嚴重挑戰，及早建構「平衡的亞洲」，顯然是基於美國利益的戰略調整。[91]

美國在小布希政府執政的八年期間，全球戰略的核心就是反恐，資源投放最多的地區就在中東。自美國2001年發動全球反恐戰爭以來，僅在阿富汗和伊拉克的兩場戰爭，就已成為消耗美國軟、硬實力的巨大黑洞。美國對亞太地區自然無法兼顧，小布希政府的官員多次缺席亞太地區重要的多邊活動，美國在該地區的影響力明顯下降。事實上，因為21世紀美國的外交和經濟防線並不在中東和歐洲，而是在亞洲。因此，美國要把外交、經濟、軍事安全和價值觀傳播的重點，全面向亞洲轉移。[92]

（二）地緣經濟快速翻轉

若是由地緣經濟與區域安全的角度來看，「歐強亞弱」與「歐富亞貧」的傳統態勢正在進行翻轉。尤其是近年亞太經濟保持著高速的增長，這不僅縮小了亞歐之間在經濟上不平衡的歷史落差，從全球資源、科技研發與地區需求的態勢上來看，亞太地區的經濟規模早已經超越傳統的歐洲。[93]從美國與歐亞兩地經濟依存的趨勢上觀察，美歐經濟關係經過長期的發展，已接近需求的飽和，相對成長的空間有限。而美國與亞太地區的經濟依存度，存有樂觀的發展未來。亞太地區的經濟規模已經佔據全球一半以上，新興市場的供需範圍亦是全球之最，其人口總數、GDP總量都列居世界第一。美國前十大貿易合作

[91] 朱琨，〈從霸權主義到新帝國主義——淺析美國對外政策的戰略轉向〉，《太平洋學報》，2008年，第1期，取自http://d.wanfangdata.com.cn/Periodical_tpyxb200401006.aspx（2019年3月15日）。

[92] Hillary Clinton, "America's Pacific Century-The future of politics will be decided in Asia, not Afghanistan or Iraq, and the United States will be right at the center of the action.", *The Foreign Policy,* OCT 11, 2011, https://foreignpolicy.com/2011/10/11/americas-pacific-century/ (accessed 1 Jan, 2019)

[93] 謝金河，〈世界經濟版圖大挪移〉，《今週刊經濟名人專欄》，2007年11月，頁156。

夥伴中，就有6個來自亞太地區。其中，僅APEC成員國家總人口數量即達27億，占全球40%，各成員經濟總量占全球一半以上，貿易量占全球總量的40%以上。因此，亞太地區市場不但是全球最富有活力的市場，更是美國不可或缺的經濟版圖。[94]

當然，亞太經濟發展的好壞，亦直接影響美國的總體經濟發展，而世界其他經濟大國或貿易集團也對亞太地區抱有極大的期待，並成為各先進國家爭奪新興市場最激烈的地區。[95]放眼全球，美國欲維持經濟優勢地位的希望，未來只能寄情於亞太地區。從短期來看，歐巴馬在國會允諾的出口倍增計畫，決不可能指望自身難保的歐洲，而太平洋彼岸的亞太地區才是美國有待開發的巨大市場。[96]從長期來看，亞太地區不但是美國未來希望所在，而且是拯救美國脫離財政危機的「牛奶與蜜」之地。

（三）區域衝突明顯增加

從地區衝突的地緣形勢來看，歐洲軍事安全態勢已由冷戰期間的緊張情勢，轉化為相對穩定的後冷戰權力平衡。相反地，亞洲地區進入後冷戰時期，因為新興國家發展快速，在經濟成長的帶動下，軍事力量隨之提升。相關國家有的是歷史遺留的主權爭議，有的為了爭取發展需要的自然資源，還有的是極端國家的核武威脅，都造成亞太地區在整體安全環境上愈形惡化。從區域安全的風險評估來看，亞太地區是全球軍事衝突的熱點地帶，冷戰期間發生的局部戰爭不曾間斷，

---

94 張茉楠，〈美國「太平洋世紀」的核心戰略〉，《新加坡聯合早報》，2011年11月15日，取自https://www.zaobao.com.sg/wencui/politic/story20111115-173223（2019年1月2日）。

95 “WTO downgrades outlook for global trade as risks accumulate”, *The World Trade Organization*, 27 Sept, 2018, https://www.wto.org/english/news_e/pres18_e/pr822_e.htm (accessed 2 Jan, 2019).

96 張翔一，〈歐債危機，最糟的三種狀況〉，《天下雜誌》，482期，2011年，取自http://www.cw.com.tw/article/article.action?id=5027047（2019年1月2日）。

這與歐洲長期處於相對穩定的局面，形成明顯的對比。對美國而言，冷戰期間發生的韓戰與越戰，是美國無數子弟遠赴亞洲流血犧牲換來的教訓。美國投注最多資源歐洲防線，反而相安無事。雖然亞太地區表面上風平浪靜，但從未來發展的趨勢上分析，該地區在歷史上的戰爭仇恨未消，意識形態上的矛盾未解，近來又不斷出現領土主權上的爭議，地區安全領域中的不確定性因素持續增加。[97]

比較歐、亞兩地的安全架構，亞太地區至今仍缺少成熟型的集體安全機制，例如在歐洲地區的「北約」組織。美國在亞太地區的盟友大多為雙邊安全架構，未見常態下的多邊軍事運作機制。一旦爆發區域衝突，美國將缺少有效的集體安全協調機制，緊張情勢若是持續升高，造成危機失控的可能性相對增加。[98]在軍事投資與整備上，亞太地區已成為冷戰後全球軍備增長，及核武擴散最快的地區，軍備競賽持續擴大將帶給地區安全的不確定因素不斷升高。

（四）應對中國快速崛起

進入21世紀以來，中國在全球政治、經濟、軍事及科技等方面實力不斷的增長。由於中國擁有穩定而眾多的人口，以及快速增長的國民經濟和國防支出，經常被國際社會視為一個崛起的超級大國。作為經濟發展最快的新興國家之一，中國不但在國際舞臺上扮演重要角色，也在聯合國安理會常任理事國佔有一席之地。中國雖然被普遍認為是一個崛起的大國，但是仍然有許多國內外的不利因素尚待克服。目前中國在世界上的影響力雖然還沒有達到美國的地位，但是其發展的速度與能量卻已具備第二個超級大國的態勢，甚至有可能超越美

---

97 Stephen Hadley, “Asia Pacific Major Power Relations and Regional Security”, *The Carnegie-Tsinghua Center*, June 21, 2014, https://carnegietsinghua.org/2014/06/21/asia-pacific-major-power-relations-and-regional-security-pub-56018 (accessed Jan, 1, 2019).

98 鄭永年，〈亞洲的安全困境與亞洲集體安全體系建設〉，《和平與發展》，第5期，2011年，取自http://www.cssn.cn/gj/gj_gwshkx/gj_zz/201310/t20131026_587348.shtml（2019年1月2日）。

國。對於主導現狀的美國而言，自然產生可能被挑戰的威脅，「修昔底德陷阱」的危機意識始終圍繞著美國。[99]英國《經濟學人》雜誌在「中國軍力辯論」研討會指稱，中國軍力增長導致亞太鄰國將資源從刺激經濟增長轉向增強軍事能力。中國強勢的軍事擴展行動，正在挑起一場地區軍備競賽，中國周邊的鄰國正在提升防衛能力，同時歡迎美國增加在亞太地區的平衡角色。[100]

二、「再平衡」戰略的內涵

自2009年開始，美國外交政策的重心從中東轉向亞太地區，「亞太再平衡」戰略成為歐巴馬政府的施政藍圖，然而，具體內容及規畫方向倒底為何？幾年下來美國官員在全球馬不停蹄的宣傳與宣誓，外界仍然瀰漫著眾說紛紜的臆測。[101]為了澄清外界的疑慮，國家安全顧問唐尼倫在華府智庫戰略與國際研究中心（CSIS）的演說中，將「再平衡」政策以五大支柱作為政策方針，不厭其煩地向外界澄清說明。這五大支柱包含：第一、加強與盟友的關係，美國重視與日本、韓國、泰國、菲律賓和澳大利亞等國家的聯盟關係。第二，與新興國家印度和印尼加強關係。第三、與中國建立以合作與競爭為特點的新型關係。第四，加強區域機構，發展與東盟的關係。第五、推動《跨太平洋戰略經濟夥伴協定》（TPP），並結合《跨大西洋貿易和投資夥伴關係協定》（TTIP），幫助美國發展與太平洋國家及大西洋國家的

---

99 James Holmes, "Can America and China Avoid the Pull of the Thucydides Trap?", *The National Interests,* October 19, 2018, https://nationalinterest.org/feature/can-america-and-china-avoid-pull-thucydides-trap-33912 (accessed 2 Jan, 2019).

100 Andrew Krepinevich, Dingli Shen, Matthew Symonds, "China's military: Statements", *The Economist Debate,* Apr 20th 2012, http://www.economist.com/debate/days/view/831/print (accessed 2 Jan, 2019).

101 Peter Drysdale, "America's pivot to Asia and Asian akrasi", *The East Asia Forum,* November 26th, 2012, http://www.eastasiaforum.org/2012/11/26/americas-pivot-to-asia-and-asian-akrasia/ (accessed 03 Jan, 2019).

經濟關係。[102]美國國務卿希拉蕊在《外交政策》雜誌撰文〈美國的太平洋世紀〉，完整論述21世紀的亞太地區對美國的重要性，內容置重點在「六大關鍵」的行動方針。分別是：加強雙邊安全聯盟、深化與新興大國的關係、參與區域性多邊機構、擴大貿易和投資、打造前沿軍事存在、促進民主和人權。[103]國防部長潘尼塔亦於新加坡香格里拉對話會議上，詳細地向國際社會說明美國的亞太戰略，強調美國仍是維護安全與穩定的全球力量，並將透過輪換部署及加強建立新的夥伴關係，以維持全球的前沿軍事佈署。[104]

當時序進入歐巴馬政府第二任期時，針對「再平衡」戰略的解釋仍然不曾間斷。2013年時任國防部長黑格爾（Chuck Hagel），同樣在香格里拉對話的重要場合發表演說。並指出「再平衡」戰略是一種包含外交、經濟與文化政策的戰略，同時增加亞太地區地面部隊的部署。[105]2015年時任國防部長卡特（Ashton Carter）在亞利桑那州就「亞太再平衡」政策進入新一階段發表演講。[106]強調美國將投資開發包含太空、電子戰等先進武器，並向亞太地區重點部署。美國將強化美日韓同盟以及其他夥伴關係，並具體提到新的《日美防衛合作指針》。美國亦將TPP的推動與簽署，視為「亞太再平衡」戰略最重要

---

[102] Thomas Donilon, "President Obama's Asia Policy and Upcoming Trip to the Region", *Center for Strategic and International Studies*, Nov 15, 2012. https://www.csis.org/events/statesmens-forum-honorable-thomas-edonilon-us-national-security-advisor (accessed April 9, 2019).

[103] Hillary Clinton, "America's Pacific Century: The Future of Geo-policics will be decided in Asia, Not in Afghanistan or Iraq, and the United States should be right at the center of the action", *Foreign Policy*, November, 2011, pp.56-63.

[104] Leon E. Panetta, "Remarks by Secretary Panetta at the Shangri-La Dialogue in Singapore", *The U.S. Department of Defense*, June 02, 2012. http://archive.defense.gov/transcripts/transcript.aspx?transcriptid=5049 (accessed April 9, 2019).

[105] Chuck Hagel, "Remarks by Secretary Hagel at the IISS Asia Security Summit, Shangri-La Hotel, Singapore", *The U.S. Department Of Defense*, June 01, 2013. http://archive.defense.gov/transcripts/transcript.aspx?transcriptid=5251 (accessed April 9, 2019).

[106] Ash Carter, "Remarks on the Next Phase of the U.S. Rebalance to the Asia-Pacific", *The U.S. Department Of Defense*, News Transcript, April 6, 2015. https://dod.defense.gov/News/Speeches/Speech-View/Article/606660/ (accessed April 9, 2019).

的組成之一。同時提出美國在亞洲建立一個「有原則的安全網絡」，這是美國面向下一波亞太安全的新戰略概念。[107]目的是要將地區內的雙邊或多邊的安全機制全都包括進來，形成一個安全網絡，保住亞洲的主要價值，並且分攤各項防衛支出。

從上述幾份重量級人物的「政策宣示」中，為了便於透視美國「再平衡」政策的核心內涵，我們可以系統化地將它們綜整成「外交行動」、「經濟發展」及「軍事佈局」三大支柱，而且是齊頭並進同步展開。

（一）外交行動

2009年1月20日，歐巴馬在華府宣誓總統就職並高喊著口號：「不要等待改變，我們就是改變本身。」首先進行改變的就是美國的外交行動。

1、領導高層頻繁出訪亞太

2009年歐巴馬上任後第一年即訪問亞洲。在首站日本的演說中，不但自稱是美國歷史上的第一位「太平洋總統」，同時反覆地強調美國是「亞太國家」。[108]在其兩屆總統八年任期的過程中，總共出訪亞太地區多達十次，足跡遍佈亞洲幾乎所有重要的國家。首任國務卿希拉蕊上任後首次出訪也是選擇亞太，不斷強調美國不是亞洲的過客，而是一個常住亞太的國家，任職期間出訪亞太更是多達16次（出訪中國7次）。[109]美國高官頻頻出訪亞太凸顯了亞洲在美國政治議程中的

---

[107] Ash Carter, "The Rebalance and Asia-Pacific Security Building a Principled Security Network", *The Foreign Affairs,* November/December 2016 Issue, https://www.foreignaffairs.com/articles/united-states/2016-10-17/rebalance-and-asia-pacific-security (accessed 03 Jan, 2019)

[108] George F. Will, "Obama: First Pacific President?", *The Newsweek,* 20 Nov, 2009, https://www.newsweek.com/obama-first-pacific-president-76661 (accessed 03 Jan, 2018).

[109] "Presidential and Secretaries Travels Abroad－Secretaries Hillary Rodham Clinton", *Bureau of Public Affairs, The United States Department of State,* https://history.state.gov/departmenthistory/

重要地位。在希拉蕊首訪的亞太行程中包含有日本、印尼、韓國和中國大陸等4國，並且在行程中表示：「美國回到東南亞了！歐巴馬總統和我都相信，東南亞地區對全球的進步、和平和繁榮至關重要。我們所面對的挑戰相當廣泛，從地區安全、經濟危機到人權和氣候變化，美國都將與東協夥伴全面接觸。」[110]希拉蕊的出訪不但吹響了美國重返亞太的號角，同時也帶動了美國高層官員頻繁出訪亞洲國家的風潮。美國宣佈將在東協設立使節團，派遣常駐的官方大使，並與東協簽署《友好合作條約》，如此積極的態度，意在傳答歐巴馬政府與小布希政府在亞太戰略上的不同。[111]希拉蕊在亞洲創造了很多歷史上美國國務卿工作的第一次，她是第一個出訪東帝汶和太平洋島國科克群島的國務卿，也是第一個走遍東協10國的國務卿。[112]

2、加強傳統盟國合作關係

美國現今的挑戰，是如何建構堅固又持久的跨太平洋夥伴關係，並像過去成功組建的跨大西洋聯盟一樣緊密，以期將美國的利益和價值擴散到世界每個角落。美國與日本、南韓、澳大利亞、菲律賓和泰國等傳統盟友的關係，在歷史上已經確保了半個多世紀的地區和平與安全，為亞太地區令人驚羨的經濟崛起，建構有利的環境與機遇。在安全挑戰不斷演變之際，美國利用這些傳統盟邦關係，維持在亞太地區的絕對影響力。儘管這些聯盟關係帶給美國多種利益，但是美國仍

---

travels/secretary/clinton-hillary-rodham (accessed 03 Jan, 2019).

110 Remarks by Hillary Rodham Clinton," Keynote speaking at the ASEAN Regional Forum", *The U.S. Department of State,* July 23, 2009. http://www.state.gov/secretary/rm/2009a/july/126373.htm (accessed 03 Jan, 2019).

111 任禹陽，《美國重返亞洲之路第三集：外交努力》，美國之音中文網，2012年10月01日，取自rhttp://www.voachinese.com/content/back-to-asia-epo3- 20121001 /1518264.html（2019年1月3日）。

112 Karim Sadjadpour, Kim Ghattas, David Rothkopf, "The Secretary: A Journey With Hillary Clinton", *the Carnegie Endowment,* March 4, 2013, http://carnegieendowment.org/2013/03/04 /book-launch-secretary-journey -with- hillary-clinton-to-new-frontiers-of-american-power/fiv6 (accessed 03 Jan, 2019)

需不斷更新與修正，以適應日新月異的全球挑戰。鞏固盟邦的外交指導方針計有三項核心原則：首先；在盟邦之間保持政治上的認同與支持。其次；確保盟邦具有靈活性和適應能力，以便成功因應新崛起的挑戰。第三，保證盟邦的防禦能力和防衛設施，在運作上能夠達到遏阻效果，以應對各種挑釁與挑戰。[113]2016年1月，美國戰略與國際研究中心（CSIS）向國會提交了《亞太再平衡2025》報告。在回顧歐巴馬政府實施「亞太再平衡」戰略調整進展的基礎上，該報告向美國政府提出的具體建議中，仍是將「調整美國政府內部以及與盟國和夥伴國的亞洲戰略」與「加強盟友與夥伴國的能力、適應力、交互操作協調能力」兩項，視為持續重點加強的戰略內涵。[114]

3、建立新興國家夥伴關係

回顧唐尼倫對「再平衡」政策的四大支柱說明，其中第二根支柱就是在亞洲新興國家之間打造深度的夥伴關係。除了傳統的盟國之外，美國也不斷加強與新興國家的關係，藉以展現歐巴馬在外交政策上的亞洲新思維。國務卿希拉蕊曾公開表示：「美國藉由強化與亞洲傳統盟友的關係，並與新興國家共築新型夥伴關係，一起構建全球性的合作網絡，幫助大家解決無法單獨由某一國家解決的問題」。其實這樣的詮釋有其多重的涵意。首先，美國不僅不會忘記日本和韓國這樣的「老朋友」，而且還要加強彼此的關係；第二，美國需要尋求更多的「新朋友」，以建構不同的地區關係；第三，美國承認無法憑一己之力單獨解決問題，尤其是面對當前多種跨國性危機，需要更多的朋友支援。[115]

---

[113] Kurt Campbell, "America must be responsible in its pivot to Asia", *The Financial Times, Asia-China Foreign Policy,* March 19, 2013, http://blogs.ft.com/the-a-list/2013/03/19/america-must-be-responsible-in-its-pivot-to-asia (accessed 03 Jan, 2019).

[114] Michael J. Green, Kathleen H. Hicks, "Asia-Pacific Rebalance 2025-Capabilities, Presence, and Partnerships", *The Center for Strategic and International Studies* (CSIS), January 19, 2016, https://www.csis.org/analysis/asia-pacific-rebalance-2025 (accessed 03 Jan, 2019).

[115] "Hillary's Farewell Speech: Read the Transcript", *The Daily Beast,* 02 Jan, 2013, https://www.

在這些新興國家中，特別是與越南、寮國、緬甸以及印度等國家的夥伴關係，可以帶給美國在地域內形成「點、線、面」的影響力。儘管有些國家仍然不符美國的自由民主普世價值，但是美國仍可擅用巧實力策略，逐步與各別國家進行正面影響。例如美國主動與緬甸人權鬥士翁山蘇姬會面，討論如何解除對緬甸經濟制裁的條件，與緬甸政府的革新政策。[116]另亦爭取與越南合作的機會，除了可以加強美國與東協國家的關係，加快宣導亞太自由貿易區的整合，又可利用經貿和投資為誘因，促使越南在「民主」與「人權」方面進行努力。雖然美越兩國長期存有政治上的分歧，但雙方對於建立更高層級的外交關係亦有共識。美國積極加強與印度的合作關係，一方面是印度與中國之間存在領土爭端和歷史過節；另一方面是印度處於民主轉型階段，希望加強合作有助於達成重返亞洲及制衡中國的目標。[117]

4、加強與東協之間互動

建立與參與亞太地區多邊機制，是「再平衡」政策的主要具體行動之一。因此，每當亞太地區的團體討論到重大的安全、政治和經濟問題時，美國總是盡力尋求擁有談判的一席之地。過去在小布希政府時代過度聚焦於國際反恐，忽略經營東南亞國家的關係，甚至於連續兩年缺席東協國家的高峰論壇，導致中國與俄羅斯先一步簽署《東南亞友好合作條約》，並與東協發展更緊密的關係。歐巴馬上任後立即改變以往的冷淡態度，國務卿希拉蕊親自帶隊參加東協外長擴大會議，並與東協完成友好合作條約的簽署。東協成員橫跨印度洋與太平

---

thedailybeast.com/hillarys-farewell-speech-read-the-transcript (accessed 04 Jan, 2019).

116 Derek Mitchell, "Ambassador Mitchell's Press Conference on U.S.-Burma Relations", *Department Of State,* 14 September 2011, http://iipdigital.usembassy.gov/st/english/texttrans/2011/09/20110914164949su 0.1002553.html

117 齊皓，〈歐巴馬政府第二任和美國內政外交面臨的挑戰〉，收錄於黃平、倪峰主編，《美國問題研究報告（2013）：構建中美新型大國關係》（北京：社會科學文獻出版社，2013年），頁68。

洋，成員國包括：汶萊、柬埔寨、印尼、老撾、馬來西亞、緬甸、菲律賓、新加坡以及泰國和越南。據東協組織官方資料，東協10國人口約6.34億，國內生產總值達約2.77兆美元，是繼美、中、日、德、英國之後的全球第六大經濟體，在亞洲則是僅次於中國與日本的第三大經濟體。[118]歐巴馬主動表達希望參加東亞峰會的意願，並強調：「東亞峰會在應對當代的挑戰發揮重要作用，美國期待以更正式的方式與之接觸。」[119]藉由峰會美國試圖影響東協國家的議程，進而推動東亞峰會成為地區政治和安全對話的主要管道。除了傳統的安全合作議題之外，美國還與湄公河下游國家合作，啟動湄公河流域行動計畫，與泰國、越南、柬埔寨、寮國合作進行「下湄公河倡議計畫」，集中在功能性（環境、衛生與教育的援助）議題。[120]

5、介入東海與南海衝突

首先，在東海的衝突中，中日之間的釣魚島問題是首當其衝。[121]美國原先採取「模糊中立」的態度，不願意得罪中日任何一方。但自2011年釣魚島發生「中日撞船事件」後，美國為了在地區內掌握實質主導權，也針對中國的崛起有所防範，開始公然聲稱釣魚島適用於《日美安保條約》，並舉行美日聯合島嶼防衛演習。[122]另於2013年中

---

[118] The ASEAN Secretariat, "ASEAN Economic Integration Brief-Regional Economic Outlook", No. 01, JUNE 2017, https://asean.org/storage/2017/06/AEIB_No.01-June-2017_rev.pdf (accessed 04 Jan, 2019).

[119] 張國威，〈歐巴馬亞洲行主攻南海議題〉，《中時電子報》，2015年11月14日，詳參https://www.chinatimes.com/newspapers/20151114000877-260301?chdtv（2019年4月9日）。

[120] 宋鎮照，〈敲開中南半島區域共同體的瀾湄合作〉，《海峽評論》，第326期，2018年2月號，https://www.haixia-info.com/articles/9810.html（2019年3月16日）。

[121] 中華民國外交部條約法律司，《外交部歷年來就釣魚臺主權問題之聲明》，外交部亞東關係協會，2011年，取自http://www.mofa.gov.tw/official/Home/Detail/（2019年3月16日）

[122] Paul Eckert, "Treaty with Japan covers islets in China spat: U.S. official", *The Reuters,* Sep 21, 2012, https://www.reuters.com/article/us-china-japan-usa/treaty-with-japan-covers-islets-in-china-spat-u-s-official-idUSBRE88J1HJ20120920 (accessed Mar 16, 2019).

國宣佈劃定「東海防空識別區」，不僅與日、韓防空識別區重疊，亦涵蓋爭議的釣魚台列島，美國對此提出尖銳批評，稱中國試圖改變地區現狀破壞地區穩定。美國軍機借機頻繁進入中國在東海劃設的防空識別區，並宣稱從未承認中國劃設的東海防空識別區。[123]

南海的衝突來自於周邊國家爭奪位於南海海域西沙與南沙群島的主權而起，身為區域外的美國以往均持中立態度。但自從2010年起，一些南海問題的聲索國試圖拉攏美國來平衡中國的勢力，為美國介入此問題提供理由。[124]國務卿希拉蕊公開聲稱：「在南海自由航行，保持亞洲海上事務的開放狀態，在南海地區尊重國際法，這些都關乎美國利益。」[125]美國總統歐巴馬亦在東協高峰會上，主動呼籲各方以和平方式解決南海的主權爭議，強調南海的航行自由很重要。在美國主動的干涉之下，越南和菲律賓顯得格外高調，在此問題上採取更具挑釁的行動，助長南海問題演化成為中國與東協國家關係中的障礙和熱點問題。在中國政府的眼中，美國一反先前聲稱的中立地位，就是干涉中國主權與圍堵中國戰略的最有力證明。

（二）軍事佈局

過去60年來，美國在亞洲的駐軍成功遏制地區的衝突，並維持安全穩定的發展環境。然而，近年地區快速發展伴隨衝突頻率增加，美國在亞太的駐軍必須隨著安全環境的變化及時做出調整。國務卿希拉蕊於夏威夷公開表示，美軍正在進行的全球態勢評估（global posture

[123] Michael D. Swaine, "Chinese Views and Commentary on the East China Sea ADIZ", *China Leadership Monitor,* no. 43, Feb 03, 2014, https://carnegieendowment.org/files/CLM43MSCarnegie013114.pdf (accessed Mar 16, 2019)

[124] "A Constructive Year For Chinese Base Building", *The Asia Maritime Transparency Initiative and The Center for Strategic and International Studies,* December 14, 2017 https://amti.csis.org/constructive-year-chinese-building/ (accessed April 9, 2019).

[125] Bonnie Glaser, "Trouble in the South China Sea", *The Foreign Policy,* Sep 17, 2012, https://foreignpolicy.com/2012/09/17/trouble-in-the-south-china-sea/ (accessed Mar 16, 2019).

review），為美國在亞太地區的前沿部署擬妥計畫。這項計畫將使美國的軍事佈局更具持久性、擴散性與彈性。[126]2011年6月，國防部長潘尼塔於新加坡舉行的「香格里拉對話」開幕致詞中宣佈：「美國將在亞太地區建構一種地理上更分散、行動上更靈活、政治上更可持久的部隊形態，並置重點於掌控制空權、空中機動、遠端打擊、核威懾、太空與網路空間，以及情報、監視與偵察等能力。」[127]針對未來美國將把戰略中心逐步轉移至亞太地區的相關軍事規劃與作為，重點如後：

1、強化地區前沿部署

歐巴馬政府在亞太地區的軍事戰略規劃，絕非僅是單純的政策宣示，各項在地區內強化前沿部署的細節，藉由政府高層的公開宣誓，與國防部的軍事戰略中，透露出初期規劃調整的內容：

- 「日本」駐軍調整：削減9000名海軍陸戰隊員、撤離第3陸戰隊遠征旅指揮部、撤離普天間陸戰隊航空基地，移駐至新建邊野古陸戰隊航空基地、撤離厚木海軍航空第5航母聯隊，移駐至岩國海軍航空站。
- 「南韓」駐軍調整：撤離原駐首爾龍山基地的9000名美陸軍部隊，並移往韓弗理陸軍衛戍營地。撤離非軍事區附近的第2步兵師約1萬人，並移駐至漢江南部。
- 「關島」駐軍調整：增加1500名固定駐防的陸戰隊員，和3,200名計畫性輪替部署的陸戰隊員。新增第3陸戰隊空地特遣部隊指揮部，增設海軍陸戰隊準將一名，修建核動力航母停靠的碼

[126] "Remarks by Secretary of State Hillary Rodham Clinton, America's Engagement in the Asia-Pacific", *The U.S. Department Of State,* October 28, 2010. http://www.state.gov/secretary/rm/2010/10/ (accessed 04 Jan, 2019)

[127] "Remarked by Secretary of Defense Robert M. Gates", *The U.S. Department Of Defense,* 04 June, 2011. http://www.defense.gov/speeches/speech.aspx?speechid=1578 (accessed 04 Jan, 2019)

頭與導彈防禦系統，在天寧島和北馬里安亞納群島增加訓練場地。[128]

- 「夏威夷」駐軍調整：增駐2,700名陸戰隊員，新增陸戰隊空地特遣隊。
- 「新加坡」駐軍調整：增加4艘瀕海戰鬥艦長期駐守。
- 「澳大利亞」駐軍調整：增加2500名海軍陸戰隊員（2012年先遣200人，以後逐步增加），新增海軍陸戰隊空地特遣部隊（達爾文基地）。

在海、空軍的配置上，預計在2020年以前美國海軍將把60%的艦隊主力調整至太平洋地區。這些艦艇中大約一半部署在日本及其周邊地區的前沿海域，包括美國最先進的航空聯隊、巡洋艦、驅逐艦和反潛力量，美國把最精銳的部隊放在西太平洋。[129]美軍同時提出「空海一體戰」的概念。它是一種立體作戰型式，強調美軍要充分利用在航太、網路、電子技術等方面的壟斷優勢，以關島和日、韓、澳等盟國的作戰和後勤基地為依託，以海、空、太空及網路空間作戰力量為主導，聯合構成一個以太空系統為核心，由海域平臺、空中平臺和太空平臺構成的多層次立體作戰體系，加速實現各種作戰力量的有效融合，在西太平洋戰區摧毀對手的「反介入／區域拒止」作戰能力。

2、鞏固雙邊軍事同盟

美國與傳統亞太軍事同盟的安全交流從來不曾間斷，至今與日、韓、澳、菲等盟邦舉行過多場聯合軍事演習，同時與相關國家維持穩定的對話交流機制，持續與地區內的國家交換安全形勢發展的不同觀

---

[128] 張頓，〈美國戰略轉移亞太　海軍新武器將亮相〉，《新紀元週刊》，第282期，2012年，取自http://mag.epochtimes.com/b5/284/10963.htm（2019年1月4日）。

[129] Fred Dews, "The U.S. Navy, China's Navy, and Future Maritime Strategy: Remarks by CNO Adm. Jonathan Greenert ", *The Brookings Institute*, November 5, 2014, https://www.brookings.edu/blog/brookings-now/2014/11/05/the-u-s-navy-chinas-navy-and-future-maritime-strategy-remarks-by-cno-adm-jonathan-greenert/ (accessed 04 Jan, 2019).

點。美日同盟被視為美國的亞太的「再平衡」基石。駐日美軍約有3萬5千人，分散於85個基地內，超過一半以上駐守在硫球群島。2010年中日因釣魚島發生「撞船事件」件更激化美日同盟的密切關係。2013年召開的「美日安全保障磋商委員會」會議（2+2會議），是美日新版《美日防衛合作指南》修改的起點，明確提到美日同盟應採取措施防止日本安全環境惡化，支持日本解禁集體自衛權，劍指中國的意味十分明顯。[130]

美韓兩國依據《美韓同盟未來展望宣言》（Joint Vision f or the Alliance of the US-ROK），於2012年之前移交戰時軍隊指揮權。然因2010年「天安號沈沒」事件與「延坪島炮擊」事件影響，韓國李明博政府主動向美國提議，將戰時指揮權移交時間延後。2013年5月，韓國總統朴槿惠訪美，並藉由簽署韓美自貿協定（FTA），韓美同盟在安保和軍事同盟的基礎上，新增了經濟同盟關係。[131]雙方將韓美同盟從「全面戰略同盟關係」，提升為在東北亞地區和全球事務中進行合作的「全球夥伴關係」。[132]

美菲軍事關係在南海主權爭議問題上，因為美國支持菲律賓而獲得加強。菲律賓除了與美國之間一年一度的「肩並肩聯合軍演」之外，兩國展開進一步協商，探討增加聯合軍事演習以及美國海軍訪問菲律賓港口頻率的問題。

美澳軍事同盟關係也在持續深化中，美國在澳大利亞設置了很多海軍通訊站、導航站、太空跟蹤站，用於監控太空發展太空軍事用途。根據美國和澳大利亞的協商，澳大利亞同意無限制地與美國分享軍事情報。2011年美澳共同宣佈美國將在達爾文部署2500名海軍陸戰

---

[130] "Joint Statement of the U.S.-Japan Security Consultative Committee", *The Ministry Of Foreign Affairs Of Japan*, October 3, 2013, https://www.mofa.go.jp/files/000016028.pdf (accessed 04 Jan, 2019)

[131] Abraham M. Denmark and Zachary M. Hosford, "Securing South Korea - A Strategic Alliance for the 21st Century", *The Center for a New American Security* (CNAS), Oct 2010, pp.2-3.

[132] 〈韓美首腦會談促韓美同盟提升為『全球夥伴關係』〉，《中國新聞網》，2013年5月8日，取自http://www.bjnews.com.cn/world/2013/05/08/262589.html（2019年1月4日）。

隊員，這是越南戰爭結束以來，美軍首次增加在澳大利亞的軍事部署。

3、打造多邊軍事關係

2011年公佈的《美國國家軍事戰略：重新定義美國軍事領導力》報告中指稱，美國要在亞太地區擴大多邊演習的範圍和參與度，同時擴展與印度、菲律賓、泰國、越南、馬來西亞、巴基斯坦、印尼和新加坡的軍事安全合作、交流和演訓活動，在整個東南亞和太平洋地區尋求推動更大範圍地區安全合作的新途徑。[133]依此戰略指導，美國與新加坡、越南、印度等國的軍事關係獲得強化。新加坡同意讓美國部署瀕海戰鬥艦4艘，並增加兩國軍隊聯合訓練與行動的機會。美國和印度在軍事合作協定上正組建一個「後勤支援協定」，這個協定允許兩軍使用對方的陸海空軍基地來進行補給維修。與此同時，美國通過高頻度雙邊和多邊軍演在亞太地區展示實力。據統計單單在2011年內，美國在亞太地區舉行的各種雙邊和多邊軍演就高達172次之多。[134]

（三）經濟合作

「再平衡」戰略的另一核心關鍵，就是「經濟」議題。美國希望抓住亞太經濟起飛的機遇，並搭上經濟增長的順風車，進行長期的、有系統的戰略佈局。[135]美國政府高調地在政治、軍事與外交棋盤上佈局，主要還是為了維持其大國地位。回顧歐巴馬總統初就任時，幾乎與一場嚴重的金融危機同步登臺，促使全球經濟權力板塊的消長產生改變。爭取亞太地區經濟高速成長的機遇，自然成為美國經

---

[133] The U.S. Department of Defense, *The National Military Strategy of the United States of America, 2011: Redefining America's Military Leadership,* (CreateSpace Independent Publishing Platform, December 11, 2012). pp. 45-48.

[134] 賴岳謙，《美國重返亞太戰略對亞洲權力結構的影響》，（臺北：秀威資訊出版社），2014年，頁68。

[135] 黃仿玉，〈美國對亞太地區新經貿策略佈局之研析〉，《經建專題研究》，2012年5月14日，頁183。

濟戰略重要的一環。為此，美國強化了相關政策配套的經濟戰略，使「再平衡」戰略目標更為全面。[136]亞太地區的經濟充滿活力，地區合作與機制不斷發展，為了能夠與中國所主導的「區域全面經濟夥伴關係」（RCEP）分庭抗禮，美國試圖透過「跨太平洋經濟夥伴關係協定」（TPP）來主導亞太地區的「合作機制」，以避免被排除在亞太區域整合的浪潮之外，同時也找到參與地區發展合作的快速通道。TPP是一個跨越太平洋東西岸，覆蓋亞洲、拉丁美洲和大洋洲的多成員自由貿易安排，最初由4個中小經濟體組成（新加坡、汶萊、智利和紐西蘭），經濟規模和影響力有限。但是，隨著美國決定加入並主導其運作模式之後，TPP就從一個默默無聞的小型自由貿易協定（FTA），成為一個號稱高品質的21世紀自由貿易協定，引起了全球的廣泛關注。

美國藉由對TPP的主導角色，全面介入亞太區域經濟整合的進程，其優點是；第一、可阻止亞洲形成一個沒有美國的貿易集團，維護美國在亞太地區的戰略利益。第二、全面介入東亞區域統合的進程，確保地緣政治、經濟與安全的利益。第三、重塑亞太區域經濟整合模式，稀釋中國與日本等區域大國的影響力。整體而言， TPP是跨區域國家之間的合作機制。從機制性質來看，TPP是具有約束力的自由貿易協定，機制化程度較高，較APEC與東亞峰會等官方論壇具較高的要求標準。未來的TPP將成為美國影響亞太區域經濟合作的重要工具。[137]

由上述可知，歐巴馬政府提出的亞太再平衡戰略，除了在軍事層面的戰略部署外，也透過參與多邊機制介入亞太地區的整合進程，同時持續推動該地區的經貿往來的自由開放，是一套全面性的戰略規劃。

---

[136] 余南平，〈冷戰思維不適合經濟競爭〉，《社會科學報》，2013年5月16日，取自 http://greatchina.ecnu.edu.cn/s/287/t/397/f6/06/info62982.htm (accessed Mar 11, 2019)

[137] 倪峰，〈美國重返亞洲及其評估〉，《美國戰略研究簡報》，2012年，第1期，頁21。

三、「再平衡」戰略的挑戰

經過歐巴馬第一任期對「亞太再平衡」戰略的實施，和第二任初期的調整，戰略的目標日益清晰，但內涵依舊模糊。戰略設計也存在著不平衡性，從而使得這一戰略執行上面臨來自多方面的挑戰。再平衡戰略起初過度聚焦在軍事領域，招致中國對美國意圖的猜疑，帶給美國與中國合作上的巨大障礙，特別是兩國在全球重大問題上的合作機會。[138]導致非軍事方面的戰略布局進展緩慢，也使得歐巴馬政府被批評為在履行承諾方面表現軟弱。除此之外，還有許多造成戰略本身大打折扣的因素，在此分述如後：

（一）美國財政持續緊縮

透過金融危機後的復原階段，美國財政問題的嚴重性全球有目共睹，針對「再平衡」戰略所涉及的龐大投資，美國的傳統盟友均持懷疑與觀望的態度。[139] 2013年歐巴馬政府第二任國務卿凱瑞（John Kerry）在洛杉磯時報發表專文〈建構一個太平洋未來〉（Forging a Pacific future），強調美國作為太平洋強權，必須與盟邦合作面對挑戰，形塑太平洋未來。如此刻意的公開投書，外界普遍認為是美國官員對「再平衡」戰略的信心喊話。[140]削減政府財政赤字與提高債務上限，始終是歐巴馬上任後的國內焦點話題。在美國政府累計的沉重歷史債務中，國防開支不斷攀升是主要原因。

---

[138] 周琪，〈美國再平衡戰略的實施及新挑戰〉，文章收錄於《美國研究報告2015》，（北京：社會科學文獻出版社），2015年，頁4-12。

[139] 林正義，〈美國『自動減支』的國防衝擊〉，《自由時報》，2013年9月3日，第14版。

[140] John F. Kerry, "John Kerry on forging a Pacific future", *The Los Angeles Times*, Op-Ed, October 18, 2013. https://www.latimes.com/opinion/la-xpm-2013-oct-18-la-oe-kerry-asia-20131018-story.html (accessed April 9, 2019).

美國財政部2012年9月宣佈，美國國債總額已超過16兆美元，創下有史以來最高紀錄，相當於每個美國人至少負債5萬美元。[141]美國面臨如此巨大的財政赤字，儘管歐巴馬總統一再的表示，「再平衡」政策不會受到影響，果真是如此嗎？2013年3月，美軍太平洋司令洛克利爾在眾議院軍事委員會的聽證席上承認：「自動刪減機制將削減大量軍費，已經危及到美軍在亞太地區的軍事戰略，而且近期就會波及美軍在太平洋地區的訓練、部署及演習，長久下去更會惡化成一場雪崩。」[142]國防部長黑格爾亦公開說明在自動刪減機制的威脅下，若不減少美軍的兵力規模，就需要放棄獲得最新的武器裝備。國防部已使出渾身解數來應對預算不足的問題，其中包括美文職雇員被迫休「無薪假」，同時裁減國防部、參謀首長聯席會議、作戰指揮部等總部的20%預算。[143]華府智庫「卡托研究所」（CATO）賈斯汀・洛根（Justin Logan）也公開表示：「在財政問題嚴重的今天，美國本身應該減少在亞洲的負擔，並且引導亞太國家為自己的安全與利益付出貢獻。雖然中國逐漸成為亞太地區的強勢力量，但是，短期內中國不會成為迫切威脅的強大的國家。」他認為美國若在平衡中國方面減少介入，其他國家才會主動做得更多更好。美國如果總是把自己當成主角，會給自己帶來很多沈重的負擔。[144]

---

[141] Chris Cox and Bill Archer, "Cox and Archer: Why $16 Trillion Only Hints at the True U.S. Debt", *The Wall Street Journal*, Nov. 28, 2012, https://www.wsj.com/articles/ (accessed 6 Jan, 2019).

[142] Samuel J. Locklear III, "The Posture of the U.S. Pacific Command and U.S. Strategic Command", *The House Armed Services Committee*, 05 March, 2013, http://www.pacom.mil/commander/statements-testimony/20130305 (accessed 06 Jan, 2019).

[143] Chuck Hagel, "Statement on Strategic Choices and Management Review", *The U.S. Department of Defense*, Wednesday, July 31, 2013. http://archive.defense.gov/Speeches/Speech.aspx?SpeechID=1798 (accessed 06 Jan, 2019).

[144] Justin Logan, "Rebalancing the Rebalance", *The Cato Institute*, January 14, 2013. http://www.cato.org/publications/commentary/rebalancing-rebalance (accessed 06 Jan, 2019).

（二）中東問題難以脫身

歐巴馬政府上臺後，美國在亞太地區的政軍互動明顯增加，意在突顯美國轉向亞洲的決心。但是持續動蕩的中東局勢，卻總是使美國難以抽身。這些地區性的緊張情勢，往往不是突然形成的，而是日積月累的歷史仇恨與利益爭端。中東地區複雜的衝突與動亂，不會在短時間內獲得和解，更不可能由美國單獨作主決定。曾任卡特政府國安顧問阿米泰・艾齊奧尼（Amitai Etzioni）教授，在其外交研究《美國重返東亞：一個過早的決策》（*The United States' Premature Pivot to Asia*）專書中表示，歐巴馬政府的重返亞洲政策，其實目前是不合時宜的。他認為中國並不是美國的對手，而且還可以成為美國的夥伴，中東才是美國的戰略重點，美國的安全威脅主要也來自中東。[145]無論是從短期看還是從中長期觀察，中國都不太會對美國構成致命性的威脅。相反地；美國在中東面臨的挑戰卻是致命性的。美國尚未制定好長期的中東戰略，中東地區舊的問題未獲解決，新的衝突不斷出現，其中包含如何應對巴基斯坦國內可能發生的問題，更無法保證阿富汗與伊拉克未來的穩定，伊朗的核問題更顯棘手，「再平衡」政策將會分散美國的注意力與有限資源。[146]

布魯金斯學會資深研究員邁可・歐漢龍（Michael O'Hanlon）在華盛頓郵報為文表示：「歐巴馬在第二任期內，其外交政策的首要議題應該是伊朗，特別是如何阻止伊朗獲取核武器，並同時避免與其發生軍事衝突。」[147]一個狂熱的伊朗領導人，極容易出現形勢上的誤判行為。假設未來伊朗真的擁有了核子武器，將會給美國及其盟友的安全帶來重大的影響。中東局勢動盪不斷帶給美國多重的挑戰，令美國難

---

[145] Amitai Etzioni, *The United States' Premature Pivot to Asia*, The Washington D.C.: George Washington University, August 21, 2012, pp.56-77.

[146] Amitai Etzioni, "No Pivot to Asia", *Diplomatist*, March 2013, Vol. 1, Issue 1, pp 59-61.

[147] Michael O'Hanlon and Bruce Riedel, "Preventing a nuclear Iran" *The Washington Post*, 23 March, 2012.

以專心的處理亞太事務。美國大動作的重返亞太政策，不但弱化了美國對中東地區的反應能力，美國在中東盟友，如果受到了來自伊朗的威脅，也會直覺地認為是被美國所拋棄。[148]美國「再平衡」政策必須有中東的穩定做為後盾，另有學者羅伯特・卡根（Robert Kagan）為此在評論中寫下注解：「每次歐巴馬政府試圖轉向亞洲時，中東問題總是把它又拉了回來。」[149]

（三）中國疑慮持續加深

無論是在全球領域或是地區問題上，美中兩國擁有許多共同利益，維持地區的和平與穩定，一直是雙方努力的目標。而且美國在許多全球性的議題上，還需要中國的多方面合作，美國顯然不可能在尋求對抗中國的同時，還期望獲得中國的善意合作。智庫學者賈斯汀・洛根指出，美國對中國的戰略本身存在矛盾，未來兩國真正的挑戰就是在這些矛盾的地方。如果美國與中國不斷接觸與貿易，美國就能瞭解中國為何會拓展自己利益範圍，同時打造相當的軍力來保障國家利益。美國目前高調轉向亞太地區的做法，增加了中國政府的警覺性，如果美國低調一些，或許會有助於調和兩國關係。[150]

美國學者陸伯斌（Robert S. Ross）在《外交事務》雜誌撰文表示，歐巴馬力推「亞洲再平衡」的戰略，一部份是建立在對中國的錯誤認知上，這對美中兩國關係和亞太地區的穩定發展造成非常不利影響。首先；中國近年來一系列的強硬態度，並非是出於擴張領土的野心，而是為了鞏固其國家主權與國內政權的合法性。其次；美國過度誇大了中國的軍事實力，及中國可能對美國帶來的安全威脅。[151]中

---

[148] Amitai Etzioni, op. cit., pp. 59.

[149] Robert Kagan, "United States can't pivot away from Middle East", *The Washington Post*, 20 Nov, 2012.

[150] Justin Logan, "Rebalancing the Rebalance", *Cato Institute*, January 14, 2013, http://www.cato.org/publications/commentary/rebalancing-rebalance (accessed 6 Jan, 2019).

[151] Robert S. Ross, "The Problem With the Pivot: Obama's New Asia Policy Is Unnecessary and Counterproductive", *The Foreign Affairs*, November/December 2012, pp.45-48.

國深知美中兩國軍力的懸殊，更知道「再平衡」政策是對中國一種淺顯易懂的挑戰，美國如果在雙方關係上處理不當，不但不利於亞太穩定，反而在區域內帶來更多的緊張和衝突。地緣戰略專家布里辛斯基（Zbigniew Kazimierz Brzezinski）在華府智庫公開表示歐巴馬的「再平衡」戰略，帶來的意外後果是美中關係的不信任感加深。[152]其實歐巴馬本人對中國並不強勢，被大眾媒體炒作之後，卻給中國人留下這是美國想統治和包圍中國的強硬感覺。美國既是跨大西洋國家，也是跨太平洋國家，美國現在將軍隊從阿富汗撤出後，不是部署在更危險的波灣地區，而是部署在遠東地區；中國人難免會得出結論，認為此舉意在中國。倘若中國的不信任感持續加深，即使美國在亞洲其他國家取得重大進展，也無法實現「亞太再平衡」政策的綜合性目標。[153]

（四）亞太國家不願選邊

中國周遭的亞太國家普遍對美國「再平衡」戰略抱持一種矛盾的心態。一方面，它們希望美國「重回亞洲」，並以此來平衡中國快速增長的影響力，甚至指望面對中國的爭端事務中，美國能為自己撐腰。另一方面，它們又希望搭上中國經濟快速發展的順風車，為自己國家謀求更多的經濟利益。如今，中國已是日本、韓國、東協國家、澳大利亞等多數周邊鄰國的最大交易夥伴和主要相互投資夥伴，相互間的重大經濟利益是維護周邊國家與中國友好合作的強大動力，它們普遍不願見到美中兩國之間發生嚴重碰撞，更不希望被迫在兩者之間選邊站。2012年在柬埔寨舉行的第45屆東協外長會議中，多數東協國家都反對將菲律賓等國與中國有關「南中國海」的領土爭端，納入會

---

[152] Zbigniew K. Brzezinski, "Interpreting Xi Jinping's First Trip Abroad: Glimpses of an Emerging Diplomatic Strategy?", *Center for Strategic and International Studies*, Apr 24, 2013, http://csis.org/event/interpreting-xi-jinpings -first-trip-abroad (accessed 6 Jan, 2019).

[153] 黎安友、施道安，《沒有安全感的強國：從鎖國、開放到崛起，中國對外關係70年》，何大明譯，（臺北：左岸文化出版社），2018年，頁45。

議議程公開討論。這種兩邊不得罪的現實外交現象，更具體的表現在東協會議成立45年來，第一次在會議後沒有發表任何聯合公報。國際媒體和戰略專家均認為，這是美國「亞太再平衡」政策在地區內遭受的集體性挑戰。[154]

美國智庫資深研究員葛萊儀（Bonnie Glaser）亦指出：「長久以來，亞太地區沒有國家願意在美中兩強之間做出選擇。他們希望與雙方保持良好的關係，他們可以從雙方獲得最大的利益。他們希望美國和中國可以友好相處，這樣他們的後院就不會出現激烈的競爭。」[155] 美國國會資深研究員馬克.曼寧（Mark E Manyin）在提供給眾議院美中關係審查會的研究報告中亦表明，美國在面對亞太國家時，必須扮演所謂的「適度存在」的角色。亞太地區的不同國家，尤其是東南亞國家，他們對適度關係有不同的估計和期待。保持適度的外交平衡對美國來說是高難度的挑戰。「保持足夠的存在，但是又不要太多，同時又能滿足不同國家的期待。」這種國際關係是一種政治藝術，也決定了美國在亞太地區受歡迎的程度。例如越南對美國「適度存在」的看法，必定不同於泰國，泰國認為適度的，越南不一定認同。中國周邊國家經濟上重視與中國的合作，安全上卻希望依靠美國，維持這種微妙的平衡關係，符合這些亞太國家複雜交錯的利益期待，因為沒有任何一個國家希望面對美中對抗，被迫在美中之間選邊站的尷尬局面，無法帶給它們足夠的安全感。[156]

---

[154] 陳須隆，〈東盟系列外長會議敲響警鐘〉，《瞭望新聞週刊》，2012年7月22日，取自http://www.ciis.org.cn/chinese/2012-07/22/content_5182199.htm（2019年3月16日）。

[155] Bonnie S. Glaser, "Pivot to Asia: Prepare for Unintended Consequences-Report 2012 Global Forecast Risk, Opportunity and the Next Administration", *Center for Strategic and International Studies*, 11 April, 2012, pp.24-26.

[156] Mark E. Manyin, Coordinator," Pivot to the Pacific? The Obama Administration's Rebalancing Toward Asia", *Congressional Research Service*, March 28, 2012, pp.8-9.

第三節　中國的看法與回應

上一世紀的90年代，由於「天安門」事件的衝擊與兩極體系瓦解的影響，中國外交遇到了改革開放以來未曾有過的困局。鄧小平提出的32字對外關係指導方針：「冷靜觀察，穩住陣腳，沉著應對，韜光養晦，善於守拙，決不當頭，抓住機遇，有所作為」。這項方針分別適用於兩個不同的歷史時期。第一個時期是「韜光養晦」時期；第二個時期是「有所作為」的時期。「韜光養晦」時期應可延續到江澤民下臺的前後；「有所作為」應是從在胡錦濤上臺的前後直到如今。[157] 中國在美中關係之間謹守鄧小平提出對美關係的指導原則，並在1993年由江澤民出席APEC首次峰會中，提出對美關係的16字方針：「增加信任，減少麻煩，發展合作，不搞對抗」。[158]每當中國發覺到美國對中國的戰略意圖產生擔心時，中國總是一再地向美方保證不會尋求挑戰或者想取代美國在全球的地位。中國堅持改革開放與和平發展的原則，營造和平穩定的周邊環境，全力發展經濟以提升整體國家力量，其目的就是設法掌握歷史上難得的戰略機運期。[159]

這種追求經濟獨立、技術自主的心理，持續性地影響著現今的中共決策。新一代領導人習近平的「中國夢」施政核心內涵，也提到「堅持發展是硬道理的戰略思想。」這樣的看法反映出對未來國際規則的不信任，並且試圖藉由和平氛圍的契機，爭取國家內部不斷的發展。由於對外部環境懷有極大的不安全感，因此要藉由富國強兵，全力投入經濟與建設。

---

[157] 中共中央文獻研究室，《鄧小平年譜（1975-1997）》（下），（北京：中央文獻出版社，2004年），第1346頁。

[158] 宮力，〈鄧小平與中美外交風雲〉，（北京：紅旗出版社，2015年），頁122。

[159] 宣言，〈緊緊抓住大有可為的歷史機遇期〉，《人民日報》，2018年01月15日，取自http://theory.people.com.cn/BIG5/n1/2018/0115/c40531-29763865.html（2019年1月7日）。

一、對美中關係的看法

從2008年開始，中國對國際秩序和全球趨勢逐漸產生不同的看法，對美國的態度也明顯出現變化。隨著綜合國力的提升，中國相信自己已經躋身於世界一流大國之列，理所當然應該得到與之相稱的待遇。中國不但順利通過1997年亞洲金融危機的考驗，也在2008年的全球金融危機中，主動推出一攬子經濟刺激計畫，直接拉動了全球的需求與投資，成為帶領國際經濟復甦的火車頭。中國政府認為金融危機完全是美國經濟和政治的道德敗壞，國際媒體對中國的態度發生180度轉變，原先對中國經濟發展的質疑聲音紛紛變成了讚嘆之聲。[160]中國已經超過日本成為全球第二大經濟體，在國際政治上也成為世界第二大影響力的國家。中國民眾對於自己國家能夠成功舉辦2008年奧運會、2010年上海世博會、2016年20國集團杭州峰會以及其他一些史無前例的盛會感到相當自豪。中國成為第三個成功載人上太空的國家，第一艘航空母艦也正式成軍，這些科學發展與先進武器的技術大幅增加了中國的自信，中國人不會把這些成就歸功於美國或者美國領導的國際秩序。[161]

如今的中國普遍認為美國是一個正在走下坡的國家。美國的財政赤字，貿易逆差，華爾街醜聞頻傳，失業率居高不下，科技領先地位急遽下降，國內政治兩極化，貧富差距擴大，形成分裂的社會。在中國政府與人民的眼中，這些都被視為美國衰落的跡象。事實上，中國也知道美國經濟衰退一定也會影響中國經濟發展，不但會導致中國出口受損，也會使中國持有的大量美國債券繼續貶值。中國的人口是美國的四倍，未來的經濟總量有望超越美國，美中之間的實力差距已經

---

[160] 何伊蘭等，〈聚焦中國：經驗與挑戰〉，《經濟合作暨發展》，2012年。取自https://www.oecd.org/china/50025648.pdf（2019年1月8日）。

[161] 王緝思、李侃如，《中美戰略互疑：解析與應對》，（北京：北京大學國際戰略研究中心），2013年，頁26。

明顯縮小。[162]

一黨專制的中國政府開始相信自己的成功發展模式，可以做為西方民主之外的另一種政治選擇，尤其是提供一些發展中國家以為借鑒。中國認為過去二十多年來，所謂的民主化浪潮令人存疑，而且造成無數生命財產的損失。無論是二次波灣戰爭後的國家重建，還是阿拉伯之春的民主革命，以美國為首執意在伊拉克與阿富汗推翻當地原有政權，建立親美的民主政體，以及美國強力扶持的巴基斯坦，這些國家至今內部衝突不斷，炸彈客及攻擊事件從未止息，生命的損失及民眾的流離失所，比原本獨裁政體有過之而無不及。[163]回頭來看，中國認為在社會主義發展之下的「中國模式」，或稱「北京共識」，卻能建構全方位強大的政治領導，不但能夠有效地促進社會進步，更能夠帶來高速的經濟成長。這與那些高喊「顏色革命」，卻往往導致國家分裂，主權任由歐美大國侵犯的國家，形成鮮明的對比。[164]

過去，因為美國國力強大，美中實力懸殊，中國在某種程度上是敬畏美國。如今，中國認為美國已經不再值得信賴，它對中國的善誘與規勸作用已經不具說服力。中國深信美國在處理國際事務時的最終目的，就是確保維持其霸權和統治，所以美國將會試圖阻止正在崛起的中國實現自己的目標。近年來美國在國際上針對中國的反應，也越來越多符合這樣的觀察。中國的政治觀察家們也認為，美國對中國的戰略目的就是要「西方化」、「分裂化」中國社會，除了強烈抗議美國售臺軍事武器，企圖製造敵對的兩個中國。[165]另亦強烈譴責美國利用達賴喇嘛的宗教領袖身份，意圖將西藏從中國分裂出去。被中國政

---

[162] 任澤平，〈中美經濟實力對比〉，《華爾街見聞》，2018年10月18日，取自https://wallstreetcn.com/articles/3418021（2019年1月7日）。

[163] 張峩寧，〈歐美普世價值的悖論 釀人間悲劇〉，《中時電子報》，2016年02月17日，取自https://www.chinatimes.com/realtimenews/20160217003014-260408（2019年3月16日）。

[164] 林明正，〈中國不會縱容顏色革命在境內發生〉，《ETtoday論壇》，2017年09月13日，取自https://www.ettoday.net/news/20170913/1009881.htm（2019年1月9日）。

[165] 王緝思、李侃如，op. cit., 頁28。

府定義為「邪教」並全面鎮壓的法輪功團體，目前的基地也建立在美國，中國認為這是美國蓄意支持的反中勢力團體與政治宣傳工具。

二、對美國外交政策的看法

從美國在國際社會的宣傳主軸來看，「亞太再平衡」戰略應該是以和平發展、和協穩定為原則，並以饒富建設性的角色積極參與亞太國家彼此的合作事務。但是從中國的眼光來看，卻恰恰相反。中國認為美國既想搭上亞太崛起的順風車，分享亞洲經濟發展的成果，又想遏制中國的全面崛起，以防失去主導亞太的地位。這是一種充滿矛盾的戰略，同時也攪亂了亞太地區穩定的平衡形勢。除此之外，美國還刺激了亞太地區長久以來用「擱置爭議、共同開發」而取得的領土主權爭議共識。中國認為美國蓄意在區域內製造適度緊張，以利掌握中國周邊國家不安全感的依賴需求，導致地區內的衝突不斷升級。進一步利用穩定地區形勢為借口，或是以回應地區盟邦的請求，擴展在亞太地區的軍事部署，以便實現「再平衡」戰略的目標，獲取更多政治與經濟的利益。[166]

針對美國介入東海與南海主權爭議，中國的看法是美國為了要凸顯亞太盟國的必要性，試圖在地區內製造安全上的威脅與裂痕。在盟國之間取得共同威脅的合作氛圍，進而達成主導盟國制衡中國的目的。在此原則之下，中國與周邊國家的領土爭議自然成為美國強化地區內同盟體系的最佳選擇。在釣魚台島問題上，美國雖然公開宣稱在釣魚台島的主權歸屬上不持任何立場，但卻多次表示該島適用於美日安保條約規範，中國認為美國明顯袒護盟友日本，還因此造成日本政府自編自演的「購島」鬧劇。[167]在南海島礁主權爭議問題上，中國認

---

[166] 倪峰，〈美國亞太再平衡戰略及其評估〉，文章收錄於黃平、倪峰主編，《歐巴馬政府內外政策調整與中美關係》，（北京：中國社會科學院和平發展研究所），2015年，頁161-162。

[167] 阮宗澤，《權力盛宴的黃昏——美國亞太再平衡戰略與中國對策》，（北京：時事

為美國主動插手南海事務，加劇南海問題升溫。美國還透過國會發表聲明，公開指責中國加劇了南海緊張情勢。部分周邊國家隨之起舞，甚至配合美國意圖。因此，中國認為美國才是導致南海問題進一步複雜化的元兇。[168]

在朝鮮半島無核化的問題上，中國對美國在朝鮮半島的政策與行動的批評，反映出中國的疑慮，中國認為這些制裁政策和行動是建立在不公正的、狹隘的美國利益基礎之上，先前聯合國通過對北韓的制裁決議，均未能解決北韓核武問題。中國相信單靠制裁顯然無法有效恫嚇北韓，鼓勵使用談判手段解決問題。中國並不希望把北韓逼到絕境，也不希望其它國家把北韓逼到牆角。中國擔心這麼做可能帶來北韓的社會和經濟動蕩，更不希望看到美國軍隊長期磐據在朝鮮半島。長期以來，美國在朝鮮半島的主要利益，既與主導地區權力分配有關，也與防範中國勢力擴張有關。美國藉口應對北韓的挑釁，決定在韓國部署薩德飛彈防禦系統，中國除了反對之外，也認為薩德導彈對攔截瞄準美國的長程導彈或許有用，但是對保衛南韓抵禦北韓的攻擊卻作用甚微，美國此舉完全是針對中國的威脅[169]

三、對美國經濟政策的看法

中國認為TPP是美國在經濟戰略上遏制中國的重要組成部分，因為在初期12個談判國進行協議時，歐巴馬就公開指出：「既然我們這些成員國當中有超過95%是來自美國以外，我們就不能讓中國這樣的國家來制定全球經濟的規則。應該由美國來制定這些規則，促使他國向美國產品開放市場，同時設定更高的標準保護勞工權益和生態環境。」[170]

出版社，2015年），頁276-278。

168 吳士存，〈究竟是誰在南海挑起事端？〉，《求是》，2012年09月，頁46-49。

169 吳晶晶，〈韓國部署「薩德」的政策演變〉，《國際問題研究》，2017年，第6期，取自http://www.ciis.org.cn/gyzz/2017-11/24/content_40079929.htm（2019年3月16日）。

170 "Statement by the President on the Trans-Pacific Partnership", *The White House*, Oct 05, 2015, https://obamawhitehouse.archives.gov/the-press-office/2015/10/05/statement-president-

這並不是美國第一次使用對抗中國的口吻來宣傳TPP，作為一個刻意排除中國的經貿協議，中國認為TPP已經被定位成明顯的政治組成團體，脫離了開放、合作、自由的國際貿易發展軌道。和此前由國際組織主導的多邊談判相比，這種帶有特定目的、由特定國家主導的區域經貿協議，在促進經貿合作的目標上出現倒退，甚至進一步導致更多的貿易壁壘和貿易戰。[171]

令所有成員國家感到驚訝與諷刺的是川普接任美國總統不久，隨即以保護美國就業機會與無法得到公平的待遇等理由，宣布退出TPP。擺明美國不再作興於此種多邊經合組織，轉而偏好美國自身利益至上的保護主義。[172]TPP一度瀕臨崩潰，惟日本很快出面接棒並且欣然主導推動，另以新名稱CPTPP整合美國之外的11個成員國。然而在美國缺席的位情況下，CPTPP的經濟規模已比TPP縮減了一大塊，非但無法約制中國大陸，部分成員國還鼓動想把中國拉進來。另一方面，中國經由積極推動東協領導下的東協與「10+3」和「10+1」合作機制，建立穩定的東亞多邊合作機制。面對CPTPP的變裝登場，由中國主導推動的RCEP被外界視為對抗TPP或CPTPP的武器。雖然目前RCEP的談判還在進行，但從美中關係博弈的觀點來看，中國亦考慮在RCEP生效前，主動加入沒有美國的CPTPP的一分子。以中國龐大的體量，一旦加入必然成為CPTPP的主導力量，就如同當年加入WTO之後，促使今日的中國更加開放與進步。[173]

每當中國和美國在經濟實力對比越來越接近時，相關經貿的議題

---

trans-pacific-partnership (Accessed 08 Jan, 2019).

[171] 川江〈觀察：TPP討論越來越政治化〉，《BBC中文網》，2015年10月7日。詳參https://www.bbc.com/zhongwen/trad/business/2015/10/151007_ana_tpp_impact（2019年1月8日）。

[172] 顏嘉南，〈川普上任後火速宣布退出TPP和重談NAFTA〉，2017年01月21日，詳參https://www.chinatimes.com/realtimenews/20170121003794-260410（2019年3月17日）。

[173] James McBride and Andrew Chatzky, "What Is the Trans-Pacific Partnership?", *The Council on Foreign Relations*, January 4, 2019, https://www.cfr.org/backgrounder/what-trans-pacific-partnership-tpp (accessed Mar 16, 2019).

就會成為美國政界批判中國的主題。中國經常必須面對「操縱人民幣匯率」，「搶奪美國就業機會」和「不公平貿易」等等的指控。人民幣匯率一直是美中經貿關係中最具爭議性的議題。人民幣被低估意味著中國對美國的出口變得便宜，而美國商品在中國市場變得昂貴。[174]然而，中國卻認為自已出口到美國商品多是勞動密集型的日用消費品。中國的農民工以他們的青春和汗水，在生產線上日復一日才得以在外貿中賺取微薄的工資。中國政府在貿易中積累的美元外匯，最終又大量購買美國國債，讓美元回流到美國，美國消費者因此可以低利率借貸。在這樣的經貿循環關係，反映出中國的工人做了美國人不願做的辛苦工作，美國人民得到了價廉物美的消費品，在教育和醫療費用不斷上漲的今天，美國人民的生活品質因為大量便宜的「中國製造」而得到保證。所以從中國的角度來看，反而認為美國一直是這種互補經貿關係的最大受益者。[175]

四、對美國軍事戰略的看法

從中國的角度來看美國的「亞太再平衡」戰略，尤其是有關軍事部署的動向，防範中國的意圖有如「司馬昭之心路人皆知」。中國認為如果美國還是把中國視為潛在的敵人，最終中國將真的變成美國的最大威脅。[176]當美中戰略競爭加劇時，中國所面臨的軍事壓力理所當然會隨之升高，同時也使中國陷入無可迴避的安全困境。從美國在亞太地區愈來愈頻繁的軍事演習中，對中國的戰略威攝態勢十足，直接壓迫中國的戰略發展空間。雖然總是對外聲稱不是針對中國，而是為

[174] Mark A. DeWeaver, "Overvaluing the 'Undervalued' View of the Yuan", *The Wall Street Journal,* May 11, 2014, https://www.wsj.com/articles/mark-deweaver-overvaluing-the-undervalued-view-of-the-yuan-1399844279 (accessed Mar 16, 2019).

[175] Roya Wolverson, "Is China a Currency Manipulator?", *The Council On Foreign Relations,* April 14, 2010. https://www.cfr.org/expert-roundup/china-currency-manipulator (accessed 08 Jan, 2019).

[176] "China's A2/AD "System of Systems", *The Diplomat,* September 26, 2012 https://thediplomat.com/2012/09/chinas-system-of-systems/ (accessed 09 Jan, 2019).

了地區的和平與穩定，但其目的就是在確保美國在地區內的主導地位。美國的海空軍力在亞太地區已具備相對優勢，「再平衡」戰略使這種優勢更為明顯，同時也打破地區內脆弱的力量平衡。美國智庫學者賈斯汀・羅根一針見血的指出，如果不是針對中國，不需要超過一半以上的美國海空軍力。如果中國用同樣的理由將過半的軍力部署到太平洋東岸，美國人壓根不會相信這種藉口。[177]

儘管美國在亞太地區的戰略暫時不至於直接危害中國的國家安全，但美軍在亞太海空域的出現率消耗中國不少備戰資源，並使中國在處理對外事務時受到不少牽制。美國推動的「再平衡」戰略還將削弱中國在軍事上的影響力，促使中國周邊安全環境飽受諸多變數，也迫使中國加強軍事建設，直接引發亞洲各國競相擴充軍備。中國認為美國是亞太「安全困境」的始作俑者，刺激亞洲國家進口更多美國製造的武器。美國的「軍事工業複合體」（military-industrial complex），藉由政治的手段發動或促成不需要的軍事戰爭，借機壟斷國際軍武市場，透過他國的軍事對峙擴大「戰爭財」的機會，並且引發不必要的軍備競賽及武器擴散。[178]除此之外，中國還認為美國的「再平衡」戰略鼓勵了日本右翼軍國主義思想的復活。日本政府在美國的支持下，不但在歷史問題上公然挑釁中韓兩國，而且在擴軍問題上加快腳步，甚至意圖修改憲法以便合法對外用兵。囿於國防預算大幅刪減，美國希望盟國分攤制衡中國的責任，因此要求日本在亞太安全事務上發揮更多的功能，鼓勵日本政府修改和平憲法，並且公開支持有利於日本擴軍的《美日防衛合作指南》。中國認為儘管自己主動提出與美國建立合作共贏的「新型大國關係」，但美方並無意願讓出大國空間給中國，反而通過強化同盟來遏制中國。

---

[177] Justin Logan, "China, America, And The Pivot To Asia", *The Policy Analysis,* no. 717, Jan 8, 2013.

[178] Andrew Glass, "Eisenhower warns of 'military-industrial complex,' Jan. 17, 1961", *The Politico,* Jan 17, 2019, https://www.politico.com/story/2019/01/17/eisenhower-warns-of-military-industrial-complex-jan-17-1961-1099265 (accessed Mar 16, 2019).

CHAPTER 5

歐巴馬總統第二任期美中關係

2012年11月7日，歐巴馬克服執政四年來遇上的種種艱難，順利連任美國總統。在全球經濟不景氣的大環境下，他成為二十年來首位在失業率高於6%的困境中，仍能獲得連任的美國總統。美國民眾願意再給他四年，歐巴馬沒有喘息的時間，因為第二任的挑戰更重大。連任有助於美國維持全球戰略與外交政策的穩定，對國際社會而言，未來四年美國在內政與外交政策的走向，提供一定程度的可預見性。為了回應美國民眾的期盼，在連任後的首度國情咨文演說中，高達八成演說內容著重在國內事務，可以看出第二任期施政主軸是「拚經濟」，而且也不再像過去訴諸外交手段來達成刺激經濟的目的，而是要壯大美國本土力量以促進產業再興。[1]美國選民對歐巴馬連任寄予厚望，希望他持續帶領美國重返經濟榮景。在長達一小時的國會演說中，僅僅一次提到「中國」，反而多次提及即將正式啟動的「跨大西洋自由貿易協定（TTIP）」談判。美國期待經由亞太的TPP與歐洲的TTIP合力促進經濟增長，同時藉此鞏固兩洋地區的經濟領導權。歐巴馬以「不談中國」的對中政策，企圖聯合亞洲與歐洲勢力，平衡中國。[2]

2013年3月，在第十二屆全國人大會議上，習近平正式成為國家主席與軍委會主席，連同前一年在十八屆一中全會上當選為中央總書記，習近平已成為黨、政、軍集於一身的最高領導人。當選當日在中外記者面前習近平鄭重承諾：「到中國共產黨成立100年時，全面建成小康社會的目標一定能實現。到新中國成立100年時，建成富強民主文明和諧的社會主義現代化國家的目標一定能實現，中華民族偉大復興的夢想一定能實現。」對此歐巴馬明確表示要與中國合作，並認

---

1 William A. Galston, "An Analysis of President Obama's 2012 State of the Union Address", *The Brookings Institution*, January 24, 2012, https://www.brookings.edu/opinions/an-analysis-of-president-obamas-2012-state-of-the-union-address/ (accessed Msr 16, 2019).

2 鄭婷方，〈歐巴馬國情咨文：輕外交、拚經濟，美國要靠本土力量促進產業再興〉，《天下雜誌》，2013年3月號，取自https://www.gvm.com.tw/article.html?id=17752（2019年1月9日）。

為美中兩國對亞洲及全球經濟有特殊責任，應建立明確貿易規則。美國認識到無法有效遏制中國的事實，美中兩國政府均瞭解「互信」才是長期合作的結果而非前提。美國想繼續與中國交往，也擔心中國的崛起成為美國的最大威脅，美國對中國的基本戰略思維仍是想延緩中國的崛起，期望中國像其他亞太國家一樣，遵循由美國所領導的現行國際秩序。在這樣複雜且矛盾的現實氛圍下，歐巴馬總統第一任期的美中關係整體呈現出摩擦加劇，合作加強，中國影響力日增的特點，這些特點將在相當長的一段時期存在於美中兩國的互動中，形成所謂的「中美關係新常態」。[3]在美國既不願意完全接受中國的崛起，也不願意承擔與中國全面對抗風險的戰略思維的支配下，美中彼此競爭與合作交錯共存的「新常態」將會長期存在。美中兩國領導人未來的挑戰，是如何不讓局部的競爭變成全面的競爭。

第一節　美國對中國政策的調整

歷任美國總統進入第二任期時，都會考慮到自己在美國歷史上的定位，歐巴馬亦不例外。雖然內政上受到經濟蕭條的困擾極深，但仍帶領美國成功走出金融海嘯，逐漸降低失業率，並且順利催生照顧弱勢族群的歐氏健保。在外交上，因為中國的持續崛起，直接威脅到美國在全球的領導地位，基於全球戰略形勢的考量，歐巴馬在第一任期力推「亞太再平衡」戰略，企圖聯合包括東協十國在內的亞太地區新興經濟國家，以平衡中國崛起的氣勢，甚至是防範中國勢力向外擴張的企圖。無奈在國債高築的限制，再加上亞太各國猶豫，不願被迫在美中兩國之間選邊，美國亦認知到中國對主權議題的敏感性，如果過度刺激中國，恐怕會引起預期不到的反彈，導致適得其反之後果。（例如美國在釣魚島問題上過分袒護日本，而迫使中國加速其海軍快

[3] 吳心伯，〈論中美關係的新常態〉，《復旦學報》，第3期，2015年，第143-149頁。

速擴張。）[4]因此，歐巴馬在爭取總統連任的辯論中，將中國定位為既是競爭者又是夥伴。這表示美國的外交團隊對遏制中國的政策已有反思，這種反思在民間也產生相當的共鳴，一般美國民眾同意中國不是蘇聯，並非蠻橫無理，一味地遏制與排斥，反而會造成相反效果。這也是歐巴馬在外交政策上贏得更多不同族群選民認同的原因。[5]

進入第二任期的歐巴馬政府排除了連任的壓力，放手一搏。即使原先「再平衡」戰略的主要推手已有不少調整，包含國務卿希拉蕊在內的外交功臣相繼交棒，持續深化「再平衡」政策的意志並沒有改變。接替坎博（Kurt Campbell）的新任國務院亞太助卿羅素（Daniel Russel）公開宣示：「『亞太再平衡』戰略是歐巴馬政府外交政策的基石，以加強安全、擴大繁榮、增進民主價值、促進人類尊嚴為支柱，永遠不離不棄，無論其他地區出現多少熱點，美國都將繼續深化對這個至關重要地區的持久承諾。」[6]顧慮到中國的負面反應，美國推動「再平衡」戰略的步伐轉趨低調，但實際的目標與進程仍然不斷推進。在軍事戰略上，確立了海空軍力部署到亞太的目標，並針對性的界定在南海、東海等亞太海域的利益。[7]在政治層面上，美國調整了對緬甸、越南的政策，在東南亞積極與東協國家建立關係。在經貿整合上，TPP談判在美國亞特蘭大正式結束，協議內容將遞交國會審議，待所有簽約國的國會都批准之後，協議才會正式生效。[8]

---

4 Bonnie S. Glaser, "Armed Clash in the South China Sea- Contingency Planning Memorandum No. 14", *The Council on Foreign Relations,* April 11, 2012 https://www.cfr.org/report/armed-clash-south-china-sea (accessed 9 Jan, 2019).

5 熊玠，〈分析美國大選與歐巴馬連任後的「亞洲主軸」戰略可能走向〉，《海峽評論》，第264期，2012年12月，取自https://www.haixia-info.com/articles/6319.html（2019年1月9日）。

6 Daniel R. Russel, "The Asia Rebalance Is Here to Stay", *The Huffpost,* 31 Dec, 2013, https://www.huffingtonpost.com/daniel-r-russel/us-asia-rebalance-is-here-to-stay.html (accessed 10 Jan, 2019)

7 *Asia-Pacific Maritime Security Strategy,* The U.S. Department of Defense, 2015, https://www.hsdl.org/?abstract&did=786636 (accessed Mar 17, 2019).

8 Michael J. Green, "Asia-Pacific Rebalance 2025-Capabilities, Presence, and Partnerships", *Center for Strategic and International Studies,* Jan 19, 2016, https://www.csis.org/analysis/asia-pacific-

從政府對外的各種政策宣誓與對內的人事布局跡象顯示，歐巴馬總統第二任期的外交政策主軸仍以「亞太再平衡」戰略為依歸。然而，在執行面上有一些變化與調整，除了繼續加強與日本、南韓與澳大利亞等盟國關係，在東海與南海等亞太地區的爭端反應更為謹慎。另與亞太地區新興國家，諸如印度、越南和緬甸等國家，加大交往與合作的力度，攸關亞太地區集體利益的東亞峰會，美國也不再缺席，目的就在強化美國在東協的制度性存在。隨著中國綜合國力持續提升，美中兩國實力對比再行拉近，「再平衡」戰略主軸雖然不會改變，但在第一任期中明顯過度聚焦在軍事領域，造成許多國際社會負面的觀感，也增加中國對此戰略的敵意。故於第二任期中減少大張旗鼓的戰略宣傳，並且適度淡化軍事安全的色彩，刻意增加經濟合作與利益共享的伙伴印象。[9]

歐巴馬政府的對中戰略在第二任期較為「不卑不亢」，既不反對中國關於建立「新型大國關係」的建議，與習近平保持密切的接觸，也沒有刻意向中國示好，反而更重視與日本、韓國、澳洲與東協各國的盟友與伙伴關係。[10]歐巴馬奉行的簡明外交原則是「不做蠢事」（Don't do stupid stuff），他鄙棄的蠢事首推小布希政府時期發動的伊拉克與阿富汗戰爭。2014年在西點軍校面對畢業生的勗勉中，歐巴馬強調美國所犯錯誤當中代價最高的，不是來自美國的自我克制，而是來自美國魯莽的進行軍事冒險。[11]因此，除了要求「出兵的門檻必須提高」，更強調「避免單獨行動」，「不做蠢事」同樣意謂不應與中國等新興大國直接對抗。在中日釣魚島爭端中，美國一方面堅持釣魚島屬於日本行政管轄範圍，同時亦列為美日安保條約的防衛範圍，美

---

rebalance-2025 (accessed 10 Jan, 2019)

9 俞正樑，〈美國「亞太再平衡」戰略的失衡〉，《國際關係研究》，第2期，2013年，頁3-12頁。

10 陳一新，〈歐巴馬留美名須內外兼顧〉，《國政分析》，2013年1月22日。取自https://www.npf.org.tw/3/11895（2019年1月9日）。

11 Catherine A. Traywick, "Remarks of President Barack Obama at West Point", *The Foreign Policy,* 28 May, 2014, https://foreignpolicy.com/channel/passport-2/ (accessed 10 Jan, 2019).

軍不會坐視。另一方面，美國亦聲稱在釣魚島的主權歸屬上，美國不持任何立場，藉此防止日本在美日同盟的保護傘下有恃無恐，伺機對中國主動挑起衝突。

在經貿合作上，歐巴馬政府第一任期借助二十國集團機制，拓展國際經貿空間，並且密集增加國家領導人的高層接觸，建立經貿伙伴關係，以空前的財政刺激方案和貨幣寬鬆政策，成功遏制國內經濟危機漫延，更引領全球經濟止跌回升，使美國經濟比歐日等國先一步復甦。2013年開始，中國新一代領導團隊出現後，美中兩國的經貿團隊也同時進行換代，一如歐巴馬總統在國情咨文中聲稱，未來四年的施政重點將側重在經濟問題。新任國務卿凱瑞也表態：「外交政策即是經濟政策。」相繼推出「國家出口倡議」、「選擇美國計畫」等經濟外交政策，藉此吸引更多中國企業赴美投資設廠，創造美國民眾就業機會。[12]在美中經貿的互動中，藉由「戰略與經濟對話」的雙邊協調機制，加強兩國經濟的互補性與互利性。同時利用「規則牌」設法制止並扭轉對美國不利的發展態勢，全面掌握後金融危機的國際經貿強權地位。

在軍事安全上，美國在亞太地區的軍事部署指南就是源於「再平衡」戰略。因為美中關係既是合作又有競爭，中國崛起雖然帶來機會，但其不透明的意圖也是區域不安的來源。軍事現代化是中國長期努力的目標，美國認為中國在軍事安全事務上可以更透明，美中軍事交流的價值是值得肯定的，美國在符合本身利益及價值的基礎上，傾向持續尋求與中國建立更多在軍事上的良性互動。面對中日兩國在釣魚台持續對峙，若擦槍走火爆發軍事衝突，後果將難以想像。[13]目

---

12 "Kerry: Foreign Policy Is Economic Policy", *The Council On Foreign Relations,* Jan 24, 2013, https://www.cfr.org/blog/kerry-foreign-policy-economic-policy (accessed 10 Jan, 2019).

13 Herbert Carlisle, "Pacific Air Forces Strategy and Engagement in Asia-Pacific", *Center for Strategic & International Studies,* May 5, 2014, https://www.youtube.com/watch?v=i_REfXMD (accessed 10 Jan, 2019).

前，美國雖然面臨國防預算刪減的壓力，但是，美國仍堅持增強在亞太地區的軍事能量，以保持政經優勢地位。美中軍力的消長變化，將會成為影響亞太國家每日決策的重要變數，美國能否繼續保持軍力優勢，也將會牽動亞太國家的政局演變和外交決策方向。

一、外交政策與互動

2013年2月，日本首相安倍晉三受邀訪美，並與美國總統歐巴馬舉行高峰會談。為了避免過度刺激中國，更不希望日本在釣魚台島爭端中有恃無恐，造成中日兩國緊張升高或擦槍走火，歐巴馬在共同記者會中，刻意不提釣魚島，也避談《美日安保條約》。[14]安倍則在華府智庫公開呼籲：「日本不是，也永遠不會是第二級的國家。」，藉此傳答「強大的日本回來了」等訊息。[15]另在不同的公開場合中，多次強調日本將大幅增加軍費，以因應東亞的緊張情勢。中國認為安倍的企圖是以日美聯盟作為後盾，欲以強硬政策抗衡中國。[16]然而，目前美中兩國在各方面的互賴程度日益加深，權衡利弊，美國自會有所考量。安倍訪美遇到美國「冷處理」中日爭端，原欲向美討救兵，卻是空手而回。美中雙方均傾向採取克制的態度處理現階段的區域爭端。[17]

2013年4月，美國國務卿凱瑞上任後首度亞洲之行，在東京工業大學以「21世紀太平洋夥伴關係」（The 21st Century Pacific Partnership）為題，闡述歐巴馬政府的亞太政策。對於「再平衡」政

---

14 Richard Bush, "Shinzo Abe's Visit to Washington", *The Brookings Institute,* February 22, 2013, https://www.brookings.edu/blog/up-front/2013/02/22/shinzo-abes-visit-to-washington/ (accessed 11 Jan, 2019).

15 Shinzo Abe, *Japan is Back-Policy Speech by Prime Minister Shinzo Abe at the Center for Strategic and International Studies (CSIS),* Ministry of Foreign Affairs of Japan, 22, February, 2013, https://www.mofa.go.jp/announce/pm/abe/us_20130222en.html (accessed Mar 17, 2019).

16 Michael J. Green, "Shinzo Abe: Japan is back", *The Foreign Policy,* Feb 25, 2013, https://foreignpolicy.com/2013/02/25/shinzo-abe-japan-is-back/ (accessed 11 Jan, 2019).

17 劉屏，〈安倍猛講釣島 歐巴馬惦惦〉，《中國時報》，2013年2月23日，A12版。

策，凱瑞表示：「歐巴馬總統已針對我們在亞洲的利益與投資，做出聰明且具策略性的承諾。做為一個太平洋國家，我們認真看待太平洋夥伴關係，並將持續在本地區積極從事活動與持久地存在。」[18]美國致力於發展「向外看」的亞太夥伴關係，並在東南亞國協（ASEAN）、東亞峰會（EAS）、亞太經合組織（APEC）、太平洋島國論壇（PIF）等場合發揮影響力。不論在追求亞太地區的安全保障、經濟發展、環境保護或自由民主成長上，美國均視中國為一個極關鍵的夥伴。

2013年6月，習近平接受歐巴馬總統邀請前往美國加州「陽光莊園」進行非正式的會面。這是習近平接任國家主席三個月後，兩人首次會晤。為期兩天的峰會被形容為兩人認識對方、建立關係的機會，討論範圍包括北韓問題與網絡安全等。習近平一連提出三個問題：「我們需要一個什麼樣的中美關係？中美應該進行什麼樣的合作來實現共贏？中美應該怎樣攜手合作來促進世界和平與發展？」強調美中雙方應深入審視兩國關係，從人民根本利益出發，共同推動構建「新型大國關係」。[19]歐巴馬亦表示：「美國歡迎中國繼續和平崛起成為世界大國，事實上中國繼續走在成功的道路上符合美國的利益。」這次兩人決定儘早以非正式方式見面，顯示美中關係的重要性，它對整個亞太地區和世界都很重要。[20]兩人的討論包括朝鮮核威脅與網絡安全等重大議題，美中雙方將深化合作和對話，以達成半島無核化目

---

[18] John Kerry, "Remarks on a 21st Century Pacific Partnership", *The U.S. Department Of State,* April 15, 2013, https://2009-2017.state.gov/secretary/remarks/2013/04/207487.htm (accessed 11 Jan, 2019).

[19] *Remarks by President Obama and President Xi Jinping of the People's Republic of China Before Bilateral Meeting,* The White House, June 07, 2013, https://obamawhitehouse.archives.gov/the-press-office/2013/06/07/remarks-president-obama-and-president-xi-jinping-peoples-republic-china (accessed Mar 17, 2019).

[20] 〈習近平與歐巴馬在加州莊園舉行會晤〉，《BBC中文網》，2013年6月8日，取自https://www.bbc.com/zhongwen/trad/china/2013/06/130608_china_usa_summit（2019年1月11日）。

標；中國同意與美方在網安上進行合作，共同打擊網路攻擊與防範商業機密竊取。[21]

2013年7月，第五輪美中戰略與經濟對話結束後不久，歐巴馬總統當面向中國國務院副總理汪洋表達對中國處理「史諾登案」的失望，並認為中國政府違反了他與習近平主席在「莊園會談」的合作精神。歐巴馬總統重申對使用網路竊取商業機密的擔憂，並歡迎雙方共同努力發展網路空間的行為規則和規範。中方亦不甘示弱駁斥美方，認為美國中情局前雇員史諾登揭露美國對中國發動網絡攻擊，還竊取了他國情報，美國才是世界上最大的駭客國家，中國反而成了「受害者」。[22]

2013年11月，美國國家安全顧問蘇珊・萊斯（Susan Rice）在華府的喬治城大學發表「美國的未來在亞洲」（America's future in Asia）的主題演講，從安全、經濟和民主和人權的角度，重申了歐巴馬政府亞洲再平衡的政策。她指出：「對亞太的再平衡仍然是歐巴馬政府外交政策的一個基石。無論其他地區出現多少熱點，我們都將繼續深化我們對這個至關重要地區持久的承諾。」演講中也針對中國所提新型大國關係提出看法：「在中國問題上，我們尋求進行一種『新型大國關係』。這意味著處理上必然會有的競爭，同時在我們的利益重合的領域深化合作，無論在亞洲還是亞洲以外。我們雙方都尋求朝鮮半島的無核化，伊朗核問題的和平解決，阿富汗的安全和穩定，以及結束蘇丹的衝突。」[23] 這是美國現任政府高層在公開場合首次完整使用「新型大國關係」一詞，但其所闡釋的意涵仍舊是避免衝突與強化合作，

---

21 Kenneth G. Lieberthal, "U.S.-China Relations: The Obama-Xi California Summit", *The Brookings Institution,* June 3, 2013, https://www.brookings.edu/blog/up-front/2013/06/03/u-s-china-relations-the-obama-xi-california-summit/ (accessed 11 Jan, 2019).

22 陳築君，〈史諾登再神隱，陸嗆美管好自己〉，《中時電子報》，2013年06月26日，取自https://www.chinatimes.com/newspapers/20130626002155-260309（2019年1月11日）。

23 Susan Rice, "National Security Advisor Susan Rice Speaks At Georgetown", *Georgetown University,* Nov 20, 2013, https://www.georgetown.edu/news/susan-rice-event.html (accessed 11 Jan, 2019).

並未涉及「互相尊重核心利益」等關鍵內容。[24]

2014年3月，歐巴馬總統與習近平主席在荷蘭核安全峰會期間會晤。恰逢美中建交35周年，此次「歐習會」是繼兩人在加州陽光莊園與俄羅斯聖彼德堡兩次成功會晤之後的再一次見面，雙方就建構新型大國關係達成重要共識。習近平感謝歐巴馬在馬來西亞航空公司空難後，主動表達慰問並立即責成美方部門參與搜救，主動向中方通報相關資訊。對於美方同意共同致力發展美中新型大國關係的善意回應，中國願與美方一道堅持不衝突、不對抗、相互尊重、合作共贏原則，有效管控分歧和敏感問題，推動兩國關係持續穩定發展。[25]歐巴馬除了促請中國推動人民幣匯率加強之外，希望中國與美國一起譴責俄羅斯入侵烏克蘭吞併克里米亞的惡行。美國除了有英法德三國背書外，還需要利用中國向莫斯科施壓，歐巴馬強調：「美中兩國攜手合作，最終能幫助加強國際法對國家主權的尊重，以及建立讓所有人民都繁榮富強的國際秩序。」[26]

2014年11月，美國總統歐巴馬赴北京出席第22屆亞太經合組織會議，並前往中國進行國事訪問。為期三天的行程中，歐習兩人安排單獨會晤一天。雖然歐巴馬送上一份「外交好禮」，美中兩國共同宣布雙方將給彼此商務、旅遊人員核發10年的多次簽證，為留學人員頒發5年的多次簽證，並將此稱為「投資美中關係」的具體行動。但是，美中雙方圍繞國安、人權等重大話題的分歧，卻仍舊難以遮掩。[27]歐

---

[24] 黃鋒，〈白宮安全顧問：美對亞洲承諾不會過期〉，《美國之音》，2013年11月21日，取自https://www.voachinese.com/a/susan-rice-us-future-in-asia-20131120/1794469.html（2019年1月11日）。

[25] 杜尚澤，〈習近平會見美國總統歐巴馬〉，《人民日報》，2014年03月25日，01版。

[26] 劉洋，〈荷蘭核峰會大國很忙 歐巴馬打造反俄統一戰線〉，《環球時報》，2014年3月24日，取自 http://world.huanqiu.com/exclusive/2014-03/4925194_2.html?agt=16372（2019年3月17日）。

[27] "Remarks by President Obama at APEC CEO Summit", The White House, Nov 10, 2014. https://obamawhitehouse.archives.gov/the-press-office/2014/11/10/remarks-president-obama-apec-ceo-summit (accessed 11 Jan, 2019).

巴馬呼籲中國在處理香港「雨傘運動」時保持克制，美國對香港民主抗議主要的關注是雙方避免暴力。[28]事實上，美中關係因中美軍機逼近、中國軍方駭客等而多次趨於緊張，真正的分歧就來自於雙方缺乏互信。

2015年2月，歐巴馬向國會提交《2015年國家安全戰略》（*2015 National Security Strategy: A Blueprint for Global Cooperation*）報告，上一次公佈的戰略報告是2010年由時任國務卿的希拉蕊發表，討論摧毀蓋達基地組織的必要性，自伊拉克撤軍，追求中東和平，最重要的是讓美國走出金融危機，重振經濟。這一次報告則由美國國安顧問萊斯在華府布魯金斯研究院做出說明。從報告內容來看，美中關係仍是美國安全戰略中最重要的一部分。[29]歐巴馬一再強調美國在全球勢將領導，而唯一對美國領導世界構成挑戰的就是中國。其次，報告指出中國的軍事現代化，已發展到對美國構成嚴重威脅的地步，特別是解放軍在南海與東海的經營，包括南海的填海造島與東海的構築軍事設施，已讓美國及其盟國與夥伴感到威脅。雖然美軍對解放軍仍擁有科技優勢，但中國正透過網軍盡可能蒐集美方的智慧財產，以縮小和美國的技術差距。歐巴馬突顯他仍將續推動「再平衡」政策，儘管萊斯反對美中兩國遲早會陷入大國政治悲劇的說法，但她也未全然接受中國所提「新型大國關係」，僅認為美國與中國正建立「建設性關係」。[30]

2015年9月，習近平應歐巴馬總統的邀請赴美進行國事訪問，並出席聯合國成立70周年系列峰會。這是習近平首次赴美進行國事訪

---

28 「雨傘運動」又稱雨傘革命或佔領行動，2014年9月26日至12月15日在香港發生的一系列爭取真普選的公民抗命運動。運動的主要象徵是黃色的雨傘，源於示威者面對警方以胡椒噴霧驅散時使用雨傘抵擋，這次抗爭運動也是香港歷史上最大型的公民抗命運動。

29 "Fact Sheet: The 2015 National Security Strategy", The White House, Feb 06, 2015, https://obamawhitehouse.archives.gov/the-press-office/2015/02/06/fact-sheet-2015-national-security-strategy (accessed 11 Jan, 2019).

30 陳一新，〈美國2015安全戰略 繞不開中國〉，《中國時報》，2015年02月12日，A11版。

問，也是首次到訪聯合國總部。訪問期間雙方同意持續構建基於相互尊重、合作共贏的「中美新型大國關係」，保持高層密切的交流，以建設性方式管控分歧。[31]習近平承諾中國將會進一步推動經濟改革措施，避免帶競爭性的貨幣貶值；中國股市已開始自我修復、調節，人民幣並沒有繼續貶值的基礎。對於網絡犯罪的問題，中國政府不會鼓吹商業竊密，而是堅定地保護網絡安全，將與美國共同打擊網絡犯罪。

2016年9月，習近平在杭州西湖國賓館會晤前來出席二十國集團領導人峰會的美國總統歐巴馬。自2013年兩國元首在加州陽光莊園會晤以來，「中美新型大國關係」在雙方共同努力下獲得許多成果。中美雙邊貿易額、雙向投資、人員往來都創下歷史新高。雙方在應對氣候變化、推進雙邊投資協定談判、建立兩軍互信機制、打擊網路犯罪、應對非洲伊波拉疫情、推動伊朗核問題等方面都有重要進展。這些成果充分展現了美中關係的戰略意義和全球影響，充分說明美中共同利益遠大於分歧，美中合作可以完成許多有利於兩國和世界的大事。隨杭州峰會的落幕，歷史上的「歐習峰會」也畫下了句點。歷年來的歐習會是兩國政治的角力場，從議題交鋒到歐習互動，見證了美中關係的起伏與消長。[32]

二、經濟政策與互動

金融危機發生六年後，美國發現自身的經濟實力大幅削弱，自由經濟的發展模式也遭受國際社會的質疑，全球經濟領導地位正面臨前所未有地挑戰。二戰之後由美國設計的全球經濟秩序遭受「金磚國

---

[31] 〈習近平訪美行程有不同側重媒體評論不一〉，《BBC中文網》，2015年9月21日，https://www.bbc.com/zhongwen/trad/china/2015/09/150921_china_xi_us_visit (accessed 11 Jan, 2019).

[32] William Wan, “Obama’s China visit gets off to rocky start, reflecting current relations”, The Washington Post, Sep 3, 2016, https://www.washingtonpost.com/world/obamas-china-visit-gets-off-to-rocky-start/2016/09/03/ (accessed 11 Jan, 2019).

家」（BRICS）的質疑[33]，促使這些國家緊鑼密鼓地籌劃「金磚國家開發銀行」（New Development Bank. BRICS），亞洲地區則正在建構由中國倡議的「亞洲基礎設施投資銀行」（AIIB，簡稱亞投行）等挑戰。有鑑於此，歐巴馬總統在第二任期開始調整全球經貿戰略，重心由危機中的爭取市場、創造就業與拯救經濟，轉向危機後的訂定規則、重建秩序與拿回主導權。試圖制止或扭轉對其不利的發展環境，以利挽回全球經濟霸權的地位。[34]在國際經貿規則制定方面，美國政府已明顯感受到壓力，隨著越來越多的新興經濟體加入WTO，很難再借由WTO制定有利於美國的經貿規則，特別是在智慧財產權保護與環保標準方面，美國愈發感到力不從心與孤掌難鳴。因此，建構一套符合美國利益的國際經貿規則，是美國經貿戰略轉型的迫切需要。TPP成為歐巴馬在亞太地區指標性的貿易框架，為全球貿易制度訂定新標準，提升參加國家的國際競爭力，它更是美國「亞太再平衡」戰略的重要支柱。[35]

綜合來看，歐巴馬在邁入第二任期當中，美國對中國的經貿政策明顯有所不同。首先，是更加重視高層的接觸。兩國元首密集的接觸與交往，對發展美中貿易關係具有不可取代的作用。第二，是積極改善雙邊經貿協調機制。根據兩國元首的共識，美中戰略與經濟對話開始採取雙軌同行，另增加緊迫性問題的解決機制，也增加了共同應對全球性挑戰的合作框架。第三、持續在G20平台上深化與中國的互動。儘管雙方在峰會上意見分歧，但在推動全球經濟持續成長與全球治理上，存在更多共同利益與合作領域。第四，持續用國際規則引導中國。利用自由市場經濟體制，引導中國在人民幣匯率、智慧產權、

---

33 王文等，《金磚國家：新全球化的發動機》，（北京：新世界出版社，2017年），頁23。

34 "Global Advice for Obama's Second Term", The Council on Foreign Relations, February 7, 2013, https://www.cfr.org/expert-roundup/global-advice-obamas-second-term (accessed Dec 29, 2018)

35 What is The Trans-Pacific Partnership (TPP)? The Office of the United States Trade Representative (USTR), https://ustr.gov/tpp/#what-is-tpp (accessed Dec 29, 2018)

網路安全、反補貼與傾銷等方面，規範中國遵守國際規則，並加快TPP和TTIP的談利，搶占制定新一代全球貿易規則的制高點。[36]這些重要的美中關係經濟互動內容如後：

2013年7月，第五輪美中戰略與經濟對話在美國華府舉行，中方的特別代表是國務院副總理汪洋和國務委員楊潔篪，美方的特別代表則是國務卿凱瑞和財政部長路傑克，一起主持共同對話。在軍事安全議題上參與討論的官員包括解放軍副總參謀長王冠中、美國國防部副部長米勒和美軍太平洋司令洛克利爾。在戰略對話中，可以看出美中雙方對於構建新型大國關係的努力，兩國雙方同意加強高層交往和各層次磋商，繼續改善和發展兩軍關係，探討制訂美中重大軍事行動相互通報機制。雙方重申堅持半島無核化，推動儘早重啟六方會談。在網路安全問題上，雙方同意今年內再舉行一次網路工作會議。[37]

2013年10月，第21屆亞太經合會（APEC）領導人非正式峰會於印尼峇里島舉行。APEC在全球經濟活動中占有舉足輕重的地位，WTO要推動多邊貿易體系的談判，一定需要獲得APEC的支持，因此，APEC峰會自然成為美中之間爭奪亞太經濟主導權的重要角力場。從美中關係與互動來看，美國試圖將APEC峰會當作是其推動TPP的重要平臺，因為TPP的12個成員國都是APEC成員，美國極力遊說TPP成員國早日簽訂協議，如此可以讓美國透過TPP運作獲得APEC發展的主導權。然而，令人失望的是歐巴馬因國會惡鬥造成美國政府關門而缺席，讓習近平首次出席APEC峰會，便儼然成為可以取代美國領頭的新氣象。事實上，歐巴馬不但在當年的APEC缺席，前一年也因忙於國內競選活，未能出席APEC峰會，連續兩次缺席，不禁令

---

36 甄炳禧，〈歐巴馬對華經濟政策及中國的對策〉，本文收錄於中國社會科學院和平研究所編輯《歐巴馬政府內外政策調整與中美關係》一書中外交篇章。2015年8月，頁305-309。

37 〈第五輪中美戰略與經濟對話方塊架下經濟對話聯合成果情況說明〉，中華人民共和國商務部，2013年7月12日，取自http://us.mofcom.gov.cn/article/zxhz/sbmy/201312/20131200416071.shtml（2019年1月11日）。

人懷疑其重返亞洲的政策立場。[38]近期日本與東南亞國家與中國在東海與南海的主權劃界爭端，都期待有美國支援，而美國此時自顧不暇的情況，令相關國家相當擔憂。又因為歐巴馬的缺席，菲律賓和日本在峰會上的表現有所忌憚，未在領土爭端等問題上掀起爭議。[39]

2014年11月，第22屆APEC會議在北京雁棲湖舉行，中國發揮主場優勢，提供習近平展現中國勢力與自信的外交舞台。本屆會議的主題是「共同面向未來的亞太夥伴關係」，會議設立三大議題：推動區域經濟一體化；促進經濟創新發展與改革；加強全方位基礎設施和互聯互通建設。美國總統歐巴馬特別在北京多停留一天，並以私人會談方式進行「歐習會」。由於在美國國內期中選舉失利，歐巴馬此行更希望在外交領域有所建樹，因此，歐巴馬在處理美中關係上也會更加溫和。由於執政地位變得更加弱勢，又想在所餘任期內有所作為，歐巴馬在諸多問題上更是有求於中國。身為此次會議的東道主，中國的「亞太夢想」路線圖成為會期內的焦點。[40]會中通過了《北京綱領》，決定啟動和推進亞太自由貿易區進程。中國決定推進「一帶一路」建設，即「絲綢之路經濟帶」戰略和「二十一世紀海上絲綢之路」戰略，積極開拓中西亞、東南亞市場，並出資成立400億美元絲路基金。經過全球經貿的眼光，向東推進「亞太自貿區」，向西建構「一帶一路」戰略，中國勾勒出未來的全球發展格局。

2016年2月，美國總統歐巴馬在加州「陽光莊園」與東協10國領袖舉行史無前例的高峰會。這場峰會刻意選擇在3年前歐巴馬與中國

---

[38] Nikolas K. Gvosdev, “Obama’s APEC Absence-The shutdown costs the U.S. a central role at a big summit. But why didn’t Biden go in Obama’s stead?”, The National Interest, October 9, 2013, https://nationalinterest.org/commentary/the-apec-absence-9202 (accessed 11 Jan, 2019).

[39] 宋鎮照，〈2013年二十一屆亞太經合會議高峰會的政經發展研析〉，《展望與探索》，第11卷，第11期，2013年11月。頁12-22。

[40] “China wins Apec support for free trade roadmap”, *The Business Times,* NOV 11, 2014, https://www.businesstimes.com.sg/government-economy/china-wins-apec-support-for-free-trade-roadmap (accessed Mar 17, 2019).

國家主席習近平首度會晤地點，意在拉抬東協國家關係的重要性，峰會的形式比實質更重要，政治性大於戰略合作。除了彰顯歐巴馬卸任前「再平衡」戰略的外交政績，也為因應中國在亞太地區形成的政經影響與安全衝擊。[41]經貿只是本屆美國與東協峰會的議題之一，更重要的是政治議程，包括南海領土主權爭端與國際反恐。美國在本屆峰會試圖推動東協國家一致支持仲裁法庭對中國不利的聯合聲明，以對拒絕承認仲裁結果的中國壓力，但結果卻不如期待。隨著中國與東協在RCEP夥伴關係的進展，歐巴馬積極拉攏東協成員制衡中國的目的具有相當大的挑戰。[42]

2016年11月，第24屆APEC會議在秘魯首都利馬舉行，這是歐巴馬最後一次以總統身份與習近平會面。[43]兩人在媒體面前屢次提及甫當選的美國下一任總統川普，顯見雙方不敢輕忽川普上任後對美中關係的影響。面對川普可能破壞現有的經濟合作關係，歐巴馬表示美中雙方正面臨過渡期，會努力促成合作關係永續發展。[44]另外在全球氣候變遷的議題上，美中兩國扮演要角，並為巴黎氣候協定背書，兩國的合作是美中共同創造雙贏的典範。歐巴馬任內與中國共同推動多項全球政策有成，遍及氣候變遷、核武、經貿交流等。如今，川普似乎有意毀棄歐巴馬過去在對外關係上的苦心經營，讓各方均感不安。

歐巴馬政府第二任期內，美中兩國的經貿力量持續發生若干令美國政府有心無力的量變。例如，2013年中國取代美國成為全球第一貨

---

41 Joe Cochrane, “U.S. Drawing Southeast Asia Closer With California Summit”, *The New York Times,* Feb. 12, 2016 https://www.nytimes.com/2016/02/13/world/asia/obama-asean-summit-sunnylands.html (accessed 11 Jan,2019).

42 劉世忠，〈美國與東協峰會 項莊舞劍意在北京〉，《聯合報》，2016年2月17日，14版。

43 Simeon Tegel, “Peru welcomes Obama, but worries its U.S. trade deal could unravel under Trump”, *the Washington post,* Nov 19, 2016, https://www.washingtonpost.com/news/worldviews/wp/2016/11/19/, (accessed 11 Jan, 2019).

44 楊家鑫，〈末代歐習會 聚焦川普、中美台〉，《中國時報》，2016年11月20日，取自https://www.chinatimes.com/newspapers/20161120000277-260102（2019年1月11日）。

物貿易大國。[45]2014年中國GDP規模依購買力平價指數（PPP）換算後，已超越美國成為全球第一大經濟體。[46]短短幾年之間，中國的經濟快速發展已使美國先後拱手讓出全球第一製造業大國與貨物貿易大國寶座。雖然美國十分清楚「中國製造」和「中國出口」大多是美國跨國公司在中國境內投資和生產的結果，且技術層次與品質要求遠不及「美國製造」。但是，中國崛起的速度仍帶給美國政府迫切的危機感。

三、軍事戰略與互動

2013年2月，美國電腦網路安全公司麥迪安（Mandiant）發表報告指控，中國解放軍是美國一系列重大駭客攻擊的幕後操縱者。發動襲擊的地點來自上海浦東一座大樓，該大樓證實為中國解放軍61398部隊的總部所在。報告認為這些網際諜報活動提供中國軍方建立對美國國防系統的資料數據，以便在危機發生時加以利用。[47]美中經濟和安全委員會亦在提交給國會的年度報告中，援引麥迪安網路安全公司的說法。中國政府反駁報告充滿缺陷，因為中國本身也是網絡攻擊的受害者。以網絡IP位址誤導網絡攻擊來源的追查，是駭客慣用的技倆，美方顯然是在預設前提下對中國進行不實指控。[48]

同月，北韓宣布成功進行第三次核試爆。歐巴馬總統指責北韓的核試爆是對地區穩定的高度挑釁，決定採取行動以維護美國及其盟友的利益。中國對北韓核試驗亦表示堅決反對，外長楊潔篪立即召見北韓駐華大使提出嚴正交涉。聯合國安理會一致通過第2094號決議，加

---

45 Jamil Anderlini and Lucy Hornby, "China overtakes US as world's largest goods trader", *The Financial Times*, Jan 10, 2014, https://www.ft.com/content/7c2dbd70-79a6-11e3-b381-00144feabdc0 (accessed Dec 29, 2018)

46 Tom Wright, "China's Economy Surpassing U.S.?", *The World Street Journal*, 30 April, 2014, https://blogs.wsj.com/economics/2014/04/30/chinas-economy-surpassing-u-s / (accessed Dec 29, 2018)

47 Gary Brown and Christopher D. Yung, "Evaluating the US-China Cybersecurity Agreement, Part 2: China's Take on Cyberspace and Cybersecurity", *The Diplomat*, January 19, 2017.

48 〈中國稱美國網絡攻擊指控無端〉，《BBC中文網》，2013年5月7日，取自https://www.bbc.com/zhongwen/trad/mobile/china/2013/05/130507.shtml（2019年1月12日）。

強和擴大了對北韓的多項制裁措施，要求各國對懷疑運載違禁品到北韓的飛機實施禁飛，並加強監視北韓外交人員的非法活動，限制非法金融交易及切斷提供武器發展的資金轉移等。[49]北韓則是宣布廢除與南韓締結的互不侵犯協定，並切斷與南韓在板門店設立的熱線。北韓強調若絲毫領土、領海與領空受侵襲，北韓將毫不留情地展開報復性打擊。

2013年3月，美國國家情報總監辦公室公布《全球威脅評估報告》（*Worldwide Threat Assessment of the U.S. Intelligence Community*），指出網路攻擊已經取代恐怖主義，成為美國安全的頭號威脅。報告全篇共有28次提到「中國」，對中國軍力的發展投以更多關注的目光，另還指責中國對全球稀土的壟斷行為。報告指出中國正在進行長期且全面的軍事現代化建設，建設的重點主要體現在三個方面：加強核威懾和戰略打擊能力、應對外部軍事入侵和強化自身的投送能力。[50]

2013年8月，應美國國防部長黑格爾邀請，時任中國國防部長常萬全首次訪美，期間並在五角大廈與黑格爾會談。另在美方的刻意安排下，成為歷來首位參觀美軍北方司令部與北美防空司令部的中國官員。常萬全此行的重要目的是向美方說明何謂中美「新型軍事關係」。強調中美兩國必須放棄冷戰思維，放棄視對方為假想敵，透過合作來建立互信。而在過去一年多內，每隔兩、三個月就有軍方高層互訪，顯示歐巴馬執政後兩軍在落實加強交流上已有共識，美中發展軍事關係的努力是「自上而下」的，在兩位元首頻繁的會晤中，確立的兩國軍方關係進行穩定、建設性的互動。[51]

---

[49] Victor Cha, "UN Security Council Passes New Resolution 2094 on North Korea", *The Center for Strategic And International Studies,* Mar 7, 2013, https://www.csis.org/analysis/un-security-council-passes-new-resolution-2094-north-korea (accessed Mar 17, 2019).

[50] HSDL Staff, "2013 Worldwide Threat Assessment of the U.S. Intelligence Community", *Homeland Security Digital Library,* MARCH 12, 2013.

[51] 余東暉，〈華府觀察：常萬全訪美延續兩軍積極勢頭〉，《中國評論新聞網》，2013年8月18日，取自http://www.chinareviewnews.com（2019年1月12日）。

2013年11月，中國劃設了東海防空識別區。範圍包括中日主權爭議海域，並要求在區內飛行的航空器應向中國民航局通報飛行計畫，開啟並保持雙向無線電通信聯繫。對於不配合識別或者拒不服從指令的航空器，中國的空中武力將採取「防禦性緊急處置措施」。中國表示劃設防空識別區目的是捍衛國家主權和領土領空安全，維護空中飛行秩序，並不針對任何特定國家和目標，也不影響有關空域的飛越自由。日本政府表示中國此舉將使日中對立情況升級，極有可能會招致危險衝突。美國為了展現自己的影響，派遣兩架B-52戰略轟炸機飛越識別區後返航。國務卿凱瑞表示中國意圖提高姿態改變東海現狀，這項行動將增加太平洋區域緊張。[52]

2013年12月，美國導彈巡洋艦「考彭斯號」（USS Cowpens）12月初在南海公海航行時，曾被迫閃避一艘中國軍艦，這艘中國登陸艦距美國巡洋艦僅有500米，這是2009年來兩國在南海海域發生「無瑕號事件」（USNS Impeccable）後的最大一次海上遭遇事件。[53]中方指責「考彭斯號」持續對「遼寧號」航母進行跟蹤監視，並且擅闖南海禁航區，中國艦隊派出兩艘兩棲船塢登陸艦前往辯證，並向美艦發出鳴笛警告，但美軍不予理會繼續向前航行，中方搶位阻止其冒險航行。中國強調先前遼寧號航母在大陸近海訓練的時候，美方就多次派遣軍機偵查跟蹤，這次更趁遼寧號遠赴南海派艦刺探，儘管話說得很重，中國官方還是強調這是偶發事件，不會影響兩國軍事大局。

2014年6月，中國應邀赴美國參加「環太平洋-2014」聯合軍演。中國海軍由四艘船艦組成編隊，赴夏威夷參加為期一個月的海上軍事演習。這是中國海軍首次參加「環太平洋」多國演習。上千名中國海

---

52 〈中日防空識別區重疊，中國後發制人？〉，《BBC中文網》，2013年11月25日，取自https://www.bbc.com/zhongwen/trad/china/2013/11/131125_china_japan_east_sea（2019年1月12日）。

53 〈中國低調證實中美軍艦南海對峙〉，《BBC中文網》，2013年12月18日，取自https://www.bbc.com/zhongwen/trad/china/2013/12/131218_china_usa_ships_diplomacy（2019年1月12日）。

軍官兵與來自包括美國、澳大利亞、加拿大、法國、印度、印尼、日本、南韓和英國等23個國家的海軍密切互動。中國派出的艦隊規模僅次於東道主美國。國際社會一般認為中國參加這次軍演，有助於與美國及其盟友建立互信機制，雖然不一定會緩解南海和東海的緊張局勢，但是美中雙方還是期待發展正面積極的軍方關係，而且，這也是中國展示自己區域海軍實力的重要機會。[54]

2015年5月，美國國防部公佈年度中國軍力報告，這是美國第15次針對中國軍力進行年度報告，仍然視中國為潛在的競爭對手。報告提到中國放棄了鄧小平「韜光養晦」的外交指導，轉向追求地區和全球領導力。提出的證據包括中國建立亞投行，提出「新亞洲安全觀」，以及習近平在年度中央外事工作會議上的講話重點。[55]對中國處理海上和領土爭端的做法首次定義為「低強度的壓制」，並推斷中國可以容忍更高強度的地區緊張。[56]對於中美軍事交流美國政府保持積極態度，支持解放軍和美軍共同提供更多國際公共安全作為，如人道主義救援和減災、打擊海盜、搜救和軍事醫療服務。美國亦承認與解放軍的交流活動，對區域和全球安全具有積極貢獻。美中雙方除了達成重大軍事行動通報和海空相遇安全行為準則諒解備忘錄之外，解放軍還回應美國的邀請，參加了兩個多邊演習（金色眼鏡蛇和環太平洋軍演），並與美軍舉行了數次雙邊軍事演練。

2015年11月，美中兩軍首次在美國本土聯合基地，舉行人道主義救援減災聯合實兵演練。這次聯合演練是落實美中兩國元首重要共識的務實交流項目，這也中國陸軍首次在美國本土舉行兩軍聯合演

---

[54] 〈中國參加環太軍演 美國專家怎樣看〉，《美國之音中文網》，2014年6月25日，取自https://www.voacantonese.com/a/china-rimpac-20140624/1944422.html（2019年1月12日）。

[55] 羅玲，〈習近平：外交要有中國氣派〉，《BBC中文網》，2014年11月30日，取自https://www.bbc.com/zhongwen/trad/china/2014/11/141130_china_foreign_policy（2019年4月9日）。

[56] 趙蔚彬，〈美國國防部中國軍力報告新在哪裡〉，《中美聚焦》，2015年05月20日，取自http://cn.chinausfocus.com/m/show.php?id=107（2019年4月9日）。

習。[57]近期中美兩軍互動頻繁，例如月初，中國海軍152艦艇編隊訪問美國，中美海軍在大西洋海域舉行首次聯合演練。月中，美國海軍伯克級「斯特蒂姆號」驅逐艦抵達上海吳淞軍港友好訪問，美國海軍太平洋艦隊司令亦隨行訪中。美國的盟友雖然希望對中採取強硬的態度，但他們也希望看到美中關係穩定發展，以避免因誤解而產生的衝突發生。[58]

2016年7月，美韓軍方聯合宣布「薩德」（THAAD）反導系統部署南韓的決定，目的在於保護美韓兩國在該地區的軍事力量，免受北韓不斷增強的核武能力和彈道飛彈技術的威脅。美軍雖然強調「薩德」將只針對北韓。[59]中國堅決反並指出「薩德」決不是單純的技術問題，而是不折不扣的戰略問題。除了來自中國的抗議，美韓兩國不論把這個新系統的部署地點選在韓國任何，都會遭到當地居民的抵制。因為擔心來自雷達的高強度電子信號會損及居民健康，一旦朝鮮半島爆發戰爭，「薩德」所在的城鎮將最先成為北韓飛彈攻擊的目標。[60]

2016年7月12日，菲律賓南海仲裁案由國際仲裁庭作出了裁決，裁定中國在南海主張的「九段線」沒有法律依據，菲律賓在裁決中勝訴。中國的立場是不接受這種單方面的仲裁結果，也不會影響中國在南海的主權和權益，中國將堅定不移捍衛國家主權、安全和海洋權

---

57 Kevin Knodell, “U.S. and Chinese troops join forces in humanitarian training exercises on U.S. mainland”, *The Humanosphere,* 3 DEC 2015, http://www.humanosphere.org/world-politics/2015/12/u-s-and-chinese-troops-join-forces-in-humanitarian-training-exercises-on-u-s-mainland/ accessed Mar 17, 2019).

58 周慧盈，〈中美防長會談後，兩軍人道救援減災演練登場〉，《中央通訊社》，2018年11月13日，取自https://www.cna.com.tw/news/acn/201811130043.aspx（2019年1月12日）。

59 Jen Judson, “THAAD To Officially Deploy to South Korea”, *Defense News,* July 7, 2016, https://www.defensenews.com/home/2016/07/08/thaad-to-officially-deploy-to-south-korea/ (accessed 12 Jan, 2019).

60 崔相勳，〈美在韓部署「薩德」，引發中國強烈抗議〉，《紐約時報中文網》，2016年7月8日，取自https://cn.nytimes.com/asia-pacific/20160708/（2019年1月11日）。

益。[61]仲裁案公布的同時，歐巴馬政府也發現到美國在南海問題上的偏袒做法，已經觸及中國在主權上的紅線，而且菲律賓新任總統杜特蒂在南海問題的立場與前任總統艾奎諾三世不同，多次表示願意就南海爭端與中國展開建設性對話，美國不得不在南海爭議上採取溫和態度，以免進退失據。菲律賓新任總統杜特帝上台後經常抨擊美國對菲律賓內政的干涉，表明欲與中國加強關係。由於菲律賓在南海的戰略地位，杜特帝的態度對美國未來的「再平衡」戰略與南海形勢將會形成許多不確定因素。[62]

歐巴馬總統的第一任期可以說是在「內憂外患」的處境下勵精圖治，2012年美國總統大選竟然能夠以失業率仍高達7.9%的劣勢下連任成功，開創美國歷史上的紀錄。美國的選民最重視的議題就是國內經濟，歐巴馬為了渡過全球金融危機與刺激國內經濟成長，增加了美國國債逾6兆美元，占GDP比例亦由2008年70%，向上攀升超過100%。但是歐巴馬通過選民的檢驗，獲得多數人的支持，繼續執政四年。顯示歐巴馬的經濟政策雖然尚未使美國脫離金融海嘯，但是在扭轉景氣及改革方向上，它的領導是受美國民眾肯定的。邁入第二任期的國際情勢與外交考驗，並沒有給予歐巴馬太多喘息的空間，尤其是「重中之重」的美中關係，反而迎來了更多的變化與挑戰。[63]

美中關係在歐巴馬執政期間的起伏過程中顯得「冷熱交替」，相較於第一任期明顯地呈現「開高走低」形勢，進入第二任期反而有「相對平衡」的趨勢。無論是面對金融危機後的財政拮据，還是國力

---

[61] Ankit Panda, "International Court Issues Unanimous Award in Philippines v. China Case on South China Sea", *The Diplomat*, July 12, 2016, https://thediplomat.com/2016/07/international-court-issues-unanimous-award-in-philippines-v-china-case-on-south-china-sea/ (accessed 12 Jan, 2019).

[62] 陶文釗，〈回眸2016年中美關係〉，《中美聚焦》，2017年1月3日，取自http://cn.chinausfocus.com/foreign-policy/20170103/11541.html（2019年1月11日）。

[63] Stephen Dinan, "Obama overcomes concerns on economy to win second term, Congress still divided", *The Washington Times*, Nov 6, 2012. https://www.washingtontimes.com/news/2012/nov/6/election-2012-romney-takes-early-lead-kentucky-win/ (accessed April 10, 2019).

明顯衰退後的外交政策，歐巴馬政府屢屢遭受共和黨人指控，認為美國對中國的態度過於軟弱，為了減緩外界的指控與不滿，歐巴馬政府在涉及中國的議題上逐漸轉趨強硬。包含圍繞在中國周邊的在東海與南海領土爭議問題，美國政府一改往常的中立態度，從不介入到介入，從不選邊到選擇與中國對立的一邊。美國對中國態度轉趨強硬的原因，除了是感受到中國將有可能取代美國成為亞洲地區的主導力量之外，對於來自中國在網路安全的威脅與竊取智慧財產權帶來的損害，也是雙邊關係發展受到極大抑制的因素。[64]除此之外，美國國內財政減支與兩黨惡鬥形成分裂的政府，迫使歐巴馬連續兩年缺席東亞峰會和APEC會議，亞太地區的盟國與伙伴開始懷疑美國的「再平衡」戰略是否得以落實，美國的安全承諾是否開始動搖。美國必須要對中國做出強勢的姿態，藉此安撫亞洲盟友，重塑美國的威望和堅定他們對美國的信任。

然而，形勢總是比人強。由於伊斯蘭國的猖獗行徑，以及烏克蘭危機引發美俄關係惡化，歐巴馬將伊斯蘭國和俄羅斯列入迫切的最大威脅。而在亞太地區的中國周邊形勢，相對不具有爆炸性，仍然屬於可控制的不穩定。歐巴馬清楚瞭解同時與中國和俄羅斯交惡，並不符合美國的戰略利益，美中關係的緊張趨勢必須有所緩和。因此，第二任期一切以復甦經濟和就業作為國家施政的優先議程，為避免美中關係過於起伏不定，美國對中國的態度也隨之進行「再平衡」。[65]

---

64 閻學通，〈對中美關係不穩定性的分析〉，《世界經濟與政治》，2010年，第12期，頁15-22。

65 卞慶祖，〈歐巴馬第二任期對華政策走向與中美關係〉，《中國人民對外友好協會》，2012年11月24日，取自http://www.cpaffc.org.cn/content/details25-23675.html（2019年1月15日）。

第二節　中國的看法與回應

過去謹守「韜光養晦」外交政策的中國，即便始終強調美中關係的重要性，往往也是機械式的被動表達中國和平發展的立場。然而，這樣的情況卻在中國新一代領導人上臺後有所變化。習近平認為中國過去未能及時貫徹改革的意志，任由腐敗滋生蔓延，如今中國必須抓緊有限的戰略機遇期，緊密結合國內政策需求與外交政策方向，日漸富強的中國必須從現在開始，在世界舞臺扮演更加重要的角色。中國不再「韜光養晦，決不當頭」，現在的中國必須蓄積「奮發有為」的外交決心，並開始參與全球秩序的長期變革，以實現其經濟和安全利益的最大化。習近平首次提出中國外交的宏觀戰略，採取具有中國特色的新型大國外交。[66]

2013年6月，歐巴馬與習近平首次以兩國元首的身份，在美國加州陽光莊園舉行的「非正式」高峰會。習近平公開強調：「大洋彼岸就是中國，寬廣的太平洋有足夠空間容納中美兩個大國。……在新形勢下，中美應該深入審視兩國關係，這不僅是中美兩國人民關注的事，也是國際社會關注的事。中美雙方應該從兩國人民根本利益出發，從人類發展進步著眼，創新思維、積極行動，共同推動構建『新型大國關係』。」[67]「新型大國關係」是中國想要塑造的美中關係，按照習近平的說法，它是「相互尊重，平等對待，互利雙贏」的合作夥伴關係。習氏用14個字精闢地概括了中美新型大國關係的內涵：

---

[66] Kevin Rudd, "The Future of U.S.-China Relations Under Xi Jinping: Toward a New Framework of Constructive Realism for a Common Purpose", *Belfer Center for Science and International Affairs, Harvard Kennedy School,* April 2015, https://www.belfercenter.org/publication/summary-report-us-china-21 (accessed 17 Jan, 2019).

[67] "Remarks by President Obama and President Xi Jinping of the People's Republic of China After Bilateral Meeting", *The White House,* June 08, 2013, https://obamawhitehouse.archives.gov/the-press-office/2013/06/08/ (accessed 16 Jan, 2019).

「不衝突、不對抗，相互尊重、合作雙贏。」[68]

新型大國關係到底有那些特點？根據中國學者趙可金更具體的說法包含：美國接受中國「和平崛起」為全球性大國；中國接受美國在亞太地區以及全球繼續扮演一股穩定地區的力量；中美兩國共同承認彼此的繁榮不是「零和」而是「雙贏」，因為美國的成功有利於中國的發展，而中國的成功對美國而言亦然；中美兩國基於共同利益、互惠互利以及相互尊重的原則，通過不同的合作模式構建雙邊關係；中美兩國共同協調長期以來存在分歧或爭端的領域，以避免合作遭到破壞，甚至演變成對抗或衝突。[69]「新型大國關係」是中國的想法與期望，美方的態度卻顯得被動與低調，因為「新型」關係並不意味著兩國會放棄本國利益或立場。美中兩國還是會有不同利益，依然會出現不同意見，會繼續在全球市場、資源與影響力等方面進行競爭。[70]

一、對美中關係的看法

2009年歐巴馬上台之初，美中關係意外地出現美國主動「示好」的短暫氛圍。雙方確實存在許多合作的空間與需求。然而，同一時期，中國在東海、南海主權聲索的強硬態度，以及在東南亞、非洲和拉美地區的經濟擴張活動，都令美國感到初期的善意並未獲得相對的回應，反而產生越來越多的質疑，兩國之間原先被掩蓋的一些矛盾也逐步顯現。在哥本哈根氣候大會上，中國夥同其他發展中國家，採取與美國不同立場的態度，令美國的領導地位倍受挑戰。此後，美國開始在對台軍售、西藏、人權等問題上向中國施壓，高調提倡「亞太再

---

68 裴敏欣，〈點評中國：中美能建立新型的大國關係嗎？〉，《BBC中文網》，2013年7月8日，取自https://www.bbc.com/zhongwen/trad/focus_on_china/2013/07/130708_cr_china_usa_relation（2019年1月16日）。

69 趙可金、韓磊，〈構建美中新型大國關係〉，清華－卡內基全球政策中心，2013年10月10日，取自https://carnegietsinghua.org/2013/10/10/zh-event-4217（2019年1月16日）。

70 David M. Lampton, "A New Type of Major-Power Relationship Seeking a Durable Foundation for U.S.-China Ties", *Asia Policy*, July 16, 2013. pp.51-68.

平衡」戰略，使得美中戰略博弈在西太平洋地區形成對峙，在南海議題上又以「航行自由權」與「國際海洋公約」為名，直接挑戰中國維護主權的立場，這些都導致美中關係走向下坡的原因。明顯地，在歐巴馬政府執政的第二任期中，美中關係呈現出「摩擦加劇，合作加強。」的特點，這些特點構成了「中美關係的『新常態』」。[71]

「新常態」一詞始於習近平於2014年5月在中國河南考察時指出：「中國發展仍處於重要戰略機遇期，我們要增強信心，從當前經濟發展的階段性特徵出發，適應『新常態』，保持戰略上的平常心態。」[72]同年11月，在APEC領導人峰會上，習近平用「新常態」向全球界描述了中國經濟的呈現，包括增速變緩、結構升級與動力轉變，特別闡述了新常態產生新的機遇，中國經濟增長將更趨平穩，增長動力更為多元。[73]最早將「新常態」概念正式引入到美中關係研究領域的是中國復旦大學教授吳心伯，他指出：「中美關係總體呈現出摩擦加劇，合作加強，中國對雙邊關係的引領作用增大的特點，這些特點將在相當長的一段時期記憶在中美互動中，構成了中美關係的新常態。」[74]中國學者王緝思亦認為：「中美關係進入了一個新常態。這個新常態的主要特徵是，中美雙方合作與競爭同時增強，國內因素對兩國外交影響越來越大。在國際安全領域，特別是在亞太地區安全問題，競爭和摩擦更加突顯。在經貿、人文、全球治理等領域則是合作不斷加深，與安全領域的競爭性，形成了鮮明對照。」[75]中國崛起是

[71] 王偉男，〈常態與新常態下中美關係的彈性與韌性〉，《教學與研究》，第5期，2018年，頁67-73。

[72] 〈習近平在河南考察時強調：深化改革發揮優勢創新思路統籌兼顧 確保經濟持續健康發展社會和諧穩定〉，《人民日報》，2014年05月11日。取自http://cpc.people.com.cn/n/2014/0511/c64094-25001070.html（2019年1月16日）。

[73] 〈習近平首次系統闡述新常態〉，《新華網》，2014年11月10日，取自http://cpc.people.com.cn/BIG5/n/2014/1110/c64094-26001005.html（2019年1月16日）。

[74] 吳心伯，〈論中美關係的新常態〉，《復旦學報》，第3期，2015年，頁143-149。

[75] Wang Jisi, “China-U.S. Relations Have Entered A New Norma”, *The China U.S. Focus*, Sep 19, 2016, https://www.chinausfocus.com/foreign-policy/china-u-s-relations-have-entered-a-new-

美國在全球的幾大挑戰之一，雖然它是最大的挑戰，卻也是機遇和挑戰並存，不像美國面臨的其他國際危機那樣迫在眉睫。這種戰略思維上的擴散作用，容易使人誇大中國在美國全球戰略中所處的威脅地位，不利於美國對中國的戰略需求採取主動與中國合作的契機。從長遠來看，防止美國視中國為最大的戰略威脅，應是中國對美政策十分重要的目標。[76]

二、對美國外交政策的看法

如今的中國意識到自己影響世界的時機已經到來，但卻又擔心美國為了維持其全球霸主地位而採取孤立、圍堵、削弱與分裂中國，最後達到推翻中共政權的目的。在中國政府看來，這種擔心一直存在於美國對中國政策的各種議題上，包括對中國的人權運動、香港占中、對台軍售、疆獨恐攻，以及法輪功和達賴喇嘛的種種態度與作為。[77]美國聲稱其對中政策與冷戰時期與蘇對抗不同，但中國並不認同，而且指出美國的「再平衡」戰略就是相當明顯的例子。

在這樣矛盾不和諧的背景下，習近平在2013年將「新型大國關係」的概念投射在對美的外交工作上，中國認為美國應該跳出「零和」的冷戰思維，雖然立即獲得美國總統歐巴馬的認同，但這一概念很快淪為美國國內兩黨派系之間角力的主題，對於是否承認中國在戰略和道德層面配得上與美國享有均勢的地位的爭論，令執政當局不得不轉為被動式的「冷處理」。[78]歐巴馬政府第二任期的「再平衡」

---

normal (accessed 16 Jan, 2019).

[76] 陳一新，〈十九大後　中美競合關係成為新常態〉，《中時電子報》，2017年12月10日，取自https://www.chinatimes.com/realtimenews/20171210001473-260408（2019年3月19日）。

[77] 陸克文，〈習近平治下的中美關係 以建設性的現實主義，來實現中美共同使命〉，哈佛大學甘迺迪政府學院貝爾福中心公開演講，2015年4月，頁10-12。

[78] Cheng Li, "A New Type of Major Power Relationship?", *The Brookings Institution,* Sep 26, 2014, https://www.brookings.edu/on-the-record/a-new-type-of-major-power-relationship/ (accessed Mar 19, 2019).

戰略明顯出現經貿層面重於軍事層面的調整跡象。[79]中國對於「再平衡」戰略依然抱持相同的看法：「美方實施這一戰略後，雖然多次強調不針對中國，但周邊一些國家借『再平衡』的機會，做了一些不該做的事情，使本來很平靜的東海和南海變得十分不平靜。」[80]

三、對美國經濟政策的看法

歐巴馬第二任期的經濟政策，首重全盤經貿的戰略部署，藉由TPP與TTIP的「兩洋經貿」戰略，重塑全球經貿規則。歐巴馬本人甚至主動在《華盛頓郵報》投書，強調TPP與TTIP對美國至關重要，值得美國國會早日批准，「讓美國而非中國，主導全球經貿規範。」並使美國成為橫跨兩洋的自由貿易發動機，建構全球經濟超強地位。[81]中國認為美國以TPP與TTIP方式在亞洲或歐洲兩地展開的新一輪經貿規則談判，是兩場沒有中國參加但針對中國的談判，對中國形成強大的全球性制衡。一旦美國完成「經貿兩洋戰略」的布局，將反過來集中精力與中國進行壓倒性的談判，這時美國擁有絕對談判優勢，無論中國選擇加入或不加入，都會在區域或全球經貿談判進程中處於被動的劣勢。

美國曾經不僅一次的公開表示，TPP與TTIP框架不包含中國的用意，就是要讓中國感受到遵守國際規則與標準的壓力，包括知識產權、勞工標準、國有企業規範等將由美國為首的西方國家訂定，中國將會被迫全盤接受，並置中國於全球經貿合作中極不利的地位。歐巴馬在《華盛頓郵報》撰文中指稱：「當今的世界已經遠非你想像中的那個世界了，各種規則將不可避免隨之改變。我們必須抓住機會儘快

---

[79] 陳一新，〈比較歐巴馬兩任再平衡政策〉，《中國時報》，2013年04月22日，版A11。

[80] 蕭強，〈美媒：房峰輝批評美國亞太再平衡戰略激怒鄧蒲賽〉，《環球時報》，2014年5月17日，取自https://finance.china.com.cn/roll/20140517/2408894.shtml（2019年1月18日）。

[81] Barack Obama, "The TPP would let America, not China, lead the way on global trade", *The Washington Post,* May 2, 2016, https://www.washingtonpost.com/.../president-obama-the-tpp-would-let-america (accessed 18 Jan, 2019).

通過TPP，美國必須牢牢把握貿易規則的制定權，而不能任由中國在其中發揮作用。」中國則回應稱：「美方的立場口氣較大，但格局較小。世界貿易規則應該由世界各國共商共定，而不是由個別國家說了算。」即便如此，中國強調在全球化的大環境下，無論美國的經貿戰略如何制定，都難以遏制中國的全球化腳步，更不可能將中國孤立於亞太和全球的合作之外。[82]全球經濟已經形成「你中有我、我中有你」的鏈結中。即使不考慮中國早已成為帶動全球經貿活動的火車頭地位，中國政府認為所有排除中國參與的區域或全球經貿協議，都是不完整和缺乏遠見的發展策略。[83]

四、對美國軍事戰略的看法

2015年，習近平藉由在上海舉行的「亞洲相互協作與信任措施會議」（亞信）峰會，以地區領導人之姿闡述「新亞洲安全觀」。習氏指出：「應該積極倡導共同、綜合、合作、可持續的亞洲安全觀，創新安全理念、搭建地區安全和合作新架構，努力走出一條共建、共用、共贏的亞洲安全之路」。[84]中國有意藉由「亞信」的場合，提倡這是一個亞洲的區域安全平臺，由亞洲國家自行來解決亞洲的安全事務，習近平無需亞洲以外的國家介入。尤其意指美國以「亞太再平衡」戰略與反恐戰爭，肆意干涉亞洲國家彼此的爭端議題。習近平針對亞洲意識的觀點指出：「亞洲的事情歸根結底要靠亞洲人民來辦，亞洲的問題歸根結底要靠亞洲人民來處理，亞洲的安全歸根結底要靠

82 〈歐巴馬：美國應制訂貿易規則，而不是中國〉，《美國之音中文網》，2015年1月21日，取自https://www.voacantonese.com/a/obama-says-us-write-the-trade-rules-not-china/（2019年1月18日）。

83 田君美，〈習近平的國際戰略作為與國際形勢挑戰〉，《經濟前瞻》，2017年11月，頁20-26。

84 葉靖斯，〈亞信峰會：習近平倡議亞洲新安全秩序〉，《BBC中文網》，2014年5月21日，取自https://www.bbc.com/zhongwen/trad/china/2014/05/140521_china_russia_summit（2019年3月19日）。

亞洲人民來維護」。這樣的理念類似亞洲版的「門羅主義」，顯示中國有意將西方國家的影響力排除在亞洲地區之外。[85]

為了對抗美日的制空權和阻止美日對中國的抵近監視活動，中國在2013年底劃設「東海防空識別區」，引發美、日等國家大聲量與大動作的抗議。然而中國並未因此有所改變，中國決定設立防空識別區是因為美、日等國二戰後就已在相同區域劃設自己的防空識別區。關於菲律賓單方面請求國際仲裁法院建立的「南海仲裁案」，中國始終表明該裁決是無效的，中國不會承認。由於美國是菲律賓的最大盟友，不斷試圖透過外交手段向中國施壓，中國認為美國對國際法採取選擇性執行態度，在國際事務中採取雙重標準，把有利於自己的規則強加到其他地區，甚至淩駕於國際法之上，這是美國推行霸權主義的實證，也是美國對國際法「有利則用、不利則棄」的最佳實證。[86]

第三節　以權力轉移理論檢視

本書是以「權力轉移理論」檢視歐巴馬政府第一、二任期的美中關係，並且在美中「動態權力」的研究比較上，以「經濟」與「軍事」兩項共識性最高的指標，做為檢視權力的理論。另在「動態滿意度」的量測上，採用「參與國際組織」、「接受國際規範」、「聯合國否決權行使」與「領土主權爭議」等四項指標做為綜合觀察中國滿意程序依據。因此，本節將針對相關指標進行系統性的量化分析。

---

85 王高成，〈上海「亞信峰會」與新亞洲安全觀〉，《展望與探索》，第12卷，第6期，2014年，頁21-23。

86 李警銳，〈四問美國操縱南海仲裁案：何來資格說三道四？〉，《人民網》，2016年7月19日，取自http://world.people.com.cn/n1/2016/0719/c1002-28564319.html（2019年1月18日）。

一、美中權力動態比較

（一）經濟

中國改革開放之後，從1979年至2008年，中國的GDP平均增長率始終維持在10%左右的佳績，中國經濟的崛起已是無法否定的事實，甚至不少數據顯示中國經濟已逐漸邁向全球第一。尤其是2001年加入世貿組織後，透過一系列雙邊與多邊經貿協定，中國在全球的貿易出口和進口同步攀升。在國際貿易方面，1978年中國是全球排名第三十二位的貿易出口國家，2002年超越英法兩國晉升至第四位、2004年超越日本、2007年超越美國，接著在2009年超越德國，成為全球排名第一大出口國。另在中國國內生產總值不斷增速下，2005年超越法國、2006年超越英國、2007年超越德國，接著在2010年超越日本，成為僅次於美國的全球第二大經濟體。[87]

2011年春天，皮優全球態度調查（Pew Global Attitudes Survey）詢問全球數以千計的受訪對象：「哪一個國家會是領導世界經濟的強權？」過半數被詢問的中國人認為美國依舊是世界第一的經濟強權，排名第二是「中國」。相反地，當美國人被詢問到時，卻不再那麼肯定美國本身是經濟第一，美國人有43%的受訪者回答「中國」第一；僅僅只有38%的美國人認為自己國家依然是全世界的經濟霸主。[88]國際著名的經貿組織與經濟學家們紛紛開始討論及預測，到底中國何時會超越美國成為全球最大經濟體？（詳如表5-1）2019年由經濟學家曼恩（David Mann）帶領的渣打經濟學家團隊進行分析，亞洲佔全球GDP的比例，已從2010年的20%上升到28%，2030年可望達到35%，

---

87 〈2001-2017年世界各主要國家貿易值排名〉，中華民國財政部統計處，2018年4月13日，取自http://www.mof.gov.tw/File/Attach/57465/File_12598.pdf（2019年1月27日）。

88 "China Seen Overtaking U.S. as Global Superpower", *Pew Research Center,* July 13, 2011, http://www.pewglobal.org/2011/07/13/china-seen-overtaking-us-as-global-superpower/ (accessed Mar 19, 2019).

相當於歐元區及美國合計的比例。2020年中國將會超越美國，成為全球最大經濟體。2030年印度的經濟規模也將超越美國，屆時美國將落居全球第3位。[89]英國金融時報則是公開報導英國博彩公司立博（Ladbrokes）開出6/4的賠率，賭注中國何時超越美國，並壓注中國在2020年前會超過美國，成為全球最大的經濟體。[90]

表5-1　中國經濟超越美國各界預測彙整表

日期	預測來源	預測內容
2003年10月	高盛公司（Goldman Sachs）	首席經濟學家，吉姆.奧尼爾（Jim O'neil）發表全球經濟報告《與BRICs一起夢想，通往2050年的道路》（Dreaming With Brics :The Path To 2050）預測中國會在2041年超越美國成為全球第一。
2010年2月	高盛公司（Goldman Sachs）	首席經濟學家，吉姆・奧尼爾（Jim O'neil）修正預測，中國2011-2020年經濟增長率為7.9%，2021-2030年為5.7%，中國可在2027年趕超美國。
2008年10月	胡鞍鋼	估計2011-2030年間中國經濟仍將保持7-8%之間的高增長。按匯率法，中國GDP到2019年將達到19.8兆美元，超過美國；到2030年中國GDP將達到66.4兆美元，相當於美國的2.5倍。
2010年2月	諾貝爾經濟學獎得主羅伯特・福格（Robert Fogel）	在《外交政策》雜誌發表〈123兆美元的經濟體〉文章預測到2040年中國人均財富還無法超過美國，但是中國在全球GDP中將佔到40%，遠超過美國的14%和歐盟的5%。

---

89 Enda Curran, "These Could Be the World's Biggest Economies by 2030", *The Bloomberg,* 8 Jan, 2019, https://www.bloomberg.com/news/articles/2019-01-08/world-s-biggest-economies-seen-dominated-by-asian-ems-by-2030 (accessed Mar 24, 2019).

90 Barney Jopson, "Betting on China", *The Financial Times,* Feb 15, 2011, http://big5.ftchinese.com/story/001036936/en?ccode=LanguageSwitch&archive (accessed 28 Jan, 2019).

日期	預測來源	預測內容
2011年3月	世界銀行副行長兼首席經濟學家林毅夫	中國在2025年以前就能超越美國，成為全球第一大經濟體。到2030年中國的經濟將是美國的2.5倍，由於中國的人口達到美國的5倍，因此中國的人均所得將只有美國的20%至40%。
2011年4月	英國「經濟學人」（Economist）	預估中國在2019年超越美國。接下來十年，中美兩國的實質GDP平均年成長率分別為7.75%與2.5%，通膨率則為4%與1.5%，人民幣每年對美元升值3%；若中國的平均年成長若降至5%，將延後至2022年才能成為世界第一。
2011年12月		依據21項經濟指標評估後發現，目前中國已在過半的項目上超越美國，並將於2018年成為全球最大經濟體，比原來的預估提前一年。
2014年8月		距離2011年4月的預測已經過去四年了，預測有誤差。美國退居世界第二會比該刊最初預測的晚兩年。中國將在2021年成為世界最大的經濟體。
2017年12月	英國智庫經濟與商業研究中心（Centre for Economics and Business Research, CEBR）	中國將在2032年超越美國成為全球第一大經濟體。再過十五年，全球前四大經濟體中除了美國，其餘三個都將來自亞洲：中國、印度和日本。到了本世紀下半葉，印度更將取代中國，成為全球第一大經濟體。
2018年	前新加坡駐聯合國大使馬凱碩（Kishore Mahbubani）	中國GDP總量約2030年可追上美國；用IMF平價購買力計算，中國2013年已超越美國。但比GDP更重要的是人均收入，中國人均收入僅9000美元、美國是5.8萬美元，估計再過40年即2060年前後，中國人均收入才可趕上美國。
2018年3月	彭博社根據IMF和世界銀行等國際機構的預測	若未來美國保持2%的年經濟增長率，將中國增長率分為6.5%、6%、5.5%和5%來計算，中國經濟總量將分別在2028、2030、2031或2034年超越美國。

日期	預測來源	預測內容
2019年1月	英商渣打銀行（Standard Chartered）	根據購買力平價匯率GDP計算，中國到2020年就將超越美國，成為全球最大經濟體；而到2030年，印度可能超越美國，成為全球第二大經濟體，而印尼則將躋身前五大經濟體之列。

資料來源：參考高盛公司、英商渣打銀行、世界銀行、英國經濟與商業研究中心、彭博社、經濟學人等，筆者彙整後自製。

2008年全球金融危機造成各國經濟成長緩慢或停滯，美國經濟更是首當其衝，成長率淪為負數。反觀中國的經濟成長率，卻是絲毫不受影響。時至2012年，全球新興經濟體和低收入國家GDP首度超過全球GDP的50%，顯示已開發國家的衰退與開發中國家的崛起。[91]在所有國家當中，中國的經濟實力變化最受全球的關注，儘管國際社會對於中國的意圖與發展模式充滿疑惑，中國已成為未來最有可能的超級強權國家。歐巴馬總統第一任期結束前，成功將美國經濟帶出2008年至2009年的衰退谷底，GDP從-2.8%提升至2.2%（詳如表5-2）。為了實現減赤目標，歐巴馬提出一系列開源節流措施，赤字則由2009年財政年度的1.41兆美元減少至2012財政年度的1.1兆美元。但是在許多經濟關鍵指標顯示，成長依然緩慢無力。例如失業率仍高達7.9%，美國國債由10.6兆美元增加至16.2兆美元。國際信評公司標準普爾（S&P）史無前例將美國信用評級由頂級AAA下調至AA+。[92]

在此同時，中國的GDP在歐巴馬總統第一任期結束時，已上升至美國GDP的53%，四年的平均增長率是9.35%。相對於全球平均增長率僅達負1.1%的情況下，中國的表現直接帶動了世界經濟的復甦。從美中經濟在這一任期的檢視情況，兩國之間的經濟實力還存在相當大的

---

91 朱民，〈變化中的世界經濟〉，《經濟與金融學名家論壇》，2012年10月18日，取自http://sdzyh.com/html/xyxx/bgjz/40214.htm（2019年1月29日）。

92 〈標普將美國主權信用評級下調〉，《BBC中文網》，2011年8月6日，取自https://www.bbc.com/zhongwen/simp/business/2011/08/110806_us_credit_rating（2019年4月10日）。

差距。但是中國自2000年以後，平均的GDP年增長率超過9.2，這是在全球發展中國家少見的連續成長數字。（詳如表5-2）參考大多已開發國家經濟發展的趨勢，當成長到某一程度後，勢必將面臨成長放緩的壓力，此時中國GDP成長率亦不能例外。中國經濟在美國經濟復甦乏力，歐債危機持續發酵等夾擊下，亦遭遇前所未有的穩定成長壓力。[93]

表5-2 美中國民生產總值GDP與經濟成長率比較表（1978年-2017年）

單位：10億美元

時間		美國		中國		美中對比%
		GDP	增長率%	GDP	增長率%	
1978		2,357.0	5.6	149.5	11.7	100.0：6.3
1990		5,980.0	1.2	360.9	3.9	
2000		10,285.0	4.1	1,211.0	8.5	
2008		14,719.0	-0.3	4,598.0	9.7	100.0：31.2
2009	歐巴馬第一任期	14,419.0	-2.8	5,110.0	9.4	100.0：35.4
2010		14,964.0	2.5	6,101.0	10.6	100.0：40.7
2011		15,518.0	1.6	7,573.0	9.5	100.0：48.8
2012		16,155.0	2.2	8,561.0	7.9	100.0：**53.0**
首任平均			**0.88**		**9.35**	
2013	歐巴馬第二任期	16,692.0	1.7	9,607.0	7.8	100.0：57.6
2014		17,393.0	2.6	10,482.0	7.3	100.0：60.0
2015		18,037.0	2.9	11,065.0	6.9	100.0：61.3
2016		18,596.0	1.5	11,191.0	6.7	100.0：**60.2**
第二任平均			**2.18**		**7.18**	
2017		19,397.0	2.3	12,238.0	6.9	100.0：63.0

部分數字以四捨五入方式處理。

資料來源：The World Bank, "Countries and Economies: The United States", "Countries and Economies: China,", https://data.worldbank.org.cn/country/china?view=chart (2018.10.10)

93 〈4年施政 歐巴馬經濟成績單〉，《中央社華盛頓法新電》，2012年11月4日，取自http://www.epochtimes.com/b5/12/11/4/n3721760.htm（2019年2月8日）。

歐巴馬總統第二任期結束前，美國逐漸走出金融危機，執政期間平均GDP回升至金融危機發生前的2%以上，不但是已開發國家中GDP增長率最快的，同時失業率也下降至9年來最低點4.6%。此時，中國經濟持續穩定的成長，GDP已達到美國的60%，平均GDP增長率是7.23%。相對於前四年的增長率，中國的經濟成長呈現放緩的常態發展，從全球經濟的角度來看，中國仍是成長最快的國家。中國經濟進入轉型的「深水區」後，經濟成長已經跨越了高速增長的時代，未來的經濟增速將保持在6 - 8%的中速增長區間。從絕對數量來說，中國經濟增長對世界經濟的貢獻仍是第一。[94]綜觀歐巴馬總統兩任8年的執政期間，中國的GDP成長率平均高達8.26%，高於全球經濟成長率甚多。當然，這段時間也是中國的綜合國力成長最快速的時期。

若想認識一個國家的經濟實力和需求，也可以透過它的「人均國民總收入（GNI per capita）」進行瞭解，這是一個國家平均生活水準的重要指標。人均國民總收入與其社會、經濟和環境指標密切相關。例如，居住在人均國民總收入較高的國家，人民往往有較長的壽命，更高的教育水準，更佳的環境保護與較低的嬰兒死亡率。世界銀行將國家或經濟實體劃分為四個收入類別，分別為低收入、中等偏低收入、中等偏高收入和高收入國家。分類標準每年調整一次。2018-2019年的分類標準為：人均GNI低於995美元為低收入經濟體；在995至3,895美元之間為中等偏低收入經濟體；在3,896至12,055美元之間為中等偏高收入經濟體；在12,055美元以上為高收入經濟體。近來中國的人均國民總收入大幅增加，已接近中等偏高收入國家平均水準。依據世界銀行按圖表集法統計，在歐巴馬第一任期結束時（2012年），中國的人均GNI為5,940美元，平均增幅達到8.59%，同期的美國增幅

---

[94] Melanie Hart, "Assessing American Foreign Policy Toward China", *The Center For American Progress*, September 29, 2015, https://www.americanprogress.org/issues/security/reports/2015/09/29/122283/assessing-american-foreign-policy-toward-china/ (accessed Mar 19, 2019).

僅達0.16%。時至歐巴馬政府第二任期結束時（2016年），中國的人均GNI為8,250美元，平均增幅達到6.59%，同期的美國增幅僅達1.30%（詳如表5-3）。從中國政府2015年底的官方統計數字上，人均GDP超過8000美元。這意味著中國已經提前實現了十六大報告所提出的「2020年全面建成小康社會」的核心目標。[95]即便如此，美中之間的差距仍然十分遙遠。依照「權力轉移理論」的主張，中國的GDP必須達到美國的80%，才能進入所謂的權力轉移「均勢」門檻，距離「超越」的標準，仍有一段不小的權力差距。

表5-3　美中人均國民總收入（GNI per capita）比較表（1978年-2012年）

單位：10億美元

時間		美國		中國		美中對比%
		人均國民收入	增長率%	人均國民收入	增長率%	
1978		10,790		200		100.0：2.8
1990		24,150		330		100.0：0.8
2000		36,070	0.11	940	7.73	100.0：2.6
2008		49,330	-0.95	3,100	9.51	100.0：6.3
2009	歐巴馬第一任期	48,050	-3.73	3,690	8.02	100.0：7.7
2010		48,950	2.00	4,340	9.81	100.0：8.9
2011		50,470	1.06	5,060	8.46	100.0：10.0
2012		52,540	1.34	5,940	8.09	100.0：**11.3**
首任平均			**0.16**		**8.59**	

[95] 胡鞍鋼，〈全面小康的核心目標已提前實現〉，《新浪財金網》，2016年03月14日，取自http://finance.sina.com.cn/zl/china/2016-03-14/zl-ifxqhmve9172177.shtml（2019年2月16日）。

時間		美國		中國		美中對比%
		人均國民收入	增長率%	人均國民收入	增長率%	
2013	歐巴馬第二任期	53,650	0.95	6,800	6.61	100.0：12.7
2014		55,340	1.68	7,520	7.76	100.0：13.6
2015		56,300	1.88	7,950	5.82	100.0：14.1
2016		56,800	0.67	8,250	6.17	100.0：**14.5**
第二任平均			**1.30**		**6.59**	
2017		58270	--	8690	6.38	100.0：14.9

部分數字以四捨五入方式處理。
資料來源：世界銀行官方網站
GNI：https://data.worldbank.org/indicator/NY.GNP.PCAP.CD?locations=CN-US&view=chart
GNI年增率：https://data.worldbank.org.cn/indicator/NY.GNP.PCAP.KD.ZG?locations=CN

（二）軍事

雖然「權力轉移理論」並沒有論述「軍事」能力的指標，但是從歷史上的經驗說明，戰爭在一定程度上促成大國之間的權力轉移。從國際體系形成的發展趨勢來看，國家軍事力量的強弱與其在體系內的影響力成正比，意指在國際秩序的形成中，由軍事能力所構成的硬性強制力，其重要性是無可取代的。若欲剖析美中兩國的軍事力量與相對差距，比較客觀的角度可以從國防預算開支、軍隊的規模、武器裝備等等不同指標獲得全貌。[96]

首先，在國防開支部分，根據「瑞典斯德哥爾摩國際和平研究所」（SIPRI）全球軍事開支報告，歐巴馬總統首任上臺之初，伊拉克和阿富汗戰爭的「海外應急行動」支出持續攀升，2009及2010年美國國防開支高達7500億美元上下，增長率超過2.5%以上，佔全球軍費

[96] 福田保、邵鳴，〈美國和中國與東南亞的軍事合作比較－權力轉移與軍事合作平衡〉，《南洋資料譯叢》第4期，2012年，頁12。

支出43%，即使遭逢金融危機，美國軍費支出仍是居高下下[97]（詳如表5-4）。然而，金融危機之後，美國經濟遭受嚴重挑戰，必須儘快削減預算赤字，連帶也衝擊到國防預算的分配。2009年美國預算赤字創下二戰以來的最高點，歐巴馬送交國會的2011財政年度預算案，大幅刪減或終止高達120項政府開支計畫。聯邦政府削減任何項目都將得罪人民，尤其是社會福利支出。[98]根據紐約時報當時做的民調發現，如果必須做出選擇，民眾削減國防開支的意願（55%）遠高於醫療保險（21%）或社會保障（13%）。[99]

隨後於2010年8月美國國防部長蓋茨宣布了10年來最大的國防預算削減措施，期望能在5年內節省1,000億美元。[100]2011年美國國防部再度宣布另一波撙節預算的計畫，包括削減地面部隊員額及撤消部分武器研發計畫，預計5年內再刪減780億美元的國防支出。[101]2011年4月，歐巴馬在完成兩黨協商避免政府關閉的政策宣誓中，再次加碼提出未來12年將削減4兆美元的減赤計畫，其中要求國防預算在10年內，大幅刪減4,870億美元。這項主張立即引起國防部長蓋茨的擔憂，持續大砍國防預算恐將導致美國軍力的縮減。事實上，即使是連續數年的軍費刪減，美國國防預算仍然是排名全球第一，遠遠高出世界其他國家甚多。[102]

---

97 美國國防部和國會過去經常依靠「海外應急行動」（Overseas Contingency Operations，簡稱OCO）資金，作為預算達到上限（即最大國防開支）的解決方案，其實是為了繞過《預算控制法案》規定的支出上限。美國總統不需要國會投票就可以自由支出，雖然不必到國會報告，但必須通知國會所做的一切。

98 黃文政，〈消減預算斥字，歐巴馬大砍政府開支〉，《中國時報》，2010年2月1日，A12版。

99 Jim Rutenberg And Megan Thee-Brenan, “Nation’s Mood at Lowest Level in Two Years, Poll Shows”, *The New York Times*, April 21, 2011, https://www.nytimes.com/2011/04/22/us/22poll.html (accessed 31, 2019).

100 Josh Rogin, “What’s really behind the Gates cuts”, *The Foreign Policy*, AUG 10, 2010, https://foreignpolicy.com/2010/08/10/whats-really-behind-the-gates-cuts/ (accessed 31 Jan, 2019).

101 Frank Oliveri, “Defense Department Budget Cuts”, *The C-Span Radio Issue*, JANUARY 8, 2011, https://www.c-span.org/video/?297370-5/defense-department-budget-cuts (accessed 31 Jan, 2019).

102 Merrill Goozner, “Obama Shifts to the Right on New Deficit Plan”, *The Fiscal Times*, April 13, 2011, http://www.thefiscaltimes.com/Articles/2011/04/13/Obama-Shifts-to-the-Right-on-

表5-4　美中歷年國防預算比較表（1990-2017年）

<table>
<tr><th colspan="2" rowspan="2">時間</th><th colspan="2">美國</th><th colspan="2">中國</th><th rowspan="2">美：中%</th></tr>
<tr><th>國防預算（億美元）</th><th>增長率%</th><th>國防預算（億美元）</th><th>增長率%</th></tr>
<tr><td colspan="2">1990</td><td>5624.0</td><td>--</td><td>210.5</td><td>--</td><td>100.0：3.7</td></tr>
<tr><td colspan="2">2000</td><td>4205.0</td><td>3.87</td><td>413.2</td><td>5.60</td><td>100.0：9.8</td></tr>
<tr><td colspan="2">2008</td><td>6924.0</td><td>7.40</td><td>1084.6</td><td>9.52</td><td>100.0：15.7</td></tr>
<tr><td>2009</td><td rowspan="4">歐巴馬第一任期</td><td>7479.4</td><td>8.02</td><td>1313.5</td><td>21.10</td><td>100.0：17.6</td></tr>
<tr><td>2010</td><td>7684.7</td><td>2.74</td><td>1380.3</td><td>5.10</td><td>100.0：17.9</td></tr>
<tr><td>2011</td><td>7589.9</td><td>-1.23</td><td>1490.2</td><td>7.96</td><td>100.0：19.6</td></tr>
<tr><td>2012</td><td>7158.4</td><td>-5.69</td><td>1618.0</td><td>8.58</td><td>100.0：22.6</td></tr>
<tr><td colspan="2">首任平均</td><td></td><td>0.96</td><td></td><td>10.69</td><td></td></tr>
<tr><td>2013</td><td rowspan="4">歐巴馬第二任期</td><td>6590.6</td><td>-7.93</td><td>1768.6</td><td>9.31</td><td>100.0：26.8</td></tr>
<tr><td>2014</td><td>6183.4</td><td>-6.18</td><td>1919.2</td><td>8.52</td><td>100.0：31.0</td></tr>
<tr><td>2015</td><td>6036.3</td><td>-2.38</td><td>2045.0</td><td>6.15</td><td>100.0：33.9</td></tr>
<tr><td>2016</td><td>6001.0</td><td>-0.58</td><td>2160.3</td><td>5.64</td><td>100.0：36.0</td></tr>
<tr><td colspan="2">第二任平均</td><td></td><td>-4.27</td><td></td><td>7.41</td><td></td></tr>
<tr><td colspan="2">2017</td><td>6097.6</td><td>1.02</td><td>2282.3</td><td>5.65</td><td>100.0：37.4</td></tr>
</table>

部分數字以四捨五入方式處理。

資料來源：SIPRI Military Expenditure Database /《Military expenditure by country as percentage of gross domestic product, 1988-2017》https://www.sipri.org/sites/default/files/3_Data.GDP.pdf (9 Feb, 2019)

由於缺乏透明度，國際社會對於中國國防預算編列，與中國軍事能力之間的關聯，產生多種揣測與疑慮。雖然中國政府每年都向世人提供官方版的國防預算總額，但外界往往認為政府部門公布的預算數字遠遠低於實際總額。例如，中國官方公布的資料顯示，在2008年與2012年國防預算分別為602與1,031億美元。英國國際戰略研究所

New-Deficit-Plan, (accessed 31 Jan, 2019).

（IISS）的估計為831與1,463億美元；瑞典斯德哥爾摩國際和平研究所（SIPRI）的估計為1,085與1,618億美元（詳如圖5-1）[103]；美國國防部更寬估中國實際的國防預算分別介於1,050－1,500億美元與1,350－2,150億美元之間。其他組織的估計也各不相同，無論數字如何呈現，即使是最保守的估計都顯示中國的國防支出正在不斷的上升中。

不斷上升的國防預算與軍事投資來自於中國近年來在經濟上的高速成長，尤其是每年的國防開支編列金額僅次於美國。統計數字顯示在歐巴馬政府第一任期中，中國每年國防預算的增長率維持在平均兩位數以上（10.69%）。中國的經濟不但沒有受到全球金融危機的影響，而且還保持高速成長的動能，帶動GDP總量持續攀升，連帶助長

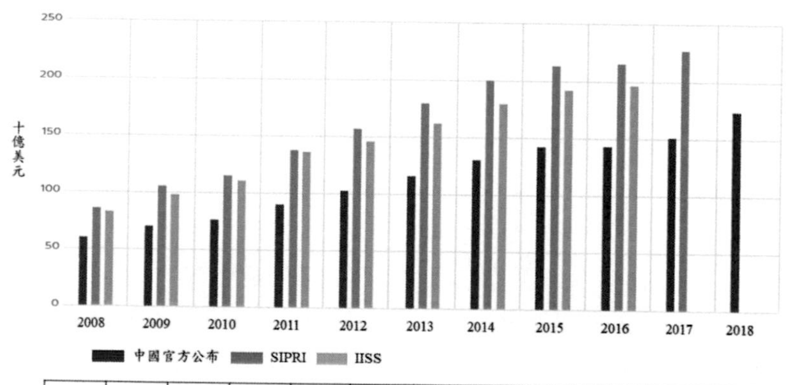

	2008	2009	2010	2011	2012	2013	2014	2015	2016	2017	2018
中國	602	703	765	902	1031	1162	1312	1424	1437	1514	1746
SIPRI	1085	1314	1380	1490	1618	1769	1919	2045	2160	2282	n/a
IISS	831	984	1113	1367	1463	1622	1801	1930	1970	n/a	n/a

單位：億美元　SIPRI/瑞典斯德哥爾摩國際和平研究所　IISS/英國國際戰略研究所

資料來源：《China Power》, CSIS, https://chinapower.csis.org/military-spending/# (accessed 5 Feb, 2019)

圖5-1　中國國防預算比較表（2008年至2018年）

[103] 肖鐵峰，〈中國軍費增長之我見〉，《清華－卡內基全球政策中心》，2013年05月29日，取自https://carnegietsinghua.org/2013/05/29/zh-pub-51926（2019年2月5日）。

中國的國防預算順勢提升。當進入歐巴馬政府第二任期時，中國每年國防預算的增長率仍維持在平均7.41%的高標，同時期的美國國防部卻在國內民意的壓力下大幅削減預算。雖然政府及軍方高層多次喊話，不管國防預算刪減的程度多深，都不會影響「亞太再平衡」戰略的投入，更不會影響到美國在該地區的保護能力，即使如此還是不能消除各界的疑慮和擔憂。[104]美國國防部助理部長麥法蘭（Katrina McFarland）也在公開場合中表示：「坦白說，做不到。」雖然隨後在國會的壓力下再次發布新聞稿，強調她本人的意思是：「把重心轉向亞洲，需要調整與改革；在預算及武獲方面會面臨一些困難的抉擇，但是再平衡政策能夠持續，也會持續。」[105]真如她所言？，美國的亞太盟友們看到的卻是美國政府投注預算越來越少。

就美中整體國防預算支出觀察，所呈現的就是美中兩國消長的態勢，雙方差距從2000年中國僅達美國的9.8%，至2017年中國國防預算已達美國的37.4%（詳如表5-4）。若按照古格勒與譚門所界定權力轉移門檻，新興強權國家的實力必須達到支配性強權國家的80%以上時，才算進入均勢，才能成為潛在的挑戰者。[106]因此，以現階段國防預算投入的比率來看，美中兩國的國防預算總額仍有相當大的差距，但不可否認的是，此一差距已呈現逐步縮小的趨勢。

接著，吾人亦可從美中兩國軍隊的規模、武器裝備的型式與數量等等指標，觀察美中權力的對比變化。從2012年全球各國軍事實力排行比較，參考知名的國際軍事排行網站－「全球火力」（Global

---

[104] Paul D. Shinkman, "Massive Budget Cuts Would Redefine U.S. Military", *The U.S. News*, Feb. 24, 2014, https://www.usnews.com/news/articles/2014/02/24/pentagons-massive-budget-cuts-would-redefine-the-us-military (accessed 8 Feb, 2019).

[105] Zachary Keck," Can the US Afford the Asia Pivot? A senior U.S. defense official says the Asia pivot can't happen if budget cuts continue.", *The Diplomat,* March 05, 2014, https://thediplomat.com/2014/03/can-the-us-afford-the-asia-pivot/ (accessed 8 Feb, 2019).

[106] Ronald L. Tammen and Jacek Kugler, Power Transitions: Strategies for the 21st Century (New York: Chatham House, 2000), p.155-156 .

Firepower）資料庫，獲得諸如武器多樣性、軍隊人數、地理環境、交通物流、自然資源以及工業水準等衡量指標，列舉出全球範圍內136個國家與地區的軍力排名。[107]經過五十多項指標實施評估所得結果，美國的軍事能力仍然維持其獨特優勢，位居世界上超強軍力的榜首，俄羅斯位居第二，中國則居第三。中國近年來在海、空軍力的投資與追趕，特別是作戰艦艇數量及先進戰鬥機型式，都有驚人的表現。除此之外，還接連推出新型導彈、潛艦，深海探測和衛星導航等技術成果，尤其是中國第一艘「遼寧號」航母於2012年下水服役，帶給全球軍事專家們巨大的衝擊。[108]近年來中國在海軍方面的實力明顯變化較大，各式艦艇的數量在短期內大幅增加，這還不包括正在建造中的三艘中國國產航母，如此變化不但與中國走向藍海的戰略調整密切相關，亦與近年來美國機艦在中國近海頻繁出現與干擾有關。[109]美國學者史文（Michael Swaine）與田立司（Ashley Tellis）將這種轉變歸因於經濟改革帶給中國戰略地理之重大改變，目前最有價值的經濟與社會資源大多位於中國防衛薄弱的東部與東南部，而不是像冷戰期間位於安全的內陸心臟地帶，間接促使中國發展新形態的部隊主要以海空軍力為主。

就美中軍事能力的對比觀察，兩國在軍隊的規模、武器裝備的型式數量等等指標上，仍有極大的落差。直至2018年為止，尚且不將武器性能的品質與功效列入評估，中國的軍事武器裝備數量僅達美國的65.5%（詳如表5-5）。因此，若以軍費支出多寡及軍事裝備的強弱評

---

[107] Global Firepower, "Increased defense spending has contributed to China's power projection in the Asia-Pacific region," *Global Firepower*, March 27, 2014, http://www.globalfirepower.com/countries-listing.asp, (accessed 31 Jan, 2019).

[108] Anthony H. Cordesman, Ashley Hess, and Nicholas S. Yarosh, *Chinese Military Modernization and Force Development: A Western Perspective* (Washington D.C.: CSIS, 2013), pp.307-308.

[109] Kyle Maxey, "Can China's Navy Match the U.S. Fleet?", *The Engineering.Com*, Oct 25, 2018, https://www.engineering.com/DesignerEdge/DesignerEdgeArticles/ArticleID/17902/Can-Chinas-Navy-Match-the-US-Fleet.aspx (accessed April 7, 2019).

估一個國家的權力比值，就美中兩國目前軍武數據分析，雖然排名差距不大，然在實力對比上仍有一大段距離。雖然中國的海、空軍力正不斷加快武器裝備現代化進程，並發展太空作戰與反衛星武器的研發。不過，中國海、空軍還沒有能量執行全面性的聯合作戰，也缺乏維護戰鬥區域持久的海、空優勢武力，持續作戰所需的後勤補給能力更是一大挑戰。除此之外，中國雖已擁有先進武器，但缺乏實戰經驗，而且指揮、管制、通訊、情報（C4ISR）等系統的運作與訓練方面，仍然大幅落後美軍，短期內美國與中國應不致於因為軍事能力的變遷，導致權力發生轉移。

表5-5　美中軍力比較表（2012與2018年）

項目	2012年		2018年		美中對比%
對比國家	美國	中國	美國	中國	
全球軍力排名	1	3	1	3	
現役部隊人數[110]	148萬	229萬	128萬	218萬	100：170
戰鬥飛機總量（含直升機和無人機）	18,234架	5,176架	13,362架	3,035架	100：23
海軍作戰艦艇[111]	2,384艘	972艘	3,796艘	4,728艘	100：125
航空母艦	11艘	1艘	24艘	1艘	100：05
潛艦[112]	75艘	63艘	66艘	73艘	100：110

110 Adam Ni, "Why China Is Trimming Its Army", the diplomat, July 15, 2017, https://thediplomat.com/2017/07/why-china-is-trimming-its-army/ (accessed April 19, 2019).

111 Ian Livingston and Michael E. O'Hanlon, "Why China isn't ahead of the US Navy, even with more ships", *The Brookings Institution,* Sep 10, 2018, https://www.brookings.edu/blog/order-from-chaos/2018/09/10/why-china-isnt-ahead-of-the-us-navy-even-with-more-ships/https://www.brookings.edu/blog/order-from-chaos/2018/09/10/why-china-isnt-ahead-of-the-us-navy-even-with-more-ships/ (accessed April 21, 2019).

112 盧伯華，〈陸核潛艦多久能趕上美軍？至少30-40年〉，《中時電子報》，2019年03月27日，取自 https://www.chinatimes.com/realtimenews/20190327004946-260417?（2019年4月20日）。

項目	2012年		2018年		美中對比%
驅逐艦	59艘	25艘	65艘	29艘	100：45
坦克[113]	9,573輛	7,500輛	5,884輛	7,716輛	100：131
武裝戰鬥車輛	--	--	38,820輛	9,000輛	100：23
核彈頭	8500-10000	240-480	6,550*	280*	100：04
新武器（鐳射、電磁、動能武器）	11種	9種	N/A	N/A	100：82
石油生產能力（桶／天）	906萬	427萬	885萬	398萬	100：45
國防預算（美元）	6920億	1060億	6470億	1510億	100：23
平均軍力對比%	**65.5%**				

資料來源：2012/2018 Military Strength Ranking -The complete Global Firepower list for 2012/2018 puts the military powers of the world into full perspective.

就前述美、中兩國在「經濟」與「軍事」的動態權力指標量測結果，美國實力普遍超前中國的具體數據，說明美國仍可維持相當長一段時間的支配優勢。然而，雙方差距也刻正伴隨中國國力逐漸強大而緩慢縮減中。當前中國儼然已成威脅美國在全球領導地位最強勁的潛在挑戰者，依據「權力轉移」理論的支持觀點，既有強權必須有效管理崛起強權的意圖，提高其對現狀秩序的滿意度，以避免崛起強權成為既有霸權的挑戰者，而造成權力轉移的衝突。[114]如何看待與管理中國崛起的現實，提高中國對現狀的滿意度，並將中國納入由美國所主導的國際體系中，將是美國面臨最大的難題。

---

113 Charlie Gao, "Can China's Tanks Take on America's M1 Abrams or Russia's New Armata? Beijing might not like our answer.", *The National Interest,* Nov 3, 2018, https://nationalinterest.org/blog/buzz/can-chinas-tanks-take-americas-m1-abrams-or-russias-new-armata-35042 (accessed April 21, 2019).

114 張心怡，〈美中競合格局下的東亞區域整合及其對台灣新政府的挑戰〉《台灣競爭力論壇》，2016年6月15日，取自http://www.tcf.tw/（2019年1月31日）。

二、中國對現狀滿意程度

「權力轉移理論」認為引發戰爭的動機，來自於對權力層級與規則的滿意與否，大部分的衝突係由不滿意現況的國家，期望提昇其在權力層級中的地位而產生的。回顧本書第二章探討「權力轉移理論」的核心論點，針對滿意度量測指標的定性研究，獲得「參與國際組織」、「接受國際規範」、「行使聯合國否決權」、與「領土主權爭議」等四項指標，並據以觀察中國對國際秩序現狀是否為滿意的國家，或是可能成為未來潛在的現狀挑戰者。

（一）參與國際組織

隨著國際組織在全球的重要性日益增強，中國也開始從一個相對孤立和封閉的國家走向開放，崛起的中國走向世界並融入世界的同時，也開始影響世界的走向。中國學者王逸舟將中國與國際組織關係的演變概括為「從拒絕到承認、從扮演一般性角色到爭取重要位置、從比較注重國內需求到更加兼顧國際形象」等轉變。中共自1949年建政至今，與國際組織的關係演變大致上可以劃分為四個階段：[115]

第一階段是從1949-1971年。受到以美國為首的西方國家意識形態孤立影響，北京政府被長期排斥於聯合國體系之外，也很少參與世界上主要的國際性組織，當時的中共政權僅與社會主義陣營打交道。第二階段是從1972-1977年。聯合國以中華人民共和國取代中華民國，成為國際社會合法承認的中國代表權開始，中國與國際組織的關係進入一個新階段，並且逐步加入聯合國專門組織和附屬團體。第三階段是從1978-1988年。在鄧小平改革開放政策的推動下，中國參與國際組織的意願與數量都有明顯的改變。1980年中國成為國際貨幣

[115] 王逸舟，《磨合中的建構:中國與國際組織關係的多視角透視》，（北京：中國發展出版社，2003）。頁19-21。

基金組織（IMF）和世界銀行（WB）的理事國，以後逐步加入了世界智慧財產權組織條約、國際農業開發基金、亞洲開發銀行等。此時中國不僅對一般的政經與文化事務感興趣，而且嘗試在軍備控制和裁軍、人權等安全領域，強調自身大國的形象。儘管參與國際組織的數量明顯增加，但總體而言，中國在國際組織與秩序建構上的行動是被動的，較少提出建設性的解決辦法，更多是發表原則性聲明，中國不是議程的制定者，缺乏主動議程創設的意識。[116]

第四階段是從1989年至今。鄧小平南巡講話成為中國全面對外開放的里程碑，在國際社會或重大全球問題上，中國加速融入國際制度，接連簽署《禁止生化武器公約》與《全面核禁試條約》等不擴散大規模毀滅性武器方面的承諾，主動接受國際社會對中國發展戰略武器的限制。2001年成功加入WTO，推動中國政府走向法制化與自由化的開放市場，隨著經濟發展進程加快，中國承擔國際責任的企圖與能力不斷增加。[117]同年，中國主動創建地區性國際組織－「上海合作組織」，在中國的國際組織發展史上具有深遠的意義。直至2012年底，在中國境內設立辦事處或是註冊的政府間國際組織計有23個，非政府間組織高達3100個。[118]

回顧上一世紀60年代中期，中國所加入的政府間組織數量趨近於零，如今，該數量已上升到接近歐美國家的水準。依據2003年美國學者江憶恩在《國際安全》季刊發表〈中國是一個保持現狀的國家嗎？〉一文所提論證，他利用吉爾平關於「遊戲規則」（rules of the game）構成的理論，以約制國際社會成員行為機構的參與率，作為對

---

116 Stephen Olson, Clyde Prestowitz, "The Evolving Role of China in International Institutions", *The U.S.-China Economic and Security Review Commission*, January 2011, pp.72-73.

117 李東燕，〈中國定位國際組織新角色〉，《人民日報》，2010年11月08日，取自http://finance.people.com.cn/BIG5/13151005.html（2019年1月31日）。

118 宋睿，〈新中國成立以來中國與國際組織關係的演變〉，《鄭洲航空工業管理學院學報》，第32卷，第1期，2013年，頁48-49。

現狀滿意與否的標準。[119]當參與建構並協調國際社會成員關係的國際機構越多，對於國際現狀的滿意度越高。[120]江氏發現中國早在1990年代參與的國際組織就已經超過了它的發展速度（詳如圖5-2）。另外在遵守國際準則的程度上（分別有主權、自由貿易、核不擴散和軍備控制、民族自決權以及人權等項目），中國也比過去接受更多現存的國際社會準則。從江氏的研究結果顯示，中國在國際組織的參與上，大致經歷了體系的「反對者」，到體系的「接受者」，再到體系的「維護者」的角色轉變過程。[121]就一個國家在全球主要問題上認同國際社會的程度而言，中國已經進一步融入了各種國際組織，而且比以往任何時候都更加合作。

除此之外，在國際組織的重要職位中，越來越多的中國面孔接連出現，這不僅是因為中國的影響力增加，更顯示中國在處理國際事務的專業能力備受肯定。在崛起的過程中，中國不但全方位融入國際經濟體制，獲得實質上的經濟利益與國際聲望，更成為國際秩序穩定現狀之下最大的獲益者。[122]因此，中國無需盲目挑戰或全面改變有利於自己的經貿機制現狀，中國更無法承受國際經濟秩序的驟變所帶來的衝擊與影響。因此，以中國在國際組織參與的積極行動，以及它受惠的程度而言，難以視其為「不滿現狀」的國家。即便如此，影響力日益擴大的中國，未來無論是主動或是被動，勢必將逐漸主導或介入各式國際組織的運作機制。事實上，一個對現狀滿意的國家仍然會希望隨著自身不斷的成長，所謂的現狀也能夠穩定地與時俱進。

---

119 Robert Gilpin, *War and Change in World Politics*, (Cambridge University Press; Reprint edition, 1983), pp.34.

120 Alastair Iain Johnston, "Is China a Status Quo Power?", *International Security*, Volume 27, Issue 4, 2003, p.5-56.

121 江憶恩，〈中國外交政策研究：理論趨勢及方法辨析〉，《世界經濟與政治》，第8期，2006年，頁64-73。

122 何亞非，《全球治理與中國的歷史選擇》，（香港：中華書局，2015年），頁277。

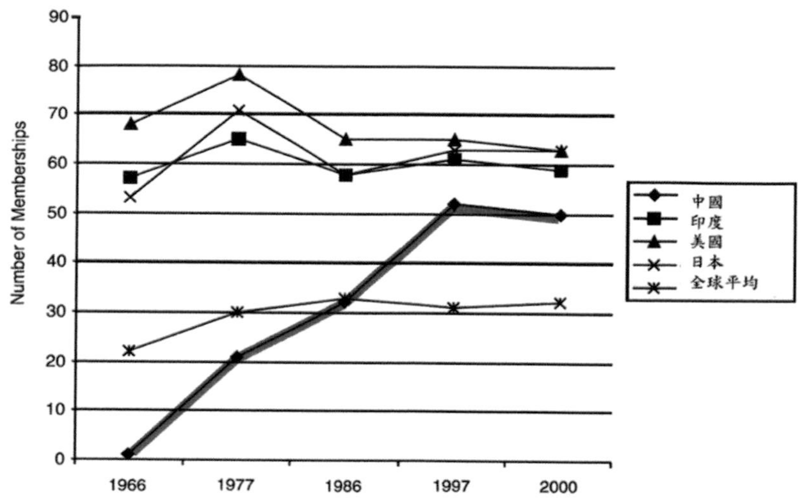

資料來源：Alastair Iain Johnston, "Is China a Status Quo Power?", International Security, Volume 27, Issue 4, Spring 2003, p.5-56.

圖5-2　中國參與國際組織比較示意圖

（二）接受國際規範

全球化發展促使國家之間相互依存與交往合作的機會大增，規範和制度就成為擺脫國際社會是無秩序狀態的困境，藉由國際組織的平台與國際公約的規範，可以構建和維繫和平穩定的國際秩序。雖然國際組織的數量如雨後春筍般快速發展，但是目前國際體系最主要行為體仍然是主權國家。[123]全球權力在體系中的轉變，極大程度取決於國際規範是否會發生性質上的改變。「權力轉移理論」認為判斷崛起強權是否滿意國際現狀，可以觀察該國對待國際規範的態度。[124]當一個國家認同現狀體制與秩序時，就會更有意願遵循體系成員所共同建構

[123] 朱立群，《中國與國際體系進程與實踐》，（北京：世界知識出版社，2012年），頁19。

[124] Jacek Kugler, Ronald L. Tammen, 2001, op, cit., pp. 5-29.

的規範。同樣地，當一個國家所簽署的國際公約、條約與協定等等愈多時，即表示對相關國際規範的認同程度愈大，亦可視為對現狀滿意的國家。

中國在當前各項國際公約簽署的現況，依據其官方所公佈《中國參加國際公約情況》公開資料，中國已加入的國際公約、條約、協定或議定書等等多達近300項，不但種類繁多，而且內容更涵蓋不同領域。[125]中國不僅是聯合國安理會常任理事國，更是亞太地區的大國。隨著冷戰結束，國際安全形勢趨於緩和，對於安全合作高度重視，中國分別在1993年簽署《禁止化學武器公約》（禁止發展、生產和儲存細菌、生物及毒素武器和銷毀此種武器的公約）、1995年簽署無限期延長《不擴散核武器條約》、1996年於簽署《全面禁止核試驗條約》、1995年簽署《特定常規武器公約》、1997年簽署《地雷議定書》（關於禁止使用、儲存、生產和轉讓殺傷人員地雷及銷毀此種地雷的公約）。[126]在參與國際社會防止核擴散的努力上，1994年中國發表聲明，支持中、美、俄、英、法五個核武器國家儘早締結《禁止生產核武器用裂變材料公約》（禁產公約）。同年，向美、俄、英、法四國提出了《互不首先使用核武器條約》草案，目前，中俄已相互簽署不首先使用核武器的保證。

中國在全球環境保護的努力上，自1979年起先後簽署了《瀕危野生動植物種國際貿易公約》、《國際捕鯨管制公約》、《關於保護臭氧層的維也納公約》、《關於消耗臭氧層物質的蒙特利爾議定書》、《氣候變化框架公約》、《生物多樣性公約》、《防治荒漠化公約》、《關於特別是作為水禽棲息地的國際重要濕地公約》等一

---

125 《中國參加國際公約情況一覽表 1875-2003》，中華人民共和國外交部，取自https://www.fmprc.gov.cn/web/ziliao_674904/tytj_674911/tyfg_674913/t4985.shtml（2019年2月1日）。

126 《特定常規武器公約》，中華人民共和國常駐聯合國日內瓦辦事處和瑞士其他國際組織代表團，2009年11月4日，取自http://www.china-un.ch/chn/dbtyw/cjjk_1/Bj_1/t624750.htm（2019年2月9日）。

系列國際環境公約和議定書。中國亦於1992年簽署全球第一個全面控制二氧化碳溫室氣排放的《聯合國氣候變化框架公約》，2005年加入《京都議定書》的規範，2009年加入《哥本哈根協定》以及2016年加入《巴黎氣候協定》。藉此闡明中國對全球環境問題的重視，也主動提出中國實現環境保護的原則立場。

近年來，中國參與的多邊國際公約有增無減，尤其是在歐巴馬政府執政八年期間，中國參與國際公約的種類與總數不斷擴大（詳如附錄一）。從「接受國際規範」的滿意度量測指標分析中，看見中國在綜合實力提升後，企圖藉由簽署國際公約與接受國際規範，進而融入國際事務。除了逐漸擴大其影響力之外，亦形塑負責任大國的正面形象。就整體層面觀察，中國參與國際公約的現況與遵循意願分析結果，可視為「滿意」國際秩序現狀的國家。然而，因為中國仍有諸多重大的國際公約或因不符國家利益而尚未簽署，或是簽署卻未落實執行，例如《國際刑事法院羅馬規約》、《保護所有人免遭強迫失蹤國際公約》、《公民權利和政治權利國際公約》與《經濟、社會、文化權利國際公約》等等，似乎屬於對國際現狀不完全「滿意」的國家。故在此指標量測上，可將中國歸類於部分不滿意的國家。

（三）行使聯合國否決權

國際社會對大國否決權的態度始終存有分歧，在籌組聯合國的過程中，美國和蘇聯對於大國否決權的設立與使用範圍持有不同主張。當時美國在聯合國擁有多數優勢，並不支持否決權可以阻止多數決議的權利，而在聯合國支持席位上處於劣勢的蘇聯，則堅決要求獲得對安理會事務的絕對否決權。蘇聯自1946年持續動用否決權推翻美國提出的議案之後，美國企圖限制否決權制度的願望更加強烈。1960年初由於亞、非洲新興國家大量加入聯合國，以及冷戰期間東西方對立與中立集團的國際新形勢，美國失去對聯合國多數席位的控制，轉而支持大國否決權的重要性。1970年開始美國經常使用否決權阻止安理會制裁以色列的決議，或保護其在全球範圍內的其他利益。[127]

聯合國自1945年成立至今，安全理事會常任理事國席位共有五席，分別由美、俄、中、英與法國擔任，除了在1971年由中華人民共和國取代中華民國成為中國的合法席次，及1991年蘇聯解體後由俄羅斯取代前蘇聯席次之外，常任理事國成員從未異動。儘管近來國際社會對否決權體制產生不滿，認為現任的五個常任理事國雖然是源於二戰後的戰勝國，隨著國際局勢與權力的起伏，特別是英國和法國，如今已經排不進軍事或經濟前5大國的行列。然而，五個常任理事國均無意願交出手中的否決權，而修改聯合國憲章又需要首先得到這五個常任理事國的同意，改革的提案總是在討論中被刻意忽略。[128]至今，五大常任理事國針對不同議案所行使的否決權次數計有255次（詳如表5-6）。冷戰時期，前蘇聯多次動用否決權，以至於1957年到1985年間蘇聯外交部部長被其他成員國諷稱為「搖頭先生」（Mr. No）。中國是動用否決權最少的國家，迄今否決權行使次數為11次，遠低於其他常任理事國。

根據「權力轉移理論」有關「滿意度」的量測指標說明，行使聯合國否決權次數愈少，代表對國際體系與秩序現狀滿意度愈高。中國是五大常任理事國行使否決權最少的國家，以此推斷中國對國際現狀符合相對「滿意」的國家，應屬合理。由歷年來中國所行使的11次否決權來看，其中有高達8次發生在2007年以後。隨著綜合國力的不斷強大，涉及中國國家利益的問題越來越多，中國的態度也更加明確與強硬。[129]雖然中國以否決票或放棄投票方式，明確地向外界表達出自己的態度，但這不意謂中國欲與既有強權美國形成抗衡。尤其是當提

---

127 劉蓮蓮、王晴，〈國際組織中大國否決權的規範價值探析〉，《國際政治研究》，第2期，2008年，頁84。

128 〈安理會否決權及應用〉，《BBC中文網》，2003年03月10日，取自http://news.bbc.co.uk/chinese/trad/hi/newsid_2830000/newsid_2836300/2836335.stm（2019年2月2日）。

129 候濤，〈中國行使過幾次否決權？〉，《環球時報電子版》，2012年2月6日，取自http://world.huanqiu.com/roll/2012-02/2410354.html（2019年2月4日）。

表5-6 聯合國常任理事國行使否決權統計表

年度 國家	蘇聯 俄羅斯	美國	英國	法國	中國	合計
1946-1949	42	0	0	0	0/1*	42
1950-1959	25		2	2		29
1960-1969	14		1			15
1970-1979	6	21	15	9	1	52
1980-1989	4	42	14	7		67
1990-2018	20	20			10	50
合計	111	83	32	18	11	255

資料來源：《安全理事會常任理事國在公開會議上所投的否決票》，聯合國安全理事會，取自http://www.un.org/zh/sc/meetings/veto/（2019年2月2日）。

* 在1946年至1971年間，中國在安理會的席位是中華民國（臺灣），只使用過一次否決權（1955年阻止蒙古申請加入）。因此，中華人民共和國直到1972年8月25日才算是行使第一次否決權。

案涉及中國的核心利益，與領土主權等國家安全問題時，例如1997與1999年中國就在兩案與台灣問題有關的決議草案中，投出否決票[130]（詳如表5-7）。由中國反對聯合國干涉他國內政與主權而行使的否決權紀錄觀察，中國對部分的國際現況並沒有持滿意的態度。另外，從統計資料中發現，美國是否決權行使次數第二多的國家，近年來更有增加的趨勢。若以此指標解釋美國是對現狀「不滿意」的國家，顯然不符合「權力轉移理論」所主張既有強權屬於現狀滿意國家的觀點。這樣的矛盾恰與筆者在本書第二章論及「權力轉移理論的評述」的反思中，部分看法不謀而合。主導國也可能是對現狀不滿的國家，為了避免利益進一步衰退、優勢進一步喪失，當然也可以選擇在權力對比還有利於自身時，主動對崛起國家發動預防性的遏制與對抗。[131]

---

130 Patrick E. Tylerjan, "China Asserts Taiwan's Ties to Guatemala Led to Veto", *The New York Times*, https://www.nytimes.com/1997/01/12/world/china-asserts-taiwan-s-ties-to-guatemala-led-to-veto.html (accessed 4 Feb, 2019).

131 Wei Liu, *China in The United Nations*, (New York: World Century Publish, 2014), pp. 33-38.

表5-7　中國否決權行使統計表

次序	日期	會議編號	議程專案	投反對票國家
1	1972年8月23日	1660	接納新會員國（孟加拉）	中國
2	1997年1月9日	3730	中美洲（瓜地馬拉）（中華民國台灣邦交國）	中國
3	1999年1月25日	3982	馬其頓共和國局勢（中華民國台灣邦交國）	中國
4	2007年1月12日	5619	緬甸局勢	俄羅斯、中國
5	2008年7月11日	5933	非洲和平與安全（辛巴威）	俄羅斯、中國
6	2011年10月4日	6627	中東局勢（敘利亞）	俄羅斯、中國
7	2012年2月4日	6711	中東局勢（敘利亞）	俄羅斯、中國
8	2012年7月19日	6810	中東局勢（敘利亞）	俄羅斯、中國
9	2014年5月22日	7180	中東局勢（敘利亞）	俄羅斯、中國
10	2016年12月5日	7825	中東局勢（敘利亞）	俄羅斯、中國
11	2017年2月28日	7893	中東局勢（敘利亞）	俄羅斯、中國

資料來源：《中國在在公開會議上所投的反對票》，聯合國安全理事會，取自http://www.un.org/zh/sc/meetings/veto/china.shtml（2019年2月2日）。

（四）領土主權爭議

在國際體系中，國家根據權力相對優勢制定其對外政策。一個國家對權力的追求，必然影響其外交的態度，進而對其周邊鄰國產生直接的影響。權力主觀性使一國實力不斷增強時，容易產生重新定義其利益邊界的欲望提升，進而採取顯示其實力與影響力的極積作為。[132] 根據「權力轉移理論」的基礎，崛起的新興國家依靠迅速增強的國力，促使該國產生改變現有權力分配的強烈動機。利用日益增強的實力，為其利益邊界拓展新的空間。在邊界領土問題上，傾向於尋求更為廣闊的領土資源，當在領土主權有爭議時，試圖推翻現存秩序、重

[132] 聶宏毅，李彬，〈中國在領土爭端中的政策選擇〉，《國際政治科學》第4期，總第16期，2008年，頁12-13。

新分配權力和領土、修正邊界、修改條約、提倡自己的價值觀，展現出對國際體系現狀的不滿意。[133]反之，對現狀滿意的國家在處理領土主權爭議問題時，比較著重長遠的安全利益，儘量減少衝突發生，尋求雙方能夠在友好的氣氛中，以和平手段解決邊界問題，奉行的是一種謀求周邊長治久安的外交政策。

中國與周邊國家或地區相接壤的邊界線是全世界之最。目前中國邊界線長21,535公里，海岸線（不包括沿海島嶼的海岸）長約12,270公里。與中國陸地接壤的14個國家，依逆時針方向次序是北韓、俄羅斯、蒙古、哈薩克斯坦、吉爾吉斯斯坦、塔吉克斯坦、阿富汗、巴基斯坦、印度、尼泊爾、不丹、緬甸、寮國（老撾）、越南。[134]至今，中國已與14個陸上鄰國中的12個劃定邊界。所劃邊界約占中國陸地邊界線總長度近90%。這些邊界問題的解決主要集中在兩個時段；第一階段是上世紀50年代中期到60年代初期，中國先後與緬甸、尼泊爾、蒙古、巴基斯坦、阿富汗和北韓等國家解決了領土邊界問題。第二階段是在冷戰結束後，與越南、寮國、哈薩克、塔吉克斯坦、吉爾吉斯斯坦和俄羅斯之間就邊界問題分別達成協議並勘界立樁。到目前為止，陸上鄰國只有與印度與不丹的邊界尚未得到解決。前者雙方已經分別於1993年和1996年簽訂了《關於在中印邊境實際控制線地區保持和平與安寧協定》和《關於在中印邊境實際控制線地區軍事領域建立信任措施協定》。後者的爭議領土的面積只有1200多平方公里，雙方在1998年簽訂了《關於在中不邊境地區保持和平與安寧協定》，邊境地區暫時保持基本的穩定。[135]

中共自1949年建政後，面臨許多大小不等的邊界問題。不僅有陸

---

[133] Jacek Kugler, Ronald Tammen and Siddharth Swaminathan, "Power Transitions & Alliances in the 21st Century", *Asian Perspective*, Vol. 25, No. 3 ,2001, pp. 5-29.

[134] 陳潮、陳洪玲，《1949-1999中華人民共和國行政區劃沿革地圖集》，（北京：中國地圖出版社，2003年），頁21-22。

[135] 張清敏，〈中國解決陸地邊界經驗對解決海洋邊界的啟示〉，《外交評論》，第4期，2014年1月13日。頁34-38。

地邊界糾紛，還有島礁主權矛盾。除了未定界的劃界問題之外，還須處理已定界因河水改道、界碑移動產生的爭議。不同時代的中國領導人也強調邊界問題要藉由和平談判方式解決，不能用武力改變現狀。周恩來在萬隆會議上談到如何解決邊界問題時亦表示：「只能用和平方法，不容許有別的方法。我們如果一次談不好，就再談，但不能超越現狀。」[136]中國針對解決邊界問題提出三項具體方針：第一，談判的目的，是要安定四鄰，爭取國際形勢的緩和，便於國內進行建設。第二，談判的結果，必須符合中國和平共處五項原則，以打破美國企圖壓迫和利用處在中間地帶的民族主義國家，形成對社會主義國家的包圍。第三，考慮到周邊國家與中國的社會制度不同，中國一方面應該堅持和保護中國的正當利益，也必須真正在平等、互利、友好的基礎上加以解決。[137]

美國學者傅泰林（Fravel Taylor）在其所撰《強大的邊境，安全的國家：中國領土爭端中的合作與衝突》（*Strong Borders, Secure Nation: Cooperation and Conflict in China's Territorial Disputes*）一書中，強調中國傾向於經由談判解決與鄰國領土爭端。傅泰林發現中國從1949到2005年，總共處理與鄰國的23起領土爭端中，其中有17起爭端採取部分讓步和妥協，一般會讓出40%至100%的爭議領土。[138]（詳如表5-10）作者認為中國在解決與鄰國的領土爭端中，願意做出讓步和妥協的主要原因，就是為了鞏固政府的統治以及消除對政權安全的威脅（特別是邊疆少數民族騷動）。另有美國學者海爾（Eric Hyer）於2015年出版《務實的龍：中國的大戰略與邊界爭端的解決》（*The*

[136] 中華人民共和國外交部，《周恩來外交文選》，（北京：中央文獻出版社，1990年），頁130。

[137] 廖心文，〈二十世紀五六十年代中共中央解決邊界問題的原則和辦法〉，《人民日報新聞網》，2013年08月22日，取自http://www.zgdsw.org.cn/BIG5/n/2013/0822/c219022-22660395.html（2019年2月7日）。

[138] M. Taylor Fravel, *Strong Borders, Secure Nation: Co-operation and Conflict in China 's Territorial Disputes,* (Princeton, NJ: Princeton University Press, 2008), PP. 46-47.

Pragmatic Dragon: China's Grand Strategy and Boundary Settlements）一書，將中國解決邊界爭端置於國際體系的大背景下觀察，認為中國在解決領土和邊界爭端時，傾向採取現實主義的務實政策。在中國與鄰國業已達成的解決邊界爭端協議中，北京僅僅取得30%有爭議的領土（詳如附錄二）；在與印度和不丹尚未解決的領土爭端中，中國僅尋求獲取有爭議之領土的25%。中國在已經解決的領土爭端中，表現出包容與追求和平共處的一面。[139]

相較於陸地邊境問題大部分獲得解決，海洋劃界問題的嚴重性與複雜性卻是日益顯現。中國仍然沿續陸地邊境處理的和平主軸，遵循鄧小平所提出的「主權屬我、擱置爭議、共同開發」戰略思想，然而在中國國力逐漸轉強之際，面對各個臨海國家對於海洋資源爭奪的意識，中國的態度亦隨之轉趨強勢，造成海疆問題處理變得複雜且艱難。由於在東海及南海問題觸及國家主權、國家安全、領土完整與社會穩定等中國核心利益，即使有美國強力介入，中國政府亦須展現堅決守護國土與主權的決心。中國在東海開發與釣魚台問題上，雖然與日本關係一直十分脆弱，但仍舊傾向以「擱置爭議、共同開發」原則處理爭端。在南海問題上，中國主張根據1982年《聯合國海洋法公約》，由直接有關的主權國家透過友好磋商和平等談判，以和平方式解決領土和管轄權爭議，而不訴諸武力或以武力相威脅。

在「領土與主權紛爭」的檢視項目中，雖然不應將中國在東海與南海的強硬態度直接視為中國對國際秩序現狀的不滿意，但中國對於美國支持菲律賓將南海問題提交國際仲裁乙事，與反對美國機艦頻繁抵近飛行或航行於有爭議的南海島礁之間，另外亦大費周章地在目前佔領的南海島礁進行填海造陸工程，中國一再地以具體且強硬的行動表現出對南海現況的「不滿意」，甚至被國際社會指責為改變現狀的擴張主義國家。然而，在國際現實詭譎多變的環境下，美國勢力介入

---

[139] Eric Hyer, *The Pragmatic Dragon: China's Grand Strategy and Boundary Settlements*, (New York: UBC Press; Reprint edition, July 17, 2015.

往往造成爭端國家態度的反覆不定。因此，中國實際採取的因應作為是否會走向衝突，仍然取決於爭端國家的意圖。

CHAPTER 6

結論

經由研究與檢驗的過程中，逐漸體會到現階段想要藉由美中權力的對比變化與滿意度的量測結果，立即斷定中國未來究竟是屬於「滿意現狀」的國家，還是「不滿意現狀」的國家，其實並不容易。但是至少我們可以大膽推論，中國的崛起在全球化與多極化發展的推波助瀾之下，是絕對不可能始終支持無法與時俱進的國際現狀。當中國認知到既存權力結構的安排，與其所關心的核心利益相衝突時，現階段所表現的合作與自制勢必有所調整。從本書的研究中發現，中國的作法是從既有的國際體系內部與外部同時並進，一方面尋求舊體系的轉型，另一方面則是小心謹慎的建構一些以中國為核心的國際體系，新、舊體系彼此可以重疊並存，這樣的現象逐漸顯現在當今中國所參與的國際制度運作。中國雖然積極融入且強調不會挑戰現有的國際秩序（例如聯合國、國際貨幣基金會、世界銀行等），但是中國還是會大聲疾呼改善國際秩序不公平的狀態。在區域性的國際制度上，中國以本身經貿的實力，建構並主導以中國為核心的雙邊與多邊制度（例如上海合作組織、東協十加一、亞投行等）。

在美中關係之間，歐巴馬作為美國歷史上第一位非裔總統，對中政策即便是有褒有貶，但不可否認的是在歐巴馬任期內，美中關係發展軌跡確實不同於以往，歐巴馬有他自己的外交節奏與思路。例如「再平衡」戰略的關鍵原因就是增加美國對付中國崛起的實力。其中既有合作也有競爭，在共同利益方面要協力合作，利益若有衝突則需強硬與中國競爭。歐巴馬政府亞洲政策主要規劃人之一的坎博（Kurt Campbell）曾經形容美中關係就像打水球。水面上競賽雖激烈，但仍有規則可循，目標是達成「正面、合作和全面的關係」，美中兩國公開場合都傳達相同的說法。但是，水面下雙方是拉扯不斷、計謀百出，目標就是要贏。

回顧本書的研究目的，其一是透過「權力轉移理論」的核心觀點，在歐巴馬執政時期進行美中權力變化的質量分析，並依主觀的滿意度與客觀權力變化的發展趨勢，評估美中兩國步向衝突或戰爭的可能性。其二是檢視歐巴馬政府的對中政策，在眾多專家學者所提出的對中戰略選項中，哪些是符合歐巴馬政府的對中戰略？源自於這些研究目的與問題的界定，本書在結論的部分，將以「權力轉移理論的檢證與反思」作為研究結果的展現，至於研究過程中的發現，則分為「美中權力變化的轉折點」與「歐巴馬政府對中戰略選擇檢評」兩項，總結說明。

第一節 研究結果

一、權力轉移理論的檢證與反思

2000年古格勒與譚門等作者群在《權力轉移：21世紀的戰略》乙書中，就已經成功預測中國將持續經濟發展，並維持一定的成長率，且中國在政治上不會分裂，或演變出獨立於中央政府之外的經濟區域。此外，還預估到以購買力平價（PPP）為計算基礎的國內生產總值（GDP），中國可能會在2015年前後超越美國，事實證明這些預測是正確的。中國在2013年以購買力平價計算的GDP達到16.79兆美元，美國則是16.69兆美元，中國首次超過美國，比古格勒等學者預估的時間更早兩年，而且持續擴大超越至今。雖然當時以現價美元的GDP來看，中國只有美國總額的57.6%（2017年已達63%，參閱表5-2），但是權力轉移理論仍然在美中權力的變化中獲得有力的支持。奧根斯基認為國際體系並非靜態，而是隨著國家權力的起伏發生變化。權力的改變主要由人口數量、經濟生產力和國家從社會中汲取資源的政治能力，及運用這些資源促進國家整體利益過程中發生的變化所驅使。奧根斯基進一步指出，如果一個大國的力量增長到至少為現有主導國家的80%，則該國將被視為現有主導國家的「挑戰者」，此時該國的權力條件與主導國家正式進入「均勢」的階段，這也是權力轉移進行的「門檻」。然而，這樣的理論並沒有提出實際計算的量測公式，尤其是政治力變數的量化部分，即便中國以PPP計算的經濟規模超過美國，仍難以運用權力函數論斷中國權力是否已達到美國的80%而成為挑戰者。

除了大國之間的權力變化之外，另一核心概念是大國對國際現況的滿意程度。「權力轉移理論」力求把對國家的「實力」分析，與對國家的「觀念」分析聯繫起來，不僅旨在從權力關係解釋國家的戰爭行為，也致力從國家的「知覺」（perception）角度來闡述戰爭的根源。奧根斯基認為，對現況滿意國家和主導國家權力持平時，並不發生戰爭。只有強大的不滿意國家才會在權力轉移的過程中引發戰爭。如何定義和判別一個國家是「滿意」或是「不滿意」，一直是該理論極富爭議性的問題。為了量化分析的需要，「滿意度」的定義一直被嘗試進行指標化、可資料化的分析。2005年古格勒與譚門兩人在共同發表的〈權力轉移與中美衝突〉論文中，將論述重心直指現在和未來的中國是否是一個滿意的國家，並且嘗試以美中之間的領土爭端、軍備競賽、對國際秩序的態度、意識形態與經貿合作等五項指標，對中國進行滿意度量測，這是首次評估中國滿意度的代表之作。當然，後續許多中外的學者專家也對滿意度提出不同的量測指標，筆者亦於前一章進行廣泛的統計分析，最後提出包含「參與國際組織」、「接受國際規範」、「聯合國否決權行使」與「領土主權爭議」等四項指標，作為本書檢證中國對國際秩序現況的滿意程度。

（一）美中權力變化的檢證

首先，在美中相對權力量測與比較的分析上，本書採用了「經濟」與「軍事」兩大重要的指標，並且劃分歐巴馬第一、二任期的整體表現，俾利具體觀察政策調整的關連性。

1、經濟

在「經濟」指標評估中，本書採用了「國內生產總值GDP」與「人均國民總收入GNI per capita」兩項進行比較分析。從美中兩國在GDP的表現上來看，歐巴馬總統第一任期結束前，雖然成功地將美國經濟帶出2008年的衰退谷底，但在隨後的減赤目標與開源節流作為中，美國經濟成長依然緩慢無力。甚至在兩黨「超級委員會」談判失敗導致自動削減財政赤字機制啟動，幾乎造成美國經濟墜入「財政懸崖」（fiscal cliff），幸賴美國聯準會實施「量化寬鬆政策」（QE）才得以緩解債務壓力。歐巴馬總統第二任期結束前，美國逐漸走出金融危機，執政期間平均GDP回升至金融危機發生前的水準，重新回到2%以上的增長率。同一時期，中國的經濟持續穩定成長，GDP已達到美國的60%，平均GDP增長率雖不及四年前接近10%的高水準，但至少也維持在7.23%。長達20年以上的高經濟增長率，促使國際社會預測中國經濟即將超越美國的聲量愈來愈大。事實上，從世界銀行精確的統計數字來看，中國的GDP雖然已達到美國的六成，成長趨勢卻已漸漸邁入常態化的持續放緩。相對地，近年來美國經濟持續維持小幅復甦，成長率逐漸拉高。中國距離「權力轉移理論」所主張的80%「均勢」門檻，仍有一段不小的權力差距。

另從美中兩國在人均國民總收入（GNI per capita）的表現來看，由於美國早已成為已開發國家高收入的經濟體，2008年雖然受到金融危機的影響，成長率下挫，但是在歐巴馬總統第一、二任期中，仍然維持逐年的正成長趨勢。中國在2000年以前原是人均GNI低於1000美元的低收入經濟體，近年來在堅持改革開放政策的驅動之下，開始大幅躍升。直到歐巴馬政府第二任期結束時（2016年），中國的人均GNI已達8,250美元，屬於中等偏高收入國家的水準。即便中國人均所得與2000年相比成長近10倍，但中國的人均國民總收入仍僅及美國的一成五左右。中國的人口是美國的四倍以上，短時間內欲追上美國的人均收入水準幾乎不太可能（參閱表5-3）。綜合上述代表「經濟」指標的二項數據分析結果顯示，無論是「國內生產總值GDP」，或是「人均國民總收入GNI per capita」，中國的實力均未達「權力轉移理論」所主張的80%「均勢」門檻，但是不可否認的是，美中兩國的經濟實力正在快速接近中。

2、軍事

在「軍事」指標評估中，本文採用「國防預算」與「綜合軍力」二項表現進行比較分析。首先檢視美中兩國的國防預算開支情況，在歐巴馬總統任內雙方預算金額明顯呈現出一降一升趨勢。美國過去因減稅、增加社會福利計畫、對阿富汗及伊拉克的兩場戰爭以及金融海嘯後的大規模營救股市方案，國債不斷飆升，成為美國重大政治議題。即使時任美國國防部長蓋茲數次提出警告，直言大砍國防預算恐將導致美國軍力嚴重縮減，仍無法阻止歐巴馬總統對軍事資源分配的徹底檢討。相反地，中國在經濟持續提升的助攻之下，國防預算年年擴增。依據斯德哥爾摩國際和平研究所的統計資料顯示，在歐巴馬政府第一任期中，中國每年國防預算的增幅維持在10.69%高速增長。即使在歐巴馬第二任期結束下台前，中國的經濟成長稍見放緩，國防預算增長率仍可維持在7.41%的高標（參考表5-9）。然而，即使中國的國防預算年年攀升，直到歐巴馬總統任期結束前，中國的國防算預支出僅及美國的36%，美國仍是世界各國軍事支出最多的國家。2017年美國的國防預算為6098億美元，幾乎是中國的3倍，位居第二的中國與其後6個國家的開支總和都不及美國。

接著，檢視美中兩國的「綜合軍力」情況，項目包含兩國軍隊的規模、三軍重要武器裝備與國防資源等等，依據「全球火力」軍事網站資料顯示，美國的軍事能力仍然維持其獨特優勢，位居世界上超強軍隊的榜首，無論在質與量的比較上，都令其他國家望塵莫及。俄羅斯軍隊排名僅次於美國位居第二位，中國則位居第三位。即使僅針對人力、物力與財力等有形的作戰資源進行評估，中國的綜合軍事實力僅及美國的65.5%（參考表5-5）。中國近年來在軍事領域的技術發展與研究創新獲得長足的進步，不過，美國智庫蘭德公司認為中國解放軍雖已擁有先進武器，但缺乏實戰配套與經驗，而且指揮、後勤管理、現代戰爭訓練、海軍反潛作戰，以及多軍種聯合作戰等方面的能力，仍然落後美軍甚多。

綜合上述有關美中相對權力量測與比較的分析結果，筆者試圖從「經濟」與「軍事」兩大指標數據中，尋找歐巴馬政府執政期間美中權力轉移的徵候。雖然中國崛起的速度令國際社會刮目相看，但畢竟中國現階段仍處於開發中國家等級。2017年人均國民收入8,690美元排名全球第66名，屬於中等國家的生活水準，甚至當今仍有近1,000萬中國人生活在日所得不及1.9美元的國際貧困線之下。再從中國近年來的國防預算依統計幅度來看，均隨國家整體GDP同步調整，尚屬合理的資源常態分配，並未出現與美國進行軍備競賽的跡象。至於三軍的主戰裝備，中國無論從數量上或質量上都無法與美國相抗衡，儘管中國在軍事技術上不斷追趕西方國家，但在人員訓練素質不齊、聯合作戰能力不足、軍事戰略缺乏創新、實戰經驗有待累積等因素，都是短時間內無法改變的事實（詳如表6-1）。現代戰爭都是「總體戰」，考驗的是整個國家的綜合國力。因此，中國在相對權力的表現上，對美國的威脅尚屬中等偏低的等級，還不符合權力轉移的客觀條件，短時間內中國的權力增長並不足以取代美國的主導地位。

表6-1　美中權力對比綜合分析表

指標		百分比	對美威脅程度	說明
經濟	國內生產總值 GDP	60%	中等	中國的GDP雖然已達到美國的六成，然而成長趨勢正邁入常態化的持續放緩。相對地，美國經濟開始復甦，成長率逐漸拉高。中國與美國的差距仍然巨大。
	人均國民收入 GNI per capita	15%	低	即使中國人均所得已達中等偏高收入國家水準，且與2000年相比成長近10倍。惟迄今中國人均國民總收入仍僅及美國的一成五。中國的人口是美國的四倍以上，短時間欲趕上美國的水準十分困難。

指標		百分比	對美威脅程度	說明
軍事	國防預算	36%	中低	美國仍是世界各國軍事支出第一的國家，美國的國防預算幾乎是中國的3倍，中國雖然位居第二，但與美國差距相當大。美國的軍費開支甚至超過排在其後7個國家的開支總和。
	軍力比較	65.5%	中等	美國的軍事能力無論是質與量仍然位居世界上超強軍隊的榜首，中國雖然位居第三位，有形的軍事實力評估僅及美國的65.5%，無形的訓練、管理與實戰經驗與美國差距更遠。
平均：44%			中等偏低	
總評	中國在相對權力的表現上，平均未達美國的80%門檻，對美國的威脅屬中等偏低的等級，尚不符合權力轉移的客觀條件。			

資料來源：The World Bank／SIPRI Military Expenditure Database／IISS 英國國際戰略研究所／The Global Firepower／中華人民共和國外交部／聯合國安全理事會，筆者彙整分析後自製。

首先，在「參與國際組織」的分析中，雖然與發達國家相比，中國在組織、協調與領導能力等方面相對薄弱，仍然是多邊國際組織運作中的新手。但隨著國力的增長和經驗的積累，中國對國際制度的貢獻也越來越大。中國對全球協定性國際組織（經政府間條約議定IGOs）的參與率最高，特別是洲際性國際組織。而在非協定性國際組織（非政府間條約議定INGOs）之中，參與國際組織內部或其附屬機構的參與率相對較高。直到2012年為止，中國參與國際社會地位最高且影響力最大的IGOs組織，已達美國的95%以上。此前在1996年的統計僅及美國的70%，可見中國近年全面參與國際組織的積極作為。學者江憶恩於2006年總結大部分專家學者的觀點認為，中國作為正在崛起的發展中大國，隨著經濟實力的提高，順應全球化趨勢積極參與國際社會活動，已是歷史發展的必然選擇。中國接受國際規則，在國際組織的參與上經歷了體系的「反對者」、「接受者」與「維護者」

的角色轉變，學會與不同國際組織協商與合作，在國際制度的參與過程中，形成一定的主動權與決策權，進一步在全球和地區事務中做出積極的貢獻。因此，中國在此項指標上，應屬對現狀「滿意」的國家。

在「接受國際規範」的表現上，中國已加入的國際公約、條約、協定或議定書等等，不但種類繁多，而且內容更涵蓋不同領域。特別是在軍事安全與環境保護，無論是《禁止化學武器公約》、《不擴散核武器條約》或是《互不首先使用核武器條約》，另有《氣候變化框架公約》、《生物多樣性公約》以及《巴黎氣候協定》等，中國都表現出積極參與的原則與支持的立場。然而，在涉及政治制度、國家治理與主權獨立的國際公約，因不符國家利益而尚未簽署，或是簽署卻未落實執行。例如《公民權利和政治權利國際公約》、《聯合國陸路交通國際條約》等，若以此來論定中國屬於對現狀不滿意的國家，似乎有失公允。因為相同原因也在美國不願加入《國際海洋法公約》、《禁止人員殺傷地雷公約》與《兒童權利公約》的情況下同樣發生。因此，筆者將中國在此項指標的表現歸類為「輕度不滿意」的國家。

在「行使聯合國否決權」的檢證上，根據「滿意度」的量測指標的說明，否決權行使次數愈少，代表對國際體系與秩序現狀滿意度愈高。中國是安理會常任理事國行使否決權最少的國家，由歷年來中國所行使的11次否決權來看，其中有高達8次發生在2007年以後。這看似中國在綜合國力提升之後，更有自信地想改變現有美國主導的支配地位，傾向於對現狀表達不同意見。然而，仔細分析之後卻發現在這8次行使否決權的態樣中，有6次是反對敘利亞內戰爆發後，英美等國提議的制裁與禁運方案。中國長期支持的政策是不干涉別國內政，尤其是本世紀初以來，美國為首的西方國家發動了多場干涉他國內政的戰爭，造成的國際社會動盪，為了避免悲劇的再次發生，中國選擇了以否決權表達對經濟或武力制裁手段干涉他國內政的態度。這種明確地向外界表達出自己的態度，並不意謂中國欲與既有強權美國形成抗衡。因此，筆者認為中國在此項指標的檢視中，對現狀國際規範是屬於「輕度不滿意」的國家。

最後，是在「領土主權爭議」的處理上，一般對現狀持滿意態度的國家在處理領土主權爭議問題時，除非面對的是蠻橫侵犯型的對手，否則均傾向於整體安全利益，儘量減少衝突並尋求以和平手段解決邊界問題，奉行的是一種謀求周邊長治久安的外交政策。首先觀察中國如何處理複雜的邊界問題，因為邊境劃界問題涉及國家主權和領土完整，也包括邊境安全與邊境地區人民的生活，更涉及周邊國家的雙邊關係。接著，在處理海洋劃界與島礁主權問題上，中國遭遇較大的外部阻力。面對相關爭端國家對於海洋資源需索愈加迫切，其他大國趁勢進行影響力擴張的政治干涉，中國的態度亦不得不轉趨強勢，甚至幾度與美、日、菲、越等國形成海上對恃的緊張衝突，造成海疆問題處理變得複雜且艱難。中國在東海及南海爭端中，涉及的是國家主權與領土完整的核心利益與民族尊嚴，即使有美國強力介入，中國政府基於國家利益與人民信賴，必須展現堅決守護國土與主權的決心。事實上，我們可以從中國花費數十年的時間，逐一和平解決陸地邊界問題的過程中，看到中國堅持和平共處五項原則的精神。在海洋劃界與島礁主權的爭端中，中國雖然不斷致力於「擱置爭議、共同開發」、「南海行為宣言」與「南海行為準則」，欲以和平解決爭端的機制，落實與周邊國家和平共處的原則。然而，我們也看到中國在南海的強勢作為，是大國以實力向其他國家施加壓力的行動，凸顯中國欲實現九段線主張與主導南海局勢的野心，嚴重影響到區域和平、穩定、航海與航空自由與安全以及各國之間的互信。因此，筆者認為在此項指標項目，中國應屬於對現況「中度不滿意」的國家。不過，涉及主權的爭端中，中國是否會採取非和平的手段，仍然取決於爭端國家的手段與意圖。

綜合上述四項中國對國際現況的滿意度量測指標分析，呈現出「滿意」、「輕微不滿意」到「中度不滿意」的結果，整體上可視中國為對國際現狀介於「輕度－中度不滿意」的國家。中國在這些量測指標中並無明顯挑戰現狀的意圖，對於不同議題或爭端，有時採取合作的模式，有時也用競爭的手段，端賴爭議本身的價值屬性。

本書研究的主要目的之一，就是以「權力轉移理論」的核心觀點，進行美中權力變化的質量分析，並依照雙方主觀的滿意度與客觀的權力發展趨勢，澄清美中權力變化中被誤解、誇大或被模糊的印象。這些印象無論是基於某種目的與利益的刻意扭曲，或是見樹不見林的狹隘視角，都是製造美中兩國莫明恐懼，或是產生盲目反對的來源。經由系統化進行「權力轉移理論」的檢證與反思之後，印證美中兩國在亞太地區的權力消長，這是美中關係適用「權力轉移」理論最大的支持力量。由於中國經濟的快速發展，直接帶動整體國力與全球戰略地位的提升，日漸威脅美國在全球範圍的領導地位，導致美國進行一系列在外交、經濟與軍事向「亞太再平衡」的戰略調整。

本節針對美中兩國在權力結構最重要的「經濟」與「軍事」層面進行比較，結果顯示崛起的中國已逐漸縮小與既有強權美國之間的差距，這個事實是不容否定的。但是就整體而言，美國在短期內仍具有主導優勢。中國在相對權力的表現上，直到歐巴馬總任期結束時，仍未達到美國綜合實力的80%。實際上，現階段中國對美國的威脅程度，屬於中等偏低的等級，尚不符合權力轉移的客觀條件。另就「滿意度」量測，剖析中國是否如國際社會所擔憂是對現狀不滿意的國家，從各項量測指標所呈現的數據。整體而言，現階段的中國是對國際現狀處於「輕度不滿意」到「中度不滿意」的國家。中國雖然沒有明顯的挑戰現狀意圖，對於不同議題或爭端，有時採取合作，有時也顯強硬，端視爭端的原因是否涉及中國的核心利益，尤其是涉及國家主權的議題中國理所當然的較顯強勢。

表6-2　中國對現況滿意度量測綜合分析表

滿意度指標	滿意度	對美威脅程度	說明
參與國際組織	滿意	低	中國接受國際規則，在國際組織的參與上大體經歷了體系的「反對者」到體系的「接受者」再到體系的「維護者」的角色轉變過程。
接受國際規範	輕度不滿意	中	中國雖然積極參與各式國際公約、條約、協定，然而在涉及政治制度、國家治理與主權獨立的國際公約，因不符國家利益而尚未簽署，或是簽署卻未落實執行。因此，對部分的國際規範的不同看法與排拒行為，可將此項指標視為輕度不滿意。
行使聯合國否決權	輕度不滿意	低	中國是行使否決權最少的國家，近年來6次使用否決權是反對英美等國提議對敘利亞的制裁與禁運，中國長期支持的政策是不干涉別國內政，並不意謂中國欲與既有強權美國形成抗衡。因此，對部分的國際規範屬於輕度不滿意。
領土主權爭議	中度不滿意	中	中國已與14個陸上鄰國中的12個國家談判解決邊界的劃定，所劃邊界約占中國陸地邊界線總長度的90%。海洋劃界亦致力於「擱置爭議、共同開發」、「南海行為宣言」與「南海行為準則」，欲以和平手段解決爭端。因此，對領土主權爭議部分屬於滿意國家。
平均：輕－中度不滿意		**中等偏低**	
總評			現階段的中國是對國際現狀處於「輕度不滿意」到「中度不滿意」的國家。中國雖然並沒有明顯的挑戰現狀意圖，但是由習近平所主導「新時代中國特色社會主義思想」的大國外交，積極提出「中國方案」，由此啓動了美中兩大強權在軍事、經濟以外，包含文化與價值觀念上的競爭，西方社會普遍認為中國已是「修正主義強權」。未來美中關係除了取決於美中之間相對權力的變化之外，更重要的還是既有強權美國如何看待中國的崛起，如何接受中國成為全球重要的影響力量。

資料來源：作者自製。

以前的中國基於整體國力與美國為首的西方國家差距甚大，對外政策謹守鄧小平所提「韜光養晦、有所作為」原則，圖謀爭取可貴的「戰略機運期」，以維持國家持續壯大發展。然而，自中共十九大以來，由習近平所主導的大國外交，具有「新時代中國特色社會主義思想」，積極提出「中國方案」的牽制，由此啟動美中兩大強權在軍事、經濟以外，包含文化與價值觀上的競爭。西方社會普遍認為如今的中國已顯露出「修正主義強權」（revisionist power）的形象，企圖透過科技、宣傳與強制力，創建一個與美國利益與價值觀不同的世界。所謂的「中國方案」雖然仍是一個發展中的概念，其本質核心則是一套有異於西方發展道路的「中國模式」，或稱「北京共識」，以有別於美國所主導的「華盛頓共識」。中國方案基本上反對西方式民主政治的獨尊地位，強調「因時、因地制宜」，習近平曾以「鞋子合不合腳」的比喻，表達一個國家的制度選擇，要符合該國的國情與歷史發展規律，這就像穿鞋一樣，鞋子合不合腳，問腳才能知道。因此，對於中國政府而言，累積中國發展經驗的中國方案，可以為全球化日益紛雜的國際事務提供另一種解決方案。但是，從美國的眼中看來，卻是一種具有侵略性的修正主義作為。未來美中關係將以何種方式進展，以及美國對中戰略將會做出何種選擇，除了取決於美中之間相對權力的變化之外，更重要的還是既有強權美國如何看待中國的崛起，如何接受中國成為全球重要的影響力量。

第二節　研究發現

一、美中權力變化的轉折點

隨著中國在全球的影響力日益提升，其所認知的國際秩序及其自身的角色定位也就同樣備受世人關注。綜觀歐巴馬總統執政期間的美中關係發展，美國政府試著摸索出一套適應中國崛起後的全球外交政策。在國際社會，美國尋求擴大與中國的合作；在亞太區域，美國企圖制衡中國的勢力擴張；在雙邊關係，美國積極加強對中國的接觸與制衡。美中權力變化的轉折點就在這些調整後的美國外交政策中獲得答案，在此，我們可以從經濟、軍事與外交三個權力核心因素進行觀察。

（一）美中經濟的轉折點

美中經濟的轉折點發生在2009年。源於美國「金融危機」的推波助瀾，逐漸形成一個不可逆轉的趨勢。自2007年美國次貸危機點燃了全球金融危機的引信，2008年9月雷曼兄弟破產和美林公司被收購標誌著金融危機的全面爆發。隨著虛擬經濟的災難向實體經濟擴散，互聯網泡沫問題如雨後春筍大量湧現，美國政府靠財政赤字借債運行，美國的家庭也靠借債來支持超額消費。世界各國經濟增長放緩甚至停滯，失業率激增，一些國家開始出現嚴重的經濟衰退。2009年美國經濟衰退是自1960年以來最嚴重的一次，GDP的負成長（-2.8%）也達到歷史的新高。失業率上升到10%以上，是1983年以來的最高點，也是危機發生前失業率的兩倍。[1]中國當然也無法置身事外，身為全球工廠的中國彼時將近有1億5千萬遠離家鄉的民工，在2009年初工廠關閉後被迫返鄉。然而，中國政府應對國際經濟危機，啟動「四萬億投資計畫」（相當於5850億美元），它是穩定經濟的一系列財政貨幣政策，主要目標是推動基礎設施建設項目，同時採取放寬信貸、刺激消費的擴張性貨幣政策。不但讓大量的民工重返城市，而且為當年中國經濟締造了GDP年增長9.4%的全球高標。

美國金融危機是現代經濟金融發展史上深具意義的歷史事件，對全球經濟和金融形勢演變造成深遠影響。如今回顧，金融海嘯不是一個偶發事件，它代表的是整個以美國為首的西方世界，由於錯誤的經

---

[1] "Unemployment in November 2009", The U.S. Bureau of Labor Statistics, Dec 08, 2009. https://www.bls.gov/opub/ted/2009/ted_20091208.htm?view_full (accessed April 14, 2019).

濟制度所導致的金融崩潰，造成全球經濟體系、價值體系和政治體系的挫敗。金融海嘯造成西方經濟體系崩潰，金融危機造成西方價值體系瓦解，這種論述能力的潰散，重創美國人的信心。除此之後，金融危機也影響了各國對於全球化以及發展趨勢的看法，也對美國在不同國際政經議題上的影響力，尤其是相對於中國的影響力，帶來某些明顯可見的變化。事實上，在金融危機的高峰時期，全球主要經濟體唯一能擁有持續可觀的經濟成長只有中國，印證了金融海嘯之前已經被舉世公認的中國崛起，經過金融海嘯後不但崛起更為凸顯，而且與全球唯一超強美國的差距迅速拉近。雖然在金融危機逐漸解除後，多數國家已開始展露穩健的經濟復甦，但從金融危機開始席捲全球至今，中國「加速度」的崛起氣勢，從許多事實來看已成為不可撼動的改變。

造成美中經濟的轉折現象具有指標性的事實有三，其一，是美中兩國在2009年7月舉行的「美中戰略與經濟對話」；其二，是2009年11月歐巴馬訪問中國，並與胡錦濤舉行高峰會談。雙方在這兩次指標性的互動中，呈現出美國仍未脫離金融危機的財政窘境，需要中國更多經貿投資，以及繼續大量購買美國國債來為美國經濟背書。因此，對中國採取的是強調合作性的議題。在區域以及全球性議題上，美國明顯地將中國大陸視為解決這些問題最重要的合作夥伴。包含美國在內的國際輿論，一廂情願地將這種現象稱之為「兩國集團」（G2），以有別於當時解決全球性問題方面既有的「八國集團」（G8）或是「二十國集團」（G20）。雖然中國並不同意這樣的國際秩序，但是G2的說法亦高度象徵中國幾乎可與美國平起平坐，遙遙領先其他大國的地位。其三，是2009年12月召開的哥本哈根氣候變遷會議，整個會議能否達成有約束力，完全取決於美中兩國的態度與策略。中國的總體經濟規模、實力、影響幅度在金融危機後，更清楚地展現在世人的眼前。

如今，依據美中兩國在「金融危機」後的經濟發展趨勢，中國超越美國成為世界最大的經濟體是合乎邏輯演繹的判斷，它不僅是基於表面的經濟數字，而是從美中兩國的經濟結構分析中所獲得的結論。當然，以目前的條件來看，中國雖然在經濟的總量上和美國仍有巨大的差距，不過這種質量上的差距是可以被追趕的，只要中國擁有和平的環境與足夠的戰略機運期。國際金融危機之後，中國政府透過龐大的經濟刺激措施，避免金融危機衝擊，通過危機考驗的同時，也出現了民族自信的情緒。美中之間的經濟問題在於全球資源的爭奪，資源是有限的，所以美中在經濟上的衝突是可以理解的。

（二）美中軍事的轉折點

美中軍事的轉折點發生在2011年。金融危機之後，美國經濟跌入谷底，連帶影響到美國的國防預算。面對國庫空虛失業高漲的國內情勢，刪減任何社會福利支出，或是取消迫切需要的公共建設投資項目，都會招致人民巨大的反彈。刪減國防預算反而成為經濟不景氣之下，人民可以接受削減的最大公約數。2010年8月時任美國國防部長蓋茨宣布十年來最大的國防預算削減計畫。這是美國向一連串刪減國防預算的計畫邁出的第一步，包括關閉負責聯戰訓練的聯合部隊指揮部、減少10%的外包合約、削減至少50個將軍職與150名高級文官行政職，以及凍結未來三年在國防相關機構的人事職缺等等，以便在未來五年內達成節省1000億美元的目標。2011年1月，蓋茨再次受命另行刪減780億美元的軍事瘦身計畫，並對外表示國家面臨嚴峻財政情勢。由於預算刪減，陸軍和陸戰隊在2015至2016年將縮編，陸軍減少2萬7000人，陸戰隊減少1萬5000至2萬人。對於歐巴馬政府持續加碼的刪減預算，終於引起國防部長蓋茨強烈警告，甚至公開表示刪減預算並非僅僅是預算上的數學習題，而是大幅縮減軍隊結構及軍事能力。從統計數字顯示，2011年美國國防預算首次出現負成長的歷史警訊。迫於美國債務的巨大壓力，國防預算刪減並沒有因此暫緩，反而是不斷的加碼。2012年根據國會的要求，國防部必須在未來10年削減

4,870億美元預算，在未來5年內削減2,590億美元。[2]

為了因應未來可能面對的挑戰，美軍決定以裁軍維持裝備科技的優勢。未來美軍能到的地方、能做的事情，都將因為預算不足而大幅減少。相反地，中國政府在金融危機之後，由於有效應對國際金融危機衝擊，保持經濟平穩發展，使中國享有持續提升綜合國力的重要戰略機遇期。中國的科技累積到一定程度後，先進的軍事力量逐漸形成有效的國防後盾。過去10年來中國軍力的發展大幅超出美國的預期，中國在航母建造、網路戰以及反衛星導彈方面的快速發展，令美國與中國周邊國家深感疑慮。臥薪20年的中國現代化軍事科技與武器研發，自2011年呈現爆發性的成果。首先是中國成功試飛殲20匿蹤戰鬥機，它代表中國的高端軍事科技直逼美國，分別在隱形功能、遠程打擊能力與資訊化作戰能力方面，進入全球第五代戰機的行列。在海軍方面，繼中國在2005年順利完成號稱「中華神盾」的052C型飛彈驅逐艦「蘭州號」下水服役之後，這是中國海軍第一艘具有全時區域防空能力的作戰艦。中國第一艘航母「遼寧艦」（購自烏克蘭）亦於2011年完成第一次海試，中國海軍力量的發展進入新階段，也被視為中國綜合國力和海軍實力的大國象徵。在反制美國在西太平洋的勢力平衡方面，2011年中國利用遠望4號靶船成功測試東風-21D反艦彈道飛彈，有「航母殺手」之稱的東風21D飛彈射程可達1500公里。外媒普遍認為東風21D對美軍部署在西太平洋的海空基地與航母編隊構成威脅。美海軍將從軍港起航開始，就要面對中國長程多彈頭反艦飛彈的嚴重威脅。

除此之外，2011年底「北斗衛星導航系統」正式服務亞太地區，覆蓋的範圍從中亞的亞塞拜然到太平洋中的中途島。所有與中國密切相關的軍事熱點都在覆蓋區域內，這使中國解放軍正式進入資訊化戰場時代。另在2011年11月，神舟八號與天宮一號成功交會對接，中國

[2] Chuck Hagel, "Statement on Strategic Choices and Management Review", *U.S. Department of Defense,* July 31, 2013), http://www.defense.gov/speeches/speech.aspx?speechid=1798 (accessed 27 Feb, 2019).

掌握太空交會對接是一重大自主創新的里程碑。2011年也是中國自主研發太空飛行器的驗收年，首架「神龍」太空飛行器試飛成功，太空飛行器具備更多的任務執行能力，也可作為太空武器發射平台和天基系統的支援平台，可用於反衛星作戰。國際軍武專家甚至將東風-21D飛彈、殲-20戰鬥機與「神龍」太空飛行器三者，合稱為中國太空作戰的新「三劍客」。

從2011年開始，中國的軍事力量已經形成有效的全球化、立體化、資訊化的戰場管理空間，中國的先進武器進入躍升時期，大型軍用運輸機、艦載電磁炮、超高聲速武器、陸基中段反導系統...等等現代化高科技的武器不斷研發成功，從美中軍事實力的相對比較上來說，可以視之為中國實力快速提升的轉折點。然而，它們除了是中國劃時代的軍事成就之外，同時也呈現出中國長期落後西方軍事能力的事實。綜觀美中兩國的主戰武器，多數項目的技術差距還不止幾十年。中國在不斷發展的同時，美國在軍事研發方面的步伐並沒有停歇，在超出傳統概念的新技術開發方面進展快速，這又是美中另一方面的差距。或許現在中國可以稱得上是軍事大國，但與軍事強國的地位仍有相當大的差距。

（三）美中外交的轉折點

美中外交的轉折點是在2012年。在過去幾十年的美中外交互動中，美國無論是採取接觸或是遏制的對中政策，始終是以西方民主先進國家對應東方專制落後大國的態度。由於兩國實力懸殊，在現實的國際社會中，美國鮮少感受到來自中國的權力威脅。直到中國進行全面的改革開放政策後，經濟實力與國際影響力快速成長到令人驚訝與憂慮的地步，這對美中兩國政府都是一種新的挑戰。在兩國相互依存、彼此競爭以及互不信任都不斷加深的今天，兩國政府如何面對新興強國與現狀大國的關係，形成美中外交在歷史上的機運與轉折。這樣的轉折點在2012年明顯呈現。由於意識到美中兩國也有可能會墜入

「修昔底德陷阱」的困境，中國認為必須在美中之間建立一種新型戰略框架。2012年2月，時任中國副主席習近平在訪問美國時首次提出建構「新型大國關係」，同時敦促美中雙方彼此相互理解，建立戰略互信，尊重彼此核心利益，加強互利共贏的合作。習氏在接受《華盛頓郵報》採訪時亦表示：「寬廣的太平洋兩岸有足夠空間容納中美兩個大國。」藉此將兩國的合作關係提升為21世紀的新型大國關係。

2012年11月，中國新一代領導人與領導團隊順利交棒後，更加速了新型大國關係的發展進程。中國在國際場合數次公開表達了自己的願望，希望可以在國際舞臺上受到平等待遇，充分反映中國日益在乎的國際影響力。在中共十八大報告中，習近平更將「中美新型大國關係」拓展為不限於美中兩國關係，同時適用於中國與其他已開發國家的「新型大國關係」，自此成為中國外交戰略的重要方向。除「新型大國關係」以外，習近平參觀中國大陸國家博物館《復興之路》展覽時，提出實現中華民族偉大復興的「中國夢」，作為其治國與外交理念，希望全體中國人民的目標可以獲得國際社會尊重與認可。在金融危機之後，中國明顯感受到其在中美關係中的影響力有所增加，中國政府希望在國際舞臺上可以獲得美國的平等待遇。當歐巴馬總統邀請習近平在加州莊園非正式會晤時，雙方亦就構建新型大國關係進行討論。而且兩人針對「不衝突、不對抗、相互尊重、合作共贏」的核心理念，達成初步共識，此項非正式會議成為美中外交轉折的重要里程。

另外在2012年中國具體的外交轉折跡象還包含了在兩起海洋爭端中，中國採取了強勢的外交態度。一為中菲之間在黃岩島發生的對峙，二是日本執意對釣魚島進行「國有化」事件，引發中日釣魚島危機。中國的強勢作為主要是回應鄰國侵犯中國主權的舉動，避免鄰國的先發行動在領土爭議的主張上取得優勢。同時也是向國內人民展現政府捍衛主權的決心，更是向外界傳達中國已是有實力的地區強國。如此強勢外交的轉折，與其說習近平是被國內民族主義強硬勢力挾持

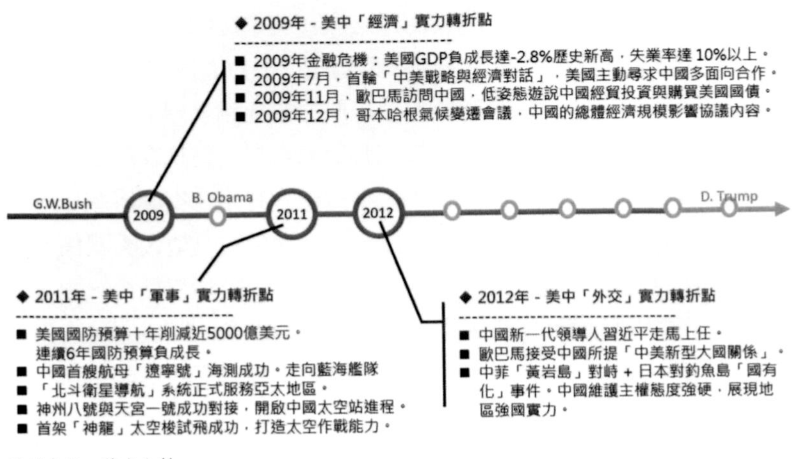

資料來源：筆者自製。

圖6-1　美中權力變化轉折點示意圖

而採取強勢外交作為，倒不如說是反映習近平逐步強化治國理念的決心，因此有能力運用中國增長的國家資源，逐步達成將中國權力向外投射的目標。

二、歐巴馬政府對中戰略選擇

中國的崛起造成現有國際體系主導國家巨大威脅，中國既是美國的對手也是伙伴，與美國在雙邊經貿與產業上相互依賴日深，而且始終堅持與美國發展更重要的對等關係。美國朝野政黨時有糾結的，就是對中國出手輕重之間不知如何是好。若是採取包容態度，又覺得難以接受屈居下風；若採取全面遏制，又擔心「殺敵一萬，自損八千」；若是姑息放任，又怕養虎為患自食惡果。事實顯示，「胡蘿蔔和大棒」都沒有如預測般的影響中國。民主自由的國際秩序未能吸引或束縛中國，外交和貿易接觸沒有為中國帶來政治上的開放，超強的軍事力量與同盟體系，還是無法阻止中國在周遭區域主導安全環境的企圖。美國對中國的態度若是處理不當，勢必帶給美中關係許多意想不到的風險。反對改變現有戰略架構的學者認為，不該破壞雙邊關係的穩定，否則將會引發一場「新冷戰」的格局。支持採取強勢遏制手段的一方，則認為中國所以能夠獲得高速發展的戰略機運，就是因為美國對中政策的「容忍」、「妥協」與「姑息」所至。無論是「鴿派」或「鷹派」的主張為何，美國外交政策有褒有貶實屬常態。然而，在眾多學者專家提出的對中戰略辯論中，與歐巴馬的對中戰略有哪些共通性？戰略執行的結果如何？這是本書重要的研究目的之一。

本書第一章於文獻回顧與分析章節中，已分別針對美國對中戰略研究彙整出八種戰略選項進行檢評，其中「有利平衡」戰略獲得包含范亞倫、奈伊、黎安友、施道安、田立司與佛里曼等學者專家的共同肯定，經筆者依美中權力變化與雙方利弊得失交叉分析比較之後，亦認同「有利平衡」戰略是現階段美國對中戰略光譜中的最優選擇（詳如圖6-1），因為它不但可以維繫美國的主導力量，更能夠創造美中「合作雙贏」的優勢。除此之外，本書研究的結果亦同時發現，結合了「自由主義」與「實用主義」兩者理念價值的「歐巴馬主義」，運用在美國對中外交政策的實務中，竟然與「有利平衡」戰略享有極高的共通性與相似度。在此依「有利平衡」戰略的條件與特色，分別檢評：

（一）結合「接觸」與「制衡」的巧實力戰略

「有利平衡」戰略是結合「接觸」與「制衡」雙重戰略。就是以「接觸」（軟）與「平衡」（硬）相互結合的「巧」戰略，它與「巧實力」的主張有異曲同工之妙。鑒於當前的國內外政治和全球化經濟的諸般限制因素，這種軟硬相結合的方法具有彈性適應的優點。歐巴馬政府首任國務卿希拉蕊在參院的聽證會上強調，美中關係的未來是以「巧實力」（smart power）的外交概念，注入更多合作雙贏的可能。「巧」就是靈巧運用所有政策工具，包括外交、經濟、軍事、政治、法律和文化等各種手段，恢復美國的全球領導力。未來的美國既要團結朋友，也要接觸對手；既要鞏固原有聯盟，也要展開新的合作。美國視中國為外交工作密切接觸的對象。在此樂觀的氛圍下，歐巴馬對中國表現出較高的期望，更鼓勵中國在全球問題上承擔起更大的責任。

（二）「接觸」戰略創造共同利益

自2009年1月就職後，歐巴馬對中國主動釋出善意。初上任的歐巴馬總統告訴社會大眾，美國需要與中國建立長期積極且具有建設性的關係，支持美中在經濟安全和全球政策方面的高層對話，加強兩國在環保和軍事領域的交流。兩國關係未經磨合期，快速進入良性互動，有點出乎中方意料之外。儘管美中兩國利益存在根本的分歧，但雙方也仍然在共同利益的目標中彼此合作。中國從美國的貿易和投資中獲益匪淺，也從參與美國所建立的全球秩序中不斷壯大，中國仍然在努力地維持現有秩序。相對地，美國亦從中國的經濟關係中，獲得巨大的利益。

（三）「制衡」戰略首重壯大自己

「有利平衡」戰略的「制衡」手段不是設法阻礙競爭對手的成長。現在想要採取限制中國進入全球經濟體系的手段已經太遲了，若美國此時執意要求中國的貿易必須進行根本性的改變，將會造成重大的經濟危機或貿易戰爭。相反地，「有利平衡是藉由不斷主動尋求自身的壯大，未來才有本錢遏阻可能來自對手的脅迫。回頭來看歐巴馬政府的對中政策，設法拉大與競爭對手中國的距離，增加自身的絕對優勢，即是「亞太再平衡」戰略的核心目標。事實上，歐巴馬政府制訂的對中戰略就是為了實現「重振美國、領導全球」的國家安全戰略目標。歐巴馬認為「有效的對中政策」需要三根支柱：向中國展示歡迎其崛起的姿態；推動中國遵守國際法律和規範；重塑亞太安全環境，以確保中國不崛起為破壞性的力量。

（四）設法維持與延長美國的主導地位

「有利平衡」的戰略目標與美國的「亞太再平衡」戰略目標幾乎完全一致。歐巴馬曾經公開強調美國還要領導世界一百年，「亞太再平衡」戰略無疑是實現這一目標重要的藍圖，該戰略的實質目的就是要保持美國在亞太地區的主導地位。歐巴馬接任總統時所面臨的國內外環境，是一個在金融危機打擊下欲振乏力的美國，面對快速崛起與強大的中國。國際輿論開始討論中國發展出來的政治與經濟模式，大有可能取代因當代金融業的貪婪、管理不善和腐敗的「華盛頓共識」。因此，維持美國在全球的主導地位，是歐巴馬政府的歷史機運與承擔。

（五）「經濟」上，對內振興總體經濟，對外擴大自由貿易

「有利平衡」戰略強調先從壯大自己開始，首先需要藉由各種措施振興經濟，提高國內生產總值，努力提升創新技術領先優勢。美國若能將經濟增長率提升到接近歷史的水準，使其擁有更多增強綜合國力的選擇，對於解決美中之間的戰略分歧會有極大幫助。歐巴馬上任後，立即借助G20組織機制贏得國際經貿合作，拓展全球的市場空間。對內以「再工業化」、「出口倍增計畫」與「選擇美國計畫」等經濟外交政策，鼓勵外部投資創就業機會。對外以TPP（跨太平洋）與TTIP（跨大西洋）鞏固兩洋地區的經濟領導權。在美中雙邊經貿上，提升並擴大美中「戰略與經濟對話」機制，拓展雙邊合作與對話管道。邁入第二任期的施政主軸仍是「拚經濟」，而且不再像過去訴諸外交手段來刺激經濟成長，反而專注在壯大美國本土力量以促進產業再興。歐巴馬政府成功遏制國內經濟危機漫延，逐漸引領全球經濟止跌回升，更使美國經濟比歐美日等國先一步復甦。

（六）「外交」上，提高同盟國家能力

「有利平衡」戰略以「平衡」為核心，強調美國不應該只想到如何制約中國，還須設法提高其他同盟國家的能力，透過自身的榜樣贏得全世界對美國價值的信心。這些國家不僅包括日本和澳大利亞等傳統的美國盟友，還包括印度、越南、新加坡和印尼等其他毗鄰中國的國家。美國的政策應該是協助這些盟邦國家增加彼此合作的力量，以制衡中國可能在亞太地區的權力濫用。「亞太再平衡」戰略是歐巴馬政府針對美國不平衡的外交布局，所進行的糾正與調整。藉由「加強傳統盟國關係」、「建立新興國家伙伴關係」與「參與東協互動關係」等外交行動，打造雙邊或多邊安全機制，形成地區安全網路的主導力量。

（七）「軍事」上，維持不可挑戰的絕對優勢

「不可挑戰」代表的是擁有足夠的威攝能力。「有利平衡」戰略並不鼓勵軍備競賽，而是設法擴大美國軍事上的影響力，以應對中國試圖阻礙美國向亞洲投射軍力的可能。重點在於強化區域結盟與前沿軍事部署，鼓勵區域國家提升自身的防衛能力，並加強與美國的安全合作，同時以戰略克制的外交決策，避免任意對外用兵，耗損國力。歐巴馬政府推動的「亞太再平衡」戰略最引起世人關注的，即是美國軍事在全球的再平衡布局。其核心規劃包含「強化地區前沿部署」、「鞏固雙邊軍事同盟」、「打造多邊軍事聯盟」等手段，突破美國資源有限的約束，維持美國在亞太地區不可挑戰的絕對優勢。

最後，綜觀上述七項「有利平衡」戰略的條件與特色，奉行「不做蠢事」外交原則的歐巴馬政府，在多方面呈現出「有利平衡」操作的特點。例如美國利益和價值觀之間的平衡、國內與國外優先事項之間的平衡、歐洲與亞太地區政治目標之間的平衡、美國與其他國家應當承擔責任之間的平衡，與國防外交和其他美國用來解決問題的手

段彼此之間的平衡。歐巴馬的平衡理念源於承認美國的資源也是有限的，針對目標進行優先排序，做出最有利的資源分配與取捨。表現在美中關係的平衡處理上，既不反對與中國建立「新型大國關係」，也堅持一切努力先從壯大美國實力著手。歐巴馬政府對中戰略與「有利平衡」戰略交互印證，獲得極高的共通性與相似度。因此，若將歐巴馬政府的對中戰略歸類為「有利平衡」戰略，應屬合理。即使歐巴馬總統任內受困於美國國內財政減支的掣肘，與兩黨惡鬥形成分裂政府的牽絆，諸多「改變，我們可以!」（Change, we can!）的政策未能落實。但不能因此否定「有利平衡」戰略對促進美中合作、穩定美中關係，與維持美國在體系中的主導地位所做出的貢獻。

第三節　結語

美中關係不但是世界上最強的已開發國家和最大的發展中國家彼此之間的關係，更是21世紀全球最重要的雙邊關係。美中之間的共同利益遠遠大於分歧，兩國在諸多領域的合作也遠遠超過在個別領域的競爭。保持兩國關係長期穩定的發展，不僅符合兩國政府與人民的利益，更受到國際社會所普遍期待。

本書以歐巴馬政府執政八年期間的美中關係為主軸，抽絲剝繭般的審視美中兩國彼此的互動與意圖，其目的就是藉由不同時空環境所發生的歷史事件，梳理出合乎邏輯的因果關係，以期獲得兩國相互競合的可預測模式，避免意外或誤判的歷史憾事。綜觀歐巴馬政府的對中政策，在多項國際事務中與中國展開有效合作，但對於敦促中方順應現有國際規則方面，並不如預期。中國已成為美國在亞太地區安全與利益的最大威脅，美國也在諸多地區及國際問題上，需要與中國密切合作。如何在這兩種關係中，找到適合美中兩國雙贏發展的平衡點，是未來在美中關係必須持續研究的重點。

如今的美國在川普總統的帶領下，奉行美國利益至上的孤立主義作風，外交政策充滿不確定性，甚至被國際社會形容川普的外交原則就是「沒原則」[3]。前國安顧問布里辛斯基認為川普的外交政策，根本看不到方向與目標，而且對美中關係的潛在威脅理解不足。然而，美國前國安顧問季辛吉的看法卻有所不同，他認為當競爭對手搞不清楚美國將會如何出招時，正是美國國安、外交與經貿政策的優勢。因此，川普可能為美國外交政策帶來非比尋常的機會，而且將成為歷史上相當「可觀」的美國總統。川普任內的對中戰略是否會延續美中貿易戰的遏制與對抗路線，還是走向「逆全球化」或「退群」式的孤立主義，或是發揮商人本性，可以把一切政經籌碼當成權力進行交換？這將是未來美中關係起伏不定的最大變數。

---

[3] Stephen Wertheim, "Trump and American Exceptionalism", *The Foreign Affairs,* January 3, 2017, https://www.foreignaffairs.com/articles/united-states/2017-01-03/trump-and-american-exceptionalism (accessed 28 Feb, 2019).

參考文獻

一、中文部分

（一）官方文件

《2001-2017年世界各主要國家貿易值排名》。2018年。台北：中華民國財政部。

《中美戰略與經濟對話聯合成果情況說明》。2013年。北京：中華人民共和國商務部。

《中國的亞太安全合作政策白皮書》。2017年。北京：中華人民共和國國務院。

《中國參加國際公約情況一覽表1875-2003》。2004年。北京：中華人民共和國外交部。

《中華民國104年國防報告書》。2015年。台北：中華民國國防部。

《毛澤東外交文選》。1994年。北京：中華人民共和國外交部。

《外交部歷年來就釣魚臺主權問題之聲明》。2011年。台北：中華民國外交部。

《周恩來外交文選》。1990年。北京：中華人民共和國外交部。

《國家主席習近平發表二〇一六年新年賀詞》。2015年。北京：中華人民共和國外交部。

《習近平的『新型大國關係』外交戰略是這樣煉成的》。2016年。北京：中華人民共和國國務院。

《習近平關於實現中華民族偉大復興的中國夢論述摘編》。2013年。北京：中國中央文獻研究室。

《誠惠容結善緣，周邊外交續新篇》。2017年。北京：中華人民共和國外交部。

《鄧小平年譜（1975-1997）》。2004年。北京：中共中央文獻研究室。

（二）專書

中國國際問題研究所。2011年。《國際形勢和中國外交藍皮書（2010/2011）》。北京：時事出版社。

中國現代國際關係研究院 譯。2009年。《全球趨勢2005：轉型的世界》，美國國家情報委員會 主編。臺北：時事出版社。

王文等。2017年。《金磚國家：新全球化的發動機》。北京：新世界出版社。

王高成 主編。2018年。《新時代下的國際趨勢與兩岸關係》。臺北：時英出版社。

王逸舟。2003年。《磨合中的建構：中國與國際組織關係的多視角透視》。北京：中國發展出版社。

王逸舟。2018年。《仁智大國：『創造性介入』概說》。北京：北京大學出版社。

王緝思。2016年。《大國關係》。香港：中華書局。

王緝思、李侃如。2013年《中美戰略互疑：解析與應對》。北京：北京大學國際戰略研究中心。

向駿。2006年。《2050中國第一？權力轉移理論下的美中台關係之迷思》。臺北：博揚文化出版社。

向駿、鄧中堅。2013年。《拉丁美洲七講－美中權力轉移下的拉丁美洲》。臺北：五南出版社。

朱熹、呂祖謙。1996年。《近思錄》。臺北：台灣商務印書館。

朱立群。2012年。《中國與國際體系進程與實踐》。北京：世界知識出版社。

朱浤源 主編。1999年。《轉寫博碩士論文實戰手冊》。中華科際整合研究會合編。臺北：正中書局。

朱雲漢。2015年。《高思在雲－一個知識份子對二十一世紀的思考》。台北：天下文化出版社。

何大明 譯。《沒有安全感的強國：從鎖國、開放到崛起，中國對外關係70年》。Andrew Nathan、Andrew Scobell 著。臺北：左岸文化出版社。

何亞非。2015年。《全球治理與中國的歷史選擇》。香港：中華書局。

何亞非。2018年。《秩序重組：後危機時代全球治理通解》。香港：中華書局。

何春超。1986年。《國際關係史上冊》。北京：法律出版社。

何維達。2012年。《全球化背景下的國家經濟安全與發展》。北京：機械工業出版社。

吳玉山。2011年。〈權力轉移理論：悲劇預言？〉。收錄於包宗和 主編。《國際關係理論》。臺北：五南出版社。

吳明上。2007年。《新戰略論》。臺北：五南出版社。

宋楚瑜。2014年。《如何寫學術論文》。臺北：三民出版社。

李靜宜 譯。2011年。《權力大未來：軍事力、經濟力、網路力、巧實力的全球主導》。Joseph Nye 著。臺北：天下文化出版社。

杜默 譯。2008年。《後美國世界：群雄崛起的經濟新秩序時代》。Fareed Zakaria 著。臺北：麥田出版社。

沈強。2012年。《國際戰略環境的新變化與中國戰略機遇期新階段：2011年國際形勢討會論文集－美國全球戰略調整：戰略重心更多向亞太傾斜》。北京：世界知識出版社。

阮宗澤。2015年。《權力盛宴的黃昏－美國亞太再平衡戰略與中國對策》。北京：時事出版社。

易君博。1990年。《政治理論與研究方法》。臺北：三民書局。

林添貴 譯。2015年。《南海：21世紀的亞洲火藥庫與中國稱霸的第一步？》。Bill. Hayton 著。台北：麥田出版社。

林添貴 譯。2015年。《美國世紀的終結？》。Joseph Nye 著。臺北：麥田出版社。

林添貴 譯。2017。《美國如何丟掉世界？後冷戰時代美國外交政策的致命錯誤》。Michael Mandelbaum 著。臺北：八旗文化出版社。

林添貴 譯。2017年。《美國該走的路：歐巴馬如何抗拒華盛頓的政治惡鬥，重新定義美國與世界的關係》。Derek Chollet 著。臺北：八旗文化出版社。
邵維華。2016年。《地緣政治與中美博弈：遏止中國崛起，美國最後五年倒數計時》。臺北：如果出版社。
金燦榮。2012年。《路在何方：探索中國發展之路》。香港：三聯出版社。
門洪華。2005年。《構建中國大戰略的框架：國家實力、戰略觀念與國際制度》。北京：北京大學出版社。
洪慧芳 譯。2015年。《2016~2030全球趨勢大解密：與白宮同步，找到失序世界的最佳解答》。Mathew Burrows 著。臺北：先覺出版社。
胡聲平。2015年。《中國對外政策：從江澤民到習近平》。臺北：致知學術出版。
倪峰。2015年。〈美國亞太再平衡戰略及其評估〉。文章收錄於《歐巴馬政府內外政策調整與中美關係》。北京：中國社會科學院和平發展研究所。
倪世雄等 譯。1991年。《人、國家與戰爭－一種理論分析》。Kenneth Waltz 著。上海：上海譯文出版社。
夏先良。2011年。《中美貿易平衡問題研究》。北京：社會科學文獻出版社。
奚潔人。2007年。《科學發展觀百科辭典》。上海：辭書出版社。
宮力。2015年。《鄧小平與中美外交風雲》。北京：紅旗出版社。
翁明賢。2015年。《論中國夢》。臺北：淡江大學出版中心。
耿向東。2010年。《圖解當代中國外交》。香港：中華書局。
馬英九。1986年。《從新海洋法論釣魚台列嶼與東海劃界問題》。臺北：正中書局。
高一中 譯。2016年。《廿一世紀的美國與中共權力轉移想定》。David P. Rapkin、William R. Thompson 著。臺北：國防部政務辦公室。
張春柏、陸乃聖 譯。2014年。《霸權興衰史：1500至2000年的經濟變遷與軍事衝突》，Paul Michael Kennedy 著。臺北：五南出版社。
張慶勳。2010年。《論文寫作手冊》。臺北：社會科學研究。
習近平。2018年。《論堅持推動構建人類命運共同體》。北京：中央文獻出版社。
陳潮 陳洪玲。2003年。《1949-1999中華人民共和國行政區劃沿革地圖集》。北京：中國地圖出版社。
彭明輝。2017年。《研究生完全求生手冊：方法、秘訣、潛規則》。臺北：聯經出版社。
鈕文英。2015年。《研究方法與論文寫作》。臺北：雙葉書廊出版社。
鈕文英。2018年。《質性研究方法與論文寫作》。臺北：雙葉書廊出版社。
楊歧明 譯。1993年。《國家間的政治》。Hans Morgenthau 著。北京：商務印書館。
楚樹龍、金威。2008年。《中國外交戰略和政策》。北京：時事出版社。
葉至誠、葉立誠。2002年。《研究方法與論文寫作》。臺北：商鼎文化出版社。
蒲寧。2009年。《地緣戰略與中國安全環境的塑造》。臺北：時事出版社。
齊皓。2013年。〈歐巴馬政府第二任和美國內政外交面臨的挑戰〉，黃平、倪峰主編，《美國問題研究報告（2013）：構建中美新型大國關係》。北京：社會科學文獻出版社。

劉美珣。2004年。《中國特色社會主義》。北京：清華大學出版社。
鄧小平。2005年。《鄧小平文選，第三卷》。北京：人民出版社。
鄭保國。2009年。《美國霸權探析》。臺北：秀威資訊出版社。
鄭彭年。2005年。《西風東漸－中國改革開放史》。北京：人民出版社。
燕清 譯。2004年。《美國的霸權泡沫—糾正對美國權力的濫用》。George Soros 著。香港：香港商務印書館。
賴岳謙。2014年。《美國重返亞太戰略對亞洲權力結構的影響》。臺北：秀威資訊出版社。
閻學通。2015年。《世界權力的轉移：政治領導與戰略競爭》。北京：北京大學出版社。
閻學通、曹瑋。2016年。《超越韜光養晦：談3.0版中國外交》。天津：人民出版社。

（三）期刊論文

Adi Ignatius。2017年。〈中美命運共同體？〉，《哈佛商業中文評論》，3月號，取自https://www.hbrtaiwan.com/article_content_AR0006796.html（2018年8月2日）。
卞慶祖。2012年。〈歐巴馬第二任期對華政策走向與中美關係〉，《中國人民對外友好協會》，取自：http://www.cpaffc.org.cn/content/details25-23675.html（2019年1月15日）。
尹承德。2011年。〈金融危機與世界格局的新變化〉，《國際問題研究》，第65期，頁39-42。
方焰。2015年。〈打造人類命運共同體－習近平訪美與中國走向世界〉，《海峽評論》，299期，取自：https://www.haixia-info.com/articles/7374.html（2019年3月14日）。
毛峰。2012年。日本加速釣魚島國有化內情〉，《亞洲週刊》，第26卷，35期，取自：https://www.yzzk.com/cfm/content_archive.cfm?id=1363690508485（2018年9月21日）。
牛新春。2009年。〈歐巴馬外交：一個新自由主義的時代？〉，《現代國際關係》，第5期，頁21-23。
王瑋。2015年。〈權力變遷、責任協調與中美關係的未來〉，《世界經濟與政治》，第5期，頁59-61。
王光厚。2007年。〈從『睦鄰』到『睦鄰、安鄰、富鄰』－試析中國周邊外交政策的轉變〉，《外交學院學報》，第3期，頁38-43。
王高成。2012年。〈東亞權力變遷與美中關係發展〉，《全球政治評論》，第39期，頁41-62。
王高成。2013年。〈歐巴馬政府亞太戰略與區域安全〉，《戰略與評估》，第4卷，第1期，頁43-64。
王高成。2014年。〈上海「亞信峰會」與新亞洲安全觀〉，《展望與探索》，第12卷，第6期，頁21-23。
王偉男。2018年。〈常態與新常態下中美關係的彈性與韌性〉，《教學與研究》，第5

期，頁67-73。

王緝思。2001年。〈對中美關係的幾點分析〉，《現代國際關係》，第6期，頁7-30。

王緝思。2016年。〈亞太地區安全架構、目標、條件與構想〉，《國際安全研究》，第1期，頁21-32。

白雲真。2011年。〈體系、國家、社會、個體—中國外交的分析層次〉，《中國政治學網》，取自：http://www.21ccom.net/articles/qqsw/zlwj/article_2011052536154.html（2019年3月6日）。

安剛。2016年。〈歐巴馬這八年，給中美關係留下了什麼？〉，《世界知識》，第23期，取自：https://kknews.cc/zh-tw/world/zmpq98q.html（2018年7月26日）。

朱琨。2008年。〈從霸權主義到新帝國主義—淺析美國對外政策的戰略轉向〉，《太平洋學報》，第1期，取自：http://d.wanfangdata.com.cn/Periodical_tpyxb200401006.aspx（2019年3月15日）。

朱鋒。1998年。〈權力轉移理論評述〉，《歐洲》，第1期，頁19-26。

江憶恩。2005年。〈中國對國際秩序的態度〉，《國際政治科學》，第2期，頁23-28。

江憶恩。2006年。〈中國外交政策研究：理論趨勢及方法辨析〉，《世界經濟與政治》，第8期，頁64-73。

何興強。2012年。〈美國國內政治與人民幣匯率問題〉，《美國問題研究報告2011—美國的實力與地位評估（美國藍皮書）》，頁48-56。

吳迪。2019年。〈美國眼中的中國四十年，管中窺豹？旁觀者清？〉，《多維》，第38期，頁108-109。

吳心伯。2015年。〈論中美關係的新常態〉，《復旦學報》，第3期，頁143-149。

吳晶晶。2017年。〈韓國部署『薩德』的政策演變〉，《國際問題研究》，第6期，頁28-32。

宋學文。2008年。〈層次分析對國際關係研究的重要性及模型建構〉，《問題與研究》，第47卷，第4期，頁167-199。

宋鎮照。2013年。〈2013年二十一屆亞太經合會議高峰會的政經發展研析〉，《展望與探索》，第11卷，第11期，頁12-22。

宋鎮照。2018年。〈敲開中南半島區域共同體的瀾湄合作〉，《海峽評論》，326期，取自：https://www.haixia-info.com/articles/9810.html（2019年3月16日）。

李成。2016年。〈歐巴馬時代的美中關係〉，《布魯金斯學會中文網》，取自https://www.brookings.edu/zh-cn/opinions（2018年9月22日）。

李明。2013年。〈歐巴馬政府的朝鮮半島政策2009-2012年〉，《遠景基金會季刊》，第14卷，第2期，頁55-58。

李大中。2010年。〈歐巴馬政府之東北亞政策分析〉，《全球政治評論》，第31期，頁19-26。

李小華。1995年。〈權力轉移與國際體系的穩定-兼析中國威脅論〉，《世界經濟與政治》，第5期，頁41-44。

李本京。2018年。〈習歐瀛台會：兩強關係確立〉，《海峽評論》，334期，取自：

https://www.haixia-info.com/（2018年8月23日）。
李思嫺。2015年。〈中國威脅論下的「和平崛起」論述〉，《國立臺灣科技大學人文社會學報》，頁63-80。
李海東。2016年。〈當前美國對華政策的辯論、選擇與走勢分析〉，《美國研究》，第4期，取自：http://www.uscnpm.com/model_item.html?action（2018年11月13日）。
李登科。2013年。〈歐巴馬與習近平非正式高峰會之探討〉，《探索與展望》，第11卷，第7期，頁1-5。
李賜賢。2009年。〈後美國世界-群雄崛起的經濟新秩序時代書評〉，《政治科學季評》，第23期，頁17-18。
李瓊莉。2011年。〈東協對南海問題的立場與回應〉，《海峽評論》，第248期，頁34-42。
周平。2018年。〈美國南海政策的演化與進程〉，《展望與探索》，第16卷，第4期，頁42-26。
林紅。2015年。〈台灣的TPP戰略與其政治意圖〉，《觀察月刊》，第25號，取自：https://www.observer-taipei.com/article.php?id=821（2019年3月19日）。
林文程。2013年。〈美國與中國的競合關係－對習近平、歐巴馬高峰會之觀察〉，《新世紀智庫論壇》，第62期，頁100-105。
林正義。2011年。〈胡錦濤訪美行之研析〉，《展望與探索》，第9卷，第2期，頁2-6。
林正義、陳鴻鈞。2014年。〈兩個「中國」在東海的油氣勘探〉，《遠景基金會季刊》，第15卷，第4期，頁159~173。
林碧炤、楊永明。2005年。〈聯合國的重要性、功能與成就〉，《新世紀智庫論壇》，第14期，頁12-23。
邱坤玄。2000年。〈霸權穩定論與冷戰後中（共）美權力關係〉，《東亞季刊》，第31卷，第3期，頁1-14。
邱奕宏。2016年。〈歐巴馬主義與美國亞太政策〉，《中華臺北APEC通訊》，第200期，頁6-8。
金燦榮。2009年。〈歐巴馬執政以來的中美關係〉，《美國研究》，第4期，頁39-50。
金燦榮、劉世強。2009年。〈國際形勢的深刻變動及其對中國的影響〉，《現代國際關係》，第12期，頁32-48。
俞正樑。2013年。〈美國『亞太再平衡』戰略的失衡〉，《國際關係研究》，第2期，頁3-12頁。
胡春豔。2011年。〈中國對國際機制的參與與國家形象的建構〉，《國際問題研究》，第1期，頁13-14。
胡鞍鋼、高宇寧。2013年。，《中美關係實力基礎的根本變化：對中美綜合國力的評估（1990-2010）》，《國情報告》，第24期，頁43-49。
胡鞍鋼、高宇寧、鄭雲峰、王洪川。2017年。〈大國興衰與中國機遇：國家綜合國力評估〉，《經濟導刊》，第3期，頁34-56。

胡聲平。2012年。〈胡錦濤執政下的中共外交新作為—公共外交與安全外交〉，《亞太研究通訊》，第10期。頁91-115。

倪峰。2012年。〈美國重返亞洲及其評估〉，《美國戰略研究簡報》，第1期，頁21-26。

倪世雄。2012年。〈關於中美關係地緣戰略的幾點思考-兼析中國和平崛起與美國戰略調整〉，《同濟大學學報》，第23卷，第4期，頁26-34。

唐健，2014年，〈權力轉移與戰爭：國際體系、國家模式與中國崛起〉，《當代亞太》，第3期，頁76-78。

唐欣偉。2013年。〈美國國關學界對中國之評估：以攻勢現實主義與權力轉移論為例〉，《政治科學論叢》，第58期，頁47-70。

孫哲。2001年。〈美國的總統外交與國會外交〉，《復旦學報》，第4期，頁53-65。

徐遵慈。2018年。〈從重返亞洲到印太戰略－美國對東南亞政策的轉變與最新發展〉，《WTO論壇經濟前瞻》，7月號，頁107-109。

翁明賢。2017年。〈從「2017年中國軍事與安全發展態勢報告」、「2017年香格里拉對話」到「美中外交與安全對話」解析川普上臺後亞太安全情勢演變與影響〉，《展望與探索》，第15卷，第7期，頁23-31。

袁鵬。2009年。〈金融危機與美國經濟霸權：歷史與政治的解讀〉，《現代國際關係》，第5期，頁1-6。

袁鵬。2009年。〈國際體系變遷與中國的戰略選擇〉，《現代國際關係》，第11期，頁32-46。

袁鵬。2009年。歐巴馬政府對華政策與中美關係的未來》，《國際展望》，第3期，頁5-7。

袁鵬。2012年。〈關於建構中美新型大國關係的戰略思考〉，《現代國際關係》，第5期，頁1-8。

婁偉。2011年。〈論中美之間的權力轉移〉，《東北亞論壇》，第96期，頁40-42。

張立德。2014年。〈21世紀美「中」權力關係檢視與展望：權力轉移理論觀點〉，《戰略與評估》，第5卷，第2期，頁104-105。

張旭成。2013年。〈二十一世紀的美國對華政策〉，《台灣國際研究季刊》，第9卷，第2期，頁1-26。

張清敏。2013年。〈中國解決陸地邊界經驗對解決海洋邊界的啟示〉，《外交評論》，第4期，頁34-38。

張蘊嶺。2003年。〈如何認識中國在亞太地區面臨的國際環境〉，《當代亞太》，第6期，頁44。

張麟徵。2007年。〈中共外交政策解析〉，《海峽評論》，193期，頁33-35。

張麟徵。2009年。〈在競合中磨合-談歐巴馬訪中與美中關係重新定位〉，《海峽評論》，第228期，頁18-21。

章百家。2002年。〈改變自己影響世界－20世紀中國外交基本線索芻議〉，《中國社會科學》，第1期，頁11-23。

郭震遠。2014年。〈東亞安全形勢變化與台灣當局的政策選擇〉，《中國評論》，199期，頁16-20。

陳一新。1995年。〈中美兩國關係的延續性與變遷性〉，《美歐月刊》，第10卷，第5期，頁68-103。

陳一新。2013年。〈歐巴馬留美名 須內外兼顧〉，《國政分析》，取自：https://www.npf.org.tw/3/11895（2019年1月9日）。

陳文賢。2009年。〈美國歐巴馬政府亞太政策初探〉，《新世紀智庫論壇-時事評析》，第45期，頁121-122。

陳文賢。2013年。〈歐巴馬政府下的美中關係與台灣的因應〉，《台灣國際研究季刊》，第9卷，第2期，頁27-42。

陳欣之。2010年。〈霸權治理的省思：權力消長與權威起伏〉，《問題與研究》，第49卷，第1期，頁59-86。

陳亮智。2009年。〈尋找解釋美中戰略競爭的驅動力量：安全困境，權力平衡，或是權力轉移？〉，《中國大陸研究》，第52卷，第1期，頁8-10。

陳鴻瑜。2011年。〈美國、中國和東協三方在南海之角力戰〉，《遠景基金會季刊》，第12卷，第1期，頁44-48。

陶文釗。2016年。〈美國對華政策大辯論〉，《現代國際關係》，頁1-8。

陶季邑。2014年。〈美國關於中國20世紀70年代「一條線、一大片」外交戰略研究述評〉，《武漢科技大學學報》，第2期，頁45-49。

陸以正。2011年。〈季辛吉新著遭譏評〉，《國政評論》，相同文章亦刊載於《中國時報》，2011年7月4日，版A13。

曾復生。2010。〈亞太地緣戰略發展趨勢評估〉，《國家政策研究》，取自：http://www.npf.org.tw/post/3/8436（2019年3月12日）。

曾復生。2016年。〈美國國防預算與軍事戰略最新情勢研析〉，《國政研究》，取自：https://www.npf.org.tw/2/15750（2019年2月5日）。

雄學琛。2016年。〈哈佛教授弗格森香港演說：剖析中美共同體〉，《亞洲週刊》，06月，取自https://www.master-insight.com/（2018年7月21日）。

楊小勇。2016年。〈道義現實主義視角下權力轉移探析〉，《當代世界與社會主義》，取自：http://www.zggszkw.com/detail-5-426-c.html（2018年8月1日）。

楊潔篪。2010年。〈大變革、大調整、大發展－2009年的國際形勢和中國外交〉，《求是雜誌》，第1期，取自：https://www.fmprc.gov.cn/ce/ceindo/chn/xwdt/t649594.htm（2018年9月21日）。

楊衛東。2015年。〈歐巴馬外交：主義意識還是問題意識〉，《人民論壇》，取自http://theory.people.com.cn/BIG5/n/2015/0519/c388583-27023697.html（2018年12月17日）。

詹滿容。2011年。〈全球化的發展動態：蛻變中的權力移轉與爭議中的體系變革〉，《台經月刊》，第34卷，第5期，頁15-21。

賈慶國。2015年。〈新時期中美關係面臨的挑戰和機遇〉，《國際觀察》，第1期，頁

21。
游啟明。2018年。〈權力轉移理論及其批判〉，《世界經濟與政治論壇》，第3期，頁42-61。
廖舜右。2013年。〈從北韓核武試爆看東北亞情勢〉，《亞太和平月刊》，第5卷，第3期，頁1-3。
趙文志。2006年。〈中美關係中的經濟因素：以人民幣匯率為例〉，《東吳政治學報》，第24期，頁72-73。
趙建民。2007年。〈科學發展觀與胡錦濤路線〉，《展望與探索》，第5卷，第12期，12月，頁43-46。
趙建民、許志嘉。2009年。〈中共第四代領導集體的「和諧世界觀」：理論與意涵〉，《遠景基金會季刊》，第10卷，第1期，頁9-11。
劉文祥。1999年。〈考察影響美國外交決策的國內因素〉，《世界經濟與政治》，第11期，頁43。
劉蓮蓮、王晴。2008年。〈國際組織中大國否決權的規範價值探析〉，《國際政治研究》，第2期，頁84。
樊吉社。2015年。〈歐巴馬主義：美國外交的戰略調適〉，《外交評論》，第1期，第75頁。
蔡明彥。2010年。〈美國在東亞地區霸權地位的發展與挑戰〉，《戰略與評估》，第1卷，第1期，頁24。
蔡明彥。2017年。〈中國在南海的強勢外交與美中戰略角力〉，《台灣國際研究季刊》，第13卷，第1期，頁37-54。
蔡東杰。2005年。〈當前東亞霸權結構之變遷發展分析〉，《全球政治評論》，第9期，頁101-122。
蔡東杰。2013年。〈朝鮮半島危機之區域戰略意涵分析〉，《全球政治評論》，第42期，頁25。
蔡政文。2001年。〈亞太區域安全概念及維持和平的實務〉，《政治科學論叢》，第14期，取自：http://ntupsr.s3.amazonaws.com/psr/wp-content/uploads/2011/10/14-10.pdf（2018.09.06）。
鄭玉。2010年。〈歐巴馬訪中，開啟中美新時代〉，《大陸觀察月刊》，第223期，1月號，頁46-49。
鄭又平、鄭之堯。2013年。〈從經濟權勢的轉移看中國大陸的階段性崛起〉，《國政研究報告》，取自https://www.npf.org.tw/2/11892（2019年2月28）。
鄭永年。2011年。〈亞洲的安全困境與亞洲集體安全體系建設〉，《和平與發展》，第5期，取自：http://www.cssn.cn/gj/gj_gwshkx/gj_zz/201310/t20131026_587348.shtml（2019年1月2日）。
鄭婷方。2013年。〈歐巴馬國情咨文：輕外交、拚經濟，美國要靠本土力量促進產業再興〉，《天下雜誌》，3月號，頁122-128。
蕭全政、唐豪駿。2014年。東海防空識別區，美中日三方角力〉，《國政評論》，取自：https://www.npf.org.tw/1/13209（2019年1月18日）。
遲永。2015年。〈戰略再保證是中美關係的穩定機制？〉，《國際政治科學》，第1期，總第41期，頁100-116。
閻學通。2005年。〈中國崛起的實力地位〉，《國際政治科學》，第2期，頁7。
閻學通。2010年。〈對中美關系不穩定性的分析〉，《世界經濟與政治》，第12期，頁4-30。
閻學通。2012年。〈權力中心轉移與國際體系轉變〉，《當代亞太》，第6期，頁18-19。
閻學通、徐進。2008年。〈中美軟實力比較〉，《現代國際關係》第1期，頁24-28。
縱橫。2009年。〈希拉蕊首度東亞行之評析〉，《展望與探索》，第7卷，第3期，頁3-11。
韓磊。2014年。〈中美新型大國關係意味著什麼？〉，清華－卡內基政策中心，取自https://carnegietsinghua.org/2014/01/15/zh-pub-54197（2019年1月26日）。
韓獻棟。2012年。〈東亞國際體系轉型：歷史演化與結構變遷〉，《當代亞太》，第4期，頁45-46。
聶軍。2004年。《層次分析與國際政治結構理論》，《河北師範大學學報》，第1期，頁21。
聶宏毅，李彬。2008年。〈中國在領土爭端中的政策選擇〉，《國際政治科學》，第4期，總第16期，頁12-13。
聶宏毅、李彬。2008年。〈中國在領土爭端中的政策選擇〉，《國際政治科學》，第16期，頁1-2。
顏建發、黃琬珺。2013年。〈從國際政經觀點看中國經濟發展的成就與難題〉，《台灣國際研究季刊》，第9卷、第3期，頁42。
蘇格。2017年。〈中國外交的偉大歷史進程〉，《國際問題研究》，第5期，頁15-21。
鐘飛騰。2013年。〈中國周邊安全環境：分析框架、指標體系與評估〉，《國際安全研究》，第4期，頁64-66。

（四）報紙

《人民日報》
《中央通訊社》
《中國時報》
《中國評論新聞網》
《自由時報》
《青年日報》
《美國之音》
《香港南華早報》
《紐約時報中文網》

《紐約時報中文網》
《新加坡聯合早報》
《新華社》
《環球時報》
《聯合報》

二 外文部分

（一）官方文件

Ambassador Mitchell's Press Conference on U.S.-Burma Relations. 2011. Washington D.C.: The U.S. Department of State.

Joint Statement of the U.S.-Japan Security Consultative Committee. 2013. Tokyo: The Ministry of Foreign Affairs Of Japan.

Military and Security Developments Involving the People's Republic of China. 2011. Washington D.C.: The Office of the Secretary of Defense.

President Clinton Press Conference on Human Rights In China. 1994. Washington D.C.: The White House.

President Obama's Remarks on the Death of Muammar el-Qaddafi. 2011. Washington D.C.: The White House.

Quadrennial Defense Review 2001. 2001. Washington D.C.: The U.S. Department of Defense.

Rebalance to Asia II: Security and Defense: Cooperation and Challenges. 2013. Washington D.C.: The Senate Committee on Foreign Affairs.

Remarked by Secretary of Defense Robert M. Gates. 2011. Washington D.C.: The U.S. Department of Defense.

Remarks by Hillary Rodham Clinton Keynote speaking at the ASEAN Regional Forum. 2009. Washington D.C.: The U.S. Department of State.

Remarks by President Obama and President Xi Jinping of the People's Republic of China After Bilateral Meeting, 2013. Washington D.C.: The White House.

Remarks by President Obama and President Xi Jinping of the People's Republic of China Before Bilateral Meeting. 2012. Washington D.C.: The White House.

Remarks by President Obama at APEC CEO Summit. 2014. Washington D.C.: The White House.

Remarks by President Obama at the Leaders' Summit on Countering ISIL and Violent Extremism. 2015. Washington D.C.: The White House.

Remarks by Secretary Hagel at the IISS Asia Security Summit, Shangri-La Hotel, Singapore. 2013. Washington D.C.: The U.S. Department of Defense.

Remarks by Secretary of State Hillary Rodham Clinton, America's Engagement in the Asia-Pacific. 2010. Washington D.C.: The U.S. Department Of State.

Remarks by Secretary Panetta at the Shangri-La Dialogue in Singapore. 2012. Washington D.C.: The U.S. Department of Defense.

Remarks by Secretary Panetta at the Shangri-La Dialogue in Singapore. 2012. Washington D.C.: The U.S. Department of Defense.

Remarks on a 21st Century Pacific Partnership. 2009. Washington D.C.: The U.S. Department of State.

Remarks on the Next Phase of the U.S. Rebalance to the Asia-Pacific. 2015. Washington D.C.: The U.S. Department of Defense.

Secretary Panetta and Chinese Defense Minister General Liang Guanglie hold a Joint News Conference. 2012. Washington D.C.: The U.S. Department of Defense.

Statement by the President on the Trans-Pacific Partnership. 2015. Washington D.C.: The White House.

Statement of Senator Hillary Rodham Clinton Nominee for Secretary of State Senate Foreign Relations committee. 2009. Washington D.C.: Senate Foreign Relations Committee.

Statement On Bilateral Meeting With President Hu Of China. 2009. Washington D.C.: The White House.

Statement on Strategic Choices and Management Review. 2013. Washington D.C.: The U.S. Department of Defense.

Statement on Strategic Choices and Management Review. 2013. Washington D.C.: The U.S. Department of Defense.

Testimony From Outside Experts on Recommendations for a Future National Defense Strategy. 2017. Washington D.C.: The U.S. Senate Committee on Armed Services.

The 2015 National Security Strategy. 2015. Washington D.C.: The White House .

The Asia-Pacific Maritime Security Strategy. 2015. Washington D.C.: The U.S. Department of Defense.

The National Military Strategy of the United States of America, 2011: Redefining America's Military Leadership. 2011. , Washington D.C.: The U.S. Department of Defense.

The National Security Strategy of the United States of America. 2010. Washington D.C.: The White House.

The Posture of the U.S. Pacific Command and U.S. Strategic Command. 2013. Washington D.C.: The House Armed Services Committee,

The U.S. - China Joint Statement, President Hu Jintao of the People's Republic of China paying a state visit to the United States of America from January 18-21, 2011. 2011. Washington D.C.: The White House.

The United States of America Summary of the National Defense Strategy. 2018. Washington D.C.: The White House.

Together, We Make Change Happen-We should not fear the future, but shape it. 2016. Washington D.C.: The White House.

U.S.-China Strategic and Economic Dialogue. 2009-2017. Washington D.C.: The U.S. Department of State.

（二）專書

Aron, Raymond. 2003. *Peace and War: A Theory of International Relations*. New Jersey : Transaction Publishers.

Bader, Jeffrey A. 2013. *Obama and China's Rise: An Insider's Account of America's Asia Strategy*. Washington D.C.: Brookings Institution Press.

Campbell, Kurt M. 2011. *Risk and Reward: American Security in an Age of Uncertainty*. Washington, D.C.: Center for a New American Security (CNAS).

Chan, Steve. 2007. *China, the US and the Power-Transition Theory: A Critique*. Abingdon-on-Thames: Routledge.

Chollet, Derek. 2016. *The Long Game: How Obama Defied Washington and Redefined America's Role in the World Hardcover.* New York: Public Affairs.

Christensen, Thomas J. 2015. *The China Challenge: Shaping the Choices of a Rising Power.* New York: W. W. Norton & Company.

Cline, Ray S. 1975. *World power assessment: A calculus of strategic drift Unknown Binding-1975.* Washigton D.C.: Center for Strategic and International Studies.

Cordesman, Anthony H. Hess, Ashley & Yarosh, Nicholas S. 2013. *Chinese Military Modernization and Force Development: A Western Perspective*. Washington D.C.: CSIS

Donilon, Thomas. 2012. *President Obama's Asia Policy and Upcoming Trip to the Region.* Washington, D.C: Center for Strategic and International Studies CSIS.

Donilon, Tom.2013. *The United States and the Asia Pacific in 2013.* New York, The Asia Society.

Etzioni, Amitai. 2012. *The United States' Premature Pivot to Asia,* The Washington D.C.: George Washington University.

Fravel, M. Taylor. 2008. *Strong Borders, Secure Nation: Co-operation and Conflict in China's Territorial Disputes*. Princeton, NJ: Princeton University Press.

Friedberg, Aaron L. 2012. *Contest for Supremacy: China, America, and the Struggle for Mastery in Asia.* New York: W. W. Norton & Company.

Friedman, Thomas L. & Mandelbaum, Michael. 2011. *That Used to Be Us: How America Fell Behind in the World It Invented and How We Can Come Back.* New York: Farrar, Straus and Giroux.

Gilpin, Robert. 1962. *American Scientists and Nuclear Weapons Policy.* Illinois: Princeton University Press.

Gilpin, Robert. 1981. *War and Change in World Politics.* London: Cambridge University Press.

Goldstein, Lyle J.2015. *Meeting China Halfway: How to Defuse the Emerging US-China Rivalry.* Washington, DC: Georgetown University Press.

Halper, Stefan. 2010. *The Beijing Consensus: How China's Authoritarian Model Will Dominate the 21st Century*. New York: Basic Books.

Hoffmann, Stanley. 1977. *Contemporary Theory in International Relations.* Portsmouth: Greenwood Pub Group.

Hyer, Eric. 2015. *The Pragmatic Dragon: China's Grand Strategy and Boundary Settlements.* New York: UBC Pres.

Jones, Handel. 2010. *CHINAMERICA: The Uneasy Partnership that Will Change the World.* New York: McGraw-Hill Education.

Kagan, Robert. 2013. *The World America Made.* New York: Vintage. .

Kai, Jin. 2017. *Rising China in a Changing World: Power Transitions and Global Leadership.* London: Palgrave Macmillan.

Kissinger, Henry.2012. *On China*. New York: Penguin Books.

Klaus, Knorr. 1973. *Power and Wealth The Political Economy of International Power.* London: Palgrave

Macmillan.

Kugler, Jacek & Lemke, Douglas. 1996. *Parity and War: Evaluations and Extensions of The War Ledger.* Michigan: University of Michigan Press.

Kugler, Jacek & Tammen, Ronald L. eds. 2000. *Power Transitions: Strategies for the 21st Century.* London: Seven Bridges Press.

Lampton, David M. 2002. *Same Bed, Different Dreams. Managing U.S.-China Relations, 1989-2000.* California: University of California Press.

Lemke, Douglas. 2002. *Regions of War and Peace.* Cambridge: Cambridge University Press.

Liu, Wei. 2014. *China In The United Nations.* New York: World Century Publishing Corporation.

Mearsheimer, John J. 2014. *The Tragedy of Great Power Politics.* New York: W. W. Norton & Company..

Modelski, George & Thompson, William R. 1988. *Seapower in Global Politics, 1494-19931.* London: Palgrave Macmillan.

Morgenthau, Hans Joachim. 1963. *Politics Among Nations: The Struggle for Power and Peace.* New York: Alfred A. Knopf.

Murray, Geoffrey. 1998. *China: The Next Superpower: Dilemmas in Change and Continuity.* Abingdon-on-Thames: Routledge.

Nathan, Andrew & Scobell, Andrew. 2012. *China's Search for Security.* New York: Columbia University Press; Reprint edition.

Navarro, Peter. 2015. *Crouching Tiger: What China's Militarism Means for the World.* New York: Prometheus Books.

Nye, Joseph S. Jr.2005. *Soft Power: The Means to Success in World Politics.* New York : Public Affairs.

O'Hanlon, Michael E. & Steinberg, James. 2014. *Strategic Reassurance and Resolve: U.S.-China Relations in the 21thCentury.* New Jersey : Princeton University Press.

Olson, William & Onuf, Nicholas. 1985. *The Growth of a Discipline Reviewed, International Relations: British and American Perspectives.* New York: Basil Blackwell.

Organski, A. F. K. & Kugler, Jacek. 1980. *The War Ledger.* Chicago: University of Chicago Press.

Organski, A. F. K. 1986. *World Politics.* New York: Alfred A. Knopf.

Organski, Katherine Fox & Organski, A.F K.2012. *Population and World Power.* Whitefish: Literary Licensing, LLC.

Pillsbury, Michael. 2016. *The Hundred-Year Marathon: China's Secret Strategy to Replace America as the Global Superpower.* New York: St. Martin's Griffin.

Russett, Bruce M. 2014. *Power and Community in World Politics.* New York: W.H. Freeman & Co Ltd .

Shambaugh, David. 2016. *China's Future.* Cambridge: Polity.

Swaine, Michael D. & Tellis, Ashley J. 2000. *Interpreting China's Grand Strategy: Past, Present, and Future.* Washington, DC: RAND Corporation.

Tammen, Ronald L. & Kugler, Jacek. 2000. *Power Transitions: Strategies for the 21st Century.* New York: Chatham House.

Tellis, Ashley J. 2014. *Balancing Without Containment: An American Strategy for Managing China-*

China is poised to become a major strategic rival to the United States. Washington DC: Carnegie Endowment for International Peace Press.

Tkacik, John J. 2014. *The US Strategic Pivot to Asia and Cross-Strait Relations Economic and Security Dynamics.* London: Palgrave Macmillan.

Waltz, Keneth N. 2001. *Theory of International Politics.* Illinois: Waveland Press.

Waltz, Kenneth N. 2001. *Man, the State, and War: A Theoretical Analysis.* New York: Columbia University Press.

White, Hugh. 2013. *The China Choice: Why We Should Share Power.* London: Oxford University Press.

Wright, Quency. 1955. *The Study of international Relations.* New York: Appleton.

Zakaria, Fareed.2008. *The Post-American World and the Rise of the Rest.* New York: W.W. Norton & Company.

（三）期刊論文

Alcock, Norman & Newcombe, Alan. 1970. "The Perception of National Power," *Journal of Conflict Resolution*, Vol.14, 1970, pp.335-343.

Allison, Graham. 2017. "The Thucydides Trap- When one great power threatens to displace another, war is almost always the result-but it doesn't have to be", *Foreign Policy*. Retrieved from http://foreignpolicy.com/category/observation-deck/ (accessed June 24, 2018).

Auslin, Michael. "Trump's Pivot to Asia-The president-elect will need to renounce his campaign rhetoric to preserve stability in Asia.", *The Wall Street Journal*. Retrieved from https://www.wsj.com/articles/trumps-pivot-to-asia-1479145312 (accessed Nov 23, 2018).

Babones, Salvatore.2012. "American Hegemony Is here to Stay, U.S. hegemony is now as firm as or firmer than it has ever been, and will remain so for a long time to come.", *The National Interest.*

Bader, Jeffrey A. 2013. "Obama and China's Rise: An Insider's Account of America's Asia Strategy", *Brookings Institution Press*, pp. 21-22.

Bader, Jeffrey A. 2016. "A framework for U.S. policy toward China", *The Brookings Institution*. Retrieved from https://www.brookings.edu/research/a-framework-for-u-s-policy-toward-china/ (accessed Nov 13, 2018)

Beech, Hannah. 2016. "China Will Never Respect the U.S. Over the South China Sea. Here's Why", *Time Magazine*. Retrieved from http://time.com/4397808/south-china-sea-us-unclos/ (accessed Sep 24, 2018).

Benson, Michelle & Kugler, Jacek. 1998. "Power Parity, Democracy, and the Severity of Internal Violence", *Journal of Conflict Resolution*, Volume: 42 issue: 2, pp. 196-209.

Blackwill, Robert D. & Tellis,Ashley J. 2015. "Revising U.S. Grand Strategy Toward China", *Council on Foreign Relations Press*, April, 2015, pp. 54-65.

Blumenthal, Dan. Et al., 2012. "Asia in the balance: Transforming US military strategy in Asia", *The American Enterprise Institute*. Retrieved from http://www.aei.org/publication/asia-in-the-balance-transforming-us-military-strategy-in-asia/ (accessed July 05, 2018).

Brzezinski, Zbigniew K. 2013. "Interpreting Xi Jinping's First Trip Abroad: Glimpses of an Emerging Diplomatic Strategy?", *Center for Strategic and International Studies*. Retrieved from http://csis.org/event/interpreting-xi-jinpings-first-trip-abroad (accessed 6 Jan, 2019).

Bush, Richard. 2011. "The United States and China: A G-2 in the Making?", *The Brookings Institute*. Retrieved from https://www.brookings.edu/articles/the-united-states-and-china-a-g-2-in-the-making/ (2018.06.20)

Bush, Richard. 2013. "Shinzo Abe's Visit to Washington", *The Brookings Institute*. Retrieved from https://www.brookings.edu/blog/up-front/2013/02/22/shinzo-abes-visit-to-washington/ (accessed 11 Jan, 2019).

Campbell, Kurt. 2013. "America must be responsible in its pivot to Asia", *The Financial Times*. Retrieved from http://blogs.ft.com/the-a-list/2013/03/19/america-must-be -responsible-in-its-pivot-to-asia (accessed Mar 30, 2018).

Carlisle, Herbert. 2014. "Pacific Air Forces Strategy and Engagement in Asia-Pacific", *Center for Strategic & International Studies*. Retrieved from https://www.youtube.com/watch? (accessed 10 Jan, 2019).

Carter, Ash. 2016. "The Rebalance and Asia-Pacific Security Building a Principled Security Network", *The Foreign Affairs*. Retrieved from https://www.foreignaffairs.com/articles/united-states/2016-10-17/rebalance-and-asia-pacific-security (accessed 03 Jan, 2019)

Cha, Victor. 2013. "UN Security Council Passes New Resolution 2094 on North Korea", *Center For Strategic And International Studies*. Retrieved from https://www.csis.org/analysis/un-security-council-passes-new-resolution (accessed Mar 17, 2019).

Chan, Steve. 2003. "Power, Satisfaction and Popularity A Poisson Analysis of UN Security Council Vetoes", *Cooperation and Conflict*, Vol. 38, No.4, pp.339-359.

Chang, Gordon G. 2009. "Geithner In Beijing", *The Forbes Weekly Column*. Retrieved from https://www.forbes.com/2009/06/04/china-treasury-geithner-opinions-columnists-beijing-wang-qishan.html (accessed Dec 28, 2018)

Christensen, Thomas J. 2015. "Obama and Asia: Confronting the China Challenge", *Foreign Affairs*. Retrieved from https://www.foreignaffairs.com/articles/asia/obama-and-asia (accessed July 04, 2018).

Clinton, Hillary. 2011. "America's Pacific Century," *Foreign Policy*, No. 189, pp. 57, 61.

Clinton, Hillary. 2011. "America's Pacific Century" *The East-West Center*. Retrieved from https://2009-2017.state.gov/secretary/20092013clinton/rm/2011/11/176999.htm (accessed Dec 28, 2018).

Czinkota, Michael & Zeneli, Valbona. 2016. "Why the Transatlantic Trade and Investment Partnership TTIP Is More Important Than TPP", *The Diplomat*. Retrieved from https://thediplomat.com/2016/01/why-the- transatlantic-trade-and-investment-partnership-is-more-important/ (accessed Mar 17, 2019).

Donilon, Thomas. 2012. "President Obama's Asia Policy and Upcoming Trip to the Region", *Center for Strategic and International Studies*,

Drezner, Daniel W. 2012. "The missing links in Wang Jisi's great power analysis", *Foreign Policy*. Retrieved from https://foreignpolicy.com/2012/04/03/the-missing-links-in-wang-jisis-great-power-analysis/ (accessed Aug 2, 2018).

Drysdale, Peter. 2012. "America's pivot to Asia and Asian akrasi ", *The East Asia Forum*. Retrieved from http://www.eastasiaforum.org/2012/11/26/americas-pivot-to-asia-and-asian-akrasia/ (accessed 03 Jan, 2019).

Ellis, Ted. 2017. "Grand Strategy: George W. Bush vs. Barack Obama, Who wins?", *The National Interests*. Retrieved from https://nationalinterest.org/blog/the-skeptics/grand-strategy-george-w-bush-vs-barack-obama-19109 (accessed Mar 9, 2019).

Etzioni, Amitai. 2013. "No Pivot to Asia", *Diplomatist*, Vol. 1, Issue 1, pp 59-61.

Etzioni, Amitai. 2015. "Mearsheimer's War With China", *The Diplomat*. Retrieved from https://thediplomat.com /2015/03/mearsheimers-war-with-china/ (accessed Mar 5, 2019).

Friedberg, Aaron L. 2015. "The Debate Over US China Strategy", *The Survival*, pp 89-110.

Friedberg, Aaron; Christensen, Thomas; Nye, Joseph S. Jr.; Campbell, Kurt M.; Wang Jisi; Roy, J. Stapleton. 2018. "Did America Get China Wrong? The Engagement Debate", *The Foreign Affairs*, July/August Issue.

Fullilove, Michael. "Obama as Hardheaded Liberal", *The Brookings Institution*. Retrieved from https://www.brookings.edu/opinions/obama-as-hardheaded-liberal/ (accessed Mar 13, 2019).

Garamone, Jim "Gates announces cuts as part of Pentagon efficiencies initiative", *American Forces Press Service*. Retrieved from https://www.army.mil/article/43508/ (accessed 26 Feb, 2019).

Glaser Bonnie S. & Medeiros, Evan S. 2007. "The Changing Ecology of Foreign Policy-Making in China: The ascension and Demise of the Theory of 'Peaceful Rise." *China Quarterly*, pp. 291-310.

Glaser, Bonnie S. & Vitello, Jacqueline. 2014. "China's Maritime Disputes Top the Agenda", Comparative Connections Pacific Forum, Volume 16, Issue 1, 2014.

Glaser, Bonnie S. 2012. "Armed Clash in the South China Sea- Contingency Planning Memorandum No. 14", *The Council on Foreign Relations*. Retrieved from https://www.cfr.org/report/armed-clash-south-china-sea (accessed 9 Jan, 2019).

Glaser, Bonnie S. 2012." Pivot to Asia: Prepare for Unintended Consequences-Report 2012 Global Forecast Risk, Opportunity and the Next Administration", *Center for Strategic and International Studies*, 11 Apr, 2012,. pp.24-26.

Glaser, Bonnie S. 2016. "Cooperation or Confrontation: U.S.-China Relations", *Center for Strategic and International Studies*. Retrieved from https://www.youtube.com/watch?v=SaZvXdLzIBU (accessed July 9, 2018).

Glaser, Bonnie. 2012. "Trouble in the South China Sea", *The Foreign Policy*. Retrieved from https://foreignpolicy.com/2012/09/17/trouble-in-the-south-china-sea/ (accessed Mar 16, 2019).

Glaser, Charles L. 2015. "A U.S.-China Grand Bargain? The Hard Choice between Military Competition and Tolerance," *International Security*, Vol.39, No.4, pp.49-90.

Goldberg, Jeffrey. 2016. "The Obama Doctrine-The U.S. president talks through his hardest decisions about America's role in the world", *The Atlantic Monthly*. Retrieved from https://www.theatlantic.com/magazine /archive/2016/04/the-obama-doctrine/471525/ (accessed 20 Dec, 2018).

Goozner, Merrill. 2011, "Obama Shifts to the Right on New Deficit Plan", *The Fiscal Times*. Retrieved from http://www.thefiscaltimes.com/Articles/2011/04/13/Obama-Shifts-to-the-Right-on-New-Deficit-Plan, (accessed 31 Jan, 2019).

Grady, John. 2014." Locklear: U.S. 'Shouldn't Talk Ourselves Into Conflict With China", *The U.S. Naval Institute*. Retrieved from https://news.usni.org/2014/03/25/locklear-u-s-shouldnt-talk-conflict-china (accessed 10 Jan, 2019).

Green, Michael & Cooper, Zack. 2014. "Revitalizing the Rebalance: How to Keep U.S. Focus on Asia", *The Washington Quarterly*, Nov 10, 2014, pp. 25-46.

Green, Michael . 2016, "Pivot 2.0-How the Administration and Congress Can Work Together to Sustain American Engagement in Asia to 2016", *The CSIS Asia Program*.

Green, Michael J. & Hicks, Kathleen H. 2016. "Asia-Pacific Rebalance 2025-Capabilities, Presence, and Partnerships", *Center for Strategic and International Studies*.

Green, Michael J. 2016. "Asia-Pacific Rebalance 2025-Capabilities, Presence, and Partnerships", *Center for Strategic and International Studies*. Retrieved from https://www.csis.org/analysis/asia-pacific-rebalance-2025 (accessed 10 Jan, 2019)

Green, Michael J.2013. "Shinzo Abe: Japan is back", *The Foreign Policy*. Retrieved from https://foreignpolicy.com/2013/02/25/shinzo-abe-japan-is-back/ (accessed 11 Jan, 2019).

Gvosdev, Nikolas K. 2013. "Obama's APEC Absence-The shutdown costs the U.S. a central role at a big summit. But why didn't Biden go in Obama's stead?", *The National Interest*. Retrieved from https://nationalinterest.org/commentary/the-apec-absence-9202 (accessed 11 Jan, 2019).

Haacke, Jürgen. 2009. "The ASEAN Regional Forum: from dialogue to practical security cooperation?", *Cambridge Review of International Affairs*, Volume 22, Number 3, Sep 2009, pp. 427-449.

Harding, Harry. 2015. "Has U.S. China Policy Failed?", *The Washington Quarterly*, pp. 95-122.

Harris, Peter. 2014. "Problems with Power-Transition Theory: Beyond the Vanishing Disparities Thesis", *Asian Security*, Volume 10, Issue 3, pp. 241-259.

Hart, Melanie. 2015. "Assessing American Foreign Policy Toward China", *The Center For American Progress*. Retrieved from https://www.americanprogress.org/issues/security/reports/2015/09/29/ (accessed Mar 19, 2019).

Heath, Timothy R. 2018. "China's Military Has No Combat Experience: Does It Matter?", *The RAND Corporation*. Retrieved from https://www.rand.org/blog/2018/11/chinas-military-has-no-combat-experience-does-it-matter.html (accessed 18 Feb, 2019).

Heginbotham, Eric. 2015. "The U.S.-China Military Scorecard: Forces, Geography, and the Evolving Balance of Power, 1996-2017", *The RAND Corporation*. Retrieved from https://www.rand. org/content/dam/rand/pubs/research_reports (accessed Aug 26, 2018).

Hoge, James F. Jr. 2004." A Global Power Shift in the Making", *The Foreign Affairs*. Retrieved from https://www.foreignaffairs.com/articles/united-states/2004-07-01/global-power-shift-making (accessed Nov 30, 2018).

Holmes, James. 2018. "Can America and China Avoid the Pull of the Thucydides Trap?", *The National Interests*. Retrieved from https://nationalinterest.org/feature/can-america-and-china-avoid-pull-thucydides-trap-33912 (accessed 2 Jan, 2019).

Ikenberry, G. John. 2008. "The Post-American World; The Second World: Empires and Influence in the New Global Order", *The Foreign Affairs*. Retrieved from https://www.foreignaffairs.com/reviews/capsule-review/2008-05-03/post-american-world-second-world-empires-and-influence-new-global (accessed July 30, 2018).

Ikenberry, G. John. 2008. "The Rise of China and the Future of the West, Can the Liberal System Survive?", *The Foreign Affairs*. Retrieved from https://www.foreignaffairs.com/articles/asia/2008-01-01/rise-china-and-future-west. (accessed Nov 06, 2018)

Ikenberry, John. 2008. "The Rise of China and the Future of the West", *The Foreign Affairs*, pp.33-37.

Jerdén, Björn. 2014. "The Assertive China Narrative: Why It Is Wrong and How So Many Still Bought into It?", *Chinese Journal of International Politics*, pp 47-88.

Johnston, Alastair Iain. 2003. "Is China a Status Quo Power?", *International Security*, Volume 27, Issue 4, pp.5-56.

Johnston, Alastair Iain. 2016. "Is Chinese Nationalism Rising?" *International Security*, Vol.41, No.3, pp. 7-43.

Johnston, Iain "Trends in Theory and Method in the Study of Chinese Foreign Policy", *World Economics and Politics*, pp.34-38.

Judson, Jen. 2016. "THAAD To Officially Deploy to South Korea", *Defense News*. Retrieved from https://www.defensenews.com/home/2016/07/08/thaad-to-officially-deploy-to-south-korea/ (accessed 12 Jan, 2019).

Kagan, Robert. 2016. "Why America Must Lead", *The Catalyst*. Retrieved from https://www.bushcenter.org/catalyst/leadership/.html (accessed July 04, 2018).

Keck, Zachary. 2014. "Can the US Afford the Asia Pivot? A senior U.S. defense official says the Asia pivot can't happen if budget cuts continue.", *The Diplomat*. Retrieved from https://thediplomat.com/2014/03/ (accessed 8 Feb, 2019).

Kim, Woosang. 1991. "Alliance Transitions and Great Power War", *American Journal of Political Science*, p.35.

Kim, Woosang. 1992. "Power Transitions and Great Power War from Westphalia to Waterloo", *World politic*, Volume 45, pp. 153-172.

Knodell, Kevin. 2015. "U.S. and Chinese troops join forces in humanitarian training exercises on U.S. mainland", *The Humanosphere*. Retrieved from http://www.humanosphere.org/world-politics/2015/12/u-s-and-chinese-troops-join-forces-in-humanitarian-training-exercises/ (accessed Mar 17, 2019).

Korb Lawrence J. and Rothman, Alex. 2011. "Nation Building at Home-How Sensible Cuts to Defense Spending Can Offset the Cost of the American Jobs Act", *Center for American Progress*. Retrieved from https://www.americanprogress.org/issues/security/reports/2011/09/26/10227/nation-building-at-home/ (accessed Jun 21, 2018).

Kugler, Tadeusz. 2012. "Demographic and Economic Consequences of Conflict", *International Studies Quarterly*, pp.1-12.

Lai, David. 2016. "The US-China Power Transition: Stage II China's assertiveness and U.S. hedging is a natural part of a power transition. It's also dangerous", *The Diplomat*. Retrieved from https://thediplomat.com/2016/07/the-us-china-power-transition-stage-ii/ (accessed Nov 30, 2018)

Lawrence Jacobs & King, Desmond. 2010. "Varieties of Obamaism: Structure, Agency, and the Obama Presidency", *American Political Science Association*, Vol. 8, No. 3, pp.793-802.

Layne, Christopher. 1997. "From Preponderance to Offshore Balancing: America's Future Grand Strategy", *International Security*, Vol. 22, No. 1, pp. 86-124

Layne, Christopher. 2017. "Rising China Signals Historic Power Transition- The U.S. must face a shift of its own influence on the Korean Peninsula." *The American Conservative*.

Lemke, Douglas and Reed, William. 1998. "Power Is Not Satisfaction", *Journal of Conflict Resolution*, Vol.42, No.4, pp.511-516.

Lemke, Douglas. 1995. "Toward A General Understanding of Parity and War", *Conflict Management and Peace Science*. Retrieved from http://journals.sagepub.com/doi/ (accessed Aug 21, 2018).

Lemke, Douglas. 1997. "The Continuation of History: Power Transition Theory and the End of the Cold War", *Journal of Peace Research*, Vol. 34, No. 1, 1997, pp. 23-36

Lemke, Douglas.2002. "Regions of War and Peace", Cambridge University Press, pp.39-42.

Levy, Jack S.1981. "The War Ledger Book Review", *Social Science Quarterly*, Vol. 62, p. 394.

Li, Cheng .2014. "A New Type of Major Power Relationship?", *The Brookings Institution*. Retrieved from https://www.brookings.edu/on-the-record/a-new-type-of-major-power-relationship/ (accessed Mar 19, 2019).

Li, Cheng. 2012. "Assessing U.S.-China relations under the Obama administration", *The Brookings Institute*. Retrieved from https://www.brookings.edu/opinions/assessing-u-s-china-relations-under-the-obama-administration/ (accessed Aug 12, 2018).

Liebertha, Kenneth G. 2011. "The American Pivot to Asia", *The Brookings Institute*. Retrieved from https://www.brookings.edu/articles(accessed Aug 24, 2018)

Lieberthal, Kenneth G. 2013. "U.S.-China Relations: The Obama-Xi California Summit", *The Brookings Institute*. Retrieved from https://www.brookings.edu/blog/up-front/2013/06/03/u-s-china-relations-the-obama-xi-california-summit/ (accessed 11 Jan, 2019).

Lieberthal, Kenneth G. 2013. "U.S.-China Relations: The Obama-Xi California Summit", *The Brookings Institute*. Retrieved from https://www.brookings.edu/blog/up-front/2013/06/03/u-s-china-relations-the-obama-xi-california-summit/ (2018.08.22).

Liu, Dan, "Diaoyu Islands Dispute: A Chinese Perspective-A view from China on the treaties that apply to the territorial dispute between China and Japan.", *The Diplomat*. Retrieved from https://thediplomat.com/2018/08/ (2018.09.25)

Liu, Peggy. 2013. "If You Want to Change the World, Partner with China", *Harvard Business Review*. Retrieved from https://hbr.org/2013/11/if-you-want-to-change-the-world-partner-with-china (accessed Sep 23, 2018).

Logan, Justin. 2013. "China, America, And The Pivot To Asia", *The Policy Analysis*, no.717.

Logan, Justin. 2013. "Re-balancing the Rebalance", *The Cato Institute*. Retrieved from http://www.cato.org/publications/commentary/rebalancing-rebalance (accessed 06 Jan, 2019).

McBride, James & Chatzky, Andrew. 2019. "What Is the Trans-Pacific Partnership?", *The Council on Foreign Relations*. Retrieved from https://www.cfr.org/backgrounder/what-trans-pacific-partnership-tpp (accessed Mar 16, 2019).

McDorman, Ted L. 2016. "The South China Sea Arbitration", *The American Society of International Law*, Issue: 17, Volume: 20. Retrieved from https://www.asil.org/insights/volume/20/issue/17/south-china-sea-arbitration (2018.09.21)

McGiffert, Carola. 2009. "Smart Power in U.S.-China Relations: A Report of the CSIS Commission on China", *CSIS Commission on China*. Retrieved from https://csis-prod.s3. amazonaws.com/s3fs-public/legacy_files/files/media/csis/pubs/090309_web.pdf (accessed July 04, 2018).

McGill, Andrew. 2016. "Obama on the World-How the president thinks about foreign policy, in his own words", *The Atlantic*. Retrieved from https://www.theatlantic.com/international/archive/2016/03/obama-doctrine-quotes-foreign-policy/424281/ (2018.09.18)

Minnick, Wendell. 2015. "Book Review: The Hundred-Year Marathon", *The Defense News*. Retrieved from https://www.defensenews.com/opinion/intercepts/2015/01/27/book-review-the-hundred-year-marathon/ (accessed 14 Feb, 2019)

Nye, Joseph S. Jr. 2017. "The Kindleberger Trap", *Harvard Kennedy School Belfer center*. Retrieved from https://www.belfercenter.org/publication/kindleberger-trap (accessed Dec 17, 2018).

Ochmanek, David.et al., 2018. "U.S. Military Capabilities and Forces for a Dangerous World-Rethinking the U.S. Approach to Force Planning", *The Rand Corp*. Retrieved from https://www.rand.org/pubs/research_reports/ (accessed June 24, 2018).

Oh, Seung-Youn. 2018. "China's Reform and Opening: 40 Years and Counting-How far is the Chinese government willing to go in letting go of economic control?", *The Diplomat*. Retrieved from https://magazine.thediplomat.com/#/issues/(accessed Sep 30, 2018).

Panda, Ankit. 2016. "International Court Issues Unanimous Award in Philippines v. China Case on South China Sea", *The Diplomat*. Retrieved from https://thediplomat.com/2016/07/international-court-issues-unanimous-award-in-philippines-v-china-case-on-south-china-sea/ (accessed 12 Jan, 2019).

Pillsbury, Michael. 2009. "China and Taiwan-The American Debate", *The RUSI Journal*, Volume 154, Issue 2, 08 May 2009, pp. 82-88.

Qin, Yaqing. 2014. "Continuity through Change: Background Knowledge and China's International Strategy", *The Chinese Journal of International Politics*, Volume 7, Issue 3, 1 September 2014, pp. 285-314.

Rachman, Gideon. 2008. "The Post-American World Review", *The Financial Times*. Retrieved from https://www.ft.com/content/50ed58ec-17db-11dd-b98a-0000779fd2ac (accessed April 22, 2018).

Rice, Susan. 2013. "National Security Advisor Susan Rice Speaks At Georgetown", *Georgetown University Press*. Retrieved from https://www.georgetown.edu/news/susan-rice-event.html (accessed 11 Jan, 2019).

Richardson, Michael. 2009. "Energy and Geopolitics in the South China Sea: Implications for ASEAN and Its Dialogue Partners", *Institute of Southeast Asian Studies*, 2009, pp.22-25.

Ross, Robert S. 1999. "The Geography of the Peace: East Asia in the 21thCentury", *International Security*, Volume 23, Issue 4, pp.81-118.

Ross, Robert S. 2012. "The Problem With the Pivot: Obama's New Asia Policy Is Unnecessary and Counterproductive", T*he Foreign Affairs*, pp.45-48.

Roy, Denny. 2015. "The Impossible Price of a U.S.-China Grand Bargain: Dumping Taiwan, Time for a U.S.-China grand bargain over Taiwan?", *The National Interest*. Retrieved from https://nationalinterest.org/blog/the-buzz/the-impossible-price-us-china-grand-bargain-dumping-taiwan-13177 (accessed Mar 4, 2019).

Rudd, Kevin "The Future of U.S.-China Relations Under Xi Jinping: Toward a New Framework of Constructive Realism for a Common Purpose", *Belfer Center for Science and International Affairs*. Retrieved from https://www.belfercenter.org/publication/summary-report-us-china-21 (accessed 17 Jan, 2019).

Russel, Daniel R. 2013. "The Asia Rebalance Is Here to Stay", *The Huffpost*. Retrieved from https://www.huffingtonpost.com/daniel-r-russel/us-asia-rebalance-is-here-to-stay_b_4524853.html (accessed 10 Jan, 2019)

Sadjadpour, Karim, et al., 2013. "The Secretary: A Journey With Hillary Clinton", *the Carnegie Endowment*. Retrieved from http://carnegieendowment.org/2013/03/04/book-launch-secretary-journey-with-hillary-clinton-to-new-frontiers-of-american-power/fiv6 (accessed 03 Jan, 2019)

Schneider, Gerald. 1997. "Parity and War: Evaluations and Extensions of the War Ledger", *International Relation*, Volume 91, Issue 2, pp. 504-505

Scobell, Andrew & Harold, Scott W. 2013. "An Assertive China? Insights from Interviews", *Asian Security*, Volume 9, Issue 2, 2013, pp. 111-131.

Shambaugh, David. 2018. "The Illusion of Chinese Power", *The Brookings Institute*. Retrieved from https://www.brookings.edu/opinions/the-illusion-of-chinese-power/ (accessed Oct 1, 2018)

Starr, Harvey. 1978. "Opportunity and willingness as ordering concepts in the study of war", *International Interactions*, Volume 4, Issue 4, 1978-, pp. 363-387.

Subramanian, Arvind. 2013. "China and America Should Strike a Grand Bargain", *The Financial Times*. Retrieved from https://piie.com/commentary/op-eds/china-and-america-should-strike-grand-bargain (accessed Nov 11, 2018)

Tellis, Ashley J. & Blackwill, Robert D. 2015. "Revising U.S. Grand Strategy Toward China", *The Council on Foreign Relations*. Retrieved from https://www.cfr.org/report/revising-us-grand-strategy-toward-china (accessed July 04, 2018).

Toft, Monica Duffy .2007. "Population Shifts and Civil War: A Test of Power Transition Theory",

International Interactions, pp. 243-269.

Traywick, Catherine A. 2014. "Remarks of President Barack Obama at West Point", *The Foreign Policy*. Retrieved from https://foreignpolicy.com/channel/passport-2/ (accessed 10 Jan, 2019).

Walt, Stephen M. 2017. "Barack Obama Was a Foreign-Policy Failure-The 44th president of the United States promised to bring change but mostly drove the country deeper into a ditch.", *The Foreign Policy*. Retrieved from https://foreignpolicy.com/2017/01/18/barack-obama-was-a-foreign-policy-failure/ (accessed 11 Sep, 2018).

Walton, Timothy A. 2014. "Are We Underestimating China's Military?", *Center for the National Interest*. Retrieved from https://nationalinterest.org/feature/are-we-underestimating-chinas-military-10479 (accessed Sep 22, 2018)

Wang, Jisi and Lieberthal, Kenneth G. 2012. "Addressing U.S.-China Strategic Distrust, *The Brookings Institute*. Retrieved from https://www.brookings.edu/research/addressing-u-s-china-strategic-distrust/ & https://www.brookings.edu/wp-content/uploads/2016/06/0330.pdf (accessed July 3, 2018).

Weitz, Richard. 2012. "Pivot Out, Rebalance In", *The Diplomat*, https://thediplomat.com/2012/05/pivot-out-rebalance-in/ (accessed 3 Jan, 2019).

Wertheim, Stephen. 2017. "Trump and American Exceptionalism", *The Foreign Affairs*. Retrieved from https://www.foreignaffairs.com/articles/united-states/2017-01-03/trump-and-american-exceptionalism (accessed 28 Feb, 2019).

William A. Galston, 2012. "An Analysis of President Obama's 2012 State of the Union Address", *The Brookings Institution*. Retrieved from https://www.brookings.edu /opinions/an-analysis-of-president-obamas-2012-state-of-the-union-address/ (accessed Mar 16, 2019).

Wolverson, Roya. 2010. "Is China a Currency Manipulator?", *The Council on Foreign Relations*. Retrieved from https://www.cfr.org/expert-roundup/china-currency-manipulator (accessed 08 Jan, 2019).

Zhang, Baohui. 2004, "American Hegemony and China s' U. S. Policy", *Asian Perspective*, Vo. 28, No.3, pp. 87-113.

Zissis, Carin. 2007. "Crafting a U.S. Policy on Asia', *The Council on Foreign Relations*. Retrieved from https://www.cfr.org/backgrounder/crafting-us-policy-asia (accessed June 26, 2018).

（四）報紙

ABC NEWS

The Guardian News

The Los Angeles Times

The New York Times

The Reuters-World News

The wall street journal

The Washington Post

附錄一　中國參與多邊國際公約一覽表（2009年至2016年）

序號	名稱	簽訂日期地點	生效日期	中國採取行動情況
2009年				
1	《關於加強美國與哥斯大黎加共和國1949年公約美洲間熱帶金槍魚委員會公約》	2003年11月14日 華盛頓	2010年8月27日	2009年6月17日 核准 2010年8月27日 生效
2	《2000年有毒有害物質污染事故防備、反應與合作議定書》	2000年3月15日 倫敦	2007年6月14日	2010年2月19日 生效
3	《2006年國際熱帶木材協定》	2006年1月27日 日內瓦	尚未生效	2009年12月14日 核准
4	《聯合國打擊跨國有組織犯罪公約－預防、禁止和懲治販運人口，婦女和兒童行為的補充議定書》	2000年11月15日 紐約	2003年9月29日	2009年12月26日 核准
5	《1973年國際防止船舶造成污染公約1978年議定書修正案》	2006年10月13日 倫敦	2010年1月1日	2009年7月1日 接受

序號	名稱	簽訂日期地點	生效日期	中國採取行動情況
6	《海上事故或海上事件安全調查國際標準和建議做法規則》	2008年5月16日 倫敦	2010年1月1日	2009年7月1日 接受
7	《1974年國際海上人命安全公約修正案》	2008年5月16日 倫敦	2010年1月1日	2009年7月1日 接受
8	《1974年國際海上人命安全公約1988年議定書修正案》	2008年5月16日 倫敦	2010年1月1日	2009年7月1日 接受
9	《1994年國際高速船安全規則修正案》	2008年5月16日 倫敦	2010年1月1日	2009年7月1日 接受
10	《2000年國際高速船安全規則修正案》	2008年5月16日 倫敦	2010年1月1日	2009年7月1日 接受
11	《散貨船和油船檢驗期間加強檢驗計畫導則修正案》	2008年5月16日 倫敦	2010年1月1日	2009年7月1日 接受
12	《國際海運危險貨物規則修正案》	2008年5月16日 倫敦	2010年1月1日	2009年7月1日 接受
2010年				
1	《關於消耗臭氧層物質的蒙特利爾議定書蒙特利爾修正案》	1997年9月17日 蒙特利爾	1999年11月10日	2010年8月17日 生效
2	《關於消耗臭氧層物質的蒙特利爾議定書北京修正案》	1999年12月3日 北京	2002年2月25日	2010年8月17日 生效
3	《國際海運固體散貨規則》	2008年12月4日 倫敦	2011年1月1日	2010年7月1日 接受

序號	名稱	簽訂日期地點	生效日期	中國採取行動情況
4	《1974年國際海上人命安全公約修正案》	2008年12月4日 倫敦	2011年1月1日	2010年7月1日 接受
5	《2000年國際高速船安全規則修正案》	2008年12月4日 倫敦	2011年1月1日	2010年7月1日 接受
6	《1965年便利國際海上運輸公約附件修正案》	2009年1月16日 倫敦	2010年5月15日	2010年2月15日 接受
7	《1974年國際海上人命安全公約修正案》	2009年6月5日 倫敦	2011年1月1日	2010年7月1日 接受
8	《1974年國際海上人命安全公約1988年議定書修正案》	2009年6月5日 倫敦	2011年1月1日	2010年7月1日 接受
9	《1973年國際防止船舶造成污染公約1978年議定書修正案》	2009年7月17日 倫敦	2011年1月1日	2010年7月1日 接受
10	《南太平洋公海漁業資源養護和管理公約》	2009年11月14日 奧克蘭	尚未生效	2010年8月19日 簽署
11	《制止與國際民用航空有關非法行為公約》	2010年9月10日 北京	尚未生效	2010年9月10日 簽署
12	《制止非法劫持航空器公約補充議定書》	2010年9月10日 北京	尚未生效	2010年9月10日 簽署

序號	名稱	簽訂日期地點	生效日期	中國採取行動情況
2011年				
1	《東南亞友好合作條約》第三修改議定書	2010年7月23日 河內	尚未生效	
2	《上合組織成員國政府間衛生合作協定》	2011年6月15日 阿斯坦納	尚未生效	
2012年				
1	《歐亞反洗錢和反恐融資組織協定》	2011年6月16日 莫斯科		2012年2月17日 核准
2	《萬國郵政聯盟章程（原譯組織法）第八附加議定書》	2008年8月12日 日內瓦		2012年4月27日 核准
3	《合作查明和切斷上合組織成員國境內恐怖、分裂和極端主義活動人員滲透管道協定》	2006年6月15日 上海	2008年11月6日	2012年5月21日 核准 2012年7月10日 生效
4	《上合組織成員國反恐專業培訓協定》	2009年6月16日 葉卡捷琳堡市	尚未生效	2012年5月21日 核准
5	《上合組織成員國間合作打擊非法販運武器、彈藥和爆炸物協定》	2008年8月28日 哈薩克杜桑貝	2010年5月3日	2012年5月24日 核准 2012年7月10日 生效
6	《萬國郵政聯盟總規則會修訂》	2004年10月5日 布加勒斯特	2006年1月1日	2012年7月8日 核准
7	《萬國郵政聯盟總規則第一附加議定書》	2008年8月12日 日內瓦	2010年1月1日	2012年7月8日 核准

序號	名稱	簽訂日期地點	生效日期	中國採取行動情況
8	東盟和中日韓大米緊急儲備協定	2011年10月7日 雅加達	2012年7月2日	2011年10月7日 簽署 2012年9月1日 核准
9	《上合組織成員國政府間農業合作協定》	2010年6月11日 烏茲別克斯坦塔什干	尚未生效	2012年9月29日 核准
2013年				
1	《上合組織成員國聯合反恐演習協定》	2008年8月28日 杜桑貝	2013年11月29日	2008年6月28日 簽署 2013年11月29日 生效
2	《南太平洋公海漁業資源養護和管理公約》	2009年11月14 奧克蘭	2012年8月24日	2010.8.19簽署 2013.1.19核准
3	《持久性有機污染物斯德哥爾摩公約》修正案	2011.4.29 日內瓦	尚未生效	2013.8.30核准
4	《關於持久性有機污染物的斯德哥爾摩公約》增列硫丹修正案	2011.4.29 日內瓦	尚未生效-	2013.8.30核准
2014年				
1	上海合作組織反恐怖主義公約	2009.6.16 葉卡捷琳堡	2012.1.14	2009.6.16簽署
2	視聽表演北京條約	2012.6.26 北京	尚未生效	2012.6.27簽署 2014.4.24核准。
3	北太平洋公海漁業資源養護和管理公約	2012.6.26 北京	2015.7.19	2012.6.27簽署 2014.4.24核准。

序號	名稱	簽訂日期地點	生效日期	中國採取行動情況
4	建立國際反腐敗學院的協定	2010.9.2 維也納	2011.3.8	2014.9.3加入 2014年11月15日生效。
5	亞洲及太平洋地區承認高等教育資歷公約	2011.11.26 東京	未生效	2011.11.26簽署 2014.3.18核准
6	京都議定書杜哈修正案	2012.12.8 杜哈	未生效	2014.5.30 交接受書 2014.6.2 複照確認
2015年				
1	《萬國郵政聯盟總規則》修訂案	2012.10.11 杜哈	2014.1.1	2012.10.11簽署 2015.8.2核准
2	《萬國郵政公約》修訂案	2012.10.11 杜哈	2014.1.1	2012.10.11簽署 2015.8.2核准
3	郵聯大會《郵政業務支付協定》修訂案	2012.10.11 杜哈	2014.1.1	2012.10.11簽署 2015.8.2核准
4	多邊稅收征管互助公約	1988.1.25 斯特拉斯堡	2011.6.1	2013.8.27簽署 2016.2.1生效
5	上合組織成員國政府間科技合作協定	2013.9.13 比斯凱克	2015.10.20	2013.9.13簽署 2015.10.20生效
6	2006年海事勞工公約	2006.2.23 日內瓦	2013.8.20	2015.8.29核准
7	政府間陸港協定	2013.5.1 曼谷	尚未生效	2013.11.7簽署 2015.11.30核准
8	《中亞無核武器區條約》議定書	2014.5.6 紐約	2015.8.17	2014.5.6簽署 2015.4.24核准。
9	成立新開發銀行的協議	2014.7.15 巴西福塔雷薩	2015.7.3	2014.7.15簽署 2015.7.1核准

序號	名稱	簽訂日期地點	生效日期	中國採取行動情況
10	關於建立金磚國家應急儲備安排的條約	2014.7.15 巴西福塔雷薩	2015.7.30	2014.7.15簽署 2015.1.3核准
11	設立東盟與中日韓宏觀經濟研究辦公室協議	2014.10.10 華盛頓	2016.2.9	2014.10.10簽署 2015.8.29核准
12	亞洲基礎設施投資銀行協定	2015.6.29 北京	2015.12.2	2015.6.29簽署 2015.11.4核准
13	《馬拉喀什建立世界貿易組織協定》議定書	2014.11.27 日內瓦	尚未生效	2015.7.16接受
2016年				
1	《關於汞的水俁公約》	2013年10月10日 日本熊本縣		2016年4月28日 核准
2	《持久性有機污染物斯德哥爾摩公約》修正案	2013年5月10日 瑞士日內瓦		2016年7月2日 核准
3	《巴黎協定》	2016年4月22日 美國紐約	2016年11月4日	2016年9月3日 核准
4	《歐洲復興開發銀行成立協定》	1991年4月14日 倫敦		2016年1月15日 加入
5	《關於簡化和協調海關制度的國際公約修正案議定書》	1999年6月26日 布魯塞爾		2016年4月20日 接受
6	《1975年國際公路運輸公約》			2016年4月28日 加入
7	《生物多樣性公約，獲取遺傳資源和公正公平分享議定書》	1993年12月29日 里約		2016年5月4日 加入

序號	名稱	簽訂日期地點	生效日期	中國採取行動情況
8	《2007年奈洛比國際船舶殘骸清除公約》			2016年7月12日 加入
9	《上合組織成員國政府間國際道路運輸便利化協定》	2014年9月12日 杜尚別		2016年10月28日 核准
10	《印度加入上合組織備忘錄》和《巴基斯坦加入上合組織備忘錄》。	2016年6月23日 烏茲別克 斯坦塔什干		2016年11月10日 核准
11	《第四代核能系統研究和開發國際合作框架協定的續簽協定》			2016年6月23日 簽署
12	《成立中亞區域經濟合作學院協定》	2016年10月26 伊斯蘭堡		2016年10月26日 簽署
13	《沿亞洲公路網國際道路運輸政府間協定》	2016年8月7日 俄羅斯伊爾 庫茨克		2016年12月8日 簽署
合計：71				

資料來源：《2009-2016年中國參加的多邊條約情況》，中華人民共和國外交部，取自https://www.mfa.gov.cn/mfa_chn//ziliao_611306/tytj_611312/tyfg_611314/（2019年2月1日）。

附錄二　中國領土主權爭端一覽表（1949年至2005年）

地區／國家	平方公里	談判	協議	內容
領土主權				
香港	1,042	1982-84	1984聯合聲明	中國收回領土
澳門	25	1986-87	1987聯合聲明	中國收回領土
台灣	32,260	--	--	爭端仍持續
領土邊界線				
緬甸	1,909	1956-60	1960簽訂界約	中國取得18%有爭端領土，並收回片馬、班老地區，高黎貢山以西土地劃歸緬甸。
尼泊爾	2,476	1960	1961簽訂界約	中國取得6%有爭端領土，並與尼國分治珠穆朗瑪峰（聖母峰）。尼國獲得其餘多數地區與通道。
印度	125,000	1960	--	中國提出取得26%有爭端領土，爭端仍持續。
北韓	1,165	1962	1962簽訂界約	中國取得40%有爭端領土，長白山以北屬中國，以南屬北韓。
蒙古	16,808	1962	1962簽訂界約	中國取得29%有爭端領土，中國承認蒙古獨立時所轄領土。
巴基斯坦	8,806	1962	1963簽訂界約	中國取得60%有爭端領土，但以兩地換一地的方式解決邊境問題。

地區／國家	平方公里	談判	協議	內容
阿富汗	7,381	1963	1965簽訂界約	中國放棄所有爭端領土，並將瓦罕走廊劃歸於阿富汗巴達赫尚省。
蘇聯 俄羅斯	1,000	1964 1987-91	-- 1991協定簽署	中國取得52%有爭端河流島嶼，其他地區中俄均分。
不丹王國	1,128	1984-迄今	1998協定簽署	中國提出取得24%有爭端領土，2014年第22輪邊界會談，爭端仍持續。
寮國	18	1990-91	1993簽訂界約	中國取得60%有爭端領土，兩國在北京簽署《中老邊界條約》，邊界問題圓滿解決。
越南	227	1992-99	1999簽訂界約	中國取得50%有爭端領土，將1347公里長陸地邊界線劃定。
蘇聯 俄羅斯	n/a	1992-94	1999協定簽署	中俄東面邊界線協議簽署。
哈薩克	2,420	1992-98	1992協定簽署 2002簽訂界約	中國取得22%有爭端領土。
吉爾吉斯	3,656	1992-99	2004簽訂界約	中國取得32%有爭端領土。
塔吉克斯坦	28,430	1992-2002	1992簽訂界約	中國取得4%帕米爾高原爭端領土，其他地區中塔均分。
蘇聯 俄羅斯	408	1964 1990-2004	-- 2004簽訂界約	中俄均分阿巴該圖洲渚與黑瞎子島。
印度	--	2005	2005協定簽署	中印簽署解決邊界問題的政治指導原則協定，邊界應沿著雙方同意的標識清晰和易於辨認的天然地理特徵劃定。這是中印邊界談判以來的第一個政治性文件。

地區／國家	平方公里	談判	協議	內容
島礁主權				
白龍尾島	5	1957	無正式協議	中國將爭議領土轉讓北越。
西沙群島	10	--	--	爭端仍持續
南沙群島	5	--	--	爭端仍持續
釣魚島	7	--	--	爭端仍持續

資料來源：

✧ Fravel M. Taylor, Strong Borders, Secure Nation: Cooperation and Conflict in China's Territorial Disputes (Princeton, NJ: Princeton University Press, 2008).

✧ 廖心文，〈二十世紀五六十年代中共中央解決邊界問題的原則和辦法〉，《人民日報新聞網》，2013年08月22日，取自http://www.zgdsw.org.cn/BIG5/n/2013/0822/c219022-22660395.html（2019年2月7日）。

Do觀點061　PF0252

歐巴馬時期的美中權力競逐

作　　者／柳惠千
責任編輯／鄭伊庭
圖文排版／楊家齊
封面設計／王嵩賀

出版策劃／獨立作家
發 行 人／宋政坤
法律顧問／毛國樑　律師
製作發行／秀威資訊科技股份有限公司
地址：114 台北市內湖區瑞光路76巷65號1樓
電話：+886-2-2796-3638　傳真：+886-2-2796-1377
服務信箱：service@showwe.com.tw
展售門市／國家書店【松江門市】
地址：104 台北市中山區松江路209號1樓
電話：+886-2-2518-0207　傳真：+886-2-2518-0778
網路訂購／秀威網路書店：https://store.showwe.tw
國家網路書店：https://www.govbooks.com.tw

出版日期／2020年3月　BOD一版　定價／550元

獨立作家
Independent Author
寫自己的故事，唱自己的歌

歐巴馬時期的美中權力競逐 / 柳惠千著. -- 一版. -- 臺北
市 : 獨立作家, 2020.03
面 ;　公分. --(Do觀點)
BOD版
ISBN 978-986-97800-4-9(平裝)

1. 美國外交政策 2. 中美關係

578.52　　108017890

國家圖書館出版品預行編目

讀者回函卡

感謝您購買本書，為提升服務品質，請填妥以下資料，將讀者回函卡直接寄回或傳真本公司，收到您的寶貴意見後，我們會收藏記錄及檢討，謝謝！
如您需要了解本公司最新出版書目、購書優惠或企劃活動，歡迎您上網查詢或下載相關資料：http:// www.showwe.com.tw

您購買的書名：______________________________

出生日期：________年________月________日

學歷：□高中（含）以下　□大專　□研究所（含）以上

職業：□製造業　□金融業　□資訊業　□軍警　□傳播業　□自由業
　　　□服務業　□公務員　□教職　□學生　□家管　□其它______

購書地點：□網路書店　□實體書店　□書展　□郵購　□贈閱　□其他

您從何得知本書的消息？

□網路書店　□實體書店　□網路搜尋　□電子報　□書訊　□雜誌
□傳播媒體　□親友推薦　□網站推薦　□部落格　□其他__________

您對本書的評價：（請填代號　1.非常滿意　2.滿意　3.尚可　4.再改進）

封面設計____　版面編排____　內容____　文／譯筆____　價格____

讀完書後您覺得：

□很有收穫　□有收穫　□收穫不多　□沒收穫

對我們的建議：______________________________

____

____

____

請貼
郵票

11466
台北市內湖區瑞光路 76 巷 65 號 1 樓
獨立作家讀者服務部 收

（請沿線對折寄回，謝謝！）

姓　　名：＿＿＿＿＿＿＿＿＿＿　年齡：＿＿＿＿　性別：□女　□男

郵遞區號：□□□□□

地　　址：＿＿＿＿＿＿＿＿＿＿＿＿＿＿＿＿＿＿＿＿

聯絡電話：(日) ＿＿＿＿＿＿＿＿＿＿ (夜) ＿＿＿＿＿＿＿＿＿＿

E-mail：＿＿＿＿＿＿＿＿＿＿＿＿＿＿＿＿＿＿＿＿